돌봄민주주의

조안 C. 트론토 지음

한국어 개정판

김희강 · 나상원 역

Caring Democracy

한국어 개정판

CARING DEMOCRACY

돌봄민주주의

조안 C. 트론토 지음

김희강 · 나상원 역

박영사

제3판(한국어 개정판) 옮긴이 해제

돌봄민주주의 10년

『돌봄민주주의』 출판 이후

2023년은 조안 C. 트론토(Joan C. Tronto)의 『돌봄민주주의』(*Caring Democracy: Markets, Equality, and Justice*) 출판 10년이 되는 해이다. 원저 출판 이후, 돌봄민주주의는 한국어와 일본어 등 각국의 언어로 번역되었으며, 이를 주제로 학제 간 다양한 세미나와 학회가 전 세계적으로 열렸다.[1] 돌봄민주주의에 대한 이론적 논의와 이에 대한 실천적 적용을 탐색하는 연구들도 이어졌다. 일례로 얼반(Petr Urban)과 와드(Lizzie Ward)가 편집한 『돌봄윤리, 민주적 시민권, 국가』(*Care Ethics, Democratic Citizenship and the State*, Palgrave Macmillan, 2020)는 돌봄민주주의에 대한 이론적 논의와 각국의 사례를 담고 있다.

『돌봄민주주의』는 정치와 민주주의의 패러다임 전환을 시도한 저서로 평가받는다. 돌봄민주주의는 선거와 투표 혹은 참여와 심의로 이해되는 기존 민주주의를 돌봄의 관점에서 재편해야 한다고 본다. 돌봄민주주의가 주장하듯 돌봄책임의 분담이 민주주의 핵심 의제가 된다면, 기존 사회경제제도에서 묵인되고 사장되었던 부정의, 불평등, 차별, 배제가 시정될 것이며 기존 민주주의에서 대표되지 못했던 배제된 이들의 관점을 포용할 수 있을 것이다. 이것이 바로 더 정의롭고 더 포용적인 민주주의의 모습이다. 미국과 국제적으로 민주주의 담론의 지평을 넓혔다는 평가 속에서, 2015년 트론토는 맥컬티 민주주의 연구소(McCourtney Institute for Democracy)에서 수여하는 로렌스와 린 브라운 민주주의 상(Laurence and Lynne Brown Democracy Medal)을 받았다. 트론토의 수상 연설은 저서 『누가 돌보는가? 어떻게 민주정치를 재편할 것인가?』(*Who Cares? How to Reshape a Democratic Politics,* Cornell University Press, 2015)로 출판되었다.

10살이 된 『돌봄민주주의』가 불러온 주목할 만한 변화는 요지부동 같던 서구 정치사상 주류학계의 철학적 기류의 변화라 할 수 있다. 트론토는 2023년 미국정치학회(American Political Science Association)에서 수여하는 정치사상 분야 명실상부 최고 명예로운 상인 벤자민 E. 리핀콧상(Benjamin E. Lippincott Award)을 수상하였다. 이 상은 현존하는 정치사상가의 저서가 출판된 지 15년 이상이 지난 현재까지도 학계와 사회에 지대한 영향력을 미치고 있다고 평가되는 경우 수여된다. 과거 수상자 리스트는 정치학의 흐름을 읽을 수 있을 정도로 요즘 유행어를 빌리자면 가히 역대급 면면들이다. 이 중 몇몇을 꼽아보면, 롤즈(John Rawls), 하버마스(Jürgen Habermas), 아렌트(Hannah Arendt), 보봐르(Simone de Beauvoir), 달(Robert A. Dahl), 벌린(Isaiah Berlin), 허쉬만(Albert O. Hirschman),

왈쩌(Michael Walzer), 테일러(Charles Taylor), 맥킨타이어(Alasdair MacIntyre), 다운스(Anthony Downs), 페이트만(Carole Pateman), 스키너(Quentin Skinner), 맥퍼슨(C. B. Macpherson), 애로우(Kenneth J. Arrow), 포퍼(Karl Popper), 포콕(J. G. A. Pocock), 페팃(Phillip Pettit) 등이다. 과거 수상자 중 여성주의 학자와 비판이론가도 없지 않지만, 서구 정치사상 학계의 흐름을 보여주듯 이들 대부분은 주류 자유주의나 공화주의 사상가들이다.

트론토는 1993년 출판된 저서 『도덕의 범주: 돌봄윤리의 정치적 주장』(*Moral Boundaries: A Political Argument for an Ethic of Care*)을 기반으로 리핀콧상을 수상했으며, 『돌봄민주주의』는 『도덕의 범주』에서 발전시킨 돌봄윤리 논의를 민주주의 이론으로 구체화시킨 것이다. 미국정치학회 수상위원회는 트론토의 저작을 "새로운 패러다임을 안착시킨(paradigm-setting)" 저작이라고 평가한다.[2] 트론토의 논의는 사적 영역으로 간주된 돌봄을 끌어내 정치적·공적 이슈로 위치시켰으며, 어떠한 정치공동체도 권리만을 주장하는 개인으로 구성될 수 없으며 정치공동체는 함께 서로를 돌봐야 하는 상호의존적인 개인으로 구성된다는 부정할 수 없는 사실을 가감 없이 직시하고 있다고 설명한다. 수상위원회는 트론토 논의를 반영하여 정치공동체와 그 구성원인 시민은 돌봄의 관계, 돌봄필요가 요구하는 책임, 돌봄을 수행하는 미덕을 키워야 한다고 설명한다. 더불어 트론토의 저작은 정치사상 분야를 넘어 사회학, 법학, 여성학 등 여타 학문 분야뿐만 아니라 공적영역 및 공공정책에 갖는 함의가 지대하다고 평가한다. 『돌봄민주주의』에서 발전시킨 돌봄 관점(care approach)이 민주주의 이론과 그 적용에 갖는 중요한 공헌도 지적하고 있다.

1993년 『도덕의 범주』가 출판되고 20년 후 『돌봄민주주의』가 출판되었다. 그리고 10년이 지났다. 오래 걸렸지만 리핀콧상을 계기로 변화가 더딘 보수적인 학계가 전환의 대안으로서 돌봄의 의미를 제대로 인정하기 시작하였다고 볼 수 있다. 만연한 자본주의가 낳은 뿌리 깊은 불평등과 부정의, 600만 명 이상의 사망자를 낳은 코로나 팬데믹, 지구 곳곳에서 펼쳐지고 있는 참혹한 기후 위기 등은 이제 전환의 패러다임이 필요하다는 절실함을 웅변한다. 수상소감 인터뷰에서 트론토는 다음과 같이 말한다. "리핀콧상을 받는 것은 돌봄이 정치적인 아이디어와 정치적인 이상(ideal)으로서 진지하게 또한 광범위하게 곧 받아들여질 것이라는 희망을 갖게 합니다."[3] 돌봄민주주의는 기존 학계와 제도에 대한 도전일 뿐만 아니라 변화에 대한 촉구이며 더 민주적인 민주주의에 대한 우리의 대안이다. 돌봄민주주의의 이론적·실천적 영향력은 현재 진행 중이다.

돌봄민주주의 실천

좀 더 돌보는 인간과 사회, 자연과 지구를 향한 돌봄민주주의 실천은 전 세계적으로 어렵지 않게 발견된다. 관련하여 돌봄을 중심으로 한 돌봄선언(케어 매니페스토)이 확산되고 있는 점은 고무적이다. 대표적으로 더 케어 컬렉티브(The Care Collective)의 『돌봄선언: 상호의존의 정치』(*Care Manifesto: The Politics of Interdependence*, Verso, 2020)는 돌보는(caring) 친족관계, 공동체, 국가, 경제, 세계로 재편하기 위한 노력과 행동을 요구한다. 네델스키(Jennifer Nedelsky)와 멜르손(Tom Malleson)은 노동과 돌봄에서 시간을 축으로 한 규범의 전환을 선언한다.[4] 가틸립(Robert Gottilieb)은 경제사회 및 자연환경을 근본적으로 변화시킬 수 있는 아젠다로서 돌봄정치를 제안한다.[5] 제크너(Manuela Zechner)는 돌보는 실천으로 'commoning'(함께하기)을 제안한다.[6] Oxfam, Global Women's Strike, Network Care Revolution, Women's Budget Group 같은 비정부기구와 국제네트워크 등에서도 인간과 자연에 대한 돌봄의 공식적 인정을 요구하는 제언을 지속하고 있다.[7] UN Women을 포함한 국제기구들도 돌봄을 중심에 둔 지속가능한 경제를 제언한다.[8]

이러한 제언은 구체적인 사례들로 나타나고 있다. 국가 및 초국가, 도시 및 지방정부 등은 다양한 돌봄정책과 돌봄의 제도화를 시행 중이다. 유럽위원회(European Commission, 2022)는 케어딜(Care Deal)을 향한 진일보로 유럽돌봄전략(European Care Strategy)을 제시함으로써 유럽 정치아젠다 중 하나로 돌봄을 명시하고 유럽연합에 보편적이고 수준 높은 돌봄을 보장해야 하는 중요성을 명확히 하고 있다.[9] 콜럼비아 보고타(Bogota)시는 돌봄을 도시정책(Care Blocks)의 중심으로 삼으려 한다.[10] 최근 에콰도르 개헌 담론에서는 헌법의 근간 아이디어인 *Buen Vivir* (good life, 좋은 삶) 속에 돌봄 개념이 내재되어 있다고 학자들에 의해 제시되기도 하였다.[11]

한국 사회에서도 돌봄의 관점에서 사회를 변혁하기 위해 대안의 패러다임으로 제시하는 다수의 연구들이 제시되고 있다. 돌봄을 근간으로 하는 돌봄민주국가와 돌봄의 제도화가 제안되고 탈성장의 대안 담론과 대안의 체제로서 돌봄이 제시되었다.[12] 돌봄민주주의는 기존 제도와 정책을 평가하고 규범적인 방향성을 제안하는 근본 이론으로 활용되었으며,[13] 개헌 논의에 있어 돌봄이 헌법적 가치로서 다뤄져야 한다는 주장까지 논의된다.[14] 돌봄을 받을 권리와 돌볼 권리까지 보장하는 포괄적인 돌봄정책기본법이 제시되었고, 돌봄은 대안의 거버넌스로 또한 대안의 소득으로 제시되기도 하였다.[15]

더불어 돌봄정치를 기획하고 제안하는 시민사회의 폭넓은 논의의 장 ―정치하는 엄마들, 다른몸들, 생애문화연구소 옥희살롱, 한살림서울돌봄사회적협동조합, 비비사회적협동조합, 젠더정치연구소 여.세.연, 한국여성단체연합, 내가만드는복지국가, 시민건강연구소 등― 이 활발히 열리고 있다.[16] 나아가 돌봄민주주의는 중앙과 지방정부의 돌봄정책과 돌봄제도화를 위한 이론적·실천적 논의로 제시되기도 한다. 대표적으로 광주광역시는 '돌봄도시' 광주를 모토로 다양한 돌봄정책을 추진하고 있다. 광주광역시는 '광주다움 통합돌봄'으로 2023년 제6회 국제도시혁신상을 받았다.[17]

지난 10년은 돌봄정치의 배양기였다. 코로나 팬데믹은 '거리두기'를 외쳤지만, 역설적으로 거리두기를 할 수 없는 돌봄에 의존해야 하는 취약한 인간존재의 실상을 가감 없이 드러냈으며, 돌봄의 가치를 보이지 않게 하고 돌봄부정의와 억압을 양산하는 정치경제를 부양하는 구호들의 허상을 들춰냈다. 성찰과 변혁의 기치로 돌봄을 모색하기 시작했다고 할 수 있다. 녹록하지 않은 정치경제적 부침과 냉혹한 현실 앞에서 돌봄은 지금까지 그래왔듯 꽃길이 아니라 가시밭길을 헤쳐 나가야 할 것 같다. 예견된 돌봄의 정치적 성장통 속에서 더 나은 사회와 더 많은 인간해방의 모습을 더 넓은 미래가 함께 할 수 있는 비전이 되리라 기대하며 돌봄민주주의 두 번째 10년(돌봄민주주의 2.0)을 시작해야 할 것이다.

주

1 일례로 Amy Armenia, "Global Conversations about Care"(conference review of the Global Carework Summit, 1-3 June 2017, Lowell, Massachusetts, USA), *International Journal of Care and Caring* vol. 2, no. 1 (2018): 151-53; Krystel Honsbeek, "Caring Democracy: Current Topics in the Political Theory of Care" (conference review of 23-24 November 2017, Prague, Czech Republic), *International Journal of Care and Caring* vol. 2, no. 3 (2018) 449-52.

2 Political Science Now (https://politicalsciencenow.com/joan-tronto-receives-the-2023-benjamin-e-lippincott-award/).

3 "Professor Emerita Joan Tronto Receives Benjamin E. Lippincott Award From APSA," University of Minnesota (https://cla.umn.edu/polisci/news-events/news/professor-emerita-joan-tronto-receives-benjamine-lippincott-award-apsa).

4 Jennifer Nedelsky and Tom Malleson, *Part-time for All: A Care Manifesto* (Oxford: Oxford University Press, 2023).

5 Robert Gottlieb, *Care-Centered Politics: From the Home to the Planet* (Cambridge, Mass.: MIT Press, 2022).

6 Manuela Zechner, *Commoning Care & Collective Power* (Vienna: Transversal Texts, 2021).

7 Oxfam, *Time to Care: Unpaid and Underpaid Care Work and the Global Inequality Crisis* (2020); Global Women's Strike (https://globalwomenstrike.net/); Network Care Revolution (https://care-revolution.org/english/); Women's Budget Group, *Creating A Caring Economy: A Call to Action*, 2020.

8 UN Women, *Promoting Women's Economic Empowerment: Recognizing and Investing in the Care Economy*, 2018.

9 European Commission, *A European Care Strategy for Caregivers and Care Receivers*, 2022.

10 UN, Department of Economic and Social Affairs, Bogota—District Care System, (https://sdgs.un.org/partnerships/bogota-district-care-system).

11 Alberto Acosta, "Rethinking the World from the Perspective of *Buen Vivir*," *Degrowth* (2017.02.17.).

12 김희강, 『돌봄민주국가』 (서울: 박영사, 2022); 홍찬숙, "돌봄사회로의 전환과 새로운 사회계약의 방향," 『사회이론』 63호 (2023): 269-297. 그 외에도 김현미, "코로나 시대의 '젠더 위기'와 생태주의 사회적 재생산의 미래," 『젠더와 문화』 13권 2호 (2020): 41-77; 김은희, "기후위기 시대의 돌봄민주주의: 대안적 정치체제와 탈성장 전환의 모색," 『여/성이론』 45호 (2021): 120-145 등 참조.
13 최희경, "노인장기요양보험제도와 돌봄정의," 『한국사회정책』 25권 3호 (2018): 103-130.
14 김희강, "돌봄: 헌법적 가치," 『한국사회정책』 25권 2호 (2018): 3-29; 구은정, "돌봄 가치를 반영하는 개헌을 위하여: 개인의 권리와 의무로서의 돌봄," 『경제와 사회』 127호 (2021): 134-169.
15 국민입법센터, 『좋은 돌봄: 돌봄받을 권리, 돌볼 권리, 돌봄노동자』 (서울: 민중의소리, 2021); 장수정·송다영·백경흔, "돌봄주류화를 위한 돌봄거버넌스 구성에 관한 연구," 『한국여성학』 39권 2호, (2023): 1-30; 백영경, "'돌봄소득(Care Income)'과 포스트 코로나 시대, 새로운 시민운동의 가능성," 『NGO연구』 17권 2호 (2022): 191-220.
16 정치하는 엄마들, 『정치하는 엄마가 이긴다』 (파주: 생각의힘, 2018); 조한진희 & 다른몸들 기획, 『돌봄이 돌보는 세계』 (서울: 동아시아, 2022); 생애문화연구소 옥희살롱 기획, 『새벽 세 시의 몸들에게』 (서울: 봄날의책, 2020); 한살림서울돌봄사회적협동조합 (https://seouldolbom.hansalim.or.kr/index.php); 비비사회적협동조합, '돌봄공동체 시민되기,' 2023.09. (https://www.facebook.com/photo/?fbid=313226741212329&set=a.186387780562893); 젠더정치연구소 여.세.연, 돌봄민주주의×페미니즘 여름 캠프, 2021.08.19.-20. (http://www.womanpower.or.kr/2014/bbs/board.php?bo_table=B22&wr_id=32); 한국여성단체연합 성평등연구소, '돌봄 민주주의'로 우리 사회를 기획한다, 2017.10.31. (https://www.facebook.com/kwau38/posts/1162829500518546/?locale=ko_KR); 내가만드는복지국가, '내만복 돌봄학교,' 2022.11. (https://mywelfarestate.kr/citizen-participation-activities/school/?uid=3&mod=document&pageid=1); 시민건강연구소, '새로운 돌봄 체제 모색,' 2023.04. (http://health.re.kr/?p=9888).
17 광주광역시 광주다움 통합돌봄 (https://www.gwangju.go.kr/welfare/contentsView.do?pageId=welfare190).

옮긴이 해제

시장에서 돌봄으로

1. 혁명적인 변화가 필요하다

조안 C. 트론토(Joan C. Tronto)의 『돌봄민주주의: 시장, 평등, 정의』(*Caring Democracy: Markets, Equality, and Justice*)는 작금의 제도가 돌봄수혜자로서 인간의 의존성을 얼마나 간과하는지, 그래서 불평등을 야기하고 민주주의를 어렵게 하며 결국 정의와 멀어지는지를 말한다.

인간은 취약하고 의존적인 존재이며 필연적으로 돌봄이 필요한 존재다. 모든 인간은 평생 동안 돌봄을 주고받지만, 현재의 시장, 사회, 정치는 이를 인정하지 않는다. 돌봄을 사적인 개인책임의 문제로 환원시키거나 단지 누군가의 자연스런 몫으로 간주한다. 이러한 돌봄의 사각지대에서 독립적인 인간을 상정하는 기존 제도는 차별과 배제를 일삼고 불평등과 부정의를 초래한다. 이러한 불평등과 부정의는 심화된 차별과 배제를 재생산하는 악순환의 늪에 빠지게 된다.

우리가 시장과 경쟁을 부르짖을수록 불평등과 부정의는 고착된다. 일상화되고 정상화되는 시장과 경쟁은 누군가가 돌봄을 제공하고 있으며 이들이 희생하고 있다는 사실을 감춘다. 신자유주의 시장과 개인책임의 이데올로기는 인간의 의존성을 부인하고 돌봄의 필요를 경시한다. 그 결과 사회구조가 불평등을 생산하고 영구화하는 동학을 은폐한다.

『돌봄민주주의』는 우리에게 오도된 현실을 직시하게 해준다. 우리의 삶이 돌봄 현실과 동떨어진 단지 "모래 위에 쌓아 올린 누각"은 아닌지 다시 돌아보게 한다. 일상에 녹아 있는 이러한 불평등을 찾아내야 한다. 이를 위해 트론토의 언어처럼 우리는 "혁명적인 변화가 필요하다." "아직 늦지 않았다."

2. 돌봄민주주의로 변화가 가능하다

어떻게 변화가 가능한가? 이러한 변화는 돌봄민주주의로 가능하다. 돌봄의 핵심에 민주주의를, 민주주의의 핵심에 돌봄을 위치시킴으로써 가능성의 논의를 시작할 수 있다. 『돌봄민주주의』는 돌봄과 민주주의가 서로의 가치를 그 중심 개념으로 맞잡고 있으며 동전의 양면처럼 필연적으로 떨어질 수 없음을 보여준다. 그러나 이 조합이 조금이라도 어색하게 느껴진다면 이는 돌봄과 민주주의 본연의 가치를 그 어느 하나도 제대로 이해하지 못하고 있다는 증거다. 이전의 수많은 돌봄 논의와 민주주의 논의가 서로를 언급하고 있지 않았다면, 이들 논의가 돌봄과 민주주의 이 두 용어의 의미를 충분히 바르게 이해하지 못했기 때문이다.

트론토에 따르면 민주주의의 본질은 우리 모두를 사회 구성원으로서 평등하게 대우하는 것이다. 서로를 평등하게 대우함은 누구도 차별받거나 배제되지 않고 의사결정 과정에 참여하는 것을 그 전제 조건으로 한다. 즉 차별과 배제의 문제를 다루는 것이 바로 민주주의다. 실제로 민주주의는 시민권을 확대함으로써 차별과 배제를 철폐하는 방향으로 발전하였다. 초기 귀족 및 특권 계급에 한정되었던 시민의 범위에 자본가 계급, 노동자 계급, 흑인, 여성 등 예전에 차별받고 배제되었던 사람이 포함되었다. 그러나 트론토는 민주주의가 진보했음에도 현재의 민주주의는 누군가에게 의존하는 개인이나 의존하는 개인을 돌보는 이들을 시민으로서 동등하게 대우하지 않고 있다고 지적한다. 이러한 차별과 배제는 돌봄책임을 민주주의의 과제로 중요하게 다루지 않는 이상 해결할 수 없다고 덧붙인다. 따라서 트론토는 민주주의의 본질은 돌봄책임을 분배하는 것이며, 이러한 돌봄책임을 민주주의 과제로 인식하지 못하는 한 민주주의는 아직 그 임무를 다하지 못한 것이라고 설명한다.

또한 트론토는 민주주의에서 돌봄이 핵심 주제이듯 돌봄도 진정한 민주주의 문제라고 주장한다. 돌봄은 왜 민주주의 문제인가? 현재 누군가를 돌본다는 것은 불평등하게 진행되고 있다. 특히 누군가를 돌본다는 것은 인종적·계급적 편견뿐만 아니라 성별화된 가정에 기초하여 진행된다. 공적인 것과 사적인 것을 분리시킴으로써 여성에게 '자연스럽게' 돌봄의 의무가 부과되거나 인종적·민족적·계급적 위계를 가정함으로써 특정 부류의 이들에게 '부담 없이' 돌봄의 의무가 부과된다. 그러나 이러한 편견과 가정은 모든 인간이 취약하고 허약한 존재이며 결국 우리 모두는 돌봄의 수혜자이자 제공자라는 사실을 간과하고 있다. 즉, 우리 모두가 돌봄의 의무가 있다는 사실을 잊어버리고 있다. 따라서 『돌봄민주주의』에서 민주적 돌봄이라 함은 돌봄 의무에 전제된 한계와 허구를 바르게 인식하고 돌봄책임에 대해 좀 더 넓은 관점에서 다시 생각하며 우리 모두가 자신과 타인을 돌보는 직접적이고 친밀한 돌봄의 역할을 맡을 준비가 되어 있어야 함을 의미한다.

『돌봄민주주의』는 사적 문제로 치부된 돌봄과 공적 문제로 칭송받는 민주주의가 서로 얼마나 관련되며 서로를 얼마나 포함하는지 증명해 보인다. 공/사 분리를 전제하는 현 제도가 얼마나 현실을 잘못 인도하는지, 우리 모두가 상호의존적인 인간임을 간과하는지, '자연스럽다'라는 전제 아래 불평등을 각인시키는지, 궁극적으로 정의를 왜곡시키는지 보여준다.

3. 돌봄의 무임승차권을 회수하라

『돌봄민주주의』에서는 돌봄불평등이 민주사회의 정치적 과제라는 점을 강조한다. 특정 부류의 사람, 즉 성, 계급, 인종 또는 경제적 여건에 근거하여 일부 사람은 돌봄의 책임을 떠안음으로써 민주정치에서 배제된다. 그러나 이들의 정치적 배제는 또 다른 일부 사람에게 돌봄책임을 면책시키는 효과를 준다. 예를 들어 많은 남성은 사회를 보호하며 생산적인 경제활동에 투신한다는 이유로 매일

매일의 돌봄활동에 동참하는 것에서 면제된다. 이들은 정치적으로 배제된 이들에게 돌봄서비스를 받을 수 있는 편익도 얻게 된다. 트론토는 이를 돌봄의 '무임승차권'(passes)이라고 표현한다. 현 정치사회제도는 일부 사람에게 돌봄의 짐을 짊어지게 하며 일부에게는 그것을 회피할 수 있는 돌봄의 무임승차권을 발매하고 있다. 트론토는 이 책에서 다섯 종류의 무임승차권을 이야기한다. 보호형 무임승차권, 생산형 무임승차권, 나만의 돌봄형 무임승차권, 각자도생(부스트랩, bootstrap)형 무임승차권, 자선형 무임승차권이다. 이러한 무임승차권은 성별화된 역할을 강화시키고 이렇게 분리된 경제적 영역의 존재를 자연스러운 것으로 보이게 만드는 방식으로 작동한다. 나만 잘살면 된다고 생각하거나 시장이 돌봄을 해결해줄 것으로 간주한다. 그러나 돌봄이 진정한 민주주의의 과제가 된다면 돌봄의 무임승차권은 회수될 수밖에 없으며 회수되어야 한다고 이 책에서는 주장한다.

돌봄의 무임승차권을 회수하는 정당한 근거는 인간의 취약성에 있다. 우리 각자가 필연적인 돌봄수혜자라는 사실을 인정해야 한다. 사람은 유아일 때, 병약할 때, 고령으로 노쇠해질 때 누군가의 돌봄을 필요로 한다. 하지만 그 외에도 모든 사람은 평생토록 돌봄을 필요로 한다. 우리가 우리의 돌봄필요를 인정한다면 다른 사람의 돌봄필요도 인식하게 될 것이며, 더불어 얼마나 많은 시간과 에너지가 우리 그리고 다른 사람을 돌보는 데 필요한지 알게 될 것이다. 결국 모든 사람이 자신을 돌봄수혜자라고 생각한다면, 자신을 단지 자율적인 행위자가 아니라 의존적인 수혜자로 보는 것이 정상적이라는 점을 인정하게 된다. 또한 더 이상 돌봄수혜자를 타인으로 간주하지 않음으로써 자신의 문제에 대해 판단하는 것과 같이 타인에 대해서도 판단을 하게 된다. 이를 통해 동감에 근거한 판단이 가능하게 된다.

결국 우리 모두가 돌봄의 수혜자임을 각인하고 동감에 근거하여 서로를 되돌아본다면, 돌봄책임을 방기하는 무임승차권은 정당하게 회수될 수 있다. 보호와 생산의 일을 한다는 이유로, 스스로를 돌보고 있다는 이유로, 시장을 맹신하거나 자선을 할 정도로 부유하다는 이유로 스스로나 다른 사람을 돌보는 것에 대한 무임승차권은 그 누구에게도 자동적으로 발부되지 않는다. 남성과 여성, 부유한 사람과 가난한 사람, 독립적인 사람부터 의존적인 사람까지 모든 사람은 민주주의 테이블을 마주하고 앉아서 돌봄책임을 정치적 의제로 협상해야 한다.

4. 돌봄을 위한 민주적 조건을 조성하라

『돌봄민주주의』는 누가, 어떠한 방식으로, 어떻게 돌봄책임을 분배해야 하는지에 대한 분명한 해결책을 제시하지 않는다. 좀 더 엄격히 말해 돌봄의 맥락성, 복합성, 연계성 등을 고려할 때 돌봄책임의 분배에 대한 구체적인 안을 제시하는 것은 불가능하다고 본다. 오히려 이 책에서 거듭 강조하는 점은 돌봄이 정치적 의제로서 테이블 위에 올라와야 하며 관련된 모든 사람이 테이블에 앉아서 이를 논의할 수 있어야 한다는 당위성이다. 이를 위해서는 시민이 돌봄의 책임을 할당받는 데 참여할 수 있는 역량이 있다는 확신과 돌봄책임에 대한 분담이 민주정치의 중심이라는 믿음이 있어야 한다. 이 점에서 트론토가 언급하는 민주주의는 돌봄을 위한 정치적 논의의 장으로서의 민주주의, 즉 조건으로서의 민주주의다. 우리 모두는 이러한 민주적 조건을 조성해야 할 의무가 있다.

돌봄을 공적 가치로 본다는 것은 단순히 국가가 돌봄의 필요를 시민에게 제공해야 한다는 것을 넘어선다. 이는 국가가 돌봄서비스의 제공자가 되어야 한다는 것이 아니라 민주적 다수에게 돌봄을 넘겨줘야 한다는 의미다. 즉, 돌봄활동을 지원하거나 제한하는 국가의 역할은 공적 토론의 주요 의제가 되어야 한다. '함께 돌봄'(caring with)은 정치로 풀어야만 할 필요가 있는 정치적 관심사인 것이다.

『돌봄민주주의』는 돌봄을 위한 민주주의를 조성하기 위해서 필수적인 몇 가지 전제조건을 언급한다. 첫째, 모든 사람은 평생 충분한 돌봄을 받을 자격이 있음을 전제해야 한다. 둘째, 모든 사람은 그들의 삶에 유의미한 돌봄관계에 참여할 수 있는 자격이 있음을 전제해야 한다. 셋째, 모든 사람은 사회가 앞선 두 가지 전제조건을 얼마나 보장하고 있는지를 판단할 수 있는 공적 과정에 참여할 수 있는 자격이 있음을 전제해야 한다. 이를 통해서만이 돌봄은 모든 시민이 항상 함께하는 활동이자 책임이 될 수 있다.

5. 한국 사회의 돌봄민주주의

최근 한 아이돌 그룹 멤버의 아버지가 봉양하던 치매 부모를 살해하고 자신도 자살했다는 뉴스가 전해졌다. 이제 우리 사회에서 누군가를 돌본다는 것은 특정 개인, 가정, 성의 문제를 넘어섰다.

『돌봄민주주의』는 한국 사회가 긴급하고 처절한 문제로 직면하고 있는 돌봄을 어떻게 해결할 수 있는지에 대해 그 방향성을 제시하는 데 도움을 준다. 건강보험, 무상보육, 기초연금 등 현재 한국 사회에서 쟁점이 되는 문제는 주로 돌봄과 관련된다. 더 나아가 장기요양보험, 간병인, 장애인활동보조, 산모도우미, 가사도우미 등 사각지대에 놓인 돌봄 영역과 돌봄인의 문제는 인식되지도 못하는 실정이다. 심지어 저출생, 양극화, 고령사회, 과열된 사교육 등도 궁극적으로 돌봄 문제다.

한국의 민주주의는 돌봄책임의 분담을 논의의 중심에 두어야 하며 민주시민은 이러한 분담에 참여할 수 있도록 보장되어야 한다. 민주주의는 모두가 누릴 수 있는 평등한 돌봄을 만들어야 하며 이는 어린이, 노약자, 허약자 또는 심신의 차이 때문에 다른 역량을 지닌 사람을 돌보는 우리의 책임을 받아들이는 것을 의미한다. 이러한 측면에서 현재 돌봄과 관련한 협동조합의 활성화는 돌봄과 민주주의의 병행 발전이라는 측면에서 매우 고무적이라 할 수 있다. 그러나 여전히 많이 부족하다. 좀 더 근원적인 돌봄 논의와 조건이 한국 사회에서 수반되어야 한다.

트론토는 책의 말미에 이렇게 적는다.

"세상을 바꾸는 방법은 존재한다. 돌봄을 위한 충분한 자원을 제공하고 우리의 돌봄책임을 재검토하고 받아들임으로써 우리 자신과 타인을 돌보는 데 다시 한번 동참할 것을 요구한다. 그렇다면 우리는 신뢰의 수준을 높일 수 있으며 불평등의 정도를 줄일 수 있을 것이며 모든 이를 위한 진정한 자유를 제공할 수 있을 것이다."

『돌봄민주주의』라는 책 제목이 직시하듯 민주주의는 돌봄이다.

이는 시민을 돌보는 서로의 책임, 즉 민주적 시민의 책임이다. 타인의 고통을 외면하지 않는 돌봄으로 민주주의가 채워지고, 민주주의가 돌봄을 중심으로 불평등을 줄여나가는 유능함을 보일 때 돌봄과 민주주의는 가장 잘 어울리는 동반자로서 시민의 진정한 가치이자 우군이 될 것이다.

차 례

제3부 민주적 돌봄실천과 돌봄민주주의에 대한 구상

일러두기

1. 이 책은 Joan C. Tronto, *Caring Democracy: Markets, Equality, and Justice*(New York University Press, 2013)를 번역했다.
2. 원문에서 이탤릭체로 표기한 부분은 이 책에서 고딕체로 표기했다.
3. 원주 이외에 독자의 이해를 돕기 위해 각주에 옮긴이 주를 넣고 '—옮긴이'라고 표시했다.
4. 원서의 단락이 지나치게 긴 경우 독자가 읽기 편하도록 행을 나누었다.

한국어판(제2판) 서문

한국에서 『돌봄민주주의』 두 번째 출판을 진심으로 축하합니다. 이 책이 한국에서 많은 분의 관심을 받고 있다는 점이 제게는 큰 영광입니다. 또한 번역에 노고를 아끼지 않은 김희강, 나상원에게 심심한 경의를 표합니다.

저는 지금 뉴욕에서 이 글을 쓰고 있는데요, 뉴욕은 COVID-19 팬데믹에서 서서히 회복될 기미를 보이고 있습니다. 하지만 코로나 팬데믹은 여전히 세계 곳곳에서 기승을 부리고 있습니다. 과학자들에 따르면 이번 팬데믹이 보여준 전 지구적인 위험은 세상을 물들인 탐욕이 배양한 신종 바이러스의 마지막 공격은 아닐 것이라고 합니다. 우리는 팬데믹을 겪으면서 이렇듯 "우리 모두는 함께 한다"(we are all in this together)고 사람들이 말하는 것을 자주 듣게 됩니다. 돌봄민주주의 관점에서 본다면, 우리가 깨달아야 할 두 가지 중요한 교훈이 있습니다. 첫째, 이렇듯 "우리 모두는 함께 한다"고 말하는 것은, 우리가 서로에게 상호의존적인 존재임을 사람들이 인정하기 시작했다는 것입니다. 우리 자신을 서로에게 무관한 개별화된 개인으로 생각한다면, 우리는 전염병에서 서로를 보호할 수 없거니와 우리 모두의 건강을 지킬 수 없습니다. 아마도 이번 일을 계기로 지구촌 곳곳에서 돌봄을 인정하게 되었을 것입니다. 돌봄은 인간이란 존재의 심장이지만, 우리는 돌봄을 마치 우리 삶에서 어쩌다가 그냥 생기는 일로 바라보는 경향이 있습니다. 하지만 좋은 돌봄에는 누군가의 상당한 노고(much work), 상당한 자원, 그리고 사려 깊은 협력(coordination)이 있어야 합니다. 저는 팬데믹의 비극을 통해 더 많은 사람들이 우리 자신을 생각하는 사고방식의 한계와 더불어 함께하는 돌봄의 중요성을 인식하게 되기를 바랍니다.

두 번째는 훨씬 슬픈 자화상입니다. "이렇듯 우리 모두는 함께 한다"는 것은 일면 틀림없는 사실이지만, 달리 보면 이번 팬데믹 사태는 모두에게 똑같이 다가오지 않았음도 사실입니다. 한국을 위시한 일부 국가들은 초기에 강력하게 대처했지만, 다른 나라들은 심각한 문제가 아니라는 식으로 대응하려 했습니다. 전 세계 사회들을 본다면, 기존 경제사회적인 불평등의 지형에 팬데믹으로 인한 더 남루한 재앙의 불평등이 가세하고 있음을 알 수 있습니다.

두 교훈을 고려했을 때, 저는 이 책 『돌봄민주주의』의 논지가 더욱 타당하고 적실하다고 확신하고 있습니다. 팬데믹 사태는 더 많은 돌봄의 필요를 역설할 뿐만 아니라 더 민주적인 돌봄의 필요를 피력하고 있습니다. 저는 특히 현시점에서 이 책을 통해 더 민주적인 돌봄민주주의로의 위대한 동행(commitment)에 많은 분들이 함께 하길 바랍니다.

2021년 6월

조안 C. 트론토 미국 뉴욕에서

한국어판 서문

『돌봄민주주의: 시장, 평등, 정의』의 한국어판 서문을 쓰게 되어 영광입니다. 이 책에서 저는 민주주의를 사람들이 체감하는 실생활에 좀 더 가깝게 두고 있기 때문에, 제 논점에 대해 한국의 독자가 어떻게 생각할지 매우 궁금합니다. 실제로 이 책에서 제시한 가시적 협력의 도덕 논의가 한국사회의 관점에서 어떻게 적용될 수 있을지 궁금합니다.

이 책에서 인용한 사례는 대부분 미국의 정치 경험에서 비롯됩니다. 미국의 사례가 독보적이거나 더 좋기 때문이 아니라 미국인의 한 사람으로 단지 제가 알고 있는 최선의 사례이기 때문입니다. 비록 제가 한국에 대해 많이 알지는 못하지만, 한국도 고령화, 부족한 사회적 안전망을 초래하는 사회적 불평등, 공적인 돌봄 지원 방식을 찾아야 하는 문제 등에 직면해 있을 것이라고 예상합니다. 실제로 변화하는 세계질서 속에서 미국처럼 한국도 고령화뿐만 아니라 실업 문제를 해결할 열쇠를 찾기 위해 안간힘을 쓰고 있을 것입니다. 전 세계적인 경제 위기는 좀 더 많은 사람이 자신의 시간과 에너지를 착취하는 방식으로 일을 하면 할수록, 부가 좀 더 많이 늘어날 수 있을 것이라는 사고방식의 결과입니다. 하지만 일을 많이 하지만 우리의 삶은 고단해졌습니다. 미국에서 유행하는 '일과 생활의 균형'이라는 표현은 실제 대다수 사람의 일상생활을 특징짓는 불균형을 숨기고 있습니다. 우리는 우리의 자녀, 부모, 친구, 이웃을 돌보기 위해 우리의 노동 일과를 허겁지겁 보내야 합니다.

하지만 왜 경제가 요구하는 것이 우리의 삶을 왜곡시키도록 방치해야 할까요? 우리 중 대부분은 이러한 삶이 올바른 방식이 아니라고 생각할 것입니다. 우리는 삶을 일에 맞추는 것이 아니라 일을 삶에 맞춰 조직할 수 있어야 합니다. 사람은 삶의 생애주기를 거치며 자신과 타인을 돌봐야 할 필요는 변하지만 일이 요구하는 것은 변하지 않습니다. 왜 우리는 이러한 왜곡된 일이 벌어지도록 가만있었을까요?

제게 이것은 궁극적으로 민주주의에 대한 질문입니다. 모든 사람은 시민이기 때문에, 즉 투표나 정치에 참여하지 못하게 하는 공식적인 장벽이 존재하지 않기 때문에, 우리 모두는 평등하다고 말할 수 있을지 모릅니다. 그러나 가정에서 아이를 돌봐야 하는 사람이나 부모님의 안전을 확인하며 멀리 여행을 다녀와야 하는 이들은 공적 생활에 참여하기에 적합한 상황이 아닐 것입니다. 만일 민주주의가 평등을 말한다면, 어떻게 돌봄의 불평등이 공적 생활의 불평등으로 이어지도록 외면할 수 있을까요?

그렇다면 우리가 해야 할 일은 돌봄을 민주적인 삶에서 반드시 있어야 하는 필수요소로 포함시킴으로써 민주적인 실천과 이상을 지속적으로 심화시키는 것입니다. 저는 이 책에서 돌봄책임을 할당하는 것으로 그리고 돌봄에 관여하는 모든 사람의 목소리가 경청된다는 의미로 민주주의를 재정의해야 한다고 말하고 있습니다.

이 책은 돌봄민주주의를 만들어갈 때 고려해야 할 사항을 모두 다루고 있지는 않습니다. 국경을 넘어선 돌봄책임을 어떻게 수행해야 할 것인가에 대한 문제는 논의하지 않았지만, 이는 앞으로 더 깊이 탐구해야 할 주제입니다.

이 책의 논점은 우리 자신, 우리 가족과 친구는 물론 우리의 환경과 전 세계를 잘 돌볼 수 있는 방식을 좀 더 명확하게 적시하기 위해서 민주주의에 관한 우리의 개념을 재조정하는 것입니다. 우리는 시장을 최선의 돌봄 기제로 간주하는 발상에 도전해야 합니다. 우리는 인간 삶의 복잡성을 인정하고 이에 상응하는 정치질서를 만들어야 할 것입니다. 우리는 모두 취약한 인간입니다. 하지만 우리의 취약성은 사람에 따라 다르며, 한 개인의 생애 주기에 따라서도 다릅니다. 한국의 독자가 함께 살아가는 법을 개선하기 위한 새로운 방식과 민주주의의 의미에 대한 기본적인 질문을 다시 생각해보기 위한 영감을 얻으시기를 기대합니다. 돌봄민주주의라는 아이디어에 대해 한국 독자의 반응을 들을 수 있기를 기대합니다.

2014년 3월

조안 C. 트론토

미네아폴리스, 미네소타, 미국

서문

『도덕의 범주: 돌봄윤리의 정치적 논점』(*Moral Boundaries: A Political Argument for an Ethic of Care*)에서 필자는 우리가 돌봄을 정치적 삶의 중앙에 자리매김할 수 있다면 세상은 아주 다르게 보일 것이라고 주장한 바 있다. 이후 몇 년간, 일군의 학자들과 운동가들이 지속적으로 노력했음에도 돌봄을 개선하려는 대중 운동은 눈에 띄지 않았다(Engster, 2010; Stone, 2000). 하지만 논쟁의 본질이 페미니스트의 논의 구조 속에서 변화되어오고, 신자유주의의 조건 아래 지속되는 지구화와 테러로 불안은 더욱 가중되었음에도 불구하고, 필자는 더 많이 돌보는 사회, 더 정의로운 사회가 가능한 정치적 가능성에 대해 여전히 낙관적이다. 필자는 이 책에서 그러한 사회를 만들기 위해 우리가 민주주의와 돌봄을 어떻게 다르게 이해해야 하는지를 묻는다. 민주주의 이론, 정치학, 삶의 본질에 대한 수많은 논의에도 불구하고, 사회가 어떻게 돌봄책임을 민주적 정치의제의 중심에 둘 것인지의 방법을 밝히는 것만큼 유익한 것은 없다고 필자는 주장한다.

최근 대다수 민주정치이론의 맥락에서 볼 때 이러한 주제는 즐겨 찾던 것은 아니다. 많은 정치이론가들은 현대 자유민주주의가 얼마나 비민주적이며 야만적인지, 자유민주주의 정권들이 걸핏하면 상당수 국민을 단지 '허울뿐인 삶'으로 내몰아왔는지를 보여주기 위해 집중해왔다. 다른 정치이론가들은 정치적 삶에서 갈등을 설명하는 데 관심을 기울였다: 민주주의가 논쟁을 좋아하는가? 심의와 이에 따른 의견 불일치가 정치에 더 긍정적인 요소인가? 또 다른 연구자들은 정치에 대한 우리의 생각을 바르게 할 수 있는 민주적 판단을 다시 주목하고 있다. 이러한 이슈들은 중요하며 연구할 가치가 있지만, 이러한 논의들은 민주정치의 삶이 무엇이어야 하는지에 대한 사실을 간과하고 있다. 필자는 이 책에서 사회가 책임을 분담하는 하나의 방법으로서 가장 포괄적이고 공적인 모습으로 돌봄을 생각하는 것은, 폐쇄적이고 게임이 된 정치시스템을 진정한 시민의 관심사로 재개봉할 수 있는 실질적인 기회를 제공한다고 제안한다.

이 책은 하나의 아이디어에 대한 것이다. 이 아이디어는 영어에서 많이 쓰이는 돌봄(care)이라는 단어에서 나왔다. 케어(care, 돌봄)는 여러 뜻이 있다. 즉 '근심(cares)과 비애(woes)'라고 할 때 '케어'는 부담을 의미하지만, '난 당신을 소중히 생각해요'(I care for you)라고 할 때는 사랑을 표현한다. 케어는 언제나 어떤 것에 관심을 보이고 다가서는 어떤 행동이나 그런 기질을 의미한다. '제 몸을 잘 돌본다'(I take good care of myself)라고 할 때처럼 우리가 케어라는 단어를 우리 자신에게 사용할 때, 우리는 스스로가 행위의 주체이자 관심의 대상이기도 하다는 것을 알 수 있다. 케어는 관계를 표현한다. 케어는 우리가 '나는 돌고래에 관심이 많다'(I care about dolphins)고 할 때처럼 강한 확신을 표현할 때도 사용된다. 또한 광고 문구 '맥도널드의 케어'(McDonald's cares)처럼, 늘 그렇듯 광고주들이 자사에 대한 호감을 불러일으키면서 그 제품을 계속해서 구매하도록 할 때도 활용된다.

이 책의 아이디어를 간략하게 요약하면 이렇다. 민주주의 사회에서 시민으로 산다는 것은 시민을 돌본다는 뜻이자 민주주의 자체를 돌본다는 것을 의미한다. 필자는 이러한 실천을 '함께 돌봄'(caring with)이라 부른다. 돌봄과 같이 시민권(citizenship)은 (정부가 돌봄이 필요한 이들에 대한 지원을 할 때의) 지원과 (정치제도와 공동체를 유지하고 존속시키기 위해 일조해야 하는) 부담을 함께 의미한다. 민주적인 돌봄에 함께한다는 것은 시민이 자신뿐만 아니라 다른 시민의 책임도 면밀히 생각해야 할 필요가 있음을 의미한다. 그리고 민주적 돌봄에 함께한다는 것은, 정치를 단순한 선거경쟁이 아니라 제때 올바른 방향으로 국가를 인도해가는 집단적인 행동(collective action)으로 보는 인식의 전환을 요구하는 것이다. 케인스(John Maynard Keynes)가 "결국 우리는 모두 죽는다"(1971[1923]: 65)고 언급한 점에서 그는 틀리지 않았다. 하지만 사람은 자신의 현재 행동으로 미래를 만들어간다. 민주주의의 미래에 대해 돌보는 것은 간단한 일이 아니다. 더 나아가, 이는 민주주의라는 개념이 이해관계를 모두 합하거나 정치지도자를 선출하는 단순한 시스템과 다르다는 것은 명백하다. 그러나 자세히 밝히겠지만, 필자는 민주적 삶과 실천에 대한 완벽한 대안을 제공하는 데 초점을 두지 않으려고 한다. 필자가 보기에 그것은 민주사회의 시민의 몫이기 때문이다.

30년간 강의하였던 헌터 대학(Hunter College)의 교훈(校訓)은 라틴어로 'mihi cura futuri'다. 이를 헌터 대학에서는 '미래는 내 손에 달려 있다'고 번역하거나, 글자 그대로는 아니지만 '미래를 돌본다'로 번역하기도 한다. 2003년까지 사람들은 대부분 이 구절을 대학가 주변에서 흔히 접할 수 있는 19세기에 유행했던 라틴식 표현의 한 종류인 '19세기 현학자가 쓰던 일종의 합성어'로 생각했다. 고전 수업을 듣던 뮤레이(Jillian Murray)라는 한 학생이 그 구절은 실제로 전문적인 법률 라틴어였다는 사실을 오비디우스(Ovidius)의 서사시 『메타모르포세스』(*Metamorphoses*) 13권에서 찾아냈다. 죽은 아킬레우스(Achilleus)의 갑옷을 누가 가져와야 하는지 율리시스(Ulysses)와 아약스(Ajax)가 논쟁 중일 때, 율리시스는 상대를 다음과 같이 불쾌하게 대비시켰다. "당신의 오른손은 싸울 때 매우 유용하오. 신이 준 재능이오. 〔……〕 당신은 생각 없는 사람들을 이끌면 되고, 미래를 걱정하는 것은 나의 몫이오[*mihi cura futuri*]"(Murray, 2003). "생각 없는 사람들을 이끄는" 것은 단기간에는 성공할 수 있지만, 미래를 염려해야 한다면 누군가는 다르게 행동해야 한다. 이는 율리시스가 아킬레우스의 진정한 후계자임을 자임하는 것이다.

우리는 "생각 없는 사람들을 이끄는" 지도자가 지나치게 들끓고 있는 시대에 살고 있다. 하지만 필자는 이러한 생각 없음에 대해서 종종 외면당했던 하지만 중요한 측면에 초점을 맞추고자 한다: 우리가 주목하는 돌봄에 무슨 일들이 있었던가? 왜 인간의 삶과 정치에 대한 수많은 토론이 이기심, 탐욕, 이윤에 대한 토론으로 둔갑해버리는가? 왜 경제용어가 다종다양한 모든 정치언어를 대신하고 있는가?

이 책은 '돌봄'이라는 연약한 단어에 또 다른 짐을 실으려고 한다. '경제'(economy)적 삶을 제외하고 인간존재의 다른 측면을 백안시

(白眼視)해온 잘못된 관행을 이 책에서 피력하려 한다. 시민은 노동자와 소비자라는 경제영역이 아니어도 두 가지 또 다른 삶의 영역에서 살아간다. 하나는 가정, 가족, 친구, 친인척 간의 친밀한 돌봄의 세계이며, 다른 하나는 정치의 세계이다. 필자는 이 책에서 지금까지 우리가 정치세계를 경제세계의 한 부분으로 오인해왔다고 주장한다. 대신에 필자는 정치란 역사적으로 존재해왔으며 규범적으로 존재해야 하는 돌봄의 영역인 가정(households)에 가깝다고 주장한다. '모성적 사고'(maternal thinking)에 대한 여성주의적 비판이 존재하지만(Dietz, 1985 참조) —'모성적 사고'에 대한 옹호자와 필자 모두 정치적 관심사와 가정의 관심사가 정확히 일치한다고 보는 것은 아니다— 정치사상가들이 곧잘 가정을 정치공동체(polities)와 비교하는 데는 그럴 만한 이유가 있다. 가정과 정치공동체 모두 인간이 자신의 개별 이익을 추구해서 탄생한 제도라기보다 유대관계(紐帶關係)를 토대로 형성된 제도이다. 민주주의에서 정치는 우리의 돌봄이 필요하다. 그리고 우리도 우리의 돌봄실천에 대한 다양한 지원을 정부에 기대한다. 정부는 우리가 신경 써야 하는 그 무엇이자, 이에 대한 화답으로 우리를 위해 '돌봄'을 제공하는 그 무엇이다.

민주적 삶의 가장 큰 과제는 불평등을 조성하는 경제적 산물을 생산하면서도 —이것은 불평등을 야기한다— 동시에 우리 모두를 사회의 평등한 구성원으로 인정해야 하는 것이다. 18세기 후반 민주주의 논쟁이 표면화된 이래로, 민주적 시민은 다른 사람의 안녕을 위해 충분히 열심히 일하지 않을 것이라는 위험한 생각이 우리의 정치의식 이면에 자리를 잡았다. 산업화 초기 반자본주의자들에게 '임금노예'(wage slavery)로 이해되었던 노동자(workers)에 대한 강압으로 자본주의는 괄목할 만한 성장을 이뤘다. 자본주의는 전례 없는 과도한 부의 축적을 가져온 시스템이며, 마르크스(Karl Marx)가 갈파했듯이 자본의 성장과 팽창을 지원하는 것이 국가의 핵심 역할 중 하나가 되었다. 하지만 공적인 삶의 대부분이 경제성장과 생산으로 편중되면서, 인간은 생산해야 한다는 것뿐만 아니라 삶을 의미 있게 채워야 한다는, 동등하게 중요한 인간의 관심사가 뒷전으로 밀려나 버렸다.

이러한 발전의 흥미로운 측면은 경제적 삶이 가정과 생존을 뒷전에 둠에 따라, 돌봄과 의미를 부여하는 작업 역시 집안에서 담당하는 일로 치부되었다는 점이다. 18세기 중반 생산력이 있는 시민으로서 남성의 역할에 관한 주장이 확산하였다. 퍼거슨(Adam Ferguson) 같은 사상가(1995[1767])는 경제적 안녕을 강조하는 새로운 관심에 반대했다. 자기 자신의 경제적 안녕만 걱정하는 것은, 그의 표현대로, '남자답지 못'(effeminate)하다고 설명했다. 그러나 경제적 생산이 집 울타리에서 떨어져 나감에 따라, 돌봄의 공간이 된 집과 이로부터 떨어진 일터가 '분리된 영역'(separate spheres)으로 성별화되었다. 그리고 결과적으로 '돌봄'은 경제적 생산력을 제일로 삼은 국가에게 부수적인 관심거리로 전락해버렸다.

이 책에서 필자는 이러한 불균형이 어디서 비롯되었는지에 대한 역사에 대해서 거론하지 않을 것이다. 그 대신 민주주의 국가에서 이 같은 불균형을 바로잡는 방법에 대해 논할 것이다. 간단히 말하면, 이는 시민은 서로를 '함께 돌보는' 책임을 진지하게 받아들여야 함을 요구한다. '함께 돌봄'은 비록 궁극적으로는 개인 및 집단의 이해관계에 관한 것이지만, 개인이 자신의 이해관계를 판단하는 것과는 다르다. 함께 돌봄을 실천하기 위해서는 시민의 가치가 변해야 한다. 시민은 자신뿐만 아니라 아이들의 삶을 위해 미래를 준비하는 정치적 임무(burden)를 받아들이기 위해 돌봄에 많은 관심을 경주해야 한다. 여기서 미래란 경제적 생산성뿐만 아니라 자유, 평등, 정의라는 가치들을 구현하는 것에 관한 것이다. 이러한 미래는 우리 자신, 가족, 친지뿐만 아니라 이견을 지닌 사람들과 관련되며, 더 나아가 이 자연과 지구를 의미한다. 그러한 미래는 우리가 정직하게 과거에 대해 깊이 있게 생각하고 과거에는 무시했거나 왜곡시켜왔던 일부 부담과 책임을 받아들여야 한다. 이는 만일 그러한 모든 책임이 재검토된다면 민주주의가 더 정의롭게 작동할 것이라는 사실을 깨달아야 한다는 것이다.

민주주의에 관심을 두고 신경을 쓰는 것은 모든 시민의 임무이지만 쉽지만은 않은 일이다. 비록 어떻게 돌보는 것이 가장 좋은 방법인지는 시민들 사이에서도 이견과 논쟁이 있게 마련이지만 그럼에도 모든 시민이 '함께 돌보는' 실천에 동참할 때, 동참으로 시민 간에 더 큰 신뢰를 쌓고 공적 존재인 '공화'(모두의 것, *res publica*)라는 집단적인 목적을 돌볼 수 있는 역량을 더 잘 키울 수 있게 될 것이다. 이 책은 우리의 가치관에서 왜 이러한 변화가 왜 있어야 하는지에 대한 논의를 담았다. 우리의 성공 여부는 이러한 변화를 따르는 생각과 행동에 달려 있다.

클린턴(Bill Clinton) 대통령은 출마 당시, '바보야! 문제는 경제야'라는 문구를 선거구호로 내세웠다. 하지만 잠재적 유권자의 일차적인 환심을 사기 위한 정당의 주기적 선거로 왜소화된 민주주의의 이면을 살펴보면, 우리의 일상에서 '경제'의 문제로 환원해도 채워지지 않는 실직, 뭔가 부족해 보이는 건강보험, 타임 바인드(time-bind),[1] 자녀와 노부모 돌봄 등 돌봄과 직장생활 사이에서 균형을 잡아보려 안절부절하는 일상으로 채워진 현실의 문제가 존재한다. 정치인이 점점 더 유권자와 괴리된 아젠다(agenda)를 잘해내겠다고 열을 올릴수록 유권자는 정치인만의 게임에 더욱 냉소적이 된다.

이렇게 냉소적인 정치게임이 진정한 정치를 대체하면서, 선거에서 승리하는 것만을 목표로 하는, 책임이 빠진 악순환의 형태가 이어지게 된다. 유권자는 이런 같은 시스템을 신뢰하지 않는다. 하지만 유권자의 역할이 주변부로 밀렸기 때문에 정치에서 유권자를 이탈시키는 게임이 선거 전략이 되었다. 이러한 시스템에서 빠져나오지 못할 경우, 많은 유권자는 선출 정치인과 결과적으로 고비용 선거시스템으로 치른 선거기술자의 입맛에 맞는 선거공학적 기교의 통제와 예측 하에 방치된다.

이 책에서 필자는 정치적 삶이라는 주제를 '경제'라는 추상적인 관심에서 실제 우리의 삶을 어떻게 대처해야 하는지에 관한 지침으로 바꾸어서 진행할 것이다. 하지만 필자는 돌봄책임을 어떻게 분담해야 하는지에 대한 처방을 구체적으로 제시하지 않으려 한다. 권력이 국민에게 있다고 하면서, 국민 즉 데모스(*demos*)를 위한 결론까지 처방하려는 이론가의 아이러니를 종종 본다. 각자의 최선책을 따라갈 때 좀 더 명확한 것을 얻을 수 있을 것이다. 하지만 필자의 전반

---

1 1997년 사회학자 혹실드(Arlie Russel Hochschild)가 『타임 바인드: 직장이 집이 되고 집이 직장이 될 때』(*The Time Bind: When Work Becomes Home and Home Becomes Work*)에서 소개한 개념이다. 일과 가정의 경계가 모호해진 사회환경이 조성되면서 가정과 직장의 역할이 바뀌고 있다는 점을 지적한다. 직장은 소속감을 제공하면서 더 매력적인 곳으로 변하고 있지만, 가정은 지나치게 많은 요구 사항이 쌓여가는 더 스트레스를 받는 곳이 되어버렸다—옮긴이.

적인 관점을 받아들이기 위해 필자의 설명이나 처방의 세부사항까지 동의할 필요는 없다. 즉 정치적 삶은 궁극적으로 돌봄책임을 분담하는 것과 관련되며, 돌봄책임과 관련 있는 모든 관계 방식과 사람들이 현재 진행되는 정치적 담론의 일부가 되어야 할 필요가 있다. 소문자 'd'의 소박한 민주주의자가 되기 위해서는 전후 사정을 숙지하고 민주적 가치를 행동으로 보여주며 이러한 가치와 일치하는 결정을 내릴 수 있는 사람들에게 누군가 확실한 신념을 심어주어야 한다.

만만치 않은 작업이다. 다수의 정치학자들은 시민은 대개 정치에 무관심하며 잘 알지도 못한다고 생각한다. 지금도 많은 민주주의 이론가들은 자주 '선택,' '권리,' '자유' 같은 단어로 축소된 민주적 가치를 해독하기 어렵다고 생각한다. 지금 당장 민주적 다수가 민주적 가치에 대해 건전한 판단을 할 것이라고 신뢰하기에는 무리가 있을 수 있다. 하지만 민주주의 이론가로서 만일 우리가 만일 시민의 삶에 의미를 만들 수 있는 수준에서 정치를 분석하거나 설명할 수 있다면, 만일 지금의 '정치'를 괴롭히는 부패한 힘을 제거할 수 있다면, 시민의 집단적 판단에 대한 신뢰를 발전시켜나갈 수 있다. 돌봄은 위와 같은 논의가 우리의 실제 경험과 차이와 연동되어 논의될 수 있도록 도와준다.

민주정치는 자체로 돌봄으로 이어지는 제도와 실천에 관련된다고 주장하는 것은, 필자가 돌봄과 민주주의를 반(半)만 연계시키고 있는 것이다. 하지만 민주정치에 대한 나머지 절반의 논의 역시 그만큼 중요하다. 다시 말해, 시민이 참여해서 통치하는 모습으로서의 민주주의 또한 돌봄이 요구된다. 시민이 정의에 둔감하고 정의가 안전한지 보살피지(care about) 않는다면, 통제하는 정치엘리트와 법치(rule of law)에 대한 시민의 역할을 보살피지(care about) 않는다면, 그런 시민의 민주국가에서 민주주의는 단명할 것이다.

필자의 주장을 오해하지 않았으면 한다. 우리는 '정치'가 피곤하고 공허하게 들리는 시대에 살고 있기 때문에 필자가 제안한 '정치'가 더 많은 돌봄이 있는 가정과 비슷해진다면 이는 더 좋아질 것이고 한 국가가 행복한 대가족과 비슷해 보일 수도 있다. 그리고 돌봄이 결국 갈등을 완화하고 없앨 것이라 상상을 할 수도 있다.

하지만 필자의 주장은 그렇지 않다. 돌봄에 대해 단 몇 분만 정직하게 생각해보면 복잡한 문제들이 드러난다. 돌봄관계는 대개 불평등한 관계이기 때문에 민주적 평등관계의 관점에서 보면 바로 도전해야 할 대상일 수 있다. 다시 말해, 우리 안에서도 좋은 돌봄이 무엇인지 이견이 있을 수 있다. 다원성을 잃은 돌봄 논의는 결국 나쁜 돌봄을 강제하고 자유를 침범할 수 있다.

비록 일부에서 돌봄에 관한 집단적인 관심을 불러일으키는 노력을 아장대는 '유모국가'(nanny state)라고 퇴색하려는 시도가 있었지만, 그러한 경멸적인 언사의 이면에 존재하는 현대 사회의 복잡성을 감안한다면, 개인과 주변 친지들이 채워줄 수 있는 돌봄역량은 돌봄수요에 비해 크게 부족하다. 문제는 돌봄의 책임을 광범위하게 분담할 것인지의 여부(whether)가 아니라 어떻게(how) 분담해야 하는지이다. 문제는 민주사회가 가족에 의지하지 않고 사회의 돌봄책임을 충족시켜야 함을 생각해야 한다는 것이 아니라, 그들이 현재는 어떻게 돌봄을 분담하고 있으며 이러한 돌봄 방식이 민주시민을 양성하는 데 최선의 방법인지를 묻는 것이다. 이렇게 포괄적인 차원에서 돌봄을 재조명하는 것은 인간의 상호활동을 재평가하는 것일 뿐만 아니라 점점 더 허약해져가는 이 행성과 세계화된 사회에서 민주주의자로서 시민 자신의 위치를 성찰해 볼 것을 요구하는 것이다.

이 책은 민주정치와 관련된 주제를 재검토하며 서술할 것이다. 필자는 미국인이고 미국 사회에 살면서 돌봄에 대한 딜레마에 익숙해 있기 때문에, 필자의 사례가 자주 등장할 것이다. 하지만 이 책이 상이하고 다양한 정치적 맥락에서도 보편적인 논의가 될 수 있기를 기대한다. 실제로 이 시대의 경제가 만들어낸 모든 돌봄 문제에 대해 필자가 틀리지 않았다면, 개별 국가를 초월하는 해법만이 궁극적으로 성공할 것이다.

필자는 이 책이 민주정치를 연구하는 학자와 돌봄에 관심 있는 학자, 현재 우리에게 가장 중요한 문제가 무엇인지를 반영하는 작금의 발상과 방식이 얼마나 잘못되었는지 가슴 답답해할 일반 시민의 관심거리가 되기를 기대한다. 인간은 타인의 돌봄으로 생을 시작하고 마감한다. 즉 타인과의 돌봄에서 분리될 수 없는 시기와 스스로 돌봄을 요구하고 스스로 제공하는 시기 사이에서 살아간다. 돌봄의 상호의존성(interdependence)이 점점 커지면서, 우리 자신과 우리 주변 모두가 충분한 돌봄을 확실하게 받기 위해 우리의 시간, 에너지, 일과 자원을 어떻게 꼼꼼히 분석해야 할지 재검토해야 한다. 우리는 이러한 문제를 분절적으로 생각할 수 없으며 반드시 통합적으로 재검토해야 한다. 그렇게 해야만 우리 스스로를 바라보는 관점을 바꿀 수 있으며 우리의 가장 근본적인 정치적 선택을 견인할 수 있는 그 무엇을 변화시킬 수 있다.

아직 늦지 않았다.

감사의 글

이 책을 쓰면서 받은 주변의 많은 분의 도움을 열거하는 것은 영예로운 일이다. 지난 세월 이 책의 문제의식이 필자의 마음을 사로잡아왔기에, 필자는 지난 20여 년간 어떤 논의와 대화 하나도 빼놓을 수 없을 정도로 매번 깨달음을 얻었다. 필자의 견해에 동의하는 분들과 그렇지 않은 분들께 그들의 문제제기와 격론, 격려와 염려에 대해 감사를 표하는 것이 필자의 도리인 것 같다. 필자는 이 모든 것이 있었기에 성장할 수 있었다.

많은 기관에서 실질적인 도움을 주셨다. 네덜란드의 인문학 대학, 프린스턴 대학의 인간가치센터, 뉴욕 시립대학(CUNY), 예일 대학, 괴테 대학, 풀브라이트 재단, 괴팅겐 대학, 볼로냐 대학의 CIRSFID, 그리고 미네소타 대학 등에서 본 연구의 선행 연구를 통해 조사하고 강의할 기회를 가질 수 있었다.

많은 동료가 이번 프로젝트를 통해 상당한 도움을 주셨다. 피셔(Berenice Fisher)와 함께했던 초기 협업이 없었다면 돌봄에 대한 필자의 작업은 불가능했을 것이며, 기나긴 그리고 생산적인 토론에서 그녀에게 항상 은혜를 입은 마음을 갖고 있다. 그녀와 필자 의견이 달라도 필자는 항상 그녀의 아이디어를 생각해왔다. 세븐후이젠(Selma Sevenhuijsen)은 영감을 주는 동료일 뿐만 아니라 꾸준하고 깊이 있는 지적 공동체를 꾸려나갈 수 있게 해주었다. 수년간 다양한 돌봄학자들이 생겼으며, 필자가 그들에게 동의하지 않거나 그들과 견해가 같을 때도 필자는 꾸준히 헬드(Virginia Held), 나딩스(Nel Noddings), 윌리엄스(Fiona Williams), 화이트(Julie White), 폴브레(Nancy Folbre), 베르네스(Kari Waerness), 한키브스키(Olena Hankivsky), 커쇼(Paul Kershaw), 잉스터(Daniel Engster), 위더쇼번(Guy Widdershoven), 베르커크(Marian Verkerk), 마스초트(Hank Maschot), 스톤(Deborah Stone), 사르티(Rafaella Sarti), 네델스키(Jennifer Nedelsky)에게 배워왔다. 워커(Margaret Urban Walker), 아켈스버그(Martha Ackelsburg), 쉔리(Molly Shanley), 허쉬만(Nancy Hirshmann), 베이스(Jane Bayes), 칼라한(Joan Callahan), 코드(Lorraine Code), 재거(Alison Jaggar), 모제르(Liane Mozere), 보잘렉(Vivienne Bozaleck), 미첼(Sonia Michels), 사바시(Wendy Sarvasy), 나케노프(Carol Nackenoff), 로빈슨(Fiona Robinson)을 포함한 많은 학자와 학생은 여러 대륙을 통해 페미니스트 이론과 돌봄의 문제에 대해 문제를 제기하고 토론을 해왔다. 이탈리아 친구 자네티(Gianfrancesco Zanetti)는 유머와 지적 자극을 불어넣어 주어 필자의 작업이 기존 위계질서에 대한 도전이 될 수 있게 해주었다. 카사데이(Thomas Casadei)도 이탈리아의 절친한 지원자였으며, 필자는 볼로냐의 CIRSFID의 파라리(Carla Faralli) 여사에게도 많은 빚을 졌다. 람베르티(Rafaella Lamberti), 본조반니(Georgio Bongiovanni), 모리치오(Enrica Morlicchio), 레칼다노(Eugenio Lecaldano), 브리가티(Roberto Brigati), 트루히요(Isabel Trujillo), 나르디니(Manuela Nardini), 라우티(Raffaele Rauti)에게는 이탈리아를 통해 가르치고 배울 수 있는 기회의 자극을 받았으며 매우 감사하고 있다.

랑구이어(Sandra Languier)와 페이퍼맨(Patrica Papermann)은 프랑스에서 필자를 계속해서 지원해주었다. 페테르센(Tove Pettersen)과 노르트베트(Per Nordtvedt)는 필자를 노르웨이로 여러 차례 안내해주었으며, 필자는 그들과 작업을 같이한 것에 감사를 표하고 싶다. 콘라디(Elizabeth Conradi)는 괴팅겐에서 필자를 위해 여름학기를 개설해주었으며 진실한 동료로 남아주었다. 마르코(Graciela Di Marco)는 전 세계에 가르칠 수 있는 부에노스 아이레스(Buenos Aires)의 민주주의 아이디어를 많은 대중과 함께 나눌 수 있는 기회를 주었다.

사회개발그룹(Social Development Group) 내 유엔조사위원회(United Nations Research)가 구성한 워크숍에 초대해준 라자비(Shahra Razavi) 덕분에 몇몇 아이디어를 발전시킬 수 있었다. 서부정치학협회의 페미니스트 정치이론 그룹(Western Political Science Association's Feminist Political Theory Group)의 워크숍에서, 펨버턴(Sarah Pemberton)은 '함께 돌봄'(caring with)이라는 용어를 주된 아이디어로 파악할 수 있도록 해주었으며, 그녀와 현명한 지혜를 모아준 워크숍에 참석한 다른 참가자에게 감사를 표한다. 작고한 동료들이 베푼 많은 은혜에 대해 더 이상 갚을 수 없다는 점이 안타깝다. 오킨(Susan Moller Okin), 영(Iris Marion Young), 러딕(Sara Ruddick)

은 필자를 고무시켰으며 필자에게 여전한 질문을 남겨두었다. 페체스키(Rosalind Petchesky), 월라츠(John Wallach), 오브라이언(Ruth O'Brien), 로린스(Joe Rollins), 셰릴(Ken Sherrill), 코헨(Ann Cohen), 밀스(Pamela Mills), 로빈(Corey Robin), 김영선(Young-Sun Kim) 그리고 헬리(Dorothy Helly) 등 필자의 예전 헌터 대학(Hunter College/City University of New York) 동료는 그들이 기억하는 것보다 훨씬 많은 아이디어를 토론해왔다. 래리모어(Mark Larrimore), 크레머(Callie Kramer), 포스튜더(Herline Pauer-Studer)는 뉴욕과 여타 다른 곳의 부엌에서 함께 논의했던 존경스러운 친구들이다.

미네소타 대학, 뉴욕 시립대학과 전 세계의 대학원생들은 유익한 논평을 해주었다. 미네소타 대학의 정치학 동료들은 여러 장에 대해 논평을 해왔으며, 활발한 지적 토론으로 필자를 초대해주었고, 필자가 학문적 작업에 천착할 수 있도록 긍정적인 에너지를 주었다. 필자는 디에츠(Mary Dietz)에게 친구로서 학문적 성과에 대한 영감을 지속적으로 받아왔다.

뉴욕 대학 출판사 편집자는 필자가 설명할 수 없을 정도로 참을성을 지닌 분들이다. 칼리시(Ilene Kalish)는 사려 깊게 도움을 많이 주었으며 계속해서 활기찬 힘을 북돋아 주었다. 아모스(Aiden Amos)도 원고를 마무리하는 데 큰 도움을 주었다. 익명의 평론가들과 헤이어(Jorma Heier)는 최종안에 대해 논평을 해주셨다. 매우 감사드린다.

제4장은 해밍턴(Maurice Hamington)과 밀러(Dorothy C. Miller)가 편집한 『돌봄을 사회화하기: 페미니스트 윤리와 공적 이슈』(*Socializing Care: Feminist Ethics and Public Issues*, 2006)에 실린 논문

「돌봄의 악순환과 선순환: 괜찮은 돌봄이 사회적 무책임을 특권화할 때」(Vicious and Virtuous Circles of Care: When Decent Caring Privileges Social Irresponsibility)에서 발전한 것이다. 필자는 이 논문을 이 책에 수정하여 재사용할 수 있도록 허가해준 로만과 리틀필드(Rowman & Littlefield) 출판사에 감사의 말을 전한다.

필자의 마지막 감사는 미래의 몫이다. 필자는 이 책을 접하고 이 책이 제기한 문제를 진지하게 논의하고자 하는 독자에게 감사하고 싶다. 필자는 이 책을 현재 우리의 정치적 가능성을 의미 있게 할 수단을 찾고자 하는 평범한 시민뿐만 아니라 민주주의 이론가와 민주적 삶을 실천하는 학자에게 드리고자 한다. 작금의 시기는 민주주의를 믿는 우리 모두에게 힘겨운 시대다. 필자는 진정으로 중요한 문제, 즉 우리가 신경 쓰는 것과 신경 써야 할 주제로 정치적 삶의 주제가 변화될 수 있다는 희망을 여전히 갖고 있다.

머리말

돌봄이 이제는 '집안일'이 아닌 시대

현실을 직시해보자. 돌봄은 이제 '집안일'로 안 보인다. 수사가 아니라 현실이 그렇다. 단순해 보이던 시절이 있었다. 정치는 공적 공간에서 일어나는 어떤 것이었고, 돌봄은 사적 공간에서 일어나는 어떤 것이었다. 많은 사회에서 이러한 공/사 분류를 따랐다. 아리스토텔레스가 『정치학』(*Politics*) 시작 부분에서 폴리스(*polis*)와 오이코스(*oikos*, household)를 구분한 것은 잘 알려져 있다. 19세기 미국의 영역 분리 이데올로기는 공적 영역을 남성 영역으로 사적 영역을 여성 영역으로 성별화했다. 이러한 분류법 때문에 감성과 사랑 등 비정치적인 관심거리들이 사적인 영역으로 분류되었다. '가정(home)은 사랑이 있는 곳'으로, 바늘로 자수를 하는 곳이라고 생각해왔다. 심리학자 라쉬(Christopher Lasch, 1995)는 가정을 '비정한 세상의 안식처'라 불렀다.

하지만 가정을 정치와 동떨어진 편안함과 돌봄의 장소로 바라보는 것은 신화일 뿐이다. 일부(아니 대다수?) 가정은 가족에게 충분하고 좋은 그리고 심지어 우수한 돌봄을 제공하지만, 모든 가정에서 편안한 안식과 돌봄을 제공하는 것은 아니다. 시인 프로스트(Robert Frost, 1969)가 집(home)을 '당신이 그곳에 가야 할 때, 당신을 맞이해 주는 장소'로 정의했을 때, 그는 감성적으로 접근하거나 가정을 안락한 곳으로 상정한 것은 아니었다. 그리고 최근에 '가정'은 돌봄의 필요를 채워준다는 의미를 더 이상 담고 있지 않게 되었다.

지난 백 년 동안 돌봄에 대한 혁명적인 변화가 목격되었다. 돌봄은 관계를 좋게 해줄 뿐만 아니라 신체를 유지해주고 대소변을 치워주는 것과 같은 육체적 노동과 정성이 깃든 노고를 요구했다. 20세기 접어들어 인간발달에 대한 이해가 높아지면서, 돌봄은 좀 더 전문화되었으며 가사 영역에서 좀 더 떨어져 나갔다. 돌봄의 전문화(Duffy, 2011)는 예전에 가정에서 충족되었던 돌봄의무를 이행하는데 가정 밖의 다양한 제도, 즉 학교, 병원, 호스피스병원, 양로원과 장애인을 위한 돌봄시설, 장례식장 등을 탄생시켰다.

동시에 돌봄은 생활에 필수적인 상당량의 '궂은일'(dirty work), 예를 들면 세면, 식사 준비, 신체 수발, 청소 같은 일을 포함한다. 이러한 궂은일이 가정 밖으로 나오면서, 경제성장으로 인해 사회 하층으로 내몰린 대부분의 여성과 많은 수의 유색인으로 구성된 새로운 계층이 생겨났다(Glenn, 2010 참조). 부모는 과거보다 자녀와 시간을 많이 보내지만, 자녀를 씻기고 닦이는 등 매일 반복해야 하는 필수 허드렛일에 많은 시간을 쓰지는 않는다고 보고된다. 이제 허드렛일은 다른 누군가의 일로 남았다. '돌봄'은 이제 더 이상 가족의 일이 아니다.

이와 같이 돌봄 의미의 변화에 직면하여, 인간 삶에 대해 근본적이고 구체적인 방식에서 '가정'(home)의 분리가 시작되면서 많은 해악이 생겨났다. 최근 미국이 대면하는 가장 큰 두 가지 정치적 변화에서 가정의 의미가 어떻게 변화해왔는지 살펴보자.

2008년 신용붕괴로 촉발된 세계경제 위기의 중심에 있는 탐욕의 양파 껍질을 벗겨보면 곰곰이 생각해볼 만한 일들이 보인다. 주택가격 상승을 보자. 결과적으로 포장되어 세상에 팔려나간 처음부터 무가치했던 파생상품 모두 경제적으로 볼 때 전형적인 '거품'에서 비롯된 것이다. 세계시장에서 팔려나간 것은 다름 아닌 빚이었고, 미국 내에서 사람들에게 팔려나간 것은 그들의 집을 집값보다 많은 빚으로 전환시키는 것이 자신을 위한 훌륭한 투자라는 약속이었다.

이러한 '서브프라임' 거래는 (소득 확인을 하지 않거나 수년 후 소득이 감소한 후 담보를 회수할 수 있는 실질적인 가능성이 전혀 없는) 사람이 구매한 주택의 가치가 놀라운 비율로 지속적으로 폭등하게 되어 구매자도 실제 그들이 지불할 수 있는 수준 이상으로 무리하게 담보를 사용하고 있지 않다는 가정에서 출발했다. 담보를 회수해야 할 계약 만기시점이 다가오면, 담보 브로커가 등장해서 여전히 많은 돈을 받고 주택을 팔 수 있으며 담보 지불 만기도 또 다른 착수금만 지급되면 해결할 수 있다고 설득했다. TV 드라마 「집 장사」(Flip This House)와 같이, 돈을 쉽게 벌 수 있다는 약속에 솔깃해지고, 허영심을 건드리는 브로커와 신중하지 못한 은행의 부추김으로 수백만의 사람들은 자신의 집이 새로운 경제도약의 수단이 되어줄 수 있을 것이라는 기대에 사로잡혔다. 살고 있는 곳을 거주지로 생각하지 않고 가장 현명한 투자처로 간주하기 시작했다. 생활을 위해 일하는 것으로는 부자가 될 수 없다고 생각했던 것 같다. 하지만 거품이 꺼지기 직전까지 자산을 늘려가기 시작했던 운 좋은 사람에게 머리 위 지붕은 남용의 재원이었다. 물론 그 지붕이 모두 허물어지기 전까지 말이다.

프로스트가 '당신이 그곳에 가야 할 때, 집은 당신을 맞이해주어야 한다'고 썼듯이, 집(home)은 인간에게 향수 어린 애착을 상기시키는 '그런 곳'이었다. 그렇다면 사람들이 집에 대해 애착과 향수로 만족하지 않고 투자처로 간주하기 시작했다는 것은 무엇을 의미할까? 무엇이 가정(home)을 안전과 편안함의 장소로 생각하지 않고 계산된 이윤을 바라보는 눈으로 보도록 했나? 전통적으로 사회과학자의 문헌을 보면 가정은 따뜻함, 편안함, 스스로를 회복하고 에너지를 재충전하는 곳을 연상시킨다(Windsong, 2010). 그러나 지금 집은 가정이 아니라 투자 대상이 되었다.

이런 변화를 만들기 위해 사람들은 자신을 다르게 보는 발상의 전환으로 시작해야 했다. 영국 시민에 대한 연구가 이를 보여준다. 사람들은 금융 대박에 관심 없이 생계를 위해 일하거나 자기개발을 하는 등 소명의식을 갖고 직장에 헌신하는 것만으로는 부유해질 수 없다는 것을 깨닫기 시작했다(Bone and O'Reilly, 2010). 이제 사람들은 요령 있는 투자자가 되어야 했으며, 시장을 적당히 활용하고, 돈이 부족해도 투자를 꺼리지 않는다는 생각을 자신뿐만 아니라 다른 사람도 똑같이 한다고 생각하게 되었다. '너나 할 것 없이 모두가 각자의 투자자'라는 생각이 경제 전반을 지배하게 되고, 자신의 집을 투자처로 생각하기 시작하면서 향수 어린 유대관계는 증발해버렸다. 너무 소심해서 그랬는지 집의 의미 변화에 대해 능동적으로 대처하지 않았던 사람에게, 그들의 집은 은행에서 마음만 먹으면 줄 수 있고 개인은 금융투자부터 식료품 가게에 이르기까지 모든 것의 비용을 지불하는 데 활용할 수 있는 저리의 '주택개량' 대출을 활용한 다른 종류의 현금유동의 재원이 되었다. 소비자의 채무가 그들의 저축을 상회했다. 너나 할 것 없이 미국 소비자는 자신의 집이 결국에는 가치가 오를 것이라고 스스로에게 주문을 걸어가며 상승될 집값을 소득원으로 인식하는 저주에 빠졌다.

하지만 이러한 환상과 달리 실질임금은 오르지 않았고, 연금은 삭감되고 계속해서 줄어들었으며, 안정적이고 좋은 일자리를 구하는 건 무언가 허전한 약속이 되어버린 현실이 기다리고 있었다. 수입원으로서의 집은 일부 경제적 안정에 대한 기대만큼 매력적이었다. 사람들은 쓸 돈을 원했으며, 정치적·경제적으로 제자리를 찾지 못하는 불확실성을 보면서도 그들이 빌려 쓴 돈이 옥동자가 될 것이라는 또 한번의 기대를 자극하는 '징후'와 경험으로 불안감은 신기루가 될 것이라고 기대했다.

이 같은 소유를 향한 불안한 욕망이 사람들의 사고를 탈바꿈시켰다. 1940년대 루니 툰즈(Looney Tunes)의 만화에서도 나타나듯이, 미국인의 집은 육중한 망치로 부수고 열면 돈을 얻을 수 있는 담보대용의 물권, 대출계약서, 거대한 돼지저금통이 되었다. 하지만 이 만화 시리즈에서 자주 보이듯이, 부서진 조각은 환상의 파편이 아니라 깨져버린 현실임을 발견하며 일장춘몽은 끝이 난다. 부시(George W. Bush) 대통령이 전통적이고 역사적인 가치로서 집을 소유하는 것을 '소유권 사회'(ownership society)로 불렀던 시대가 끝난 것처럼 말이다.[1]

---

1 부시 대통령이 경제적 불평등이 뉴딜 정책 직전까지 도달했던 시기에 '소유권

2008년 시작된 경제위기는 이 같은 광적인 풍토를 한순간에 멈춰 세웠다. 은행은 구제되었지만 개인은 집을 잃거나 정당한 주택 가치보다 과잉 설정된 저당과 과도한 주택담보 대출만 남겨진 신세가 되었다. 일부 은행은 '대마불사'(大馬不死, too big to fail)였던 반면, 가계소득을 초과한 개인은 책임을 피하지 못했다. 개인은 깡통이 된 주택을 버리기 시작했고, 중앙정부와 지방정부는 세입 부족으로 제 살 깎기를 시작했으며 균형 예산을 위해 공공서비스를 축소하기 시작했다. 다시 말해, 무책임한 행태들이 연쇄적으로 모든 사람에게 영향을 미쳤다. 1980년대 이후 미국에서 가장 손쉬운 희생양은 '큰 정부'였으며, 일련의 사태에서 터져 나온 분노는 반정부 '티 파티'(Tea Party) 운동에서 볼 수 있었던 다음과 같은 표현으로 표출되었다. '세금은 이미 충분히 냈다.' 하지만 비난은 정작 정부가 아닌 다른 곳에 쇄도했다. 함께 미래를 희망했던 수백만의 사람들과 전 지구적 차원에서 경제개선에 대한 사람들의 불안한 전망을 이용한 은행 간 거대한 네트워크, 담보알선업자, 투자신탁회사 등에게 쏟아졌다.

무엇이 '조금 더'라고 아우성치게 했는가? 쇼어(Juliet Schor, 1998, 2000)는 미국인이 자녀에게 '조금 더' 해주기 위해 너무 많이 일하고 너무 많이 쓴다고 주장한다. 최근 40년간 미국 가족의 구조와 일의 유형은 극적으로 변하고 있다. 부모는 자녀를 잘 키우기 바

사회'라고 불리는 것에 대해 긍정적이었는지 아니면 회의적이었는지는 정확히 알기 어렵다. 소비자 자산에 대한 연방준비은행의 보고서를 인용하며, 주시아오디(Zhu Xiao Di, 2007)는 "2004년, 순수가정재산분배 중 상위 4분위까지가 87퍼센트(43.6조 달러)로 가장 큰 부분을 차지했으며, 하위 4분위 가계는 없었다. 상위 4분위와 하위 중간 4분위의 합이 6.5조 달러 즉 전체 가계 순수 부의 13퍼센트"에 달했다고 지적한다.

라면서 그들 자신은 '타임 바인드'(time-bind)(Hochschild, 1989, 1997)에 빠져버렸다. 그리고 부모는 잃어버린 시간을 보충하기 위해 돈과 그 밖의 수단을 사용하고 있다. 부모는 자녀와 많은 시간을 보내지만, 시간은 글자 그대로 자녀가 좋아하는 위주로 짠 활동에 동참하는 데 소모된다. 이 점은 청소와 요리 같은 어른 활동에 부모와 아이가 함께하는 것과 다르다. 결과적으로 아이들은 부모와 함께하도록 계획된 시간이 아니면 대부분의 시간을 또래 친구와 보낸다. 청소년기의 아이들은 실제 눈뜨고 있는 시간을 대부분 인터넷과 통신망으로 상시적으로 연결된 다른 십 대들과 함께한다. 하지만 아이들이나 부모 모두 이전 세대보다 더 좋아 보인다고 확신하지는 못한다. 처음으로 미국의 후속 세대가 부모 세대보다 좋은 교육을 덜 받거나 덜 성공할지도 모르는 일이다.

미국인들은 자신의 에너지와 시간을 많이 쓰며 더 열심히 일은 해야 하지만 가족을 돌보는 데 시간을 덜 쓰게 되는 악순환에 빠졌다. 돌봄에 신경을 쓰지 못하는 부모는 (아이들에 대한) 미안함을 덜어내기 위한 '추억 만들기'를 위해 돈을 더 써야 하므로 더 많이 벌어야 한다. 따라서 집이라도 팔아서 '단번에 부자 되는' 그림에 마음을 뺏기는 것은 당연해 보인다. 하지만 악순환의 내부에서는 해법이 없다. 돌봄과 시간을 대체하기 위해 더 많은 돈과 더 많은 자원을 소비하고 있다. 악순환을 단절시키는 유일한 방법은 투자처로서의 집의 가치, 경제적인 노력과 성공만이 추구해야 할 유일한 가치라는 망상을 깨야 시작될 수 있다.

미국 본토에 대한 2001년 9·11 공격 역시 '집'(home)에 대한 인식을 뒤바꿔버렸다. 미국 역사적으로 외국의 공격이 없었던 것은 아니었지만, 국내에서 발생한 9·11 공격만 한 규모도 없었다. 헤게모니를 장악하고 있는 전 세계 유일한 초강대국이라 미국 스스로 생각하던 시기에 터진 공격은 미국인들에게 충격 그 자체였다. 부시 대통령이 조직원 규모 세 번째인 국토안전부(Homeland Security)를 창설하기 위해 연방조직을 개편했을 때(Congressional Budget Office, 2012), 최근의 용례를 보면 원주민에 대한 인종차별제도(Apartheid system) 결과로 지정된 남아프리카 지역의 일부를 명명했던 '홈랜드'(homeland)[2]라는 표현을 사용하려 할 때, 아무도 이의를 제기하는 사람은 없었다. 이 명칭은 주권적 영역인 '질서'(order)나 '평화'(peace)가 파괴된다는 느낌보다 '홈(집)'(home) 그 자체가 파괴된다는 불안을 담고 있는 것처럼 보였다.

주권이나 '평화'를 지킨다는 것과 비교할 때 '집'을 지킨다는 것은 뭔가 다른 점이 있다. '그곳에 가면 당신을 맞이해주는' 집을 사수하는 것은 옳고 그름을 판단하는 것과 다른 것이다. 파괴되는 것은 말 그대로 터전(home)이다. (다른 누군가의 집이 아니라) 우리의 집이 폭력과 두려움에서 자유로워야 한다는 명제가 미국 사회에 강력하게 메아리쳤다. 하지만 이라크와 아프가니스탄에서는 전쟁이 계속되고, 미국 정부가 고문을 자행하고 정당화해왔던 현실을 미국인이 직시하게 되며, 수백조 원이 지출되는 것을 보면서, '집'은 더 이상 안전한 곳이 아니며 언제 불어닥칠지 모를 위협과 근심의 장소로 인식

---

2 1910년 남아프리카연방이 세워진 후, 1948년 백인만의 선거에서 승리한 국민당은 아프리칸스어로 '분리,' '격리'를 뜻하는 극단적인 인종차별법 아파르트헤이트(Apartheid)를 실시했다. 이 과정에서 도심에 살던 흑인을 모두 타운십이라 부르는 도시 외곽지역으로 강제 이주시켰고, 지방의 흑인도 출신 종족별로 나누어 정해진 홈랜드(homeland)에 거주하도록 강제했다—옮긴이.

되었다. 미국인들은 그들의 안전에 대해 어느 정도 불안을 느낀다. 2010년 10월 퓨센터(Pew Center)의 연구를 보면, 미국인 30퍼센트는 테러의 위협이 2001년보다 커졌다고 생각했으며, 미국인 41퍼센트는 2001년과 동일한 수준으로 위협을 느끼고 있고, 단지 25퍼센트만이 위협이 감소했다고 대답했다. 경제적으로 불안하고 막연한 테러리스트의 위협을 느끼면서 미국인들은 공적인 삶에서 후퇴한 듯 보였다. 시민은 2010년 선거에서 냉담했다. 평균적으로 유권자의 40퍼센트가 의회 중간선거에 투표하지 않으려 했다(Roberts, 2010).

더 이상 미국인을 편하게 하지 않는 이러한 상황은 미국인 자신을 괴롭혔지만 이러한 상황은 매우 심각한 걱정거리를 만들었다. 만일 미국인의 두려움과 불안감이 공공선을 위해서 움직여야 할 역량을 잠식시키고 있다면 민주주의에서 살아가고 있다고 주장할 수 있을까? 우리는 비현실적인 것이 막강한 호소력을 지닌 시대에 살고 있다. 외계인과 싸우는 카우보이나 뱀파이어와 싸우는 링컨까지 우리 동시대 상업문화의 많은 부분이 현실적이지 않아 보인다. 이것은 그렇게 놀라운 일이 아니다. 돌봄이 집안일에서 빠져나가 버렸기 때문에 '집'은 우리 삶의 실제와 끊어지고 모래 위에 쌓아 올린 누각이 되어버렸다. 돌봄이 대부분 자취를 감춰버리면서 사람들은 소셜미디어(십 대들이 깨어 있는 시간을 대부분 보내는)의 '의미로 가득 채워진' 세계의 골칫거리들로 가득한 수렁에 빠져 가정(home)에서 실제로 무슨 일이 벌어지는지 모르는 채 살아간다. 대신에 가정은 서로의 심금을 울리거나, 경제적 위험을 덜게 만들거나, 정치꾼의 허풍을 흡입하는 하나의 수단이 되고 있다. 또한 가정은 사람들을 자신의 가족 일만 신경 쓰도록 하며, '함께 돌보는' 사람도 도움을 청할 사람도 없다는 신호를 암묵적으로 타전한다. 현재 사람들에게 벌어지고 있는 일과 앞으로 나아갈 방향을 이해하기 위해서, 돌봄과 사회정책에 대한 나딩스(Nel Noddings, 2002b)의 '집으로부터의 시작'(starting at home)이라는 책 제목의 아이디어는 더 이상 올바른 접근처럼 보이지 않는다.

민주적 돌봄혁명의 필요성

이제 돌봄을 집에서 하지 않는다면 무슨 일이 벌어지고 있는 것일까? 이미 진행되고 있는 돌봄의 제도적·실천적 혁명은 그에 상응하는 정치·사회제도와 실천영역에서 동반 혁명이 필요하다. 대부분 이러한 질문을 연구하는 학자는 사회학자, 경제학자, 공공정책 분석가들이었다. 그들은 이러한 질문에 돌봄이 시장, 변화된 가족과 사회환경, 국가 차원에서 나타나기 시작했을 때 어떻게 변해왔는지를 살피면서 답을 찾아왔다. 이러한 기존 연구는 가치 있지만 그래도 여전히 많이 부족하다. 시장의 언어와 비유를 차용하는 것은 돌봄의 문제를 수수방관하는 격이다. 오직 전체적이고 정치적인 토대에서 돌봄을 재검토할 때 현재의 상황을 충분히 다룰 수 있다.

이 책에서 필자가 주장하는 주요 논점은 민주정치가 무엇을 의미하는지 다시 한번 생각해보자는 것이다. 민주정치는 돌봄책임을 분담하는 것, 그리고 민주정치는 민주시민이란 돌봄책임의 분담에 실질적으로 참여할 수 있는 역량을 보장하는 것이 핵심이다. 과거에는 비록 돌봄책임을 분담하는 것이 정치영역의 범주를 넘어서는 것으로 보일 수 있었지만, 돌봄의 변화된 특성을 고려했을 때, 정치를 돌봄책임으로 재개념화함으로써 현재 돌봄 논의에서 비롯된 민주적 삶을 향한 정치적 문제를 충분히 의제화할 수 있게 될 것이라고 필자는 주장한다.

돌봄과 정치? 돌봄과 정치이론?

논의를 진행하기 위해서, 돌봄과 정치적 삶에 대한 몇 가지 전제부터 짚어보고자 한다. 돌봄을 민주적으로 재조명할 필요성에 무지했던 세 가지 기본적인 주장이 있다. 각각의 주장은 돌봄책임이 누구에게 있는지 철저한 재조명에 주목하지 않는다.

첫 번째는 돌봄은 '단지 자연적인 것'이며, 돌봄을 '자연적으로' 잘하는 사람이 돌봄을 할 때 사회는 더 좋아진다고 주장한다. 이 주장은 타인을 돕는 수단으로서의 '자연적인 노예들'(natural slaves)에 대한 아리스토텔레스의 설명을 상기시키지만, 누가 사회에서 가장 돌봄에 적합한지에 대한 최근의 이데올로기는 여성에게 돌봄책임을 전담하게 만들었다. 지속적인 불평등(durable inequality)에 대한 틸리(Charles Tilly, 1998)의 저작은 사회체계 내에서 상대적으로 작은 차이가 생겨나면, 다른 많은 사회적 관례들이 이러한 차이를 강화시킨다고 주장한다. 페미니스트들과 여타 비판학자들은 이렇듯 어떤 현상을 지속적으로 자연스러운 것으로 간주하는 것은 그것의 변화가능성을 상정하지 않는 것이라고 지적해왔다. '돌봄'을 당연하게 여성스러운 것이라고 해버리면 바로 이 같은 문제가 생기며, 이는 돌봄을 하는 남성을 '여성적인' 일에 종사하는 사람으로 규정하게 만든다. 돌봄제공자에게 돌봄은 그 자체로 매우 중요하며 이들은 비금전적인 보상도 받았기 때문에, 돌봄노동은 금전적으로 보상할 필요가 없다는 명제를 놓고 경제학에서는 논쟁 중이다.

이러한 주장이 참이 되기 위해서는 돌봄은 특정 부류의 사람들에게 다른 부류의 사람들보다 더 자연스러운 것이어야 한다. 하지만 일부 사람이 더 많이 돌본다 해도, 돌봄을 실천한다는 것은 길러질 수 있다.[3] 이는, 제3장에서 살펴보겠지만, '돌봄'이 주로 여성의 것이라는 성별화된 이데올로기를 유지하기 위해서 다르게 이름 붙여진 사례일 뿐이다. 요약하면 돌봄이 '자연적인 것'이며 어떤 사람들에게 돌봄은 그 자체가 보상이라는 주장은 참이라기보다 이데올로기에 가깝다.

두 번째 주장은 돌봄은 자연스러운 것이고 그래서 시장의 힘에 영향을 받지 않는다는 주장에 정반대되는 계통에 속한다. 이 주장은 돌봄도 다른 재화나 서비스 같아서 최상의 분배를 시장에 맡겨두어야 한다고 본다. 만약에 사람들이 돌봄을 원할 경우, 이들은 돌봄을 찾게 될 것이며 이들은 그에 합당한 가치를 지불할 것이라고 본다. 이 논리에 따르면, 돌봄은 공적인 것이 아니라 사적인 것이 된다.

돌봄노동의 상당수가 시장기제를 통해 분배되고 있으며 이러한 유형에 대해서는 제5장에서 상세히 살펴보겠지만, 시장적 관점에서만 돌봄을 바라보는 것도 잘못된 것이다. 왜 잘못된 것인지에 대해서는 여러 이유가 있다. 시장은 결국 합리적이고 능력 있는 소비자를 전제한다. 예를 들어, 여러 가지 이유로 —역량 없음, 연령(너무 어리거나 노약한 분들을 생각해보라), 전문 제공자와 비전문 고객 또는

3 돌봄이 길러진다(cultivated)는 아이디어에 대해서는 제1장에서 논의할 것이다. Mann, 2010; Ruddick, 1989 참조.

소비자 사이의 (구매자 부담의 원칙을 전제하는 시장작동의 모든 규칙을 만들어내는) 정보격차 등의 이유로— 시장모델은 모든 형태의 돌봄에 적용될 수 없다. 돌봄에 시장가격을 붙이는 또 다른 문제점은 많은 다양한 양상의 돌봄은 가격이 매우 비싸며 시장에서 제공하기에 적합하지 않다는 점이다. 만일 사회의 구성원이 제공하는 비공식적인 돌봄을 (비용으로) '잡아'본다면 경제 영역에서 계산되지 않는 어마어마한 경제를 발견하게 될 것이다(Folbre, 1994, 2001, 2009; Waring, 1988). 돌봄비용은 이를 계량화하는 많은 작업과 새로운 기법으로도 잡히지 않기 때문에, 돌봄은 시장에서의 상품과 다르게 작동한다. 돌봄비용은 보몰(William Baumol, 2012)이 사례를 든 실내악 연주 같은 '비용질병'(cost disease)[4]을 겪는다: 돌봄을 제공하기 위한 인간이 없다면, 돌봄은 제공될 수 없다(노약자에 대한 목욕서비스처럼 인간을 대체하려는 최근의 노력이 있었지만[Davenport, 2005]).

세 번째 주장은 우리가 그럭저럭할 수 있다는 의견이다. 이 주장에 따르면, 기존의 공공정책과 돌봄노동의 세계화된 시장을 활용한다면(McGregor, 2007; Weir, 2005; Yeats, 2004; Parrenas, 2001), 공적 돌봄제공과 사적 돌봄비용을 기가 막히게 조정하거나 혹은 전 지구화에 기대어 돌봄노동의 새로운 충원지를 제공 받음으로써 현존하는 돌봄위기를 해결할 수 있다. 이는 이 책의 주제를 뛰어넘는 부분이 있지만, 이러한 주장의 문제는 현재와 미래의 돌봄에서 자유의 결핍, 불평등, 불공정, 부정의를 도외시한다는 점이다. 이 책에서 필

---

4 노동생산성의 증가 속도가 빠른 민간 제조영역의 임금 인상률과 노동생산성의 증가 속도가 느린 공공서비스 부분의 임금 인상률에는 격차가 존재하며, 노동생산성 향상과 별개로 공공서비스 부분에서 이러한 격차를 줄이고자 임금을 인상하는 경향을 보이는데 이를 '비용질병'이라고 한다—옮긴이.

자는 이러한 전제가 민주사회의 필수불가결한 요소인 돌봄의 책임을 왜곡시키고 있기 때문에 위험하다는 점을 보여줄 것이다.

많은 학자들은 돌봄이 정치이론의 주제라는 주장에 반대할 것이다. 공공정책의 분야 내에서 돌봄을 충분히 다루지 못할 우려가 있지만, 왜 돌봄이 정치이론의 주제가 되어야 하는가? '정치적인 것'의 범주를 넓히는 것은 정치적인 것의 의미를 약화시키지는 않는가? 법, 국가 그리고 사회과학자들이 사회적·정치적 삶의 영역을 구획해온 방식을 고려한다면, 돌봄혁명(care rovolution)과 그것이 우리 삶에 미칠 영향에 대해 정치이론가들이 체계적으로 연구해오지 않았다는 점은 외려 놀라울 따름이다.

로마법(Roman Law)에서부터 파슨스(Talcott Parsons)까지 기존 이론의 출발선은 돌봄이 사적인 영역이라고 전제한다. 정치는 오직 공적인 것에 관심을 가져야 했다. 사적인 영역은 결코 정치적인 것이 될 수 없는 불평등 관계의 세상이었다(Aristotle, 1981). 즉 성, 결혼, 자녀양육은 계약 이전의 사안들이었다(Pateman, 1988). 또한 '노동하는 동물'(animal laborans)의 반복된 작업은 자유의 영역이 아니었다(Arendt, 1958). 심지어 민주주의 이론가들이 여성이 정치에서 배제된 방식을 고민하기 시작했을 때, 그들의 초기 해결책은 '돌봄은 집에서'라는 틀을 벗어나지 못했다. 그들은 단순히 평등(Mill, 1998[1869])이나 정의(Okin, 1989)의 개념을 가정영역까지 확대해야 한다고 주장했다.

하지만 과거 한 세기 동안 돌봄혁명과 함께 나타난, 인간의 돌봄 필요(needs)에 비춰볼 때 '공적인' 것과 '사적인' 것의 모양새가 달라졌음을 감안하면, 기존 정치가 주로 다뤘던 영역에 대해 좀 더 근원적인 재검토가 필요해졌다. 이러한 재검토를 하지 않는다면 각자의 논리만을 고수하는 시장과 공공정책으로 채워질 것이다. 물론 시장과 공공정책의 관점에서 돌봄을 파악하는 것이 터무니없이 부족하다고 말하려는 것은 아니다. 이러한 분석에서 더 많은 것을 배울 수 있으며, 이러한 분석으로 다음과 같은 토론도 가능해졌다. 시장에서 돌볼 수 있는 제도들이 등장함에 따라, 시장과 공공정책분석을 이용해 돌봄의 문제를 다뤄볼 수 있게 되었다. 하지만 돌봄 본연의 자체의 논리에서 시작하지 않고, 시장이나 공공정책의 논리를 따라가는 것은 돌봄의 본질적인 특성과 목적에 대한 가장 근본적인 질문을 제기하지 못함을 의미한다. 좀 더 심각하게는 이제껏 충분히 답하지 못한 질문을 가리게 된다. 즉 포용적 민주주의(inclusive democracy)에서 돌봄은 어떻게 자리매김되어야 하는가?

결국, 돌봄은 진정 민주주의의 문제다. 인간과 사물을 돌본다는 것은 번번이 불평등하고 각별하며 다원적이다. 돌봄필요를 충족시키는 보편적이고 똑같은 해법은 존재하지 않는다. 특히 돌봄 전문가가 돌봄수혜자보다 최상의 돌봄에 대해 많이 알고 있다는 점에서, 실제로 돌봄은 민주적인 것과 거리가 있을 수 있다. 또한 돌봄수혜자가 타인에게 의존적이라는 점을 고려한다면, 독립적인 주체를 기본 전제로 하는 민주주의 관점으로는 받아들이기가 쉽지 않을 수 있다. 앞에서 언급했고 제2장에서 상세히 밝힐 내용이지만, 인간 역사를 통틀어 불평등한 돌봄은 정치적인 삶의 의미 있는 일면이 아니라는 가정은 팽배했다.

역사가 보여주듯, 기록이 보여주듯, 혹자가 누군가를 민주적 삶에 참여하는 것을 배제시키고자 한다면, 그렇다면 돌봄의 문제는 쉽게

풀리게 된다. 돌봄의 책임을 비시민(non-citizen), 즉 여성, 노예, "외국인 노동자 계층"(More, 1965[1516])이나 소위 타인으로 규정된 사람들에게 전가하면 된다. 하지만 정의로운 민주사회는 구성원 모두가 평등하도록 최선의 노력을 경주해야 하기 때문에, 각양각색의 시민이 평등해지는 역량에 영향을 미치는 돌봄의 불평등은 민주사회의 정치적 과제의 중심에 있어야 한다. 더욱이 돌봄이 정치적인 관심사가 된다면 돌봄의 질뿐만 아니라 민주적 삶의 질까지 좋아질 것이다.

하지만 이 책의 주장이 가정(home)을 감성적으로 다시 만들어 내거나 이를 대체하는 다른 것을 찾는다고 기대하는 것은 심각한 잘못이다. 정치란 결국 사람들이 각자가 추구하는 ―모든 집단적인 인간활동에 스며있는― 이해관계와 파워(power)에 관한 것이다. 돌봄은 집단적인 인간 삶의 근원적인 일면이기 때문에, 돌봄실천이 조직되는 영향에서 권력과 이해관계를 분리할 수 있는 방식은 없다. 필자의 목표는 갈등을 없애려는 취지에서 돌봄의 가치를 올리자는 것이 아니다. 오히려 필자의 목표는 우리는 현재 잘못된 것들을 가지고 너무 많은 시간을 허비하고 있다고 주장하는 것이다. 진정으로 중요한 것과 우리의 가치로 최선이라고 생각하는 것은, 인간 삶의 모든 부분을 경제용어 몇 개로 설명하려는 현재의 고정관념을 뛰어넘어야 한다는 점이다. 대신에 우리의 핵심 질문은 다음과 같아야 한다. 우리는 모든 수준에서 어떻게 서로를 돌볼 수 있을까? 이것의 정확한 의미는 어떻게 하면 돌봄이 시장으로 기울어진 방식에 대항하는 굳건한 정초가 될 수 있을지에 대한 것이다. 앞으로 이러한 문제의식을 논할 것이다.

돌봄의 (신화적인) 황금시대에 대해 향수를 느끼기보다, 필자의 글은 현재의 민주적 삶을 탈바꿈할 수 있는 돌봄의 잠재력을 낙관적으로 전망한다. 돌봄을 정치생활에 편입시키는 데 있어 과거의 배제와 현재의 불충분성을 고려한다면, 지금 사람들이 자신 삶의 문제들이 정치적인 것이 아니라고 보는 것은 어찌 보면 틀리지 않다. 비록 돌봄의 정치적 관심사는 매우 민감하겠지만, 그럼에도 정치적인 아젠다에 돌봄의 질문을 재도입하는 것은 민주적 삶의 방식을 위한 촉매제 역할을 할 수 있을 것이다. 어떻게 사회가 돌봄의 필요를 충족시켜나갈 것인지에 대한 문제를 민주적인 방식으로 풀어갈 것을 요구하면서, 필자는 돌봄의 중요성뿐만 아니라 정치체제로서 민주주의의 가능성도 다시 주목하기를 기대한다.

어떻게 더 민주적으로 돌봄을 생각할 것인가?
어떻게 더 돌봄 친화적인 방식으로 민주주의를 생각할 것인가?

우리는 어떻게 더 민주적으로 돌봄을 생각할 것인가? 핵심 사항은 더 세부적인 책임에 있다. 이 책은 세 부분으로 구성된다. 제1부는 돌봄민주주의를 인식하는 이론적 틀을 조망한다. 제1장은 현재의 '돌봄 결핍'(care deficit)과 '민주주의 결핍'(democracy deficit)의 문제가 서로 연계된 지점을 논의한다. 또한 이 장에서는 '돌봄'의 의미와 영역을 설명하며 '함께 돌봄'이 민주적 돌봄의 키워드임을 설명한다. 이어서 민주주의가 돌봄책임을 분담하는 것과 관련됨을 주장한다. 제2장에서는 책임의 문제를 돌봄책임을 분담하는 관점에서 다룬다. 워커(Margaret Urban Walker)의 저작을 살펴보며, 시민이 서로에게 어떻게 책임을 부과하는지 평가하기 위한 목적으로 민주적 가치와 타인과 함께하는 돌봄에 헌신하기를 요구하는 대안적 범(凡)윤리인 책임의 윤리를 제언한다.

롤즈(John Ralws)의 정의론 원칙을 보정(補正)한 커테이(Eva Kittay, 1999)는 자유민주 질서를 위해 필요한 기본원칙으로서 돌봄제공자에 대한 돌봄을 포함해야 한다고 강력하게 주장한다. 잉스터(Daniel Engster, 2007)도 돌봄의 본질(nature)로부터 유추된 원칙에서 놀라운 제안을 추론한다. 필자의 접근은 정치적 삶에 대해 자유주의적 관점보다 민주적인 관점을 중시한다. 철학자라면 삶의 민주적 방식으로 어떤 돌봄의 가치가 또한 어떻게 돌봄의 가치가 가장 잘 각인되어야 하는지에 대해 주장할 수 있을 것이다. 그렇지만 이 책에서 필자의 목표는 민주적으로, 즉 사람들이 스스로 그러한 결정을 할 수 있는 방법을 찾아보려는 것이다. 이러한 접근은 기존의 정치철학이나 정치이론과는 다른 접근이다. 세부적인 것까지 모두 알려주는 지침서로서가 아니라 시민이 구체적으로 이러한 작업을 하는 방식에 대한 이정표를 잡아주는 것으로서 정치철학이 필요하다. 이러한 접근은 새로운 것이 아니다. 아담스(Jane Addams)와 듀이(John Dewey)(Esquith, 2010; Fischer, Nackenoff, and Chmielewski, 2009; Sarvasy, 2003) 같은 실용주의자가 20세기에 제안했던 공적 참여(public participation)를 위한 초대와 비슷하다.

제3장부터 제5장까지는 '현재 우리가 어떻게 돌보고 있는지'를 다룬다. 필자는 제3장과 제4장에서 구분지어진 남성과 여성에 대해서 논의하면서 시작한다. 필자는 돌봄을 젠더만의 문제로 보지 않는다. 왜냐하면 돌봄은 인종과 계급의 문제이기도 하며, 더 중요하거

나 덜 중요한 그룹으로 시민을 나누는 여러 가지 방식과 연계되어 있기 때문이다. 그런데도 성별화된 언어, 성별화된 가정과 논리 구조는 돌봄노동을 특징짓는 중요한 방식으로 남아 있다. 돌봄과 연계된 남성성과 여성성에 초점을 맞추면 우리는 현재 시스템화되지 않은 복합적인 돌봄의 새롭고 중요한 성격을 볼 수 있게 된다.

제3장에서는 얼마나 남성이 실제로 돌봄활동에 참여하고 있으며, 그러나 이러한 활동이 '돌봄'이라 서술되지 않고 따라서 돌봄이 여성화되거나 저평가되도록 방치한 성별화된 구분을 강화하는지 살펴본다. 제4장에서는 '단기 집중 엄마노릇'(intensive mothering)의 기준이 계급적으로 나뉘어 나타나는 불평등한 돌봄의 악순환을 살펴본다. 오직 중위층 및 중상위층 여성들만이 자녀를 잘 돌볼 수 있어 보인다. 제5장에서는 돌봄을 시장 상품으로 바라보는 신자유주의적인 관점을 살펴본다. 이들 세 장에서는, 비록 인위적인 것처럼 보여도, 필자는 우리 모두가 함께하는 돌봄이라는 관점에서 봤을 때 우리의 태도를 바꿀 수 있는 민주정치이론의 기본적인 개념에 대해 각 장에서 상응하는 주장을 하고자 한다. 제3장에서는 돌봄에서의 남성 배제가 '자유'에 미친 결과를 서술한다. 제4장에서는 경쟁적인 시장경제 사회에서 어머니로서 여성의 위치에 대해 그리고 이러한 현실이 평등이라는 가치에 미친 영향에 대해 살펴본다. 제5장에서는 시장에 대해, 즉 사회가 돌봄을 조직하기 위해 시장을 활용할 때 발생하는 정의의 문제를 짚어본다.

제6장과 제7장은 우리가 돌봄민주주의에 대한 인식의 전환을 어떻게 시작할 수 있을지 서술한다. 제6장은 돌봄의 실천과 제도가 얼마나 민주적으로 조직되고 보급될 수 있는지에 대한 고민을 짚어볼

것이며, 실제로 돌봄의 민주적인 질을 개선하는 것이 민주주의 자체의 가치를 생각하는 다른 방안이 될 수 있는지 생각해본다. 제7장에서는 민주주의 사회에서 돌봄 가치를 탈바꿈시키는 것이 어떻게 포용을, 의존을, 그리고 더 정의로운 민주사회를 만들지를 다시금 생각하게 만드는지 살펴본다.

요약하면 이 책은 세 가지 주장을 한다. 첫째, 우리의 사회적·경제적·정치적 제도는 돌봄에 적합하지 않으며 그래서 혁명적인 변화가 필요하다. 둘째, 민주사회에서 (비록 지금까지 '비정치적'apolitical으로 간주된 것일지라도) 제도와 실천에 대해 다시 생각한다는 것은 그것을 민주적으로 재검토해야 한다는 의미다. 셋째, 민주적 돌봄이란 시민이 동료 시민과 함께 돌봄을 가능하게 하는 민주적 과정을 필요로 한다. 돌봄책임에 대해 시민이 재협상할 수 있게 되면 시민이 민주주의를 돌볼 수 있게 되어 사회의 민주적 본질을 강화하고 공고화한다.

필자는 이 책에서 세부적이고 구체적으로 정책 제안을 하려는 것이 아니다. 부분적으로 민주사회에서 정치이론가의 역할은 자신의 생각으로 정치토론을 대체하는 것이 아니라, 정치현안과 정치협상이 진행되어야 하는 방법과 의제를 제안하는 것이어야 한다. 필자의 희망은 서로를 함께 돌보는 시민이 어떻게 우리의 정치적 삶을 재구성하는지를 분명히 하는 것이다.

돌봄과 민주주의를 같이 생각해야 한다고 이 책에서 필자가 주장하는 것은 뚜렷하고 전방위적인 정치적 함의가 있다. 그것은 돌봄제공자의 활동, 돌봄에 들이는 시간, 인간취약성에 중요한 가치를 부여하는 것이다. 그것은 인간이 주요하게 시장의 피조물이라고 보는 호도된 인간본성을 전제하는 어떤 정치철학적 지혜에 대한 도전이다. 인간은 시장의 피조물일 뿐만 아니라 역시 돌봄의 피조물이다. 민주사회는 '시장'을 옹호하는 것으로부터 사람들이 인간적인 삶을 살아갈 수 있는 방식을 지원하는 방향으로 그 가치지향을 재조정해야 한다.

제1부

돌봄민주주의 구상하기

제1장

돌봄책임과 민주주의

두 가지 결핍

일부 학자들이 경제학 용어를 차용해서 '민주주의 결핍'(democratic deficit)(Borooah and Paldam, 2007; Nye, 2001; New Statesman, 2000; Durant, 1995)이라는 단어를 사용하면서 '돌봄 결핍'(caring deficit)(Bennhold, 2011; Llana, 2006)에 대한 논의가 시작되었다. 돌봄 결핍은 선진국에서 국민, 즉 아이들, 부모와 친지 및 병약한 가족 구성원의 필요를 충족시켜줄 돌봄노동자를 충분히 찾을 수 없는 일종의 불능상태를 말한다. 민주주의 결핍은 정부제도가 시민의 생각과 실제 가치를 반영하지 못하는 불능상태를 의미한다.

하지만 아무도 인식하지 못하고 있는 것은 이러한 두 가지 결핍이 동전의 양면이라는 점이다. 이 장의 목표는 어떻게 이러한 두 가지 결핍이 현재의 돌봄과 민주주의라는 중요한 차원을 누락시킨 서구 정치학의 관행인 공/사 영역의 구분에서 비롯되었는지를 검토하는 것이다. 목표는 공적인 영역과 사적인 영역 사이의 구분을 없애려는 것이 아니라, 무엇이 사적인 것이며 무엇이 공적인 것인지를 민주적인 방식으로 다시 그려보는 것이다.[1] '함께 돌봄'(caring with)을 강조하는 민주주의, 즉 돌봄민주주의만이 이러한 문제를 모두 풀어낼 수 있다.

이러한 종합적인 접근은 그 정당성을 입증해야 한다. 사람들이 돌봄이 중요한 가치이자 그것이 정치적 삶에 포함되어야 한다는 데 동의함에도 불구하고, 왜 돌봄을 민주주의 이론, 민주적 삶, 민주적 실천과 구체적으로 연계시켜야 하는가? 돌봄과 관련된 질문들이 포괄적으로 논의되고 있지만, 왜 이러한 질문들을 민주주의 용어로 담아내는 것이 더 좋은가? 민주주의에 대한 질문들도 포괄적으로 논의되고 있지만, 이러한 질문들을 돌봄의 용어로 만들어감으로써 어떻게 논리 구조가 풍성해지는가?

이러한 질문에 대한 첫 번째 답은 질문을 다시 생각하게 만들고 반문하게 만든다. 왜 돌봄과 민주주의 사이의 관계가 어색해 보일까? 대부분의 서구 역사를 관통해볼 때, 돌봄은 그것이 사적이거나 필연적으로 의존에 관계하거나 어느 의미에서 비정치적이었기 때문에 정치적 삶의 범주를 넘어선 것으로 보여졌다.[2] 그러나 민주주의

---

1 공/사의 구분이 초기 페미니스트의 중요한 비판이었던 이유는, 그것이 정치 영역에서 여성을 분리시켜온 구분을 만들어냈을 뿐만 아니라 누군가는 가정에서 '돌봄'을 해야 한다는 근거에 대한 정당성을 제공했기 때문이다. 삶의 영역을 획정할 때, 아리스토텔레스로부터 루소에 이르는 사상가들은 두 영역을 다르게 성격짓는 방식으로 엄격한 공/사 구분을 정당화했다.

2 페미니스트 이론에서는 '모성적 사고'가 공적 영역에서 역할을 해야 하는지 그렇지 않은지에 대한 초기 논쟁이 있었다. 일부는 여성주의 사고와 정치행태 사이의 유사점을 언급했으며 —예를 들어 엘쉬타인(Jean Elshtain)의 「안티고네의 딸들」(1982)— 다른 학자들은 정치가 정치적 삶의 영역이기 때문에 그것은 상이한 가치, 논거, 실천을 요구한다고 지적했다(Dietz, 1985 참조). 일부 독자에게 엘쉬타인의 관점에 반하는 주장에서는 돌봄에 관한 어떤 정치적인 논의도 불가능한 것처럼 보일

는 모든 시민의 평등을 요구하는 것이며 돌봄의 본질도 변해왔기 때문에, 돌봄책임을 분담하는 수단으로 공적인 것과 사적인 것의 구분이라는 신화에 의존하는 것이 이제는 가능하지 않다. 이 책은 돌봄을 개인과 관련된 것이라는 점에서 '사적인' 것으로 인식함과 동시에 공적 가치이자 공적 실천의 장으로서 인식한다. 좀 더 공적인 돌봄의 관점으로 접근하지 않는다면 평등은 불가능하며, 돌봄에 대해 좀 더 공적인 시각을 갖지 않는다면 누군가는 돌봄을 제대로 받지 못하는 것이 사실이다. 필자가 여기서 강조하는 점은 돌봄에 대해 좀 더 공적인 접근을 하지 않고는 민주사회를 유지하기 어렵다는 점이다.

이 장에서는 민주주의와 돌봄의 관계를 이해하는 현행 방식의 위험성을 살펴볼 것이다. 비록 공적인 영역이 돌봄제공에 대한 책임을 일정 부분 담당해야 하지만, 공적인 삶과 사적인 삶 사이의 '자연스러운' 혹은 필연적인 구분에 대한 전제는 돌봄을 조달할 수 있는 선택을 단순화시켰다. 돌봄의 본질과 민주적 돌봄을 살펴본다면, 왜 현재의 '신자유주의적'인 전제가 돌봄과 민주주의 사이에 있는 기존 관계의 문제점을 위장하고 있는지 좀 더 쉽게 파악할 수 있게 된다. 이러한 설명이 마무리되면, 왜 돌봄 결핍은 돌봄이 좀 더 민주적으로 되었을 때만이 해결될 수 있는지 명확해질 수 있으며, 민주주의 결핍은 민주주의가 좀 더 돌봄을 받아들일 때 해결될 수 있다는 점을 확연히 이해하게 될 것이다.

수 있겠지만, 이후 사상가들은 디에츠의 비평을 진지하게 받아들이면서도 정치에서 돌봄의 역할을 주장했다. 이러한 논지의 발전적인 설명에 대해서는 한키브스키(Hankivsky, 2004)를 참조하라.

돌봄의 의미

모든 돌봄(care, caring) 관련 이론가들이 직면하는 문제 중 하나는 용어의 정의다. '케어'(care)는 영어권에서 많은 의미와 함의를 지닌 복합적인 용어다. "나는 당신을 사랑한다"(I love you) 같은 의미로 "나는 당신을 많이 좋아한다"(I care for you)고 말할 수 있다. 다른 사례로, '불운과 비애'(cares and woes)는 영혼에 부담이 되는 짐과 동일하게 쓰인다. '케어'는 기질이나 특정한 종류의 노동을 의미한다. '케어'는 자연스러운 것으로 보이거나 종종 여성스러운 것으로 간주된다. '케어'는 하이데거(Martin Heidegger) 철학의 중심을 이루는 레비나스(Emmanuel Lévinas)의 윤리적 타자성(alterity)과 유사한 개념을 내포하지만, 일상의 의미에서는 아렌트(Hannah Arendt)가 인간행위 중 가장 분별하기 어려운 행위인 '노동하는 동물'(animal laborans)로 연관된 삶의 측면을 연상하게 한다.

오랜 시간이 걸렸지만, 돌봄의 본질과 도덕이론의 관계에 대한 토론을 통해 돌봄윤리학에 관한 전 세계에 걸친 일군의 학자들이 형성되었다.[3] 이러한 문헌들은 매우 지엽적인 돌봄의 형태부터 폭넓은

---

3 Raghuram, Madge, and Noxolo, 2009; M. Robinson, 2007; Sander-Staudt, 2006; Di Marco, 2005; Paperman and Laugier, 2005; Engster, 2004, 2005, 2007; Gould, 2004; Hankivsky, 2004, 2006; Verkerk et al.,2004; Gornick and Meyers, 2003; Lareau, 2003; Kittay and Feder, 2002; Hondagneu-Sotelo, 2001; Cancian and Oliker, 2000; Glenn, 2000; Koziak, 2000; Meyer, 2000; Stone, 2000; Harrington, 1999; Kittary, 1999; Moore, 1999; F. Robinson, 1999; Verkerk, 1999; Koehn, 1998; Koggel, 1998; Sevenhuijsen, 1998; Knijn and Kremer, 1997; Clement, 1996; Schwarzenbach, 1996; Bubeck, 1995; Van Parijs, 1995; Folbre, 1994, 2001; Glenn, Chang, and Forcey, 1994; Held, 1993, 1995, 2006; Larrabee, 1993; Manning, 1992; Romero, 1992; Sarvasy, 1992; Collins, 1990; Hochschild, 1989; Ruddick, 1989; Cannon, 1988; Tronto, 1987, 1993, 1995, 2001, 2006; Noddings, 1984, 2002b; Gilligan, 1982.

근대적 돌봄의 사회적·정치적 제도까지 그리고 돌봄태도로부터 돌봄행태와 돌봄의 실천까지 아우르는 돌봄의 도덕적 함의에 관한 것이다. 돌봄윤리(ethics-of-care) 논의 구조는 사회학자, 사회복지사, 법률가, 심리학자, 정치학자, 정치이론가, 철학자, 지리학자, 인류학자들이 채택했으며, 경영학, 정보통신, 교육, 문학, 생명윤리학, 도시학, 탈식민주의학, 사회복지, 신학, 심지어 공학 같은 영역에도 활용되었다. 어떤 개념이 그렇게 유연하고 광범위하게 차용될 수 있으며 여전히 가치 있는 개념으로 남아 있을 수 있을까?

1990년 피셔(Berenice Fisher)와 필자(트론토)는 돌봄의 폭넓은 정의를 제시했다. "가장 일반적인 수준에서, 가능한 잘살 수 있도록 우리의 '세상'을 유지하고 지속하며 복원하기 위해, 우리가 하는 모든 것을 포함하는 종(種)의 활동으로 돌봄을 보아야 한다. 이 세계는 우리의 몸, 자아 그리고 환경을 포함하는 복합적이며 생명유지의 그물망으로 엮을 수 있는 모든 것을 포함한다"(Tronto, 1993: 103; Fisher and Tronto, 1990: 40)고 제안했다. 이 같은 광의의 정의는 돌봄을 탐색하는 최선의 시작점이다. 비록 이러한 정의가 종종 지나치게 광범위하다는 비판(Held, 2006; Groenhout, 2004)을 받기는 하지만 이러한 정의는 그 자체로 그러한 비판에 대한 답을 갖고 있다. 돌봄이 실천의 종류인 하나의 활동으로 간주됨으로써 '가장 일반적인 수준'을 뛰어넘는 다른 형태의 돌봄이 있을 수 있는 가능성을 남겨두고 있다. 따라서 좀 더 큰 돌봄실천 계통에 속하는 세부적이고 구체적인 돌봄실천을 통해서, 돌봄의 의미를 이해할 수 있는 새로운 방식에 대한 상상을 가능하게 한다. 이러한 이유로 일부의 다소 협소한 돌봄의 정의는 다소 협소한 맥락에서만 유용해진다.

예를 들어, 많은 사회학자들은 돌봄을 '정성이 깃든 노동'(labor of love)으로 간주하는데 이 노동은 구체적인 감성적 상태에서 수행되는 친밀하거나 사적인 활동이다. 예를 들어 칸시안(Francesca Cancian, 2000: 137)은 다음과 같은 정의를 제시한 선구적인 영국의 사회학자 핀치(Janet Finch)와 글로브스(Dulcie Groves)를 계승했다. 돌봄은 "면대면의 상호작용을 통해 개개인의 욕구나 안녕(well-being)을 제공하는 활동을 동반한 애정과 책임의 조합"이다. 칸시안은 사회학자로서 돌봄을 특정한 장소에서 일어나는 활동과 감정으로 정의하고자 하였으며, 따라서 돌봄은 언제나 면대면으로 일어난다고 전제한다. 칸시안의 정의에 따르면, 재가요양이 불가능한 고령 환자에게 안식처를 찾아주기 위해 병원에서 고용된 사회복지사는 돌봄과 연관된 활동을 하고 있지 않은 것이 되고 만다. 하지만 사회의 보건 비용을 측정하려는 경제학자에게 사회복지사는 돌봄의 누계에 포함된다.

눈에 띄는 돌봄저작들은 특정한 초점이 있으며 이러한 논점들이 많을수록 바람직하다. 예를 들어, 메츠(Tamara Metz, 2010b)가 정의한 '친밀한 돌봄'(intimate caring)은 세 가지 요소로 구성된다. (1) 친밀한 돌봄은 당사자 외의 제3자에게는 관찰되지 않는다. (2) 돌봄 당사자는 깊고 다양하고 특정한 조건, 유대 그리고 동기부여 속에서 이루어지며, (3) '친밀한 돌봄'은 교환관계로 환원되지 않는다. 친밀한 돌봄은 가족 구성원이 서로를 보살피는, 즉 부모와 자녀 간의 불평등한 관계뿐만 아니라 성인 구성원 사이의 평등한 관계를 통한 돌보기로 설명된다. 그녀는 이러한 정의를 통해, 가정이 무엇으로 구성되는지 설명하기 위해 '결혼'을 언급하지 않고도 가정을 다른 종류의 돌봄제도와 구분할 수 있게 되었다는 점을 강조한다.

돌봄철학자는 종종 돌봄이 관계적이라고 강조한다. 헬드(Virginia Held)는 "돌봄윤리의 초점은 우리가 책임져야 할 특별한 누군가의 필요를 채워주거나 돌봐주는 외면할 수 없는 도덕적 각성"(2006: 10)임을 강조하며, 그녀의 저서 『돌봄: 돌봄윤리 - 개인적, 정치적, 지구적』(*The Ethics of Care: Personal, Political, and Global*)에서 돌봄의 여러 가지 특성을 잡아낸다. 또한 헬드는 돌봄은 이성만이 아니라 감성을 포괄할 뿐만 아니라 특정한 타인을 걱정하는 것이며, 인간을 관계 속에서 이해하는 다른 차원의 존재론적 접근을 하게 한다고 주장한다. 헬드의 정의는 돌봄의무(care duties)가 특정 타인에게 맞추어져 있다는 점을 전제한다. 이러한 접근법은 일정한 목적에는 유용하지만 자기돌봄(self-care) 또는 공적인 모습의 돌봄에 대한 토론의 장을 찾아볼 수 없게 한다.

돌봄을 세부적으로 개념화하는 것은 돌봄의 구체적인 목적을 달성하고 돌봄에서 나타나는 특정 속성이나 문제를 강조하는 데 유리하다. 하지만 이러한 의미는 돌봄의 다른 차원을 보지 못한다. 더피(Mignon Duffy, 2011)는 '양육'(nurturant) 돌봄과 '비양육'(non-nurturant) 돌봄을 구분한다. 양육 돌봄은 돌봄으로 삶의 질(well-being)이 향상되는 특정한 개인의 관계에 초점을 맞춘다. 하지만 더피의 관찰에 따르면 비양육 돌봄 ―즉 양육 돌봄의 전제조건인 물리적 세계에 초점을 맞춘 돌봄― 도 돌봄이다. 병원은 청소 인원과 세탁 인원이 없으면 운영되지 않는다. 게다가 더피가 지적하듯이, 미국에서 비양육 돌봄은 계급, 인종/민족, 성(gender)으로 구분되는 하층 지위의 국민이 차지하고 있다. 만일 돌봄에서 '기피 노동'(dirty work)(Glenn, 2010; Roberts, 1997)을 제외할 수 있다면,

그러한 노동이 포함되었을 때와 다르게 돌봄노동을 하는 사람에 대해 다른 차원에서 바라보게 될 것이다. 그리고 만일 헬드의 정의가 사용된다면, 비양육 돌봄의 철학적 가치가 고려될 수 없는 것 같다.

따라서 피셔와 트론토가 제안한 돌봄의 광의의 정의는 인간생활에서 돌봄의 의미와 돌봄 현장의 구체적인 설명을 하기에 적합하다. 돌봄은 구체적인 맥락에서 좀 더 세분화될 필요가 있다. 피셔와 트론토의 정의는 돌봄이 가장 일반적인 수준에 남겨져서는 안 되며, 돌봄의 구체적인 맥락이 고려되어야 함을 상기시킨다. 어떻게 우리가 그러한 맥락을 구체화시킬 것인가? 더피의 논의를 예로 들면, 돌봄의 특정 유형을 분별할 수 있는 한 가지 방법은 돌봄의 목적(purpose)이다. 그리고 이러한 목적은 또 다른 맥락에 내장된다. 예컨대, 병원 환자복을 세탁한다는 것은 환자의 병세 회복을 바란다는 좀 더 큰 목적의 일부분이다. 한편 돌봄의 맥락적 의미는 특정한 돌봄활동에 연관된 개인의 목적에서도 나타날 수 있다. 세탁의 의미도 맥락에 따라 달라진다. 병원에 깨끗한 환자복을 제공하는 대형 상업 세탁업종이나 종사자가 실제로 자신의 일을 싫어하거나 단지 일자리이기 때문에 하는 세탁 업무와 가정에서 하는 세탁은 —예를 들어 중요한 인터뷰를 준비하기 위해 특별히 장만한 옷을 세탁해 준비한다면— 서로 다른 외연이 될 것이다.

돌봄실천은 여러 방식으로 내포(nested)될 수 있다. 첫째, 아리스토텔레스가 설명했던 목적론을 생각할 때, 우리는 돌봄실천을 더 특정한 목적과 더 폭넓은 목적에 내포되는 것으로 생각할 수 있다. 예를 들어, 누군가의 의료장비를 유지·보수하는 활동은 건강을 추구하는 포괄적 목적에 포함되는, 의료행위의 하위로 분류되는 의료장비를 이용하는 실천에 속하는 실천이다. 둘째, 이렇듯 각종 돌봄실천이 다른 돌봄실천 활동에 기대어 있는 양상을 이해하기 위해 이 과정을 반대로 생각해 볼 수도 있겠다. 예를 들어, 만일 우리가 의사를 불렀지만 의료장비가 준비되지 않는다면, 적절한 의료지원을 했다고 보기 어려울 것이다. 따라서 '내포'된 돌봄실천의 각기 다른 방향을 이해하려는 것은 이들 간 복잡한 상호연계를 이해하기 위함이지, 돌봄목적 간의 위계구조에 도전하기 위한 조건을 찾자는 것은 아니다.

파워(power)는 구체적인 돌봄의 맥락에서 또 다른 중요한 요소를 구성한다. 혹자가 보기에, 돌봄은 언제나 힘있는 돌봄제공자와 힘없는 돌봄수혜자 사이의 양자관계다(Noddings, 1984). 하지만 파워의 동학은 다양한 돌봄 맥락에 따라 더 복잡해진다. 실제로 베르네스(Kari Waerness, 1984a, 1984b)는 돌봄을 세 가지 형태로 밝힌다. 자발적 돌봄(spontaneous care), 필수 돌봄(necessary care), 대인 서비스(personal service)다. 자발적 돌봄은 기존의 돌봄관계가 없었음에도 앞으로 관계에 대한 어떠한 기대 없이도 필요한 돌봄을 제공하는 사마리아인 선행의 종류다. 필수 돌봄은 수혜자가 할 수 없는 돌봄이다. 예를 들어 의사는 환자에게 필수 돌봄을 제공한다. 모든 필수 돌봄이 고도의 기술을 요구하는 것은 아니다. 영유아에게 기저귀를 갈아주어야 하지만 기저귀를 갈아주는 데 특별한 기술이 필요한 것은 아니다. 베르네스가 세 번째로 분류한 '대인 서비스'는 자신이 자신에게 제공할 수 있지만, 누군가가 자신에게 제공하는 돌봄이다. 우리는 본인 차를 세차할 수 있지만 세차장으로 간다. 자신이 직접 매니큐어를 칠할 수 있지만 손톱소지 전문점에 가서 한다. 베르네스의 예를 빌리면, 아내가 집 안을 청소하기 바라는 남편은 아내에게 대인 서비스를 받는 것이다.

돌봄과 서비스의 차이에 주목해보자. 이들의 차이는 수행되는 행위도 아니며, 노동관계의 친밀도도 아니고, 돌봄노동으로 형성된 관계의 본질도 아니다. 피셔와 트론토의 개념에서 보면 이러한 세 가지 종류 모두 돌봄에 해당한다. 하지만 돌봄과 서비스 간의 베르네스의 구분은 돌봄에 대한 중요한 특징을 포착한다. '서비스'에서는 돌봄노동자가 제공하는 돌봄을 지휘하는 행위자가 파워를 더 갖지만, '돌봄'에서는 상대적으로 파워가 더 있는 행위자가 파워가 덜 있는 혹은 더 취약한 대상자에게 돌봄노동을 제공한다. 두 경우 모두 돌봄노동자는 전문성을 갖췄거나 혹은 반대로 전문성 없이도 할 수 있는 돌봄노동일 수 있다. 오히려 그 차이점은 누구에게 지휘하는 모습이 있느냐이다.

돌봄은 피셔와 트론토가 인식했듯이 매우 복잡한 과정이다. 이들은 돌봄의 과정을 네 단계로 규정했다.

1. **관심돌봄**(caring about): 돌봄의 첫 번째 단계로 개인이나 집단은 충족되지 않은 돌봄의 필요를 감지한다.
2. **안심돌봄**(caring for): 필요가 확인된 이상, 개인이나 집단은 필요가 충족될 것이라는 안심(확신)을 줄 책임을 져야 한다.
3. **돌봄제공**(care giving): 돌봄의 세 번째 단계에서는 실질적인 돌봄제공의 활동이 수행되어야 한다.
4. **돌봄수혜**(care receiving): 돌봄노동이 시작되면 돌봄을 받아온 개인, 사물, 집단, 동물, 식물 또는 환경의 반응이 발생한다. 반응이나 반응을 통한 판단(예를 들어 돌봄이 충분했는가? 성공적인가? 다된 것인

가?)을 관찰하는 것이 돌봄의 네 번째 단계다. 돌봄수혜자는 반응하는 사람일 수 있지만, 그렇다고 꼭 반응해야 하는 것은 아니다. 때때로 어떤 돌봄수혜자는 반응을 하지 못할 수 있으며, 특정 상황에서는 돌봄활동의 효과성을 평가하는 위치에 있을 수 있다. 그리고 이전의 돌봄필요가 충족되었다면, 새로운 필요가 추가로 발생할 수 있다.

일반화된 수준이 아니라 돌봄의 더 구체적인 수준에서 민주적인 돌봄을 고려하기 위해서 필자는 다섯 번째 단계가 있다고 본다.

5. 함께 돌봄(caring with): 이는 돌봄의 마지막 단계로서, 이 단계는 돌봄필요와 돌봄필요가 충족되는 방식이 모든 사람을 위한 정의, 평등, 자유에 대한 민주적 기여와 상통해야 한다.

이러한 관점에서 피셔와 트론토의 정의는 언제 그리고 어떻게 돌봄이 제공되는지 분석 가능한 방법을 제공하고 또한 돌봄에 대한 평가를 가능케 한다는 측면에서 의의가 있다. 그러나 피셔와 트론토의 정의가 낭만적이거나 완벽하다는 의미는 아니다. 아쉽게도 인간존재와 더 큰 지구환경 속에서 충족될 수 있는 것보다 더 많은 돌봄필요가 존재한다. 하지만 어떤 돌봄필요는 심각하게 받아들여지고 충족되는 반면, 다른 돌봄필요는 외면당하거나 단지 산발적으로 충족된다.

가능한 폭넓은 논의를 위해 피셔와 트론토의 광의의 정의를 채택한다고 해서 특정 현실에서 돌봄을 생각하는 더 구체적인 방법을 활용하지 못하게 되는 것은 아니다. 예를 들어, 다른 누군가의 아이들을 위한 돌봄실천은 자기 자신의 아이들을 돌보는 것과는 다른 모종의 숙련됨이 필요하다. 만일 어떤 유모가 자신의 아이가 첫발을 내딛는 모습을 본다면 기쁨을 만끽하게 될 것이다. 하지만 만일 그 유모가 돌보는 아이가 첫발을 떼는 모습을 본다면, 자신의 아이가 주는 이러한 이벤트를 놓쳐버려 아쉬울 수 있는 부모에게 이 이벤트를 못 본 척해야 할 수도 있다. 이러한 사안에 대해 사려의 미를 살리는 것은 좋은 엄마로서의 실천 항목과는 차이가 나는 좋은 유모로서의 돌봄실천이다. 돌봄의 친밀한 감성적 측면을 강조한 칸시안의 정의는 이러한 상황에 좀 더 유용하게 적용될 수 있다. 그럼에도 돌봄 현장에서의 권력 관계와 목적을 확인하기 전에 돌봄을 협소하게 정의하는 것은 위험하다. 그러면 더 중요한 돌봄의 측면을 못 보게 된다.

돌봄에 대한 피셔와 트론토의 개념을 비판하는 사람들은 이 개념이 무엇이 좋은 돌봄(good care)을 구성하는지 설명하지 못한다고 지적한다(Schwarzenbach, 1996). 타당한 지적이기는 하지만 이 지적은 개념 정의가 반드시 규범적이어야 한다는 전제를 하고 있다. 우리가 앞서 살펴본 다양한 개념을 다시 한번 생각해보면, 헬드의 개념 정의는 규범적인 측면이 있지만 칸시안의 개념 정의는 그렇지 않다는 점이 명확하다. 양육 돌봄과 비양육 돌봄을 구분한 더피의 개념 정의나 대인 서비스와 필수 돌봄을 구분한 베르네스의 개념 정의에서 규범적인 함의를 도출할 수 있을지 모르겠지만, 이들 개념 모두 그 자체로 규범적인 것은 아니다. 그리고 실제로 피셔와 트론토의 개념은 좋은 돌봄을 설명할 때처럼 나쁜 혹은 잘못 진행된(dysfunctional) 돌봄을 설명하는 데도 유용하다.

그럼에도 철학자의 주장을 맹종하지 말아야 하는 것 그리고 모든 돌봄을 좋은 돌봄으로 정의하지 않는 것은 중요하다. 왜냐하면 그렇게 됨으로써 돌봄이 부정의를 간파하지 못할 정도로 담론적으로 남용될 수 있기 때문이다. 예를 들어, 영국 식민지 인도의 돌봄 담론의 불편한 이면을 지적한 나라얀(Uma Narayan, 1995)의 저작을 살펴보자. 나라얀에 따르면, 식민주의는 제국주의 본토 국민에게 다른 나라의 상품, 자산, 노동을 착취하는 시스템으로 설명됨으로써 이를 정당화하려는 시도를 하지 않았다. 오히려 돌봄 담론을 자기 합리화의 논리로 사용했다. 이는 원주민은 영국, 서구, 기독교의 이상을 접하게 됨으로써 더 좋게 교화되고 문명화될 수 있었다는 담론이었다. 여성도 이러한 방식으로 좋은 식민주의라는 담론의 확산에 영향을 받았다. 나라얀의 예는 단지 '돌봄'이 그저 좋은 목적뿐만 아니라 나쁜 목적으로도 담론적으로 이용될 수 있다는 점을 보여주는 것 이상이다. 이는 또한 세상을 판단하기 위해 돌봄 같은 개념에만 의존하는 것의 한계를 지적한다.

돌봄: 개념에서부터 정치이론까지

개념은 지적 도구다. 개념은 특정한 목적에 기여하거나 그 목적을 위해서 고안된다. 그래서 한 가지 돌봄 개념으로 세상 곳곳의 돌봄 현장을 반영하기에 모자란다. 다른 개념과 마찬가지로 돌봄 개념은 수많은 이론에서 사용될 수 있으며, 개념이 사용되는 이론에 따라서 서로 다른 의미를 갖게 마련이다. 돌봄 개념이 규범적으로 충분한가는 개념의 명료성에서 나오는 것이 아니라 개념이 사용되는 더 큰 정치·사회이론에서 나온다. 따라서 위계적인 봉건사회에서 좋은 돌봄이란 위계성을 유지시키는 것으로 볼 수 있다. 유교 이론 속에서 좋은 돌봄은 특정한 관계를 수신(修身)의 실천 덕목으로 강조하는 경향이 있다(Herr, 2003). 나라얀이 주장하듯이, 돌봄은 식민주의를 핵심적으로 지지해주는 담론이 될 수도 있다. 따라서 돌봄의 개념을 단순화하는 것은 유용하지만 이러한 개념적 도구가 어떻게 전개될지는 아직 모르는 것이다.

명시적이든 암묵적이든 모든 정치이론은 돌봄 논의를 담고 있다. 근대 유토피아 저작들을 보면, 예로 들면 때때로 돌봄노동이 어떻게 수행되어야 하는지에 대해서 분명히 적고 있다. 모어(Thomas More)에서 생시몽(Saint-Simon)과 푸리에(Charles Fourier)를 거쳐 스키너(B. F. Skinner)와 르 귄(Ursula Le Guin)까지 유토피안 작가들은 사회를 재조직할 때, 돌봄의무를 재편하기 위해 무엇이 있어야 하는지 많은 관심을 기울였다. 이러한 돌봄의무는 양육 돌봄의무(플라톤과 아리스토텔레스가 시민교육이라 부른 의무)뿐만 아니라 어떤 경우는 비양육적 '기피 노동'(dirty work)을 포함한다. 예를 들어, 푸리에는 배설물을 재미있어하는 영유아에게 그것을 치우게 했다. 보다 비근한 예로 근대 정치이론가들은 구제적인 돌봄노동을 집안일 혹은 치안권(police power)으로 설명하곤 했다(치안권에 대해서는 제3장에서 자세히 살펴보겠다). 푸코(Michel Foucault)의 '생체권력'(biopower)이라는 개념도 이러한 설명 중 하나다. '생체권력'은 탈계몽주의 시대에 국가권력이나 국가 이외의 행위자를 통해 개인 삶의 일거수일투족인 위생, 보건 등에 대해, 정치적 간섭이나 동의 같은 형식적 실체 없이 통제를 해 온 자유주의 국가이론에 대한 도전이다. 마치 '자연스러운' 것이었던 것처럼 돌봄노동의 이슈를 공적 관심의 밖에 두는 것은 이 문제를 푸는 지금도 여전한 방식이다.

돌봄이 인간 삶의 기본적인 측면이고 모든 정치이론이 돌봄에 주목한다면, 민주주의 이론에서 돌봄의 위상은 어떻게 간주되었나? 고대 민주주의 사회에서 돌봄은 이론적으로 사적 영역에 속했다(아리스토텔레스의 『정치학』). 근대 민주주의 재편기에도 공적인 영역과 사적인 영역을 나누는 구분은 여전했다. 참정권에 대한 논의도 의존적인 사람들을 배제했다. 시간이 갈수록 처음에는 참정권이 자산가에게만 확대되었다가 다음에는 노동자, 마침내는 여성에게까지 확대되었다. 의존과 돌봄이 여성과 연관되면서 공적 생활에서 여성은 부적합하다고 보았기 때문에, 여성이 제일 마지막에 참정권을 획득했다는 것은 놀라운 일이 아니다.

하지만 여성만이 이러한 배제의 대상이 되었던 것은 아니었다. 지나치게 의존적이어서 공공생활에 위협이 될 수 있기 때문에 성별에 관계없이 비천한 직종으로 간주되었던 노예와 하인 역시 배제의 대상이 되었다. 지난 30년 동안 실천적인 민주주의의 진보를 통해 예전에 배제되었던 많은 사람들을 정치영역에 포함시키려는 노력들이 계속 커졌다. 처음에는 노동계급 남성이 포함되었고 이후 여성이 포함되었다. 하지만 이러한 포함의 과정은 과거에 배제되었던 사람이 배제되지 않은 사람처럼 의존적이지 않으며 이제는 의존의 부담에 짓눌려 있지 않을 것이라는 전제를 하고 있다. 이러한 주장의 문제는 시민을 독립적인(independent) 성원으로 간주해버렸다는 점이다. 사실 정도의 차이는 있겠지만 인생 전체를 보면 인간은 타인의 돌봄에 의존해 살아야 하는 상호의존적인(interdependent) 존재이다. 새로 등장한 독립성이라는 개념을 가지고 사람들을 의존적이라고 낙인찍는 것은 현실을 왜곡하는 것이다. 이는 사회의 돌봄필요와 상호의존적인 모든 인간의 특성을 직시하지 않는 것이다.

따라서 다들 알고 있듯이, 마셜(T. H. Marshall, 1981)이 20세기 중반 사회권을 도입하기 위해 시민권(citizenship)을 설명했을 때, 시민은 군인(soldier)이 아니라 노동자(worker)를 의미했다. 비록 마셜이 사회권의 중요성 그리고 모든 시민에게 사회권의 평등한 확대를 주장했지만, 그 역시 남성은 공적 영역, 여성은 가사라는 전통적으로 성별화된 노동분업의 인식을 벗어나지 못한 채 사회적 시민권을 남성의 영역으로 보았다. 결과적으로 자유주의 국가나 사회민주주의 국가의 여성친화적인 전략은 여성을 완전한 시민으로 만들기 위한 하나의 방법으로서 이들을 유급 노동력으로 끌어들이는 방법을 추구했다. 이러한 노력은 많은 선진국의 탈산업사회 경제구조에서의 정치경제 변화와 시기적으로 맞아떨어졌으며, 그 결과 중산층 가정을 유지하기 위해서는 맞벌이가 필요하게 되었다(Stacey, 1990). 결과적으로 정치적이고 또한 경제적인 이유에서 여성이 노동의 세계로 진입한다는 것은 적절하다고 보여졌다.

돌봄과 민주정치이론

유급 노동을 통한 이 같은 포용(inclusion)의 움직임은 한 가지 큰 질문을 남겼다. 누가 돌봄노동을 하는가? 현대 민주주의 이론은 이론적인 수준에서 이 질문에 대해 사실상 함구하고 있다. 왜 민주주의 이론은 이 맹점에 주목해야 하는가? 왜냐하면 민주주의 이론이 실질적으로 "누가 돌보는가"라는 질문을 다루지 않는다면, 노동자로서 시민의 삶을 과대포장하거나 돌봄관계에 연을 맺은 시민의 삶을 과소평가함으로써, 시민과 그들의 삶을 착각하는 정치의 논의만 남게 되는 결과를 낳는다. 돌봄을 통해 생산되고 재생산되는 시민 없이는 어떠한 국가도 존속하거나 제 역할을 할 수 없다. 만약 공적 토론이 이러한 질문을 분명하게 제기하지 않는다면, 인생에서 엄연히 존재하는 돌봄은 그늘진 뒷전으로 방치될 것이다.

대부분의 민주정치이론은 시민의 삶에서 변화하는 의존성뿐만 아니라 생활환경의 이 같은 큰 변화를 백안시해왔다. 실제로 현대 민주정치이론은 민주적 삶의 절차에 대한 문제에 대해, 특히 정치적 삶이 경합적인지, 심의적인지 혹은 공동의 것인지의 문제에 대해 주목한다. 하지만 시민이 그들의 삶을 사는 방식에는 거의 주목하지 않았다. 메츠(Tamara Metz, 2010a)가 주장하듯이, 한편으로 친밀한 돌봄의 경우 외부기관의 모니터링으로부터 상대적으로 자유로워야 하기 때문에, 이러한 외면은 오히려 합리적인 것처럼 보였다. 다른 한편으로 '돌봄을 전담'하는 사적 영역에 남겨진 여성들이 이제는 시장의 공적 영역에서 자신의 자리를 찾아한다는 사실을 간과하는 방식은, 이들 여성에게 '2교대'(double shift)를 전가하는 것이다. 가사일과 시장일 간의 오래된 책임 구분은 더 이상 유의미하지 않지만, 누구도 이 둘 간의 책임을 체계적으로 재조직할 생각을 하지 않는다.[4]

현대정치사상의 창의적이고 견고한 사상가 중 한 명인 애커먼(Bruce Ackerman)은 공적인 삶을 향상시키기 위한 하나의 방법은 '심

4 현대 민주주의 이론의 주요한 논지는 다양한 인정(recognition)의 방식으로 공/사 구분을 다시 논의한다(Honneth, 1996). 하지만 인정은 불평등의 해법이 아니며 단지 그러한 불평등을 완화시키려는 시도이다.

의의 날'(Deliberation Day)을 제정하는 것이라고 제안한다. 매년 모두가 중요한 정치의제를 한나절 이상 충분히 숙의할 수 있는 토론에 참석하는 대가로 정부에서 사례를 받을 수도 있다. 이것의 목적은 이웃과 상의하고 새로운 전망을 경청함으로써 정치문제를 진지하게 다루는 시민의 역량과 의지에 활력을 다시 불어넣기 위함이다.

심의의 날은 여러 측면에서 향수어린(nostalgic) 아이디어다. 역사가 되어 버린 타운미팅(Town Meeting)을 상기시킬 뿐만 아니라 "인터넷으로 합시다"라는 많은 이의 요구를 무시한 채 시민의 직접적인 면대면 참여를 요구한다. 그러나 심의의 날은 역시 다른 측면에서도 낭만적이다. 왜냐하면 시민에 대한 묘한 배제를 담고 있기 때문이다. 모든 사람이 실제로 참여할 것이라는 기대에도 불구하고, 모든 사람이 참석할 수 있는 것이 아니다. 사람들이 어떻게 한 공간에 모일 수 있을까? 참석하기 위해 운전을 해야 한다면 그날 주유소는 열까? 어른이 심의하러 가면 아이는 누가 돌볼 것인가? 누가 조명을 켜놓고 의자를 준비해놓을 것이며 마이크 준비는 누가 할 것인가? 점심은 누가 준비할 것인가? 누가 쓰레기를 치울 것인가? 더 단순화할 수 없을 정도가 되면, 인간의 모든 활동에는, 일반적으로 그렇게 간주되지는 않지만, 필수적인 돌봄노동을 하는 돌봄노동자가 있다.

일단 우리가 돌봄을 인간 삶의 한 부분으로 인정하게 되면, 친지를 옆에서 수발하고 돌보는 것부터 쓰레기를 치우는 것까지 모든 종류의 돌봄을 제공하지 않는 한, 우리 모두를 위한 정의, 평등, 자유를 정치적으로 생각하는 것은 불가능하다. 인간 삶에서 돌봄의 위치를 진지하게 받아들이면서 민주주의를 추구한다는 것은, 개인적이든 집단적이든 우리의 삶을 조직하는 방식을 근본적으로 재검토해야 할 필요를 제기한다. 모든 사람이 일도 하고 시민 역할도 할 것이라고 기대하면서 누군가는 불공평하게 돌봄의무를 도맡아야 한다면, 민주주의 이론은 그 본분을 다하지 못하는 것이다.

더군다나 만일 어떤 사람(즉 심신이 건강해서 타인의 조력은 받지 않아도 되는 사람)만을 시민으로 간주한다면, 편견과 구조적 장벽 때문에 시민으로 온전히 받아들여지지 않는 사람처럼 '조력을 받아야 하는'(not able) 사람은 어떻게 되는 것이며, 타인을 돌보기 위해 자신의 시간을 써야 하는 사람은 어떻게 되는 것인가(Kittay, 1999)? 이 문제에 대한 해법은 시민을 평등하게 만드는 민주적 삶의 요소를 우리가 어떻게 정의할 것인지에 달려 있다.

민주주의 이론에 대한 최근의 저작들은 보다 실질적인 용어로 평등의 문제를 제기한다. '재분배'(redistribution)와 '인정'(recognition)을 구분한 프레이저(Nancy Fraser, 1997, 2009)의 논의는 평등에 관한 실질적인 관심에 주목하였고, 그녀가 추가한 대표성(representation)을 의미하는 세 번째 'r'은 민주적인 사고방식과 실질적인 평등 간의 관계를 심화시켰다. 영(Iris Marion Young, 2000)도 민주적 평등에 대해 실질적인 관심을 보였고, 나아가 불평등 관계의 현상학까지 이해했다. 굴드(Carol Gould, 2004)는 단일 국가뿐만 아니라 전 지구적 수준까지 살피면서 민주적 평등을 위한 동등한 인간의 권리가 필요하다고 주장했다. 실제로 굴드는 돌봄을 정부의 관심사로 간주했으며 여성 불평등의 근원으로 간주했다. 굴드는 '연대성'(solidarity) 개념이 '돌봄'이라는 용어보다 함께 일하는(work together) 시민의 필요를 더 잘 파악한다고 보았지만, 아마도 포괄적 개념인 '함께 돌봄'이 그녀의 연대성에 더 가까운 개념으로 보인다. 슈워츠(Joseph

Schwartz, 2009) 역시 '평등'(equality)과 '차이'(difference)를 주장하는 사람 간의 간극을 극복하기 위한 노력으로 연대성을 사용하며 그러한 연대성을 돌봄과 연계시킨다. 그는 "만일 사회가 타인의 조력이 필요한 누군가를 위한 '돌봄'의 구체적인 필요를 위해 보편적인 헌신을 하지 않는다면, 민주사회는 사회적 연대성에 대한 평등한 존중으로 설명되지 못할 것이다"(42). 관련한 최근 연구들도 이러한 통찰에 기인한다.

우리 모두는 돌봄이 필요하다는 점에서 평등한 시민이다

모든 정치이론은 암묵적이든 명시적이든 돌봄의 문제를 다룬다. 우리가 민주사회에 살고 있는 한, 이 사회에서 통하는 돌봄의 의미를 규정하려는 시도는 유의미하다. 두 가지 이유에서 유의미하다. 민주적 돌봄을 고민해야 하는 첫 번째 이유는 민주사회에서 돌봄을 쉽게 이해하려는 이론적 논의의 필요성 때문이다. 두 번째 이유는 제6장에서 살펴보겠지만, 민주적 돌봄은 민주주의에 사는 시민의 삶의 질을 높이기 때문이다.

민주적으로 산다는 것은 모든 시민이 평등하다고 상정한다. 하지만 평등의 의미는 민주주의 이론의 논의 속에서 다양해진다. 평등은 기회의 평등이나 결과의 평등을 의미할 수 있다. 평등은 동등한 인간의 권리가 시작되는 출발점일 수 있으며, 인간 자율성(human autonomy)에 대한 평등한 존중이라는 개념을 의미할 수 있다. 정치이론가들은 흔히 이처럼 논쟁적인 개념을 탐구한다. 하지만 민주적 돌봄의 구별되는 특징은 이것이 매우 다른 논거에 기초한 평등을 전제하고 있다는 점이다. 민주적 돌봄은 우리 모두가 돌봄수혜자(care receivers)라는 점에서 민주적 시민으로 평등하다고 전제한다. '모두가 돌봄수혜자(care receivers all)'로서, 시민의 돌봄필요 그리고 다른 시민의 돌봄필요를 충족시키기 위해 서로를 도와야하는 시민 간의 상호의존성은 평등의 기초가 된다.

물론 모든 인간이 평등하게 돌봄수혜자라는 가정은 모든 인간이 평등하고 똑같으며, 심지어 불가피하게 비슷한 필요를 갖고 있다는 것이 아니다. 대신에 이는 돌봄필요를 충족시키는 것은 모든 인간 개개인의 삶의 특징이며, 따라서 각자는 돌봄의 수혜자라는 입장에서 돌봄에 깊숙이 관여되고 있음을 의미한다. 돌봄필요는 개인마다 다를 뿐만 아니라 한 개인이나 사회 내 특정 집단도 시간에 걸쳐 다르게 나타난다. 사람들은 취약한 유아기 때 혹은 나이가 들어 쇠약해질 때, 더 많은 돌봄필요가 있게 된다. 그럼에도 돌봄필요(needy)의 정도 차이는 있겠지만, 모든 인간은 똑같이 돌봄을 필요로 한다.

비록 모든 시민이 돌봄을 필요로 하지만 획일적인 방식으로 필요로 하지는 않는다. 시민의 필요를 획일화하는 것은 어리석은 시도다. 결국, 돌봄의 필요는 사람마다 다르며 어제와 오늘 그리고 오늘과 내일이 또 다르다. 하지만 민주적 삶의 관점에서 볼 때, 돌봄필요를 요구하고 이야기할 수 있는 평등한 역량(equal capacity)을 논의하는 것에 주목해야 한다. 이 지점은 제4장에서 자세히 다루고 있다.

페미니스트 민주적 돌봄윤리

이 책은 특정한 돌봄의 관점, 특정한 민주주의의 관점, 그리고 돌봄과 민주주의 간 관계에 대해서 강변한다. 이러한 관점은 돌봄실천은 민주적 방식으로 수행되어야 하며, 돌봄은 민주주의의 중추적인 가치가 되어야 한다고 요구한다. 이 같은 정치적 주장은 페미니스트 민주적 돌봄윤리로부터 기원한다. 페미니스트 민주적 돌봄윤리란 무엇인가? 이것은 롤즈의 정의론처럼 매우 익숙한 정의론의 설명과 어떻게 다르며 심지어 커테이 같은 페미니스트나 잉스터(Daniel Engster) 같은 비페미니스트의 돌봄윤리와 어떤 차이가 있는가? 페미니스트의 민주적 돌봄윤리는, 적절한 행동을 추론하는 원칙으로부터가 아니라 서로 서로가 연계되고 내포된 일련의 돌봄실천을 화두로 시작한다. 가장 넓은 부류의 돌봄실천은 사회 전체가 해당되는 실천이다(필자는 국제수준의 돌봄실천은 다른 책에서 논할 것이다). 이러한 실천의 목표는 사회의 모든 구성원이 사회를 가능한 민주적으로 만든다면, 가장 잘살 수 있다는 확신을 함양하는 것이다. 이것이 바로 '함께 돌봄'의 핵심이다.

민주사회에서 민주적 삶의 모습은 돌봄의 목표이자 인간의 목표일 뿐만 아니라 민주적 돌봄실천의 목표이기도 하다. 따라서 민주정치의 핵심은 돌봄책임을 분담하고 또한 이러한 돌봄책임의 배정에 참여할 수 있는 역량을 보장하는 것이어야 한다. 민주정치의 과제는 책임과 접목하는 것이며, 우리가 인간적으로 괜찮은 삶을 살기 위해 돌봄이 중심에 있어야 한다는 점을 인정함에 따라, 민주정치의 임무는 보다 더 돌봄책임 ―즉 책임의 본질, 책임 분담, 책임의 완수― 에 초점을 맞춰야 할 필요가 있다.[5] 인간본성에 있어 또한 정치적·윤리

5 논쟁을 자세히 모르는 사람들은 필자가 돌봄-정의 논쟁을 참조하지 않았으며, 또한 필자가 공적 돌봄을 논의하기 위해 정의의 언어를 사용한다는 점을 의아하게 생각할 수 있다. 이는 정의가 그 논쟁의 '승자'(won)가 되었음을 의미하는가?

이 질문에 두 가지 답이 가능하다. 첫째, 돌봄이론가들은 돌봄실천을 위한 정의 개

적 판단하는 방식에 있어 깊숙히 성별화된 가정에 의해 이러한 돌봄 실천이 정치적 담론에서 배제되고 있기 때문에, 이러한 돌봄실천을 포용하기 위해서는 민주정치의 문제를 한정할 때 당연시해왔던, 인종적·계급적 편견에 쌓인 가정뿐만 아니라 성별화된 가정에 의문을 제기해야 한다.

이러한 편견을 극복하기 위한 수단으로서 편견을 가시화시킨 것은 페미니스트 이론과 실천의 통찰력이다. 이 책의 상당 부분은 현재 (주로 미국) 사회에서 돌봄이 조직되는 방식에 감춰진 편견에 대한 설명이 될 것이다. 하지만 처음부터 몇몇 관점은 의심의 여지가 없다. 인간 삶에서 돌봄 중심성을 재인식하기 위해서는 인간의 본질, 정치와 윤리 그리고 이러한 모든 문제에 대한 철학적이고 정치적인 논쟁을 어떻게 할 것인지에 대한 논의가 있어야 한다. 이러한 대안적 관점에 대해서 하나씩 설명하겠다.

인간본성(철학자들은 **존재론적**ontologically으로 표현하기를 좋아한다)에 관해, 많은 학자들(M. Robinson, 2007; Groenhout, 2004; F. Robinson, 1999, 2008; Koggel, 1998, 2006)이 주장했던 것처럼, 페

념이 더는 필요하지 않다고 주장하지 않는다(Engster, 2007; Noddings, 2002b; Held, 1995, 1996, 2006). 반면 정의론자들은 사회정의의 모습으로 분배되어야 할 영역으로 돌봄이 있다는 것을 지적할 때 보편적이지 않았다.

둘째, 일부 돌봄이론가들은 돌봄이론과 정의론 간의 중요한 쟁점은 이제 방법론적인 것에 더 가깝다고 지적한다. 즉, 어떤 돌봄이론가도 이상(ideal) 이론의 관점에서 돌봄을 설명하지 않는다는 것이다. 비이상(non-ideal)의 관점을 택하는 정의론자들이 이제는 많아졌으며, 그래서 돌봄의 요소를 이론에 포함시키고자 한다. 그렇지만 필자를 포함한 몇몇 돌봄이론가들에게 돌봄이론과 정의론 간에는 여전히 존재론과 인식론에 있어서 차이가 있다. 따라서 돌봄을 '관계적 혁명'(relational revolution)의 일부로 보는 것은 경쟁하는 독립적인 개인을 전제하는 정의론 관점과 차이를 갖는 것이다. 페미니스트 민주적 돌봄윤리에 대한 설명은 이 장의 후반부에 자세히 논의한다.

미니스트 돌봄윤리는 출발점이 다르다. 첫째, 페미니스트 돌봄윤리의 관점에서 개인은 관계 안에서의(in relationships) 존재로 이해된다. 개인과 개인의 자유는 여전히 소중할 수 있지만, 모든 것을 단독으로 결정하는 로빈슨 크루소 같은 존재로 개인을 생각하는 것은 잘못이다. 오히려 모든 개인은 변함없이 돌봄을 제공하는 혹은 돌봄이 필요한 상황의 차이가 있는 다른 사람들과의 관계 안에서, 혹은 그 관계를 통해서 혹은 그 관계를 벗어나 활동을 한다. 둘째, 모든 인간은 취약하고 약한 존재다. 어떤 사람은 다른 누구에 비해 더 취약한 것은 참이지만, 모든 인간은 영유아기나 고령기 혹은 아플 때처럼 인생의 특정 시점에서 극단적으로 취약하다. 인간의 생명은 허약하다. 인간은 타인의 돌봄과 지원을 요구하는 신체적 조건 변화에 항상 취약하다.

셋째, 모든 인간은 한 번쯤 돌봄수혜자이자 돌봄제공자이다. 돌봄의 전형적인 이미지는 신체 활동이 가능한 사람과 성인이 아이나 고령자 그리고 허약자에게 돌봄을 제공하는 모습이다. 신체적으로 능력이 되는 성인도 매일같이 타인이나 자기 자신의 돌봄을 받는다. 거의 예외 없이, 인간은 사람들을 돌보는 행동을 보인다. 10개월 된 영유아는 젖먹이는 흉내를 낸다. 아이는 보모에게 젖병을 물리려 하고 수저가 다른 사람의 입을 향해도 자기 입을 벌린다(Bråten, 2003). 아이는 자신의 의도를 부모를 돌보는 행동으로 보여준다(Mullin, 2005). 사람은 일생을 통해 돌봄의 필요와 능력이 변화하기는 해도 늘 돌봄의 수혜자이자 제공자다. 어떤 사회든 어느 순간이라도 돌봄이 가장 필요한 사람뿐만 아니라 자신과 타인을 위해 돌봄을 제일 잘 할 수 있는 사람이 있다. 돌봄필요와 돌봄역량이 이처럼 변한다는 것은 시간에 따라 인간의 삶이 어떻게 변하는지 고심해야 하는 인간 삶의 양상이다.

인간 삶의 이 같은 특징을 고려한다면, 페미니스트 민주적 돌봄윤리는 개개인이 자신의 삶에서 자율과 의존 사이에서 어떻게 균형을 잡아야 하는지 설명할 수 있어야 한다. 대다수 민주주의 이론가는 인간이란 존재를 단순하게 자율적인 행위자로 상정하고 민주주의를 거론하기 시작한다. 이 가정에 따르면, 이론가는 인간의 의존성을 부적격한 조건이나 문제로 간주한다. 하지만 이들의 가정은 어떻게 영유아가 어린아이에서 성인이 되는지, 즉 의존적인 존재에서 자율적인 존재가 되는지를 설명하지 못한다. 이러한 질문을 도외시하는 것은 단지 철학적이거나 심리학적 문제가 아니다. 왜냐하면 이는 몸에 밴 차별적 태도를 되풀이하는 것이기 때문이다. 미국같이 백인 중심 사회에서 왜 유색인은 '자율적인' 행위자로 대우받지 못하나? 또는 왜 그들은 의존적이라 진단받으며 '병리학'(pathologies)에 의해 부당하게 시달려야 하는가? 자율이라는 전제는 인간 삶에서 자율과 의존의 정도가 다양하게 나타날 수 있다는 현실을 제대로 반영하지 못한다. 인간 삶을 구성하는 이러한 요소가 '뒷전'(in the background)에 방치될 때, 정치이론가들과 도덕철학자들은 결국 왜곡된 인간 특징을 출발점으로 삼게 된다. 우리는 어떻게 그리고 왜 이러한 전제가 인간의 온전한 삶에 유해한지 다음 장들에서 차례로 살필 것이다. 하지만 페미니스트 민주적 돌봄윤리는 자율에 대한 욕구(desires)와 인간의존의 현실을 모두 직시하는 방향으로 이러한 차이를 설명할 수 있다. 그리고 이를 실천의 문제로 보며 민주사회의 주력 과제로 다룰 수 있다.

주의 깊은 독자는 필자가 인간본성을 이타적이 아니라 관계적(relational)이라고 지적한 점에 주목할 것이다. 이것은 중요한 차이다. 인간의 이타성을 강조하면 공적으로 돌봄을 강화하는 좀 더 견고한 주장을 만들 수 있다. 스톤(Deborah Stone)은 그녀의 저서 『사마리아인의 딜레마』(*The Samaritan's Dilemma*, 2008)에서 이 같은 주장을 했다. 하지만 필자는 돌봄을 함께 돌봄으로 보면서, 우리는 이타주의의 한계를 직시해야 한다고 본다. 스톤의 주장대로 이타주의에는 훌륭한 특징이 많다. 그녀가 '일상의 이타심'(everyday altruism)이라고 부른 다양하고 많은 종류의 이타심은 이것이 인간 삶의 근본적인 부분임을 보여준다. 무엇보다 그녀는 이타심이 상당히 힘이 된다(empowering)는 점을 강조한다. 즉 타인을 돕는 것은 어떤 사람이 많은 종류의 목표를 더 잘 성취할 수 있게 만든다는 것이다. 물론 참여민주주의에서 이타심은 이타적인 행동으로서 돌봄의 본질을 상기할 수 있다는 점에서 중요하다.

하지만 이타주의의 문제는 타인의 필요를 숙고하고 채우는 방식으로 서로를 연결하는 모든 인간에 있는 (훈련받지 않은) 자연스러운 충동이 아니라, 자아의 비이기적 동기를 가정하고 있다는 점이다. 이기심을 중심으로 하는 다양한 도덕적 관점에서 보면, 일부가 이타적으로 행동하는 것은 그들의 '선택'이며 타인과는 아무 관계가 없다. 인간의 관계적 특성이라는 관점에서 보면, 이기심만으로 인간다움의 의미를 충분히 설명하지 못한다. 일부 사람의 이기심을 향한 '선택'은 인간이 어떻게 행동해야 하는지 납득할 만한 설명을 하지 못한다. 이 프레임으로는 이기심이 누구에게는 있을 수 있고, 누구에게는 없을 수 있는 정체성(identity)으로 환원될 수 있다. 하지만 사실상 이 관점은 적실성이 떨어진다. 오히려 사회·정치제도에 의해 이기심과 이타심이 가능해진다. 이러한 조건을 고려하지 않고 이타심 하나에 집중하는 것은 돌봄책임의 분배가 불평등하고 자유롭지 않은 방식으로 진행되는데 충분한 도전을 할 수 없다.

정치적으로 페미니스트 민주적 돌봄윤리는 어떻게 사회·정치제도가 누구에게 돌봄의 부담을 (그리고 기쁨을) 짊어지게 했으며, 누구에게는 그것을 피할 수 있게 했는지를 밝히고자 한다. 다음 장에서 자세히 논하겠지만 간단한 비유를 할 것이다. 누구는 돌봄책임을 전담하지만, 다른 누구에게는 돌봄책임에 아랑곳하지 않고 살 수 있는 '[돌봄] 무임승차권'(passes)이 주어진다. 이들에게 돌봄 무임승차가 허용되는 것은 그들이 (아마도 사회가) 단순히 돌봄보다 더 중요하다고 보는 활동을 하고 있기 때문이다. 필자는 이러한 무임승차권을 자세히 설명할 것이다. 보호무임승차권, 생산무임승차권, 나만의 돌봄무임승차권(taking-care-of-my-own pass), 부스트랩(각자도생) 무임승차권(bootstrap pass) 그리고 자선무임승차권이 그 예다. 반대로 돌봄책임을 불평등하게 전가 받은 사람은 보호, 생산, 자기강화, 재산 같은 문제에 대한 이해와 관심이 부족하다고 전제된다. 그러나 민주사회에서는 이러한 이슈 모두는 모든 시민의 관심사여야 한다.

민주적 돌봄은 파워에 대한 페미니스트들의 다양한 관심으로부터 시작한다. 첫째, 공적 영역과 사적 영역의 분리는 공적 관심에서 몇몇 정치적 문제를 탈각시킨다. 특히 이러한 공과 사의 관계가 흔히 일정 정도는 '자연적'인 것으로 잘못 윤색되었기 때문에 전(前)정치적인 것으로 보인다. 페미니스트들은 공/사 구분에 의문을 제기하면서, 이들의 주장이 단지 사적 생활을 다 폐기하자는 것처럼 오해

받기도 했다. 페미니스트들은 공적 영역과 사적 영역을 어떻게 다시 생각해야 하는지 많은 분석을 제시했으며, 그 결과 모든 시민에게 의미 있는 '사생활'(privacy)이 보장되도록 하였다(Allen, 2003; Yuval-Davis, 1997).[6] 둘째, 모든 돌봄관계에는 불가피하게 파워가 있으며, 대개는 뿌리 깊은 힘의 차이를 내포하기 때문에, 모든 돌봄관계는 중요한 방식에서 정치적이다. 민주정치 생활의 핵심을 일정 정도 파워의 상대적 평등이라 할 때, 이러한 관점은 돌봄관계를 반민주적으로 방관함으로써 공적 생활에서 배제되게 했다. '능동적 시민권'(active citizenship)에 대한 최근 지지자들처럼 심지어 포용적 이론가[7]들도 누구에게 무엇이 필요한지 가정을 다 내린 상황이었으며, 결과적으로, 그들은 예를 들면 '능동적 시민'(active citizen)에서 고령자를 배제시켰다(Barnes, 2007). 하지만 이러한 돌봄 비대칭성은 다양한 방법으로 완화될 수 있다. 이 책에서 살펴보겠지만, 페미니스트 민주주의자의 돌봄실천 목록은 부분적으로 이러한 파워의 격차와 그것이 사람들에게 미치는 영향을 줄이는 부분에 주목하고 있다.

따라서 돌봄민주주의는 사회에서 책임의 본질에 대한 의미있는 토론이 가능한 조건을 조성하기 위해, 자신의 목소리를 낼 수 있는 진정한 평등(평등한 발언권, equality of voice)과 파워의 격차를 줄이는 것에 함께 할 것(commitments)을 요구한다. 하지만 기존 민주주의 토론은 사회가 더 큰 평등을 어떻게 이룰 수 있을지에 대한 이론적 논의 없이 평등한 발언권을 단순하게 다루었다. 정치이론가들은

---

6 알렌(Anita Allen)은 이를 간결하게 설명한다. "사적인 형식과 개인적 선택이 우리 모두—남성과 여성—를 도덕적으로 그리고 심리적으로 좀 더 사회참여의 책임과 부합하게 만든다"(2003: 39).

7 맥락상 포용적(inclusive) 민주주의자를 가리킨다—옮긴이.

흔히 위와 같은 과제를 논의할 수 있는 실질적인 방법보다 절차적인 방법에 매몰된 듯 보인다. 실제 현대 민주주의 이론이 논의되는 주요한 방식 중 하나는 심의 대(vs) '애고니즘'(agonism)[8]의 프레임이다. 이는 주로 민주적 논쟁의 본질에 대한 차이이다. 각 진영 내에서 절차에 대한 심화된 토론은 있었지만, 민주적 토론의 실제 내용에 대한 건설적 비판은 거의 없었다. 보이트(Harry Boyte, 2004; Miraftab, 2004 참조) 같은 민주주의 이론가는 파워의 균형, 공공재의 확충, 돌봄 등을 추구하는 점에서 민주적이라고 할 수 있는 개인의 실제 실천에 더 많은 관심을 기울였다.

윤리적으로 페미니스트 민주적 돌봄윤리는 정치학과 윤리학의 전통적인 경계를 지적하며 시작했다. 많은 현대정치이론은 정치적 실천이 도출되는 도덕원칙부터 시작했다고 보았지만, 현재의 많은 페미니스트들과 비(非)페미니스트 이론가들은 이러한 순서에 도전해왔다(Tronto, 1993). 아리스토텔레스적 사고의 전통에서 이들은 기존 정치공동체에서 구현된 정치적 가치가 그 공동체의 윤리적이거나 도덕적인 내용을 평가하는 방법을 정한다고 지적했다. 돌봄을 체계적으로 평가절하하던 사회에서 돌봄과 관계있는 도덕적 자질과 가능성 역시 윤리적으로 중요한 가치가 아니었다. 따라서 페미니스트 돌봄윤리에 관심을 보이는 사상가들은 도덕적으로 중요한 자질인 다른 연관 가치들에 논거를 제공하기 시작했다. 이들 가치는 민주사회에서 돌봄필요를 표현할 수 있어야 할 시민의 필요에서 뿐만 아니라, 돌봄 자체의 복잡한 과정에서 나온다. 필자는 『도덕의 범주』

8 애고니즘이란 합리적 분석이 아닌 생각 없이 반사적으로 나오는 주장만 있는 논쟁이나 토론을 의미한다—옮긴이.

(*Moral Boundaries*, 1993)에서 앞에서 살펴본 피셔와 트론토가 정의한 돌봄의 네 단계에 상응하는 네 가지 도덕적 자질을 정의했다. 이러한 윤리적 자질은 다음과 같다.

1. 관심(attentiveness) ── 관심돌봄(caring about): 돌봄의 첫 번째 단계로 개인이나 집단은 충족되지 않은 돌봄의 필요를 감지한다. 이 단계에서는 자신의 이해관계를 앞세우지 않고 진정으로 돌봄이 필요한 사람의 처지에서 바라보는 능력과 관심이라는 도덕적 자질이 요구된다. (사실 우리는 우리 자신의 돌봄필요를 인지하거나 인지하지 못하기도 한다.)

2. 책임성(responsibility) ── 안심돌봄(caring for): 돌봄필요가 확인되면 개인이나 집단은 이러한 돌봄필요에 부응해야 할 부담을 담당해야 한다. 이것은 일종의 책임감이며, 이는 두 번째 단계의 요체가 되는 도덕적 자질이다.

3. 수행성(competence) ── 돌봄제공(care giving): 책임감은 돌봄을 실제 제공하는 것과 같지는 않다. 돌봄을 실제로 제공하는 것이 세 번째 단계이며, 이는 수행성이라는 도덕적 자질이 요구된다. 돌봄책임을 가지고 돌봄을 수행하는 것은 단순한 기술적인 사안이 아니라 도덕적인 사안이다.

4. 대응성(responsiveness) ── 돌봄수혜(care receiving): 일단 돌봄이 수행되면, 돌봄을 받은 개인, 집단, 동·식물, 환경 등으로부터 어떤 반응이 나온다. 이러한 반응을 살피고, 그 반응에 대한 판단(예를 들어, 돌봄제공이 충분한지, 성공적인지 혹은 종결해도 되는지)하기 위해서는 대응성이라는 도덕적 자질이 필요하다. 돌봄을 받은

사람은 이러한 반응의 과정을 종결시키는 사람일 필요는 없지만, 돌봄받음에 대한 어떤 반응은 필수적이다. 그리고 이러한 반응에는 과거의 돌봄이 충족되면서 새롭게 등장하는 돌봄을 인지하는 것을 포함하기 때문에 이 과정은 지속된다.

세븐후이젠(Selma Sevenhuijsen, 1998)은 민주사회에서 돌봄에 필요한 자질을 추가로 규정했다. 첫째, 돌봄이 우선되려면 '의존성, 취약성, 타자성(otherness)'이라는 복합적인 도덕적 자질을 다루는 헌신(commitments)을 가져야 하며, 이를 통해 생명을 좀 더 활기있게 하고 삶의 가치를 좀 더 의미 있게 만들 수 있다. 더 나아가, 세븐후이젠에 따르면 돌봄은 또한 '다원성, 의사소통, 신뢰, 존경'에 대한 헌신이 필요하다. 세븐후이젠이 추가한 이들 자질은 어떤 중요한 도덕적 자질이 집단적인 책임을 담당하게 하는 것을 가능하게 하고, 시민이 자신을 돌봄의 수혜자이자 제공자로 생각하게 하며, 사회에서 돌봄필요의 본질을 깊이 고민하게 할 수 있는지 설명하는 데 도움이 된다.

따라서 우리는 돌봄의 다섯 번째 단계를 추가해야 한다.

5. 복수성, 의사소통, 신뢰, 존경; 연대성(solidarity) ― 함께 돌봄(caring with)

분명 이 밖의 다른 중요한 도덕적 자질을 돌봄윤리로 인정할 수 있을 것이다. 예를 들어, 워커(Walker, 2006)는 희망의 중요성을, 러딕(Ruddick, 1989)은 '모성적 사고'(maternal thinking)의 핵심을 생기(cheerfulness)로 설명한다. 우리는 다른 가치들, 예를 들면 감사(gratitude)를 추가할 수 있다. 하지만 도덕적 자질에 관한 어떤 목록도 완벽할 수 없다. 절제나 용기 같은 기본적 덕목은 여전히 중요하지만, 돌봄필요와 관련시켰을 때 위의 덕목들은 여기에서 덜 중요할 수 있고 일반적인 의미와 다른 의미로 쓰일 수 있다.

도덕적 자질은 돌봄윤리의 중요한 부분이지만, 돌봄의 자질 측면을 과도하게 강조할 우려가 있다. 어떤 철학자들은 돌봄윤리를 '미덕윤리'(virtue ethics)의 하나로 본다(Slote, 2008). 실제로 미덕윤리 학자들은 돌봄과 교차하는 지점이나 돌봄과 다른 자질을 강조한다. 어떤 철학자는 도덕적 동기 부여를 설명하는 돌봄 역량을 강조하는 반면, 어떤 철학자는 도덕적 결과주의를 중요시한다(Sander-Staudt, 2006). 하지만 돌봄을 미덕의 계통으로 보는 이들의 문제는 그것이 관계적이지 않다는 데 있다. 이들 이론은 관계와 돌봄필요의 충족을 윤리적으로 중요한 것으로 전제하지 않으며, 유덕한 개인의 완성을 전제할 뿐이다. 이러한 관점은 돌봄제공자와 돌봄수혜자 사이의 불평등한 파워라는 정치적 사안을 외면하게 된다. 이러한 이유로 샌더-슈타우트(Maureen Sander-Staudt)는 아래와 같이 결론내린다.

> 미덕을 강조하는 삶은, 많은 사람들에게, 특히 사회적 기득권이 있고 풍요로운 삶을 사는 사람들에게, 지저분하고 부담되는 혹은 지루한 돌봄책임을 묻지 못한다. 반면 돌봄윤리는 모든 수준에서 돌봄실천에 동참해야 할 근거를 제공한다. 많은 여성을 포함해 일부 사람들의 풍요로움은, 상대적으로 불리한 위치에 있는 다른 여성들이 제공

하는 돌봄서비스와 시장적 고용에 의해 구매된 것이다. 그러나 이들 모두는 그럼에도 어떤 공동체의 기준으로 볼 때 모두 유덕하다고 평가될 수 있다(2006: 35).

돌봄을 미덕의 일부로 이해하는 관점의 한계를 직시하면, 좀 더 보편적인 관측이 가능해진다. 인간본성에 대한 대안의 관계적 논의로서, 정치를 인식하는 방법으로서, 윤리를 인식하는 방법으로서 돌봄을 직시하지 못한다면, 돌봄이론은 불완전하거나 부족하다. 하지만 페미니스트 민주적 돌봄윤리에는 현대 정치학에서 가치와 윤리를 논의하는 기준이 되는 방식과 다른 차원이 있다. 이것은 철학자들이 범(凡)윤리적 측면이라고 부르는 것으로 다음 장에서 자세히 살펴보겠다.

이론적인 수준에서, 페미니스트 민주적 돌봄윤리 이론은 다른 많은 정치학 및 윤리학적 설명과 다르다. 가장 큰 수준에서 볼 때 페미니스트 민주적 돌봄윤리는 관계적이다. 관계적 관점에 따르면, 세상은 지적 작업을 위한 출발점인 개인으로 구성된 것이 아니라 언제나 다른 사람과의 관계 속에서 존재하는 인간으로 구성된다. 인간의 삶을 이해하기 위해서는 관계적인 시각이 필요하다. 이 시각은 제2장에서 부연한다. 명심해야 할 점은 관계 속 개인을 인지하지 못하고 만든 주장은 불완전하다는 점이다.

민주적 돌봄과 신자유주의

이 장은 돌봄 결핍과 민주주의 결핍이 동전의 양면이라는 주장에서 시작했다. 돌봄과 민주적 돌봄이라는 개념을 소개했기 때문에, 이 주장은 이제 가능해졌다. 이 주장은 또한 다른 측면에 주목한다. 즉 신자유주의 사조가 이러한 동전을 만들었다는 지적이다. 이 절에서는 신자유주의의 의미와 신자유주의가 돌봄과 민주주의의 문제를 인식하는 전망에 어떤 영향을 미쳤는지 살펴볼 것이다.

개인책임과 신자유주의

민주정치이론에서 돌봄은 가정(home)을 필요로 하며, 민주사회에서 돌봄이 어디서 어떻게 수행되고 있는지 설명할 수 없다면 민주정치이론은 여전히 부실하게 남아 있을 것이다. 하지만 이러한 우려는 정치이론가나 정치철학자의 걱정일 수 있다. 무엇보다 민주정치이론과 돌봄의 관계를 다시 보는 이유는, 만일 돌봄 문제를 해결하는 간편하고 반민주적인 방식이 신자유주의 정치 이데올로기의 초석이 되고 있는 작금의 정치 현실을 본다면 더 명확해질 것이다. 신자유주의란 경제시스템 내에서 정부 지출을 긴축하고, 시장을 사회의 모든 자원을 분배하는 최선의 수단으로 간주하며, 정부의 첫 번째 목표를 사유재산보호에 두고 사회보장제도를 '안전망'[9] 수준으로 제한하는 경제시스템이다. 이러한 경제시스템은 자유민주주의라는 제한된 정치형태와 정부개입의 축소라는 이데올로기가 뒷받침한다.

이데올로기로서 신자유주의는 몇 가지 신조가 있다. 첫째, 시장은 분쟁해결, 자원할당을 가장 잘 할 수 있을 뿐만 아니라 개개인에게 '선택'을 제일 많이 허용해 줄 수 있는 제도라는 가정이다. 둘째, 자

9 Vazquez-Arroyo, 2008; Brown, 2005; Harvey, 2005 참조.

유는 선택을 행사할 수 있는 역량으로만 정의된다. 앞선 두 가지 신조의 전제를 따르는 세 번째 신조는 사회가 이해타산적 행위자들이 시장에서 결정할 수 있도록 허용할 때 사회는 가장 잘 돌아간다는 것이다. 부연하면, 이들의 선택을 간섭하는 어떤 것도 자유를 축소하며 시민과 사회의 자유에 유해하다. 따라서 신자유주의자는 '선택'이라는 깃발 아래 '자유시장'에 대한 정부(government)의 간섭일 수 있는 일체 양상을 제약하도록 해야 한다. 우리는 신자유주의라는 이름의 자본주의 시대에 살고 있을 뿐만 아니라 시장적 모습(economic existence)을 모든 분야에 적용해야 한다는 이데올로기가 횡행하는 시대에 살고 있다. 신자유주의적 자본은 스스로를 인간관계의 모든 모습과 인간적인 삶을 적정하게 이해하는 모든 방식에 결정적이라고 믿는다. 신자유주의는 경제적 삶에 대한 설명일 뿐만 아니라 개인책임만을 중요시하는 윤리체계이기도 하다.

브라운(Wendy Brown, 2005: 41)은 신자유주의 '시장'은 신자유주의 옹호자들이 주장하는 것처럼 '자연발생'적인 제도가 아님을 중요하게 보여준다. 시장 역시 보호가 필요하다. 예를 들어, 노동자들이 지나치게 효과적으로 조직화될 수 있다면 그들은 노동쟁의를 통해 경제생산을 무력화시킬 수 있으며 그렇게 해서 (생산자의 처지에서 보면) 시장을 왜곡시킬 수 있다. 만일 국가가 시민에게 복지혜택을 제공하기 위해 법인세 부과를 결정한다면, '시장'의 행위자들이 가능한 자유롭게 행동할 수 있는 가능성은 제약된다. 따라서 신자유주의에 따르면 종종 국민에게 막대한 비용이 전가된다 해도 국가는 '자유시장'을 유지하고 건설하는 정치·경제 프로젝트에서 파수꾼 역할을 해야 한다. 클레인(Naomi Klein, 2007)은 이러한 '충격적인 독트린'(shock doctrine)의 비용을 자세히 설명한다. 자유시장으로 회귀는 적은 양의 사회지원에 익숙한 사람들 사이의 균열을 요구하게 된다는 것이다. 일단 국가가 시장을 조직하고 진흥하는 데 관여한 이상 '정치'와 분리될 수 없다(Wolin, 2008 참조). 하지만 신자유주의의 논리에 따르면 정당한 정치는 경제활동을 뒷받침하는 것으로 한정되어야 한다.

돌봄윤리의 관점에서 보면, 신자유주의는 재앙적인 세계관이다. 신자유주의가 정치에 거는 기대는 경제를 지원하는 것이다. 하지만 경제란 늘 '향상'(improvement) 즉 효율성을 끊임없이 높여야 한다. 돌봄이 어려운 이유 중 하나는 그것이 노동집약적이기 때문이다. 즉 돌봄에서 이윤을 더 내기가 어렵다(Razavi, 2007). 따라서 신자유주의의 논리에 근거하여 국가는 돌봄에 드는 비용을 줄여야 하지만, 돌봄비용을 축소하면 저항에 부딪친다.

시장의 관점에서 보면, 개개인은 흔히 구매자이거나 판매자다. 대다수 사람들이 시장에서 팔 수 있는 것은 자신의 노동력이라는 점에서 신자유주의적 세계관은 인간은 이미 자율성을 갖고 있으며, 자신의 '선호'에 대한 의심의 여지 없는 개념을 갖고 일하고 소비하는 사람으로 본다. 그렇기 때문에 신자유주의에 따르면 사람은 자신을 돌볼 때도 그에 따른 비용을 계산해야 한다. 예를 들어 누군가 부양받아야 할 삼촌이나 아이들과 함께 살아야 한다면 자신의 결정과 그 비용에 따른 결과는 자신이 감당해야 한다.

구매자와 판매자로서 우리가 자율적으로 행동한다는 시각은 단지 엄청난 신화일 뿐이다. 광고와 공적 관계를 통해 세상과 상품을 인지하는 우리의 인식에 엄청난 노력이 기울여진다는 점을 감안한다면, 소비자로서 시장에서 '참'인 '정보'를 식별하기는 어렵다(Ewen, 1996). 소비라는 논리는 무자비할 정도로 개인주의적이다. 쇼어(Schor, 2004)는 마케팅과 광고주가 어떻게 전통적인 충성심의 근원이었던 가족에게서 그 성원을 분리해 제품과 브랜드에 충성하게 했는지 보여준다. 1920년대 여성은 흡연 같은 '비여성적'(unfeminine) 습성에 매력을 느끼도록 기획된 광고의 주 타겟이었다. 최근 조사는 가족이 구매결정을 할 때 아이의 중요성을 지적한다. 아이는 두 살이면 브랜드를 알아볼 수 있으며 두세 살이면 부모의 구매에 영향을 줄 수 있다. 쇼어에 따르면, 광고주는 소비자의 브랜드 충성도를 높이기 위해 어린 아이들에게 자사 브랜드에 애착심을 갖도록 엄청난 시간과 돈을 투자한다. 소비는 모두 개인의 '선택' 문제라는 사변적 가정에도 불구하고 광고주들은 유아들이 어떻게든 자사 상품에 애착을 느끼도록 노력한다. 이러한 현실은 개별 소비자가 '합리적'이거나 '자율적'인 결정만을 한다는 개인 소비자 모델의 근거를 약화시킨다. 오히려 이러한 현실은 소비도 관계적 양상의 하나임을 보여준다. 경제학자에게는 영유아가 좋아하는 것을 소비하려는 선호 역시 단순한 선호의 일종일 뿐이다. 하지만 대개의 부모는 아이가 원하는 것을 사주기 위해 더 열심히 일한다는 점을 상기한다면(Schor, 1998, 2000), '시장'이 아이를 통해서 부모를 압박하고 있다고 볼 수 있다. 결국 자율적인 선택을 하는 개인은 환상일 뿐이다.

신자유주의는 또한 사람들의 삶의 모습을 일하는 사람으로 변모시키는 데 막강한 영향을 미쳤다. 사람들에게 미치는 영향에 있어 '시장'의 영향력은 중립적이라 간주되지만, 현실적으로 '시장'은 '시장 자신'에게 편향적이다. 시장을 지지하는 것은 실제로 시장을 본인의 이익에 맞게 조종하는데 대단히 능숙한 사람의 선호로 기울어지게 된다. 왜냐하면 그들이 시장을 조종할 수 있어야 시장은 '성장'하는 것이며, "물이 차면 모든 선박은 뜬다"고 가정하기 때문에 시장의 성장은 인류의 보편적 선으로 받아들여진다.

이 지점을 더 자세히 살펴보겠다. 맥크러스키(Martha McCluskey, 2003)는 시장은 중립적이지 않다고 일갈한다. 재분배로 복지가 효율성을 떨어뜨린다는 주장을 반박하면서, 그녀는 시장이 복지수혜자에게 노동을 강제함으로써 저임금을 받아들여야 하는 노동자를 더 많이 만들고 있다고 꼬집는다. 결과적으로, 사실상의 복지혜택을 축소함으로써 고용주들은 유리해졌지만 우리는 복지 축소가 고용주에게 유리했는지 모르고 있다는 것이다. 그녀는 다음과 같이 묻는다.

> 다른 사람에게 비용을 전가함으로써 원하는 것을 더 많이 얻게되는 누군가의 역량(ability)이 사회의 이익인가? 다른 사람의 희생으로 생긴 것을 사적 이익으로 보아도 되는가? 시장이 공적 이익을 대변하는 것처럼 포장함으로써 신자유주의는 암묵적으로 시장의 가치로 무장한 사람들은 공익을 소중하게 다루는 모범 시민이라는 이미지를 전파한다(816).

따라서 맥크러스키는 20세기 시민권 이론은 노동계급과의 연대 필요성을 부각시킨 반면, 최근 신자유주의 이론은 이러한 연대의식을 약화시켜왔으며, 결국 시장에서 이미 성공한 사람들에 대한 편향은 여전히 지속되고 있다고 주장한다. 이러한 측면에서 신자유주의 이데올로기는 중립적이지 않으며 누군가를 희생시키면서 다른 누군가를 부양한다. 그럼에도 신자유주의는 정부를 제한하고 무관심한 (그래서 공정한) 시장을 지지함으로써 다수의 지지를 받을 수 있었다. 신자유주의적 사회관에서 보면 인간의 삶은 개인 스스로 책임져야 할 '선택'의 총합이다. 따라서 돌봄은 순전히 개인의 문제이자 사적인 문제가 된다. 개인이 자신을 위하거나 자신 주변을 돌보기 위해 개인 혼자 '선택'한 것이다.

이외에도 신자유주의의 이데올로기적 시각의 문제는 매우 많지만, 우선 선택이 개인의 진정한 욕구를 나타낸다는 시각은 결과적으로 자유, 평등, 정의에 대한 동어반복적 설명이라는 점을 지적하며 시작하고자 한다.

제3장에서 자세히 살펴보겠지만 '선택'은 자유가 아니다. 누군가 억압받고 있다면 억압받는 자 앞에 놓인 선택은 단지 악성 선택(bad choice)일 뿐이다. 실제로 억압을 비판하는 강력한 논거는, 억압이 옳은 행동을 선택할 수 있는 사람들의 역량을 감퇴시킨다는 점이다 (Tessman, 2005). 자유에 대한 대안적 설명은 책임을 받아들인 후에야만 자유로 보는 것이다.

제4장에서 자세히 살펴보겠지만 '선택'은 평등이 아니다. 만일 아이들을 위한 돌봄 평등이 없다면 기회의 평등으로서의 평등은 신화일 뿐이다. 이 책에서 내가 강변하고 대안적으로 제시하는 평등은 세 가지를 요구한다. 차이(difference)의 수용을 요구하며, 복수성 (plurality)을 요구하고, 모두가 해야 할 말을 할 수 있다는 조건을 확보하는 데 필요한 것을 제공하려는 의지를 요구한다.

제5장에서 자세히 살펴보겠지만 '선택'은 정의가 아니다. 정의는 각자가 자신의 정당한 몫(due)을 받는 것이며, 개인의 삶을 제한하

는 사회·경제·정치제도를 정직하게 탐구하는 것이며, 운명의 장난에 얽매일 수는 있어도 타인에 얽매이는 삶을 용납하지 않는 것이다. 시장 지지자들은 이러한 정의로운 결과를 만들 수 없다.

우리는 노동자이자 소비자로 지나치게 훈련받아왔기 때문에, '선택'을 자유이자 평등이자 정의라고 착각했다. 대개 노동은 강제의 영역인 반면 소비는 선택의 영역이다. 그러다보니 우리는 마치 우리의 노동 현실에서 필요한 제약이 없는 순간을 찾게 되었고 우리가 소비자로서 실질적인 선택권을 갖고 있다고 생각하게 되었다. 그래서 우리는 정치적인 의미를 경제적인 의미인 것으로 착각해왔다.

신자유주의와 '개인책임'

신자유주의의 모태가 된 도덕정치이론은 돌봄을 대수롭지 않게 설명한다. 브라운을 인용해보자.

> 인간은 빠짐없이 호모이코노미쿠스(home oeconomicus)로 형상화될 뿐만 아니라 모든 인간의 생활은 시장적 합리성(market rationality)으로 성형된다. (……) [그 결과] 수요와 공급, 도덕적 가치중립, 희소성, 그리고 미시적 갈망을 전제로 한 효용, 혜택, 만족도라는 계산법에 맞게 실행되는 합리적 기업가의 작용으로 모든 인간의 행위와 제도적 작용은 만들어진다. 신자유주의는 단순히 사회, 문화, 정치의 모든 측면을 이러한 수식으로 환원할 수 있다고 말하는 것이 아니다. 대신에 이러한 비전을 관철시키는 제도적 실천과 보상체계를 발전시킨다. (2005: 40)

우리는 이러한 신자유주의 실천의 도덕적 측면을 '개인책임'(personal responsibility)이라 부를 수 있다.

부시 대통령이 첫 번째 취임사에서 지적했듯이, "최상의 미국은 개인책임에 가치를 두며, 개인책임을 기대하는 나라다." 개인책임이 뭐가 문제인가? 이 아이디어가 왜 안 좋다고 보는가? 부시의 연설을 더 보면 문제점이 보인다.

> 최상의 미국은 개인책임에 가치를 두며, 개인책임을 기대하는 나라다. [……] 책임을 강조하는 것은 희생양을 찾는 것이 아니라 양심에 호소하는 것이다. 그리고 비록 희생이 필요할지라도 이는 좀 더 완결된 성취를 가져온다. 삶의 완성은 선택에 있을 뿐만 아니라 헌신(commitments)에도 있다. 그리고 우리는 아이들과 공동체는 우리를 자유롭게 만드는 헌신임을 알 수 있다(Bush, 2001).

부시가 '아이들'과 '공동체'에 대한 정부의 책임을 거론하지 않았다는 것은 부시에게 현대 국가의 돌봄 문제에 대한 해법은 개인책임임을 밝힌 것이다. 만일 당신이 당신의 아이들과 당신의 공동체를 돌볼 수 없다면 그래서 당신 가족이나 공동체에 문제가 발생한다면, 원인은 당신의 희생이 부족하기 때문이다. 부시의 "책임을 권장하는 것은 희생양이 되라는 것이 아니다"라는 언급은 마치 누군가는 실제로 희생양을 찾아야 한다는 발상을 즐기고 있다는 소리로 들린다. 이것이 무엇을 의미하는가?

부시 행정부의 정책이 누차 보여주었듯이, 개인책임론은 자신의 가족과 공동체를 돌보지 못한다면 개인적으로 당신이 충분히 희생하지 않았기 때문에 당신의 무책임에 대해 비난받아야 한다는 것이다. 개인책임 말고는 '아이들'과 '공동체'에 대해 설명할 수 없다. '아이들'과 '공동체'가 안녕한가라는 물음에 대한 답은 책임 있는 개인의 의지가 얼마나 비축되었는지에 달려 있을 뿐이다.

그러나 이런 류의 정치는 문제다. 어떤 측면에서 보면, 개인책임을 독려하는 것은 나름의 이유가 있을 수 있다. 필자 역시 사람들이 개인책임을 무시하는 것이 좋다고 주장하는 것은 아니다. 하지만 개인책임이 문제가 되는 것은 민주사회에서 그것만이 책임의 유일한 양상인 것처럼 보일 때이다. 왜냐하면 민주사회에서 개인책임만을 거론한다면 이는 심각한 반민주적(anti-democratic)인 결과를 초래할 수 있기 때문이다. 개인책임에 대한 기대가 불평등과 배제로 점철된 역사적 현실을 두둔하는 주장의 근거가 된다면, '개인책임'은 이데올로기로 작동된다.

자신의 공동체를 신경 쓰고 돌본다는 것은 공동체가 얼마나 유복한지 혹은 이와 반대로 자신의 공동체가 박복하고 초라한지에 따라 의미가 달라진다. 18세의 학생으로 중상류층 가정에서 대학에 다니거나 기숙사에서 지내는 학생이 담임하는 책임과 가족생계의 한 축을 담당하며 통학하고 학교에 다니는 학생의 책임은 다른 의미다. 강의하는 교수 시각에서 보면, 첫 번째 학생이 더 '책임 있는' 것처럼 보일 수 있다. 반면 두 번째 학생에게 돌봄을 받는 아이나 집안 노인의 시각이라면 책임은 다르게 성형된다. 우리 모두가 출발점과 목적지점이 같다고 보고 행동한다면, 우리는 정의의 중요한 측면을 놓치게 된다. 이러한 관점에서 불평등이 개인 생활이나 공적 생활에 영향을 미치지 않는다고 보는 개인책임론은 반민주적일 수 있다. 개인책임은 모든 사회제도가 이상적인 시장과 같다고 가정하기 때문에 반민주적이다. 이상적인 시장에서는 과거도, 규제도, 걱정거리도 없다. 개인책임은 또한 시장이 그 자체로 가치중립적이라고 간주한다.

하지만 시장은 중립적이지 않다. 시장은 특정인과 특정 행위에 유리하게 작동한다. 시장은 과거의 부정의를 외면하고 교정의 여지를 허용하지 않는다. 시장은 시장에서 좋은 위치를 선점한 사람에게 더 유리하게 작용하며 그렇지 않은 사람에게 더 불리하게 돌아간다. 결과적으로 우리가 '순수한 시장'(pure market)에 더 헌신할수록 부의 불평등은 교정하기 더 어렵게 된다. 이 문제가 중요한가? 우리 모두가 찬스(chance)라도 갖는다는 점에서 만족해야 하는가? 중립적이라고 두둔하던 어떤 것이 사실상 편견 덩어리였다면 그 편견이 무엇인지 이해할 필요가 있다.

만일 우리가 모든 책임을 개인의 책임으로 환원한다면 우리는 집단적인 혹은 시장의 무책임(irresponsibility)을 설명하지 못한다는 점을 명심해야 한다. 브라운(Brown)은 신자유주의 아래서 더 능동적인 시민이 사라져가는 것을 개탄했다. "신자유주의의 시민모델은 다양한 사회적·정치적·경제적 선택지 중에서 이러한 선택지를 조직하거나 활용해서 다른 사람과 함께 노력하는 사람이 아닌 자기 자신만을 위한 전략에 몰두하는 사람이다. 신자유주의 이론으로 완전히 무장한 시민은 공적인 마음가짐과는 정반대의 인간일지 모른다. 실제로 신자유주의 시민 모델은 공인의 존재를 상정할 수 없을지 모른다"(2005: 40).

또한 모든 사람이 개인으로만 책임을 진다면 경제적인 무책임은 의미가 없을 수 있다.

모두가 각자의 선택만 책임지는 사회라면, 돌봄을 집안일 이상으로 생각하기 힘들다. 책임져야 할 대상을 우리가 언제나 선택하지 않는다는 것은 사실이기 때문에 신자유주의 논의의 설명력은 떨어진다. 베이어(Annette Baier)를 참조하면서 그로운하우트(Ruth Groenhout, 2004: 88)가 관측한 바에 따르면, "우리는 항상 우리가 선택하지 않은 책임들 속에서 우리를 발견한다." 브라운이 지적한 것처럼, 실제로 신자유주의 사상가들은 자신들이 규범적인 주장을 하고 있음을 알고 있고 세상을 규범적인 방식으로 보는 것이 더 낫다고 알고 있으며, 세상을 보는 다른 가능한 방식들이 있다는 것을 알고 있다. 그럼에도 불구하고 신자유주의적인 이데올로기에 갇힌 사람들은 세상이 존재하는 방식 그대로 그것을 경험할 수밖에 없다.

백 년 전 벨라미(Edward Bellamy)는 『뒤돌아보며: 2000-1887』(*Looking Backward: 2000-1887*)에서 불평등한 사회와 그 속에서 시민이 서로를 어떻게 보는지 잘 묘사했다. 그는 사회를 거대한 마차에 비유했다. 부유한 사람은 상대적으로 호화스럽게 마차에 타고 있지만, 가난한 사람은 마차를 세우려 한다.

> 마차를 끌어주길 기대하는자들의 명령을 따르며 흙바닥에서 바둥대는 사람과 마차 위에서 고삐를 쥐고 있는 사람들이 평등하게 보이게 하는 환영은 정말 이상하다. [……]
>
> 가장 이상해 보이는 것은 바닥에서 오르려는 사람들이 고삐의 영향력 아래로 계속 떨어지는 모습이다. 부모들과 조부모들은 운이 좋아 윗좌석에 타고 있지만, 이들이 소중하게 아끼는 자신과 같은 인간

들과 아랫사람들(common article) 사이의 근본적인 차이에 대한, 그들이 소중히 생각하는 믿음은 절대적이다. 이러한 자기기만의 효과는, 나와 다를 바 없는 동료 인간들이 겪고 있는 고통과 아픔을 나와 무관한 세상의 감정이나 철학적 연민쯤으로 무디고 둔감하게 느끼게 하는 것이다. 이 같은 착시의 결과, 형제자매들의 비참한 생활에 내가 보여줄 수 있는 태도는 무덤덤함 뿐이다(1888: 16-17).

사람들이 자유와 평등에 중지를 모을 때, 민주주의자들이 우리가 어떻게 돌봐야 하는지에 대한 대안적 논의를 기꺼이 제공하지 않는다면, 돌보는 것은 개인책임을 행사하는 방법의 하나로 이해하는 신자유주의자들의 시각은 체계적인 해답을 얻지 못하게 된다.

결론

돌봄윤리의 시각에서 보면, 시민은 우리의 소중한 사람과 우리의 돌봄이 충족되도록 보장하라고 국가와 사회에 기대할 수 있어야 한다. 동시에 시민은 민주사회에서 민주적 돌봄의 책임을 다하는 시민을 지원하기에 적합한 가치, 실천, 제도를 조성하는 데 보다 함께해야 한다. 두려움과 낙담이라는 현재의 패턴을 끊는다고 주고받기(give-and-take)식 정치에 대한 실망이 멈추는 것은 아니다. 하지만 민주적 돌봄에서 정치는 인간적 관심에 더 가까워야 하며, 그것이 더 근본적인 민주적 돌봄이다. 이러한 전환이 가능하게 되는 방법은 문제를 얼마나 더 깊이 이해하는지에 따라 달라진다.

정치는 어쩔 수 없이 경쟁과 합의에 관련된다. 만일 공동의 기반이 존재하지 않는다면, 경쟁의 본질과 방법에 대한 합의조차 있을 수 없다(Wolin, 1960). 정치이론 역시 중립적일 수 없다. 정치이론의 시각이 두루두루 유용하고 모든 관점에 적용된다고 볼 수 없다. 돌봄과 민주주의를 같이 생각해야 한다고 이 책에서 필자가 주장하는 것은 뚜렷하고 전방위적인 정치적 함의가 있다. 그것은 돌봄제공자의 활동, 돌봄에 들이는 시간, 인간취약성에 중요한 가치를 부여하는 것이다. 그것은 인간이 주요하게 시장의 피조물이라고 보는 호도된 인간본성을 전제하는 어떤 정치철학적 지혜에 대한 도전이다. 인간은 시장의 피조물일 뿐만 아니라 역시 돌봄의 피조물이다. 민주사회는 '시장'을 옹호하는 것으로부터 사람들이 인간적인 삶을 살아갈 수 있는 방식을 지원하는 방향으로 그 가치지향을 재조정해야 한다. 시장에서 독립적이고 합리적인 행위자들의 생활은 삶에서 필요한 다른 필요를 대비하기 위해 충분하며 이들의 자유는 이러한 방식으로 삶을 추구함으로써 완성된다는 생각은 거대한 신화에 불과하다. 모든 사람이 돌봄과 자유를 향한 평등한 가능성을 보장하는 돌봄제도를 통해 인간의 상호의존성을 가장 잘 조직할 수 있는 방법을 고민하는 것은 저변이 넓고 다양한 합의와 이견의 민주적 과정을 요구한다. 민주사회는 오직 이러한 과정을 통해서 민주주의의 이상 —모두를 위한 자유와 평등— 을 일상 속에서 실현하는 데 더 다가갈 것이다.

제2장

왜 민주주의에서 개인책임은 부족한가?

범주를 정하는 게 나쁜 건 아니다. (……) 문제는 우리가 그 경계를 어디서 그리고 어떻게 설정하는지 검토할 책임을 못 진다는 점이다 (Patricia Williams, 1991: 102).

시민이 민주적 돌봄을 정치적 가치의 핵심으로 받아들인다면, 이러한 변화는 정치에 어떠한 영향을 미칠까? 사회를 돌봄으로 구상한다는 것은 사람들의 돌봄필요에 부응하는 일상적일 뿐만 아니라 각별한 활동들이 결연된(engaged) 사회를 구상하는 것이다. 민주적인 돌봄사회는 시민 모두가 가능한 최선의 자유를 만끽해야 하기 때문에, 돌봄이란 기쁨과 돌봄이란 부담을 어떻게 균형 있게 함께 할 것인지를 고민하는 정의로운 사회다. 이러한 비전은 시민이 다른 시민을 어떻게 돌보는지, 즉 시민이 돌봄책임에 대해 어떻게 생각하는지에 달려있다.

이 장에서 필자는 정치를 더 민주적이고 더 돌봄 중심으로 만들기 위해 정치를 재검토하는 것은 책임을 근본적으로 재검토해야 한다고 주장한다. 실제로 우리는 정치란 "누가 무엇을 언제 어떻게 얻는 것"으로 간략히 정의한 라스웰(Harold Lasswell, 1936)의 개념을 돌봄책임을 분담하는 방식으로 대체할 수 있을 것이다: 누가 언제, 어디서, 어떻게 그리고 무엇을 돌보는가. 하지만 이러한 돌봄책임의 배속이 우리의 집단적인 관습, 실천, 제도와 정치적 삶에 너무나 깊숙이 착종되어 왔기 때문에 그것의 전제가 빈번히 일반적인 정치적 토론의 범위를 넘어서는 것처럼 보일 수 있다. 이러한 암묵적 경계는 돌봄책임을 결정할 뿐만 아니라 많은 양상의 무책임이 확산되도록 방치한다.

시장, 가족 혹은 국가 중 어디에서 어떤 종류의 돌봄을 담임하는 것이(혹은 어떤 조합이) 제일 적합한지를 결정할 때, 돌봄책임의 분담 방식에 따라 다른 정치적 삶의 모습이 그려진다. 이는 (누가 무엇을 얻는가 who gets what) 분배의 문제라기보다 (누가 무엇을 하는가 who does what) 행위로서의 정치적 문제이다. 이것은 공적 삶과 사적 삶이 어떻게 상호작용을 해야 하는지를 설명한다. 예를 들어 (소믈리에 서비스처럼) 고급 돌봄서비스는 언제나 시장의 영역일 수 있다. 공교육은 전통적으로 국가의 책임이었고 부모도 분담해왔다. 최근 들어 시장과 국가도 어린아이들의 삶을 증진하기 위해 나서고 있지만 양육은 가족의 책임이었다. 돌봄의 책임분담을 공적이고 투명한 방식으로 정한다는 것은, 다른 배경들이 (그리고 배경의 조합이) 집단적 목표(예를 들면 공중보건의 보장)와 동시에 선택의 자유 및 좋은 삶과 좋은 돌봄 같은 여러 비전 간의 균형을 찾을 수 있을지에 다시 주목하는 것이다.

따라서 필자는 이 장에서 사회가 돌봄책임을 새로운 정치 의제의 중추로 다루는 정치적 과정을 비중있게 볼 것이다. 책임과 책임의 '무임승차'는 재검토되어야 한다. 신자유주의의 핵심어인 '개인책임'의 아이디어를 살펴보고 돌봄민주주의의 관점에서 그 한계를 지적하며 이 장을 마무리할 것이다. 필자는 나머지 장에서 우리가 현재 어떻게 돌보고 있는지, 현재의 돌봄 방식의 조합이 얼마나 성, 계급, 인종 또는 경제적 여건에 따라 돌봄책임에서 일부 사람들을 면책시켜주는 효과가 있음에도 검증되지 않은 많은 전제를 하고 있는지 살펴볼 것이다. 정의를 지향하는 민주사회에서 그러한 특권적 분배는 공적 평가를 받아야 한다. 돌봄을 이러한 질문들을 탐색하는 포괄적인 틀로 사용함으로써 민주사회에서 민주적 제도가 얼마나 제대로 민주적 가치를 구현하고 있는지를 직시하고자 한다.

왜 책임에 주목해야 하는가?

왜 책임에 주목해야 하는가? 책임은 단지 피셔와 트론토(1990)가 정의한 돌봄의 네 단계 중 하나에 지나지 않으며 전술한 바와 같이 돌봄의 민주적 실천을 고민할 때 있어야 하는 여러 차원의 하나일 뿐이다. 그러나 필자는 돌봄책임을 분담하는 것 그리고 민주시민에게 돌봄책임의 분담에 참여할 수 있는 역량을 보장하는 것이 민주정치의 본령이라 단언한다. 그렇다면 정치와 책임에 특별한 것은 무엇인가? '책임'이라는 용어는 주로 도덕철학에서 사용되는데, 필자는 돌봄이 있는 민주적 삶을 논하면서 왜 책임을 최우선으로 생각하는가?

어떤 정치이론가들은 정치와 책임을 필자처럼 견고하게 연결시키지 않고 돌봄의 중요성, 즉 돌봄태도(caring attitude)를 피력한다. 다른 많은 사상가들은 돌봄을 세상에 대한 근원적인 태도로서 바라본다. 예를 들어, 코널리(William Connolly, 1999: 36)는 "다양한 존재를 보살피는 에토스"라는 말을 사용한다. 몇몇 학자들은 아렌트의 세계애(love of the world)를 돌봄윤리와 같은 뿌리로 간주한다(Myers, 2012; Kyle, 2011). 프랑크푸르트(Harry Frankfurt, 1988)는 "우리가 중요하게 마음쓰기(care about)"라 부른다. 슬로트(Michael Slote, 2008)는 돌봄을 근본적인 인간의 덕성으로 보았다. 슬로트가 조르게(Sorge)[1]로 부른 돌봄과 접목한 것은 하이데거(Martin Heidegger, 1996; Parley, 2000 참조)에게는 근본적인 출발점이었다. 무엇보다도 레비나스(Emmanuel Lévinas)의 절대주의 윤리학은 종종 돌봄과 비교된다(Diedrich, Burggraeve, and Gastmans, 2006; Groenhout, 2004; Simmons, 1999; Lévinas, 1996).

이러한 접근법과 페미니스트 돌봄윤리의 차이점은 (레비나스를 제외하고) 모든 경우가 돌봄을 개인 차원의 기질에서 시작해서 끝난다는 점이다. 돌봄은 자아에 대한 존재론적 근거(reason)(또는 어떤 근거)를 제공하는 동기부여의 하나로 간주된다. 이 관점에서 보면, 돌봄은 돌봄을 하는 사람(즉 돌봄제공자)의 속성인 어떤 태도이자 어떤 접근으로 남게 된다. 이 관점에서 돌봄은 동기부여(예를 들어, 유덕한 인간 또는 완전한 인간)로서 역할한다. 그러한 태도는 사람이 정치적으로 어떻게 행동해야 하는지 보여줄 수 있지만, 이는 필자가 이 책에서 사용하는 정치적이라는 의미와는 다르다. 게다가 이 책에서 지금까지 제시하고 거론해온 '돌봄'의 가치와도 다르다.

---

1 독일어로 돌봄, 염려, 배려, 관심을 뜻한다—옮긴이.

태도나 기질로서 돌봄을 성형하는 시각의 똑같은 문제점은 돌봄의 주체와 대상자(양자가 동일인일 수 있다)를 돌봄의 실질적이며 실천적인 관계 속에서 바라보지 않고 여전히 돌봄의 주체에만 치중한다는 점이다. 그렇기 때문에 태도나 기질로서 돌봄을 보는 관점은 실천적이며 집단적인 관점이라기보다 (코널리의 경우처럼 단지 합리적이지 않다고 하더라도) 지나치게 지성적이거나 추상적이다. 혹자는 그러한 기질로 돌봄을 충분히 설명하지 못해도, 필요요건은 된다고 말할 수 있겠다. 하지만 이러한 주장은 논점을 놓치고 있다. 사람들은 각별한 태도가 없어도, 비록 잘하지 못하더라도, 돌봄을 할 —즉 돌봄실천에 관여될— 수 있다. 게다가 돌봄을 태도나 기질로 보는 시각은 돌봄태도가 돌봄실천으로부터 비롯된 경우를 놓치게 된다. 이 시각은 돌봄필요를 감지하고 신경을 쓰는 것(관심, attentiveness)도 그 자체로 훈련되어야 하고 훈련될 수 있다는 점을 간과한다. 돌봄을 하는 것(care giving)은 태어나면 그냥 다(natural) 하는 것도 선천적으로 타고나는 것도 아니다. 돌봄은 체득되고 함양될 수 있다.

피셔와 트론토의 돌봄 단계의 첫 번째인 관심돌봄(caring about)은 타인의 돌봄필요를 감지하는 능력이다. 하지만 이는 충족되지 않은 필요에 대처함은 아직 아니다. 돌봄필요에 부응하려면 그 다음 조치로 구체적인 장소와 사람, 집단 그리고 제도를 대상으로 책임을 할당해야 한다. 이것이 두 번째 돌봄 단계인 안심돌봄(caring for)이다. 즉 돌봄필요가 있는 사람들과 돌봄을 제공할 수 있는 사람들 사이의 실제 관계를 인식하는 것이 핵심이 된다. 정치는 현재의 관계에 대한 판단과 돌봄필요에 어떻게 대응할지에 대한 판단에서 시작한다. 이러한 의미에서 아렌트(Arendt, 2005)가 설명한 것처럼 정치를 '사이에 있음'(betweenness)의 류로 볼 수 있다. 만일 인간이 필요를 자기 혼자 힘으로 알아서 채울 수 있다면 정치는 필요치 않을 수 있다. 하지만 정치는 필요에 부응하는 것과 똑같지는 않다. 왜냐하면 정치는 필요에 부응하는 것뿐만 아니라 그 과정에서 다른 목적을 함께 추구할 수 있는 것을 포함하며, 누가 누구를 위해 무엇을 할 것인지까지 결정하는 것까지 해당되기 때문이다.

책임분담(책임할당, allocation of responsibility)과 관련된 가장 기본적인 결정이 정치적 삶과 사회적 삶의 골격을 구성한다. 다음의 세 장에서는 돌봄책임이 19세기에는 집안일로 분담되었고, 20세기에는 제도화 혹은 전문화로 분담되었으며, 20세기 말과 21세기 최근까지는 시장화로 분담되었음을 보여줄 것이다. 이들 양상이 정치적인 것이 아니라 '자연스러운' 것으로 보였다는 것은 돌봄책임이 분담되는 방식이 변하지 않았음을 보여준다. 따라서 민주사회에서는 다음의 질문이 생긴다. 이런 식의 책임분담이 포용(inclusion)에, 다시 말해 모두를 위한 자유, 평등, 정의에 기여하는가? 이 질문에 대답하려면 책임의 본질에 대해 더 많은 설명이 필요하다.

민주적 돌봄정치이론에 있어 책임중심성은 거론할 가치가 있는 마지막 논점이다. 책임에 주목하는 것이 돌봄의 여타 단계들이 중요하지 않다는 것은 아니다. 실제로 돌봄의 네 단계는 각 단계가 다른 단계와 불가분의 관계로 서로 내포적이다. (제1장에서 살펴본 바와 같이, 돌봄실천이 서로의 관계에서 한 단계가 다른 단계를 포함하기도 하지만, 각 단계가 또 다른 돌봄 단계와 겹치기도 내포하기도 하는 관계) 예를 들어, 돌봄책임이 누구에게 있는지 명확하게 판단하기 위해서는 돌봄제공(care giving)의 특징과 돌봄활동에 대해 어떻게 대응해야 하는지 생각해야 한다. 타인에게 대응적이기 위해서는 새로운 돌봄필요에 예의주시하고 감지할 수 있어야 한다. 따라서 민주돌봄정치는 돌봄책임의 분담방식에 대한 초기 판단이 충족됨으로써 종료되는 것이 아니라, 초기 판단은 돌봄필요의 후속 양상에 중대하게 영향을 미치게 된다.

마지막으로, 돌봄의 추가 단계로서 '함께 돌봄'을 생각해보면, 민주사회에서 모든 돌봄실천은 '끊임없이'(all the way down) 재연되고 반복되어야 한다. 실천의 측면에서 이를 상상하는 것과 실행하는 것 모두 어렵지만, 함께 돌봄은 사회 곳곳에서 민주적 제도와 실감나게 함께 하고, 이를 조직하고 참여하는 데 함께 하는 방식이다(Boyte, 2011).

정치적 아이디어로서 책임

책임은 다면적이다. 책임은 종종 책무나 의무와 같은 의미로 쓰인다. 이런 맥락에서 책임은 권리(right)에서 나온 것으로 보인다. 그리고 그러한 이유로 권리와 책임은 같이 쓰인다.[2] 윤리적인 개념으로 이해한다면, 책임(responsibility)은 소명할 수 있는(accountable) 또는 원인일 수 있는(attributable)이라는 의미에서 사용되며, 그렇기 때문에 신상필벌이 따른다(Eshleman, 2009). 하지만 또한 책임이란 용어는 정치적인 용어다. 또한 '응답'(response)이나 '대응할 수 있는'(responsible)에서 의미를 추론해 어미 '-ity'를 붙여 더 추상

2 돌볼 권리(right to care)는 제6장에서 다룬다.

적인 의미로 만든 추상명사다. 더 추상적인 어떤 것과 관계된 무언가로 구체화될 때, 책임의 인식론적 어원은 몇 가지 핵심을 알려준다. 그것은 개인적인 것이라기보다 사람 사이의 관계에서 사용되는 본질적으로 관계적이라는 점이다.

더 나아가, 대응할 수 있다는 의미의 책임은 구체적인 무엇을 말하는 정해진 것이 아니라 추상적이며 역동적이다. 『옥스퍼드 영어사전』(*Oxford English Dictionary*)에 따르면, 이 단어는 17세기 중엽부터 사용해온 것으로 보이며, 첫 번째 용례는 『연방준비교서』(*The Federalist Papers*) 63서(書)에서 상원의원의 임기를 늘려야 한다는 주장을 대변하며 해밀턴(Alexander Hamilton)이 사용하면서 등장한다. "책임이 합리적이기 위해서는 대응할 수 있는 정당의 권한으로 그 대상을 제한해야 한다"(Hamilton, Jay, and Madison, 1787). 도덕적 찬사와 비난은 서구 도덕과 정치사상에 늘 있었지만, '책임'이 영어 용례로 쓰인 것은 상대적으로 최근이다.

이 단어의 탄생과 관련해 한 번쯤 생각해볼 만한 점이 있다. 책임은 항상 책임의 한계를 초과하거나 책임이 부과된 사람의 권한이 지나치게 비대해질 수 있다는 위험이 상존한다. 책임이라는 단어가 사용되는 많은 용례에서 알 수 있듯이, 책임은 한계의 의미를 내포해 사용된다. 첫째, 책임을 할당하는 목표는 단지 '책임 있는 사람'을 특정한 행동과 묶으려는 것일 뿐만 아니라 다른 사람을 동일한 책임에서 자유롭게 하고자 함이다. 몇몇 '책임 있는 사람'에 대한 책임의 관계를 설명하려 할 때, 가능한 모든 책임자에 대한 책임이라는 일반적인 의미는 묵시적으로 간과된다. 둘째, 책임을 분담하는 목표는 책무를 받은 쪽에서 그 임무를 실행할 수 있는 충분한 파워가 있어야 한다. 해밀턴이 피력하듯, 그렇다고 책임 있는 측에 지나치게 많은 것을 요구하는 것은 합당하지 않다.

셋째, 책임의 분담은 분산(diffuse)이다. 책임 개념은 그 자체로 누가 책임을 져야 하는지를 결정할 사람을 설명해주지 않으며, 비록 구체적인 행동에 대해 도덕적 책임의 실현 여부를 확인하는 노력이 있었지만 특정된 책임이 제대로 충족되어왔는지는 설명해주지 않는다(Feinberg, 1970). 스트로슨(P. F. Strawson, 1962)은 모든 책임의 근거는 궁극적으로 사회적이지만 정치적이라고도 했다. 넷째, 책임이 사회적이며 정치적이라는 측면에서, 책임을 누구에게 귀속시키고 얼마나 할당해야 하는지는 어쩔 수 없이 모호해진다. 권리에 대한 청원을 근거로 시시비비를 따져 사법적으로 보호할 수 있는 권리와 달리 책임은 덜 명확하다. 이러한 명확성의 부족은 책임을 더 정치적이게 할 뿐만 아니라 개인이나 집단별로 어디서 시작해서 어디서 끝나는지에 대한 책임 소재를 명확하게 구분할 수 없게 한다. 이 문제에 대해서는 다시 살펴보겠다.

대개의 경우 책임 논의는 뭔가를 할 수 있는 행위자의 자유와 분리될 수 없음뿐만 아니라 그 행위의 결과와 분리될 수 없음을 강조한다.[3] 즉 책임은 과거의 판단과 행동에 대한 책임을 분담하는 어떤 방

3 레이브(Ethan J. Leib, 2006)는 책임의 '네 가지 중심 근거'(four central ground)를 제안한다. 즉, 행위자가 야기하는 것, 행위자가 선택하는 것, 행위자가 동일시하는 것, 행위자의 성격의 유형이다. 리더(Reader, 2007)의 논지는 세 개의 범주로 수렴될 수 있겠지만, 리더가 설명하는 책임이 모두 자발적인 것은 아니다. 로우(William Rowe)의 관점을 고려해보라. "도덕적 책임, 행위자-원인, 자유라는 세 가지 개념 사이에는 논리적 연계성이 있다. 이러한 연계성은 개인 행위라는 개념에 근거한다. 만약 어떤 사람이 자신의 행동에 대해 도덕적으로 책임이 있다면, 그 스스로가 자신의 행동을 야기하는 데 역할을 했음이 분명하고, 그 행동은 자유롭게 행해졌음이 분명하다. 자명하지 않을 수 있지만, 나는 이 주장을 광범위하게 받아들인

식이다. 일반적으로 책임을 밝히는 법리적인 형식은 '회고적'(backward-looking)이다.

많은 페미니스트 학자들은 책임에 대한 최근의 저작들에서 책임을 논의할 때 이러한 회고적 특징은 불충분하다는 점을 지적한다. 그 대신 페미니스트들은 전망적이며 책임을 할당하는 데 머물지 않고 변화를 견인할 수 있는 모델을 만들기 시작했다.

영(Young, 2006)은 책임의 '사회적 연계 모델'(social connection model)에서 행위자들의 행위가 부정의를 배양하는 구조를 지탱하고 있기 때문에 행위자들은 이러한 부정의를 교정해야 할 책임이 있다고 역설한다. 영은 '[법적] 채무'(liability) 모델과 사회적 연계 모델을 구분했다. 그녀는 법적 절차의 관점에서 채무 모델은 여전히 중요한 역할을 한다고 보았다. 하지만 그녀는 저임금의 노동현장에서 생산되는 대학셔츠 불매운동을 하는 대학생을 예로 들면서, 이를 설명하기에는 '채무' 모델로는 충분하지 않다고 보았다. 혹자는 착취하는 공장의 주인이 도덕적으로 잘못이라고 할 수 있지만, "적어도 이 공장의 노동자들은 비록 임금을 적게 받았지만, 일을 할 수 있는 일자리는 있었다"는 답변도 설득력이 없는 것은 아니라고 보았다. 그녀보다 앞선 스마일리(Marion Smiley, 1992)가 그랬던 것처럼, 영은 누가 잘못이고 누가 책임을 져야 하는지를 하나하나씩 뜯어보는 것은 무책임한 행동의 문제를 결국 해결하지 못한다고 보았다. 행위자와 사회적 구조 간의 복잡한 관계에 대해 평생을 두고 고민해온 영은 비록 우리가 현재 진행되고 있는 사회부정의를 목격할 수는 있어도, 부정의의 인과 경로를 명확히 하기 위한 목적으로 복합적인

다"(1991: 237).

사회제도를 추적해, 특정한 행위와 행위자들을 규명할 수 없는 '구조적 부정의'(structural injustice)의 특징을 간파했다.

결과적으로 영에 따르면, 관련된 모든 사람은 비록 차이는 있지만 일정한 수준의 책임이 있다. 영은 권력, 특권, 이해관계, 집단행동의 가능성이라는 서로 다른 조건이 특정 사람들보다 다른 사람들에게 더 많은 책임을 지울 수 있다고 보았다. 따라서 구조적 부정의의 상황을 인식하는 모든 사람들은 그것을 알려야 할 책임이 있지만, "이러한 구조상에서 처한 위치 차이가 있는 행위자들은 위상차에 따라 주어진 기회와 가능성이 달라지며, 서로 다른 양과 종류의 자원을 동원할 수 있거나 구조적 변화에 기여할 수 있는 과정에 연관된 제약 역시 구조상의 차이를 직면하게 된다"(126). 이 지점에서, 영은 우리의 책임이 일국의 국경을 얼마나 넘어서는지의 문제에 대한 답을 찾기 위해 이러한 복잡한 상황들이 국경을 가로지른다는 점을 지적해야 할 필요가 있었다.

그러나 어떠한 관계가 책임의 조건을 만들기에 충분할 정도로 의미 있는가? 학자들은 문제에 대한 해답을 제시해왔다. 리더(Soran Reader, 2007)에 따르면, 관계는 구체적인 상호작용(인간 간의 관계에서뿐만 아니라 생물과 무생물 간 관계의 상호작용)의 하나다. 그녀에 따르면, 하나의 관계가 형성되는 것은 도덕적 행위자의 동참이 '관계 항목'(relata)의 관계를 구성하는 것이다. 어떤 사람은 '심장이식 수혜자' 그룹의 개별 회원일 수 있다. 개별 회원들의 지위, 조건, 재산 등은 이들이 다른 제공자를 찾기 시작할 때까지는 관계형성에 영향을 미치지 않지만, 제공자를 찾기 시작하는 과정에서의 인사말이 우정으로 발전하는 등 그들 공통의 경험에 따라 그들의 삶이 얼마나 영향을 받는지의 관계는 구체적인 행위의 동참으로 발전한다(374).

리더는 그러한 관계는 단순히 일부 특징을 공유하는 것이 아니라 행위자들을 책임감 있게 만든다고 보았다. "실제 관계의 의무-구성(obligation-constituting)의 특징은 단순한 관계 항목을 우연히 공유할 수 있는 속성이 아니다. 오히려 그 속성은 문자 그대로 연계된 관계를 구성하는 속성이다. 그러한 속성은 행위자를 연결할 뿐만 아니라 의무감을 갖게 한다"(370). 따라서 리더에게 행위자는 자신에게 책임감을 불러일으킬 정도로 자발적인 특징이 있지만 모든 책임이 자발적인 것은 아니다. 이것은 아마도 책임이 관계 항목으로, 즉 다른 누군가가 만들어놓은 어떤 관계의 대상으로 연계되었기 때문일지도 모른다. 마치 영아가 자신의 돌봄제공자를 선택하지 못하는 것처럼 말이다.

리더는 책임을 야기하는 관계란 옆에 있기, 생물학, 역사학, 실습, 환경, 함께하는 과제, 제도, 놀이, 거래, 대화 그리고 다른 '덜 구조화된 상호관계' 등 많은 방식으로도 가능하다고 보았다. 야기된 책임은 매우 다양할 수 있지만, 이것은 일부 사람이 다른 사람보다 가치 있을 것이라고 보는 도덕원칙이 존재하기 때문이 아니다. 오히려 책임은 존재하는 관계의 깊이에 따라 다양하다. "책임은 관계가 강화될수록 그만큼 더 강해진다"(377). 관계에 대한 리더의 논지는 책임은 필연적으로 부분적이지만, 행위자의 행위와 활동에 따라 책임의 범위는 넓어지고 복잡해질 수 있다는 것이다. 이러한 관점에서 그녀는 관계가 중요하다는 점에서 부분주의자(partialists)가 옳았지만, "부분주의자가 지금까지 선별해서 간추려온 관계적인 속성에서는" 옳지 않았다고 주장한다. 그녀는 유의미한 관계는 관계의 본질 그 자체에 내재해 있다고 보았다. 그녀는 자신의 주장이 "도덕적 의무감을 일부 관계의 부분으로 볼 것이 아니라 모든 관계의 부분으로 바라본다는 점에서, 그리고 도덕적 의무감이 감소하는 방식에 대해 설명한다는 점에서, 그래서 이방인도 우리에게 도덕적인 의무감을 들게 할 수 있다는 불편부당주의자(impartialist)의 직관을 받아들일 수 있다는 점에서, 여타 부분주의자와 차이가 있다"(379)고 주장한다. 하지만 이방인의 경우 그들이 인간이라는 속성을 우리와 공유하고 있다고 해서 의무감을 들게 하지는 않는다. 옆에 있거나 생물학적이거나 역사적이거나 제도적인 유대 혹은 다른 '상호작용' 같은 관계 형식들이 책임감을 야기시킨다.[4]

이 책의 목적을 고려할 때 제일 중요한 개념은 워커(Walker, 2007)의 책임 개념이다. 워커의 책임에 대한 관심은 범윤리적인 비평에서 시작되었다. 그녀가 도덕을 이해하는 개념은 "도덕적 인식론에 관한 것으로, 즉 도덕 지식의 본질, 근원, 정당성에 관한 것이다"(4). 워커는 범윤리학을 두 종류로 구분한다. 이론적 법리 모델(theoretical-juridical model)과 가시적 협력 모델(expressive-collaborative model)이다. 전자는 철학적 사유의 기본 규칙을 따르는 간명한 도덕원칙을 설명하는 데 관심을 갖는다. 후자는 철학자의 지위를 포함해 일체의 도덕적 행위자의 지위가 다른 사람의 지위보다 우월하다는 점을 부인한다. 그 대신 도덕적 실천을 통해서만 —특정 공

4 그녀는 다른 낯선 사람 앞에 놓인 어떤 낯선 사람을 예로 들고 있다. 즉 존재함(presence)이 새로운 관계를 만든다. 이 경우 존재함이 관계를 만드는지 그렇지 않은지는 실제로 역시 정치적인 질문이다. 어떤 장소에서 존재함은 공동체의 구성원이 됨을 의미하지만, 위험한 장소로 예견되는 '거리'에서라면 존재함은 다른 의미를 지닐 것이다.

동체에서 도덕성의 의미에 대한 드러남(expressive), 합의, 협력을 통해서만— 도덕적 삶의 형식을 취한다고 본다. 워커는 가시적 협력의 범윤리적인 실천을 '책임의 윤리'(ethics of responsibility)라고 부른다. "규범적인 관점으로서 책임의 윤리는 사람 간의 관계를 고려해 사람과 책임을 올바로 위치시키려 노력한다"(2007: 84). 결과적으로 도덕은 "큰 틀의 도덕적 신념을 공유하고 있는 공동체 구성원의 이해를 새롭게 하고 합의를 넓혀가며 구성원 간의 긴장을 해소하는, 실시간적으로 현장 속에서 구체화되는 사회적 타협이다"(71).

워커(Walker, 2007)는 범윤리학을 두 가지 접근법으로 구분한다. 그녀에게 이론적 법리 모델은 철학에서 표준적인 형식 논리를 통해 생산된 도덕적 삶의 지식이 우월하다는 정당하지 못한 가정을 전제하기 때문에 흠결이 있다고 보았다. 이 모델은 논의의 구체적인 지점을 인식하지 못하는 추상적인 논의 수준에 철학자를 매달아 놓는다. 그녀는 "이 모델은 또한 도덕철학자의 역사적·문화적·사회적 위치를 도외시하고 있으며, 지적이며 사회적인 권위의 실천으로서 도덕철학의 위상을 간과하고 있다"(41). 이 주장의 일반적인 근거는 도덕철학자가 자신의 주장을 매우 신중하게 정제된 철학적 논리 기준과 근거를 사용해서 뒷받침하기 때문이다. 하지만 워커는 왜 이러한 철학적 기준이 도덕적 논지를 펼치는 데 특권적 지위를 차지해야 하는지 문제를 제기한다. 왜 도덕철학자는 그들이 다른 사람에 대한 편견을 만들어낸다고 보지 못하는가? 워커는 윤리학을 이해하는 데 좀 더 적합한 방법은 다양한 도덕적 행위자가 수용할 수 있는 도덕적 기준에 대해 합의를 이끄는 가시적 협력 과정의 산물일 때 가능하다고 제안한다. 따라서 가시적 협력의 도덕성은 시공간을 초월하는 주장을 하지 않는다. 그 대신 "도덕적 삶을 사람들 사이에서 끊임없이 진행되는 타협으로 본다." 코드(Lorraine Code)는 아래와 같이 정교하게 설명한다.

> 인식론적이며 도덕적 측면에서 책임의 구현을 시작하고 마무리할 때, 이 모델은 도덕적 행위자가 개별적이면서 협력적으로 그들의 것으로 발견하고/하거나 주장하는 책임에서 자아의식, 상황인식, 공동체의식, 주체의식(sense of agency)을 보이는(expressive) 방식에 관한 문제에 관심을 기울인다. 표현하고 주장하는 것은 개인적인 과정이 아니라 자신을 발견하는 환경에서 잘살기 위한 방법을 찾아내려는, 매우 구체적으로 규명되고 위치지어지는 심의자의 행동이다. 즉 구조화되지 않았거나 오염되지 않은 '원초적 입장'(original position)이 아니라 그들의 손으로 만들어온 가능성과 제약의 결과물에서 시작한다(2002: 160).

이러한 접근은 "이론적 원칙에서 나온 형식적인 추론을 타협된 이해로 대체한다. 그리고 살 만한 공동체, 환경 그리고 삶의 방식을 만들어 나감에 있어, 제1원칙이나 정언명령에서 연역해 입법하는 것을 함께 동참하는 것으로 대체한다"(160).

따라서 워커가 주장하는 바와 같이, 추상적 도덕원칙의 편견을 피하는 유일한 방법은 모든 사람이 살 수 있는 도덕적 삶의 논지를 만드는 드러내고(express) 협력하는 과정에 모든 사람과 함께 동참하는 것이다. 위에서 언급한 바와 같이, 워커는 "규범적 도덕관으로서 '책임의 윤리'는 사람 간의 관계를 고려해 사람과 책임을 올바로 위치시키려 노력한다"(2007: 84).

워커와 코드가 생각했던 가시적 협력의 도덕과 세븐후이젠이 지지하는 '돌봄이 있는 판단'(judging with care) 같은 종류의 토론은 오직 실질적으로 일상생활에서 사람들이 자신을 드러낼 기회와 다른 사람에게 알릴 수 있는 기회를 갖는 사회에서만 가능하다는 점을 직시하는 것은 중요하다. 이는 민주적 정치질서에서만 가능하다. 다른 정치질서에서는 심지어 '자유주의적'이지만 민주적이지 않은 사회에서는 모든 사람이 참여할 수 있는 곳에서 의견교환을 하지 못하게 하는 권위의 문제가 존재한다.[5] 모든 사람은 워커가 협력의 범윤리적 필요성을 충족시키는 것으로서 책임이라는 이름표를 부착하는 작업에 동참해야 할 필요가 있다.[6]

비록 워커가 다음과 같은 용어를 사용하지는 않았지만 그녀가 말한 책임은 정치적인 과정이다. 그렇다면 어떤 수준에서 볼 때, 책임을 분담하는 과정은 돌봄의 정치적 실천의 핵심이다. '돌봄노동'(care work)이 정치적이라는 것은 사회에서 돌봄책임을 할당할 책임이 있는 사람이 이러한 돌봄 과정이 기능하는지 그렇지 않은지 주시하고 인지해야 한다는 것이다. 이것은 다양한 수단으로 가능할 수 있지만 최선의 방법은 돌봄필요가 얼마나 잘 충족되고 있는지에 대한 응답을 주고받는 데 있어 실질적인 돌봄노동자와 수혜자의 참여

5 예를 들어, 자유주의자는 '법치'(rule of law)와 적절한 법적 보호를 마련하기 위해서 법을 해석하는 독립적인 사법부를 확신한다(Dworkin, 2000; Nussbaum, 2000, 2004, 2007 참조).

6 그로운하우트(Ruth Groenhout, 2004) 또한 다소 다른 방식으로 책임의 도덕적 질이 어떤 측면에서는 돌봄의 가장 공적인 질이라는 점을 인식했다. 그로운하우트는 책임이라는 용어를 직접 사용하지 않았으나 "유한성(finitude)과 상호의존성"을 "책임질 수 있는 행동이 가능한 사람"(46-47)을 결정하는 돌봄의 요소로 설명하는 것은 같은 맥락이다.

를 필수화하는 것이다.

이 시점에서 페미니스트 민주적 돌봄윤리와 워커의 보다 일반적인 수준의 '책임윤리' 간의 차이점을 명확히 할 필요가 있다. 돌봄윤리는 책임의 윤리가 적용되는 실질적인 기반을 제공한다. 돌봄윤리는 책임을 결정하기 위해 삶의 구체적인 측면을 주시한다. 일부 책임은 계약관계로 보일 수 있지만, 돌봄윤리의 관점에서라면 단순한 계약적 동의를 넘어 책임을 서로 나누는 데 있어 파워의 분포를 좀 더 면밀하게 들여다본다. 또한 돌봄에 대한 의사결정을 할 때 단지 고립된 개인에 집중하지 않고 사람 속에서의 관계에 집중해야 한다.

책임과 돌봄에 대한 책임 간의 이러한 융합이 분배적 정의의 문제로 들리기 시작할 수도 있고 또한 그런 측면이 없지는 않다. 하지만 정치는 분배적인 의미에서뿐만 아니라 그것을 행사하기 위한 집단적인 역량을 만들어가고 또한 가정한다는 의미에서 파워에 관한 것이다.

정치는 단순히 분배의 문제가 아니다. 더구나 하스켈(Thomas Haskell, 1998)이 관찰하듯이, 만일 "당위(ought)가 가능성(can)을 함의" 한다면, 그 다음 순서는 무엇이 필수적이며 인간 세상에서 무엇이 탈바꿈 가능하고 결과적으로 무엇이 책임의 한계를 구성하는지에 관한 것이다. 정반대에 대해서는 어떻게 생각해야 하는가? 어느 정도까지 '가능성이 당위를 함의'할 수 있을까? 하스켈은 윌리엄스(Bernard Williams, 1994)의 노예제에 대한 논의에 대해 해설을 달면서, 고대 작가들은 단순히 노예제가 필요하다고 여겼기 때문에 비도덕적일 수 있다고 생각하지 않았다고 보았다. 그렇다면 하스켈은 "어떻게 노예제 같은 '필요악'이 바로잡힐 수 있다고 인식하게 되었고, 결과적으로 불가피하다고 간주되던 영역을 줄여 나가면서 책임이라는 명령이 작동할 수 있는 영역을 확장시킬 수 있었는지"(297) 묻는다.[7] 이러한 관점 —무엇이 책임의 영역을 넘어서는 것이며, 무엇이 우리가 변화시킬 수 있는 파워 내에 있는 것인지— 에서, 프레이저(Nancy Fraser, 1989)의 '필요해석의 정치'(politics of needs interpretation)는 중요한 시사점을 갖는다. 왜냐하면 만일 우리가 실천 이면에 존재하는 불가피성(necessity)에 대한 문제 제기를 꺼린다면, 우리는 그 실천에 대해 책임을 다한다고 보기 어렵기 때문이다.

우리는 민주사회라면 책임을 분담하기 위한 의사결정 테이블에 우리 모두가 앉아야 한다고 대답할지 모른다. 하지만 제한된 시간과 자원을 감안하면 책임분담의 모든 결정에 모두가 관여하는 것은 아니다. 사회의 정치적 가치에 대해 가능한 포괄적인 방식으로 숙고해 볼 만한 방법은 다음과 같은 질문을 던지는 것이다. 책임을 분담하는 데 있어 가장 먼저 해야 할 결정은 무엇인가? 예를 들어, 만일 사회가 아이들이 어떤 교육을 어떻게 받아야 하는지에 대한 질문을 그들의 부모에게 던진다면, 책임을 분담하는 한 가지 방법은 아이 교육에 대해서 누가 판단할 것이며 누가 회의 테이블에 앉을 것인가를 결정하는 것이다. 이러한 결정이 현명한 결정이었는지의 질문은 정치적 의제에서 다시 제기되지 않는다. 왜냐하면 매우 협소한 범위의 책임 할당이 이미 이뤄졌기 때문이다. 또 다른 한편에서는 책임 할당이 또한 전 지구적 수준에서 작동한다. 만일 민주주의가 전 지구적 가치가 되어야 한다면, 국가 주권이라는 인위적인 경계선은 사람

7 혹실드(Adam Hochschild, 2005) 참조.

의 풍요와 안전에 대한 책임의 범주를 어디까지 할 것인가라는 질문에 만족할 만한 답은 아닐 것이다. 그렇지만 현실적으로 책임은 기정사실로 보이는 과거의 결정 혹은 새로운[민주적—옮긴이] 과정을 통해 배정된다.

돌봄책임의 할당에 관한 문제는 예측 가능한 방식인 '좌'와 '우'라는 전통적인 분류를 따르지 않는다(Sevenhuijsen, 2000 참조). 예를 들어, 워커는 우리 자신과 우리의 과거 행동, 우리의 지위에 있었던 다른 사람의 행동이나 우리와 여전히 연계되어 있는 사람 간의 관계를 이해해야 하는 도덕적 회복 문제에 관심을 기울인다. 예를 들어, 노예제의 유산이 미국에서 극복되고 있는지의 문제는 역사적으로 노예제와 관련이 있다고 생각하는 사람들의 주요 관심사로 남아 있다. 모든 시민이 이러한 역사적 관계를 얼마나 절실하게 느끼느냐의 문제는 현재 진행 중인 관계를 만들어감에 있어 시간과 역사에 대해 더 많이 숙고해야 할 것을 요구한다. 다른 예를 들어보자. 미국인들은 대부분 인종적으로 분리된 공동체 속에서 살고 있다. 인종적으로 분리된 주택 단지가 조성된 것은 비공식적으로 행해진 관행일 뿐만 아니라 공식적인 법과 제도의 장기적인 결과다. 만일 공간적인 인접성이 책임의 정도를 가늠할 요소 중 하나라면, 이러한 관행과 제도는 우리가 책임을 생각하는 현재의 방식에 영향을 준다.

하지만 이러한 재분담은 필요가 집단적으로나 개인적으로 정의될 수 있는지의 문제 그리고 개인적인 차원에서도 개인을 평등하게 대할 수 있는지의 문제, 공적인 것과 사적인 것의 의무와 분리의 기존 구분 방식 등에 대해 재고할 것을 요구한다. 책임의 분담이라는 정치적으로 복잡한 문제에 더 직접적으로 주의를 기울이는 것은, 돌봄의 혜택과 돌봄의 부담에 대한 현재의 분담을 설명하고 더 민주적인 대안을 상상하는 데 도움이 된다.

책임과 파워

책임을 정하는 것으로 이해되는 돌봄의 민주정치(democratic politics of care)에는 무엇이 필요한가? 지금까지 살펴본 책임 논의에 따르면, 돌봄정치의 민주적인 요소는 절차적인 면뿐만 아니라 실질적인 면이다. 우리의 관심은 현재 민주주의 이론가들이 제시하는 집합적 민주주의, 심의민주주의 또는 경합적 민주주의 중 어떤 것을 고를지에 관한 선택이 아니라 민주적인 방식이 올바른 질문에 초점을 맞추고 있는지의 여부다. 여기서 필자는 올바른 질문은 돌봄책임의 본질에 주목하는 것이라고 주장한다. 돌봄책임을 결정하는 과정은 다음의 몇몇 측면에서 돌봄에 대한 중요한 문제를 직시한다.

첫째, 책임으로 보는 돌봄의 민주정치는 누가 의사결정의 과정에 참여해야 하는지를 구체화해야 한다. 정치학자들이 지속적으로 주시한 바와 같이, 의사결정을 하기 위해 '회의석상에 앉아 있는' 사람이 누구인지는 회의에서 그 사람이 하는 내용만큼이나 결과에 영향을 미친다. 누가 결정하느냐의 문제가 제일 핵심이 된다.

이 지점을 더 명확히 하기 위해서 비유를 들어보겠다. 회의 탁자가 준비된 큰 회의실이 있다고 하자. 서로의 관계 속에서 책임을 어떻게 나눌지를 판단할 사람들이 탁자에 앉아 있다. 이런 설정을 책임설정게임(responsibility-setting games)[8] 또는 책임의 원탁(circles

---

8 프렌치(Peter French, 1992)는 다른 '책임교환게임'(Responsibility Barter

of responsibility)이라고 하자. 사람들이 결정과정에서 다른 사람들을 배제할 수 있다면 책임설정의 결과에 영향을 미칠 수 있다. 책임을 규정하는 과정에서 어떤 인종이 배제되는 인종적 부정의가 있는 게임을 상상해보자.[9] 배제는 정치적 과정의 결과를 통제할 수 있는 매우 효과적인 방법 중 하나다. 민주주의 이론가들은 그동안 진정한 민주적 결과를 만들기 위해서 모든 사람이 책임설정게임 같은 과정에 포함되는 것이 얼마나 중요한지 주장하였다. 일반적으로 더 파워가 있는 사람들은 파워가 덜한 사람들을 배제할 수 있다. 다시 말해 누가 누구를 배제할 수 있다는 것은 파워가 있다는 의미다.

하지만 배제가 책임 원탁의 결과를 조작할 수 있는 유일한 방법은 아니다. 또 하나의 방법은 책임설정게임에서 역할이 논의되고 있는 '사람들'이 개인으로서나 집단으로서 불참하는 것이다. 만일 사회에서 개인이나 단체가 할당된 책임에서 당연하게 '무임승차'하게 된다면 그들 또한 자신을 책임에서 열외할 수 있기 때문에 종국에는 효과적으로 파워를 발휘할 수 있게 된다. 필자는 일찍이 이러한 모습을 '특권적 무책임'(privileged irresponsibility)이라고 명명했다(Tronto, 1993: 121). 집안일을 꾸려나가는 책임을 나누는 방식에서 전통적인 생계부양자 모델은 가장(주로 전통 모델에서는 남편)이 가사를 운영할 수 있는 돈을 벌어왔기 때문에 대부분의 일상적인 가사책임에서 '무임승차'가 허용된다(Bridges, 1979). 하지만 도덕적 관점(불참한 사

Game)을 설명했다. 필자는 이 참조 사항에 대해 워커(Walker, 2007: 101)에게 빚을 졌다.

9 밀스(Charles Mills)는 『인종 계약』(*The Racial Contract*, 1997)에서 오래된 아프리칸 아메리칸의 속담을 인용했다. "백인이 '정의'를 이야기할 때, 단지 그것은 '그들만의 정의'일 뿐이다."

람의 책임이 참석한 다른 사람에게 일부 주어진다는 점을 주장하면서 책임을 축소할 수 있는 방법으로서)과 정치적 관점(누군가가 자신은 책임을 다하지도 않고 토론에 참여하지도 않는 것을 당연하게 생각하면서 다른 사람에게 책임 아마도 지나치게 많은 책임을 받아들이도록 강요할 수 있는 파워의 종류로서)의 작동기제를 살피는 것은 중요하다.

필자가 주장한 대로 최근의 미국 정치가 보여준 실망감은 우리가 정직한 정치토론을 못 한다는 점과 누구에게 책임이 있는지에 대한 판단을 확실하게 하지 못하는 무능함에 기인한다. 그러한 무책임은 어느 정도 '인식론적 무지'(epistemological ignorance) 때문이다. 밀스는 이러한 무지를 인종주의 같은 구조 속에서 지배받는 사람들의 삶에 대해 알고 싶어 하지 않는 난색에 기인한다고 보았다(Pateman and Mills, 2007; Mills, 1997). 누군가는 '우리'를 통제함으로써 이러한 판을 만든 책임에 대해서는 일절 언급하지 않고도 책임 분담에 영향을 미칠 수 있다. 이러한 배제와 불참은 정치토론이 어떻게 진전되는지를 결정한다는 측면에서 긴요한 문제다.

두 번째 중요한 이슈는 사람들이 책임을 할당하기 위해서 함께 모였을 때 무엇을 결정하는지의 문제다. 물론 이러한 문제는 그들이 앉는 '회의탁자'가 항상 맥락을 갖고 있다는 사실을 고려한다면 매우 복잡한 문제다. 사람들 사이는 역사가 있으며 과거에 내린 결정과 판단은 현재 무엇을 할 수 있는지를 결정한다.

책임과 권위 간의 타협을 어렵게 하는 것 중 하나는 책임과 권위에 속하는 대부분의 문제가 과거로부터 자리 잡아온 것이라는 점이다. 결과적으로 합의된 사회문제가 충분히 해결될 것처럼 보이지 않을 때, 이러한 합의는 다툼이 되는 지점과 조건이 있게 마련이다. 우리는 왜 새로운 기술과 가능성이 권위와 책임의 문제를 제기하는지를 잘 알 수 있다. 권력의 형태가 새로워지면서 책임의 형태도 새로워져야 할 필요가 있다. 윌리엄스(Bernard Williams, 1985)의 후속 논의로 워커는 기존의 합의를 재조명한다면 종종 문제의 소지가 보인다고 보았다. "도덕적 삶을 예로 들면, 투명성은 책임에 대한 우리의 도덕적 이해와 실천을 통해 혹은 그런 이해와 실천에도 불구하고, 우리가 어떻게 살고 있는지 보여준다. 투명성을 추구할 때, 사람들은 그들이 가치를 두며 신경을 쓰는 것, 실천적 책임을 구성하는 상호이해, 그러한 결과를 만들어내는 질서의 현재를 본다"(1998: 216).

책임이라는 문제는 파워 격차를 고려한다면 아주 어려워진다. 워커에 따르면 "모든 중요한 파워 격차는 투명성 검증의 장으로 특징되는 사회도덕 질서에서 매우 중요한 쟁점이 된다"(218). 워커는 모든 권위와 책임의 관계가 동등해야 하거나 그럴 수 있다고 말하는 것은 아니라고 한다. 하지만 파워는 도덕적 갈등을 야기할 수 있는 요인 중 하나라는 점을 보여준다. 평등이라는 가정에서 시작하는 민주사회에서 파워의 격차가 얼마나 정당한 것인가라는 물음은 핵심적인 문제 제기다. 예를 들어, 왜 누구는 청소를 하는 데 예외가 되는 반면, 다른 누구는 청소를 하는 데 지나치게 많은 책임을 져야 하는가?

무책임 기제?

이 지점에서 책임에 대한 논의는 어느 정도 지나쳐 보일 수도 있다. 인간에게 배정되는 책임의 종류는 무한대로 다양하다. 그리고 다른 사람과의 관계가 필연적이라고 인정할수록 그만큼 책임도 커진다. 이러한 조건에서 사람들은 책임을 분담하는 논의에 누구를 참여시킬지를 통제하는 것뿐만 아니라 책임을 회피하기 위한 다른 방법들을 고안해왔다는 점은 놀라운 일이 아니다.

책임을 회피하는 첫 번째 방법은 무시하는 것이다. 어떤 문제를 알지 못함은 자신이 그 문제를 해결하려고 노력하지 않는다는 책임에서 빠지게 해준다.

책임을 회피하는 두 번째 방법은 권위의 경계를 교묘하게 분산시키거나 모호하게 하는 제도적 구조를 만드는 것이다. 페팃(Philip Pettit)은 「주식회사, 책임」(*Responsibility, Inc.*, 2007)이라는 그의 에세이에서 엑손 주식회사는 엑손 발데즈(Exxon Valdez)호가 기름유출 사건의 책임을 어떻게 교묘하게 회피할 수 있었는지를 밝히면서 이러한 메커니즘을 설명한다.

무책임의 또 다른 출처는 조건으로 작동하는 정치적·사회적·경제적·문화적 결정요인이다. 필자는 일전에 이러한 조건을 '특권적 무책임'이라고 불렀다. 공적인 영역과 사적인 영역을 분리하고 그것을 자연스러운 것으로 보이게 만드는 방식으로 중심 의제에 올라오지 못하게 주변화(Plumwood, 1993)함으로써, '공적' 책임을 맡은 사람들은 '사적' 책임에서 자유로울 수 있게 되었다. 집안일을 좀 더 '영적인'(spiritual) 것과 좀 더 '비천한'(menial)(Roberts, 1997) 것 혹은 '지저분한 일'(dirty work)(Glenn, 1992)로 구분할 때, 백인 여성은 이미 성별화된 책임을 인종화시킬 수 있었다(Duffy, 2011). 유사한 분리의 사례를 다음 장에서 살펴볼 것이다. 예를 들어 책임과 무책임이 공존하는 방식은 재검토의 대상이 될 수 있는 문제다.

높은 수준의 책임은 주목할 만하다. 폭넓게 바라보면 사람이 성장할수록 일반적으로 하는 경험보다 막중한 책임을 경험하게 된다. 책임의 정당성을 정확히 따져봄으로써 삶의 짐을 다소 덜어줄 수 있다. 그러나 책임의 구분이 모호하기 때문에 결정적으로 사람들의 삶 속에서 불확실성과 걱정의 양은 늘어만 간다.

현재의 순간이 바로 엄청난 근심의 순간이다. 한편으로 이렇듯 커진 근심은 인간의 역량이 커져서 생긴다. 만일 "당위가 가능성을 함의한다"면, 인간의 능력이 더 고도화될수록 더 많은 생명이 의료 개입으로 삶을 찾을 수 있을 것이며, 더 많은 식량을 재배하게 될 것이며, 더 손쉬운 군사 개입으로 인종학살을 막을 수 있으며, 그럴수록 누군가는 그러한 제반 조건들을 관리하고 고민하는 책임이 더 커질 것이다. 책임이라는 부담이 증가하고 오래도록 견고했던 책임의 경계가 더 희미해지면서, 사람이 감당하는 책임에 관한 걱정의 수준도 높아진다. 걱정이 커지는 이유는 상당 부분 책임의 경계가 —그리고 자신이 책임을 다할 수 있는 파워가 있는지에 대한 사람의 민감함이— 현재 매우 다양하고 예측할 수 없기 때문이다. 이러한 걱정을 줄이려는 하나의 시도는 책임의 확장에 대한 모든 문제를 푸는 단순하고 간결한 방법을 찾는 것이다. 이러한 책임 문제를 회피하는 이데올로기의 구조는 매우 견고하며, 민주적 돌봄은 이에 대한 해독제를 의미한다.

신자유주의 경제학적 세계관이 책임을 개인책임으로만 이해함으로써 이러한 무책임의 기제로 작동한다는 점은 명백하다. 신자유주의는 돌봄책임에 대한 잘못된 답안을 남발한다. "그건 당신 책임이야. 바로 당신 자신의 것이야. 만일 당신이 자신을 위해 준비하지 않는다면 그건 당신의 운세가 사나운 것이야"라고 말한다. 다음 세 장에서는 왜 개인이 혼자서는 감당할 수 없는, 자신의 책임도 아닌 책임과 마주치는가에 대한 몇몇 구조적인 원인이 명확해질 것이다. 만일 책임에 대해 공적으로 숙고하는 과정이 없다면 무책임의 기제는 지속적으로 남발될 것이다. "그건 당신 자신의 잘못이다." 벨라미가 백 년도 더 전에 말했던 것처럼 사람이 타인에게는 가혹한 관점을 얼마나 손쉽게 수용하는지 그저 놀라울 뿐이다.

돌봄민주주의 관점에서 책임의 재검토

가장 기초적으로 돌봄은 구체적이다. 일부 사람은 구체적인 모습의 돌봄을 좋은 돌봄으로 생각하는 반면, 다른 사람은 좋은 돌봄의 모습을 다르게 떠올린다. 다원화된 사회에서 적절한 돌봄의 방식을 결정하는 것은 주로 개인, 가족 그리고 제도이다. 그렇지 않다면 가족 스스로가 좋은 돌봄을 결정하는 자유의 영역을 침해하는 것이다. 반면 전문 돌봄을 사용할지 여부와 어떻게 사용할지에 대한 규칙은 공적인 영역에서 적정한 것으로 보인다.

시민은 돌봄의 특징을 고려해 일부 문제에서는 다른 시민에게 책임을 묻지만 일부 사안에 대해서는 책임을 묻지 않는다. 어떤 수준에서 시민의 일반적인 관심이 끝나는가? 샤피로(Ian Shapiro, 2001)는 아이의 '기본 필요'와 아이의 다른 필요를 분별하는 방식으로 이러한 수준을 선별하려는 시도를 했다. 그에 따르면, 사회는 부가적인 필요가 아니라 필수적인 필요를 충족할 수 있도록 보장하는 역할이 있다. 샤피로의 분석은 사회가 돌봄에 대한 가족의 역할을 개선하기 위해 지금 개입하는 몇몇 방식과 어느 정도 일치한다. 만일 방치된 아이가 보인다면 국가가 개입하는 것이다. 하지만 국가는 개입하는 선을 어떻게 그을 것이며 어디서 종료해야 하는가?

앞 장에서 제시한 분석은 유동적이기는 해도 위 질문에 답할 수 있는 보다 분명한 방법이다. 공적인 돌봄 논의는 무엇에 관심을 기울여야 하는가? 만일 돌봄실천의 네 가지 과정을 거치는 것으로 돌봄을 생각한다면 돌봄의 공적인 부분은 돌봄책임의 할당과 관련이 있다는 점이 명확해진다.

우리는 이 장에서 다음의 질문에 대해 일반적인 답을 할 수 있게 되었다. 어떠한 조건에서 사람은 다른 사람에 대한 돌봄에 관심을 기울이는 책임을 인식하고 이해하는가? 필자는 일부 시민이 그들의 지위, 직업 또는 재산상의 이유로 돌봄의 책임분담에서 '무임승차권'을 발부받는 것은 정당하지도 공정하지도 않다고 주장했다. 반대로 필자는 민주사회가 해주어야 할 최소한의 것이 있다면 그것은 모두가 평등하고 포괄적으로 누릴 수 있는 —수혜와 제공자 모두— 돌봄을 만드는 것이다. 이는 우리가 어린이, 노약자, 허약자 또는 우리 중 심신의 차이로 인한 다른 역량을 지닌 사람을 돌보는 우리의 책임을 받아들이는 것을 의미한다. 또한 자유란 이를 행사하는 역량에 따라 달라지며 그러한 역량은 '선택'을 행사하는 것과 동일하지 않다는 점을 인식해야 한다고 민주시민에게 요구한다. 자유를 피상적이거나 깊이 있는 돌봄관계에 동참할 역량으로서 이해하는 것은 우리가 그러한 역량을 발휘하기 위해 필요한 것이 무엇인지를 고려해야 함을 의미한다. 정부의 간섭'으로부터의 자유'(freedom from)로 권리를 소극적으로 정의할 수 있다. 하지만 복잡한 현대 사회에서 우리와 함께하는 사람과 우리 자신을 돌볼 수 있기 위해서는 우리가 살고 있는 세상을 조직하는 포괄적인 지원이 필요하다. 정의를 어떻게 정의하는지와 관계가 있겠지만 민주주의에서 다른 시민에 대한 우리의 정치적 책임은 누구나 돌봄과 함께한다는 점을 보장해주는 것이다. 이것은 현대 국가에서 정부의 정당한 역할이다. 비록 과거 수년간 '유모국가'(nanny state)라는 비아냥거림도 있었지만, 실제 우리는 아직도 무엇이 현대 사회가 필요로 하는 돌봄인지에 대해 진지하게 고민해본 적이 없다.

민주주의에 대한 책임

워커의 가시적 협력의 도덕에서 잠재된 문제는 도덕적 쟁점에 관련된 이들이 그 쟁점의 표현과 협력에 동참할 것을 기본적으로 전제한다는 점이다. 하지만 책임의 경계가 지나치게 협소하게 획정된다면 어떤 일이 발생할까? 워커는 그녀의 최근 저작에서 도덕적 사고의 한 가지 방식으로서 '이야기'(story)의 중요성을 강조한다. 분명 이야기는 이른바 일상의 언어로 도덕철학의 비유(예를 들어 풋 Philippa Foot의 유명한 "트롤리의 딜레마"trolley problem[10]; Thomson and Parent, 1986, 제7장 참조)를 사용하는 것보다 철학적인 책임 문제를 시작하는 좀 더 풍성한 시작점이다. 하지만 특히 화자가 주로 자신의 '정체성'에 초점을 맞출 때, 밀스(Mills, 1997)가 "무지의 인식론"이라고 부른 매우 실질적인 위험이 여전히 남아 있다. 밀스는

---

10 트롤리(trolley)는 철로 위에서 사용하는 손수레이다. 트롤리의 딜레마는 한 사람을 희생시켜 다섯 명을 살리기 위한 어떤 판단을 할 때, 이성이 도덕적 판단을 지배한다는 대다수 철학자의 주장과 달리 감성이 상당히 중요한 역할을 하며, 정서가 도덕적 판단에 지대한 영향을 미친다는 사실을 과학적으로 밝혀낸 연구이다—옮긴이.

백인 대부분이 그들이 이익을 보고 있는 인종 착취의 역사에 무지하다는 점을 지적한다. 하지만 어떤 지배 집단이 '타인'(other)을 '그림자 취급'(background)할 수 있을 때, 그들은 자신의 경험과 세상에 대해 도전하는 이야기를 말하지 않을 위험이 있다.

우리 모두가 책임에 주목할 때, 우리는 돌봄에 내재해 있는 중요한 문제인 온정주의와 파벌주의(Tronto, 1993)를 새로운 시각에서 볼 수 있다. 두 가지 모두 사람이 맡아야 하는 책임을 왜곡시킨다. 온정주의자의 문제는 그들이 책임을 할당하는 데 지나치고 과도하게 자신의 권위를 주장한다는 점이며, 파벌주의는 책임의 경계를 지나치게 협소하게 긋는다는 점이다. 두 경우 모두 매우 구체적인 조건하에서 누가 의사결정에 참여하고, 어떻게 참여하며, 누가 배제되었고, 누가 다양한 특권적 무책임을 누려왔는지에 관해서 생각하게 된다면, 우리가 직면하는 도덕적 문제들을 더 잘 이해할 수 있을 것이다.

여기서 우리는 돌봄책임을 인식하는 민주시민의 역할을 재고하는 또 다른 방식에 다다른다. 가시적 협력의 도덕 모델의 과제 중 하나는 도덕원칙의 내용에 대한 합의를 이룰 때 모든 사람의 견해를 포함해야 한다는 점이다. 토론의 범주가 충분히 포괄적인지의 여부는 누구의 책임인가? 서로를 위한 돌봄 동참을 모두에게 보장하는 것은 모든 민주시민의 궁극적인 책임일 수 있다. 민주시민은 민주적 토론의 바로 그 형식과 과정에 지속적으로 이바지해야만 한다. 책임이 기존 관계에서 나타난 어떤 대응이라고 한다면, 이러한 책임은 포용의 가치를 중요하게 생각하는 시민을 필요로 한다.

다시 살펴보면 페미니스트 민주적 돌봄윤리는 민주정치를 사회적·개인적 책임의 분배로서 인식하고, 또한 민주적 과정에서 자신이 불참하거나 다른 사람들을 배제하지 않음으로써 민주적 과정을 보장해야 한다. 민주적 과정 그 자체가 정치공동체 구성원이 올바른 결정을 내리도록 보장하는 것은 아니지만, 책임을 분담할 때 모두를 포함하는 것은 잠재적 변화가 기존의 요구에 덮어지거나 온정주의적이거나 파벌주의적인 생각이 무작정 퍼지게 하지는 않을 것이다.

우리가 이 장의 서두에서 제기했던 지점으로 돌아가 책임에 관해 살펴보아야 할 마지막 항목이 있다. 추상적인 의미로 '책임'에 대해 언급하는 것은 가능하지만 돌봄을 책임과 결합하는 목적은 현실적이고 실천적인 측면으로 책임을 바로잡기 위함이다. 우리는 '개인 책임'의 한계를 지적했다. 또한 필자는 일부 집단이 책임에서 스스로를 '무임승차'시킬 수 있는 방식을 지적했다. 일반적으로 이러한 방식을 무책임으로 부르지 않지만 필자는 우리가 이러한 무임승차를 **특권적 무책임**의 양상으로 다뤄야 한다고 제안한다. 다시 말해, 무책임에 집중함으로써 우리는 누구는 사회에서 더 잘 분담할 수 있었을 책임에서 열외될 수 있었으며 동시에 다른 누구는 어떻게 더 많은 책임을 부담하게 되었는지 더 잘 이해할 수 있게 된다.

따라서 정의와 돌봄의 본질에 관한 논의는 관계가 얼마나 중요한지, 관계의 어떤 종류가 강하거나 약한지의 문제로 전환된다. 여기에 관계가 존재할 공간이 없는 신자유주의적 이데올로기의 영향이 책임을 지워버리는 또 다른 방식이 있다. 즉 만일 우리의 유일한 관계가 '우리' 안에서만 존재한다면, 우리는 '타인'에 대해서 더 많은 책임이 없게 된다. 민주사회에서 이러한 전제는 검증대 위에 올려봐야 한다.

이러한 방식으로 우리가 돌봄책임의 문제에 대해 채워나갈 때, 기존의 권리 침해를 우려하는 협소한 정의 개념을 넘어 '정의'의 문제를 재검토하는 과정에 직면하게 된다. 침해된 개인의 권리를 회복하는 개인의 역량으로 이해되는 정의 개념이 중요하지 않다는 것은 아니다. 필자는 이러한 정의 개념은 근원적인 의문을 제기하지 않은 미제의 문제로 책임이라는 논점을 방치하기 때문에 지나치게 협소하다는 것을 지적하고 싶다. "누구의 책임인가?"라는 물음은 이제 민주정치의 기본적인 질문이다. 특히 돌봄책임을 인입하고 확립하는데 시민이 얼마나 무책임했는지를 깨닫게 될 때, 이러한 관점은 돌봄민주시민(caring democratic citizens)이 무엇을 뜻하는지 진지하게 생각하게 할 수 있다.

이 책의 다음 장은 다양한 모습으로 나타나는 책임 면제에 관한 다양한 사례를 진지하게 살펴보고자 한다. 돌봄의 무임승차는 우리 사회의 여러 뿌리 깊은 구조를 의미한다. 즉 성, 계급, 인종뿐만 아니라 국가, 시장, 가족 같은 제도를 포함한다. 위의 구조를 살펴본 후 돌봄민주사회에서 요구되는 것이 무엇인지 살펴볼 것이다.

이[시장 이데올로기]는 개별 인간의 취약성을 부인하며 각 개인의 형성 과정에 필요한 돌봄 중심성을 부인한다. 그러나 인간의 자율성은 성취되는 것이지 출발의 전제가 아니며 이는 몇 해가 필요한 성취물이다.

제2부

우리는 지금 어떻게 돌보고 있는가?

제3장
사나이는 돌보지 않는다?
성, 자유, 돌봄

성별화된 책임

베를리네(Alain Berliner) 감독의 영화 「나의 장밋빛 인생」(Ma Vie en Rose, 1997)의 어린 소년 주인공 루도빅은 언젠가 소녀가 되는 꿈을 이룰 것이라 믿고 있었다. 다행히도 루도빅이 현재 미국의 중고등학교 남학생이 아니라는 점은 행운일지 모른다. 이 영화에 등장하는 어린 소년은 '게이'(gays)나 '팩즈'(fags),[1] 성적인 면, 의상이나 학문적 야망에 이르기까지 그들이 생각하는 것과는 다른 소년의 모습을 뿌리 뽑기 위한 검열의 대상이 되면서 소년다움의 영역을 끊임없이 감시당한다(Pascoe, 2007; Ferguson, 2001). 이러한 괴롭힘 때문에 몇몇 소년은 목숨을 끊기도 한다(Warner, 2009). 워너(Judith Warner)가 주목한 것처럼 '남성'(man)이 된다는 것이 문화 전반에서 점점 모호해지고 있는 상황에서, 남성이 사내다움이라는 개념이 위협받는 것에 대해 점점 불쾌하게 여기는 것은 아이러니하

1 남성 동성애자—옮긴이.

다. 이러한 현상은 이 시대 근심의 징표이기도 하지만 돌봄의 위기이자 궁극적으로 민주적 가능성의 위기다. 남성성이 "사나이는 돌보지 않는다"는 생각에서 벗어나지 않거나 '남자답게 성장'하는 것이 돌봄의 방식을 제한하는 한, 돌봄책임이 더 돌봄 중심으로 또한 더 민주적인 방식으로 이뤄질 수 있도록 우리 사회가 재고할 수 있는 희망이 사라진다.

현대 사회에서 돌봄이 실질적으로 실천되는 방식을 돌아볼 때 가장 우선적이고 명확한 점은 돌봄이 성별화되었다는 것이다. 돌봄 역시 인종/민족과 계급을 포함해 모든 다른 문화적·사회적 가치와 방식의 특징이 뚜렷하게 드러난다. 최근 학자들이 지적하듯이, 이러한 특징 간의 교차성(intersectionality)을 인식하지 않고 이러한 특징 중 하나만을 사용하는 것은 사회 현실을 왜곡할 소지가 있다.[2] 교차성 분석은 돌봄의 전체 그림에서 주요한 부분을 차지하지만, 그럼에도 돌봄은 시대와 장소를 막론하고 지속적으로 성별화된 시선으로 재단되었다. '돌봄'은 일반적으로 여자의 일로 간주되었다. 이러한 성별화된 관점이 의미하는 바를 놓치지 않는 것은 중요하다. 돌봄이 여성의 일이라고 말하는 것은 '여성은 출산을 하고, 따라서 자연적으로 우수한 돌봄제공자'라는 단순한 근본주의적 주장이 아니다. 모든 여성이 돌봄을 잘하거나 잘해야 한다고 말하는 것도 아니다. 돌봄이 여성의 일이라고 말한다 해서 남성도 돌본다는 것을 부인하는 것은 아니다. 하지만 지금의 남성성과 여성성이 구성된 방식은 여성

---

2 교차성 개념에 대해서는 다음을 참조하라. Duffy, 2011; Mattis et al., 2008; Hancock, 2007, 2011; Simien, 2007; White, 2007; Weldon, 2006; Collins, 2005; McCall, 2005; Hankivsky, 2004; Roberts, 1997; Glenn, 1992, 2000.

에게 배당된 돌봄책임에 대해 남성이 그것을 떠맡지 않거나 심지어 심각하게 생각할 필요가 없는 것처럼 만들었다. 물론 남성성과 여성성의 개념은 돌봄의 임무와 돌봄의 역할 분담이 변해감에 따라 변모하고 있다. 그러나 여전히 남성성이 의미하는 것은 여성에게 전가된 돌봄책임을 포함한 '여성의 일'이라 여기는 영역에서 '무임승차권'이 주어짐을 의미한다. 이와 같이 이데올로기적으로 성별화된 돌봄의 책임분담은 더 포용적인 민주사회를 전망하는 우리의 기대에 영향을 미친다.[3]

남자가 돌본다? 물론 남자도 돌본다. 남성은 가족을 부양하기 위해 신경을 쓴다(care about). 남자도 그들 자신 그리고 그들의 재산과 다른 사람들을 책임진다(care for). 남자도 예전보다 많이 자녀, 배우자, 친구들과 부모님에게 돌봄을 제공한다(give care). 그리고 남성도 돌봄을 받는다(receive care). 예를 들어 그들이 어린아이이거나 고령자일 때 또는 병약할 때, 스스로나 다른 사람들과 함께 그들이 살아가는 동안 끊임없이 필요로 하는 돌봄을 받는다. 하지만 남자다워지는 것이 돌봄을 하지 않는 것이거나 적어도 돌봄을 잘하지 못한다는 이미지는 그대로다. 캠벨과 캐롤(Lori Campbell and Michael Carroll,

3 일부 비평가는 '돌봄과 여성 간의 연계'가 명확하지 않기 때문에 돌봄이란 '여성의 도덕성'(women's morality)을 넘어서는 것이라는 이전 필자의 주장을 읽었을 것이다. 이 장에서 필자가 주장하듯이, 이 연계는 좀 더 복잡하다. 여성은 현대 서구사회에서 돌봄이라 칭하는 것을 여전히 많이 한다. 하지만 남성도 돌보며, 인종/민족 그리고 계급의 교차성은 남성과 여성이 어떻게 돌보는지에 영향을 준다. 남성도 돌보지만 그들이 행하는 돌봄은 일반적으로 돌봄이라 칭해지지 않으며, '돌봄'의 사회적 범주에 대한 이해는 남성의 변화된 역할과 함께 변한다. 이와 같은 비판적인 관점으로는 윌리엄스(Williams, 2000: 197f)를 참조하라. 필자의 관점은 윌리엄스와 실제로 유사하며, 이 장의 후반부에 가정성(domesticity)에 관한 그녀의 논지를 활용할 것이다.

2007)은 고령 부모에게 주 돌봄제공자로 역할을 한 남성을 대상으로 심층 인터뷰를 했다. 그들은 자신이 돌봄노동을 했지만 남성은 돌봄을 잘하지 못하며 여성이 선천적으로 좋은 돌봄제공자라고 여전히 생각한다는 사실을 발견했다. 사회 전반적으로 여성은 더 밀접하게 돌봄과 연계되어 있다. 그래서 여성은 돌봄을 잘하며 남성은 그렇지 않다는 생각은 코넬(R. W. Connell, 2005)이 명명한 헤게모니적 남성성(hegemonic masculinity)의 특징 중 하나다.

남성이 하는 것과 사람들이 남성과 돌봄에 대해 믿는 것의 간극을 어떻게 설명할 수 있을까? 실제로 이면의 진실함이 있는데도 '사나이는 돌보지 않는다'라는 이데올로기의 집요함을 어떻게 설명할 수 있을까? 이러한 질문에는 남성성의 본질과 사회에서 통용되는 남성성에 대한 심층적인 문제제기가 필요하다. 남성성을 면밀히 들여다보면 현대 미국인의 생활 속에서 돌봄 현장이 어떻게 왜곡되고 있는지가 드러나게 될 것이다. 이러한 질문들을 탐색함으로써 경제생활, 남성 우월성, 의존의 두려움 그리고 공적 영역과 사적 영역의 구분에 대한 지배 이데올로기가 정치적 위기구조를 이해하는 우리의 역량을 어떻게 왜곡하고, 결과적으로 우리의 민주적 삶을 어떻게 방해하는지 명확해질 것이다. 하지만 이러한 믿음은 사회에 대한 단순한 '잘못읽음'(misreading)이 아니다. 오히려 이러한 믿음은 그것이 배양되는 제도와 실천에 의지하며 이러한 제도와 실천은 현재의 이러한 믿음을 다시 강화한다. 남성의 돌봄에 대한 생각을 탈바꿈시키려면 정치적인 노력이 상당히 필요할 것이다. 남성성(나아가 여성성)과 돌봄의 관계에 대한 가치, 제도, 실천을 변화시켜야 한다. 이 점은 민주적인 혁명이라고 불릴 수 있을 정도로 대단한 변화이기 때문에 다음 장에서 논의할 것이다.

이 장에서는 남성성의 다층성보다 '헤게모니적 남성성'에 초점을 두려 한다.[4] 남성성에 대한 코넬과 다른 학자들이 명확하게 지적해 온 것처럼 '남성성'은 한 가지 모습이 아니다. '진짜 남자'(real man)가 된다는 것의 의미는 시대와 장소에 따라 다양하다. 일부 문화에서는 다른 문화보다 남성적인 남성이 돌봄을 더 많이 한다. 또한 코넬이 관찰한 바에 따르면, 어떤 남성은 자신의 남성성을 따르면서 사회에서의 우위를 유지하지만, 다른 남성은 사회적인 우위를 확보하지 못하면서 주변화되거나 B급 남성성을 고수하며 살아간다. 미국에서 남성성에 대한 이렇듯 다양한 유형의 상호작용은 계급적·인종적·민족적·종교적 구분과 성적 특권과 밀접하게 관련된다. 이 점은 다른 형태의 남성성이 중요하지 않다거나 탐색할 가치가 없다는 것이 아니다. 하지만 전반적인 문화로서 '헤게모니적 남성성'이 남성성을 정의하는 데 중심 역할을 하고 있기 때문에 필자는 헤게모니적 남성성을 중심으로 살펴볼 것이다.[5]

---

4 「나의 장밋빛 인생」에 나오는 수업을 좀 더 들여다보자. 루도빅의 아버지는 아들이 여성적이어서 고위직에서 해고되었다. 이는 그의 가족에게 재앙과도 같았다. 그의 가족은 수입과 지위, 심지어 집까지 잃었다. 그의 가족이 노동자 계급이 사는 지역으로 이사를 했을 때, 그 지역 이웃들은 루도빅을 보다 잘 이해해주었다. 루도빅을 그대로 받아들여 주었다. 이 영화는 분홍빛 상상을 하는 남성에 대한 영화일 뿐만 아니라 계급선을 따라 남성과 여성이 다르게 규제됨을 보여주는 영화다. 아마도 분홍빛을 좋아하는 소년은 성과 계급 간의 이러한 동학을 정확하게 알기 어려웠겠지만, 이 영화는 계급과 남성성 개념이 분리될 수 없음을 보여준다.

5 코넬(R. W. Connell)을 인용해보자. "헤게모니를 누리는 남성성은 남성의 지배적인 지위와 여성의 종속을 보장하는 가부장제의 정당성을 받아들이는 남녀 간의 다른 행동으로 구현된다"(2005: 77). 코넬은 남성성의 상이한 종류와 이들 간의 관계를 이해하는 것이 중요하다고 강조한다(37). 일례로 "흑인 스포츠 스타는 남성적인 강인함의 전형이 된다. 반면 상상 속 흑인 강간범의 이미지는 백인, 특히 미국의 우파 정치인에게 이용당하는 성(sexual) 정치의 영역에서 중요한 역할을 한다. 대조적으

남성성의 다층적이고 중첩적인 개념을 설명하는 작업은 이제야 학문적인 관심을 받기 시작했다. 필자가 관찰해온 것에 대하여 그리고 다양한 남성성의 모습과 관련된 광범위한 질문을 탐색하기 위하여 여러 학자들의 논의를 빌려올 것이다. 하지만 필자는 남성성과 돌봄이 과연 무엇을 의미하는지에 대한 단정적인 확언을 하고 싶지는 않다. 민주적 삶과 공공정책은 어떤 학자나 학자군의 판단에 의지하여 수립되지 않는다. 결국 학자의 임무란 어떠한 방향성이 민주사회의 목적과 더 잘 부합하는지를 지적하는 것이 될 것이다. 하지만 변화에 도달하는 방법을 찾아야 할 임무를 함께 살아야 할 공동체가 더 나은 방향으로 가야 한다는 민주적 공동체의식에서 시작해야 한다.

필자는 이 장에서 '돌봄'이 왜 여성화로 성별화되었는지, 성별화된 관념으로서 남성성이 왜 돌봄이 아닌 다른 것을 의미하는지를 탐색할 것이다. 이러한 방향은 특히 중요하게는 '보호'(protection)의 구축과 성숙한 성인의 삶의 중심축으로서 경제적 참여라는 현대 사회의 측면을 살펴보는 작업이 될 것이다. 앞 장에서 사용했던 용어

로 백인 사이에서 헤게모니를 누리는 남성성은 흑인 공동체의 남성성을 규정하기 위해 제도적인 억압과 물리적인 공포를 지속한다"(80). 흑인 남성의 지위에 대해서는 다음의 벨 훅스(bell hooks)의 논의를 참조하라. "애석하게도, 발설하는 것이 금기시되지만, 실제 진실은 이것이 문화라는 것이다. 이는 흑인 남성을 사랑하지 않는 문화다. 흑인 남성은 백인 남성에게도, 백인 여성에게도, 흑인 여성에게도 또는 여자아이와 남자아이에게도 사랑받지 못한다. 그리고 특히 대부분의 흑인 남성은 자신을 사랑하지 않는다. 어떻게 그들이 시기, 욕망, 혐오로 둘러싸인 환경에서 사랑할 수 있을 것이라 기대할 수 있을까? 제국주의적 백인 우월주의가 득세하는 자본주의의 가부장제 속에서 흑인 남성은 사랑받는 대상이 아니라 두려움의 대상이다. 이러한 문화적인 지배 속에서 나타나는 세뇌(brainwashing)는 두 가지를 혼동하게 만든다. 가학피학성(sadomasochistic) 관계에서 번성했는데도 지배 문화는 경멸의 대상에 대한 욕망을 돌봄과 사랑으로 나타낸다. 만일 흑인 남성이 사랑받는다면, 그들은 감금되거나 철장에 갇히거나 구속되는 삶보다 더 나은 것을 기대할 수 있다. 즉 그들은 굴레를 벗어난 자신을 상상할 수 있다"(2004, ix).

를 중심으로 성별화된 돌봄의 문제를 본다면 일부 돌봄에 대한 남성의 열외는 책임을 누가 분담하는가라는 게임의 결과다. 남성은 그들이 사회에 대해 두 가지 방식으로 기여한다는 명분으로 돌봄책임으로부터 '무임승차권'을 받기 때문에 남성은 돌봄을 하지 않는다.[6] 그리고 이는 이러한 이데올로기적인 구조를 보다 구체화한다. 필자는 이러한 무임승차권을 '보호형 무임승차'와 '생산형 무임승차'라 부른다.

이 측면에서 본다면 보호와 생산은 돌봄의 종류다. 하지만 보호와 생산은 직접적으로 몸소 돌봄을 제공하는 일반적인 방식이라기보다 한 발짝 떨어져 매일매일의 삶을 지지하고 보전하고 복원한다. 보호와 생산은 모두가 잘 사는 삶을 영위하고, 민주적인 사회에서 잘 살아가기 위한 필수 요소다. 하지만 모든 보호와 생산이 잘 살기 위해 필수적인 것은 아니다. 보호와 생산이라는 돌봄의 두 가지 요소와 돌봄의 다른 요소가 균형점을 회복하는 것은 더 민주적인 사회의 비전을 만드는 역량을 높일 수 있다. 필자는 이 장의 말미에서 성별화된 대본으로 제작된 돌봄책임의 불균형이 자유 그 자체에 대한 우리의 생각까지 어떻게 왜곡시키고 있는지를 살펴볼 것이다.

이를 위해 왜 사나이는 돌봄을 하지 않는지, 왜 사나이가 자신의 돌봄활동을 '돌봄'이라고 부르지 않는지를 (전형적인 문화적 다수의 관점에서) 성별화된 문구로 살펴볼 것이다.

---

6 생산과 보호의 무임승차를 정의할 때, 남성이 불균형적으로 수혜받는 돌봄책임에 대한 면제가 다른 모습으로 존재할 수 있음을 필자는 지적하고자 한다. 일부 종교공동체에서 리더 역할을 하는 남성은 다른 이들의 영적 필요(이것을 돌봄의 또 다른 종류로 볼 수도 있다)를 위해서 매일의 돌봄노동에서 면제를 받는다. 또 다른 종교공동체에서는(예를 들어, 수도원 같은 경우) 돌봄의무를 모두 분담하는 것은 종교적인 실천의 부분이다. 다시 한번 언급하건대, 여기에서의 논지는 돌봄책임이 어떻게 민주사회에서 불평등과 구속에 대한 새로운 통찰을 제시하는지 설명하려는 것이다.

왜 돌봄은 여성의 몫인가? 왜 사나이는 돌보지 않는가?

왜 돌봄은 그토록 여성성과 동일하게 여겨질까? 이 질문에 대한 답이 이 장의 내용이다. 지금까지 지속되고 있는 가장 오래된 주장(Campbell and Carroll, 2007 참조)은 여성이 임신을 하고 출산을 하며 아이들에게 수유를 하기 때문에 '자연적으로'(naturally) 여성이 돌봄을 한다는 생물학적인 내용이다. 전통적인 이데올로기일수록 돌봄의 역할을 구분하는 데 생물학적인 근거를 더 많이 사용하는 경향이 있다. 물론 이러한 생물학적인 논쟁의 문제점은 인간이 얼마나 자주 '자연스러운' 과정을 변화시켜왔는지를 인정하지 않는다는 점이다. 아직까지 인공자궁(모체외수정)이 존재하지는 않지만(Simonstein, 2006), 현재에도 여성은 다른 여성을 위해 대리모로서 임신하곤 하며 국가 경계를 넘어 발생하는 대리모 임신은 그 빈도가 점차 증가하고 있다(Hochschild, 2012). 지난 세기 서구 문화에서는 영유아에게 모유 말고 다른 것을 먹이는 관행이 특징적이었으며, 그 이전에도 유모의 젖을 주는 행위가 특이한 건 아니었다. 따라서 왜 '생'(natural)모가 돌봄을 '자연적으로' 해야 하는지에 대한 이유는 존재하지 않는다. 엄마들도 때때로 자기 아이의 목숨을 해하기도 한다(Oberman, 2004-2005; Ruddick, 1989 참조). 하지만 여성의 재생산 역할이 그들의 정치사회적 역할을 결정한다는 생각은 아리스토텔레스에서부터 루소를 거쳐 현 시대의 철학자들에게까지 광범위하게 받아들여졌다.

왜 여성이 남성보다 돌봄제공과 더 밀접하게 결연되었는지는 심리학적으로 설명되곤 한다. 어떤 심리학자들은 대상관계이론(object-relation theories)을 근거로 남성은 어머니에게서 멀어짐으로써 깊은 관계를 발전시키는 역량이 줄었다고 주장한다. 초도로우(Nancy Chodorow, 1978a, 1978b, 2004) 같은 일부 학자들은 현대 심리학으로 그들의 주장을 뒷받침해온 반면, 길리건(Carol Gilligan, 1996, 2002, 2004) 같은 다른 학자들은 이러한 주제를 문화적 관행에 깊숙이 내재되어 있는 것으로 연구해왔다. 길리건과 리처드(Gilligan and David Richards, 2009)는 가부장적인 사회의 위계질서는 개별 인간의 심리에 어떤 균열을 만들고, 이렇게 균열된 심리는 기쁨, 사랑, 관계를 통제하고 몰아내려 한다고 보았다. 가부장적인 질서는 전통적으로 성별화된 역할이라는 첨예한 이분법을 설명하고 이러한 역할을 위계적으로 조직한다(Richards, 2010). 길리건과 리처드는 결과적으로 트라우마가 가부장적인 사회의 모든 사람에게 영향을 미친다고 주장한다. 모든 사람이 돌봄을 하는 어머니에 대한 애착을 저버리게 하는 가부장적인 질서의 심리적인 유해성은 각기 다른 연령에서 발생하지만 성별을 구분하지 않고 일어난다. 이 지점에서 가부장적인 사회는 남성에게 우월적으로 성별화된 지위가 주어지는 특권과 책임으로, 여성의 일상에 동참해야 하는 필요는 강조하지 않으면서 여성의 일상에 대한 남성의 통제를 심어놓는다.

철학자들은 내용적으로 이러한 이원화 과정을 다소 다르게 설명한다. 플럼우드(Val Plumwood, 1993)는 문화/자연, 이성/감성, 자율/타율의 이원화(dualism)를 후자의 특성이 억압받거나 주변화되어 후순위로 밀려나는 동전의 양면으로 표현한다. 플럼우드에 따르면 이러한 이원성의 결과는 언제나 후자를 무시한다. 사회학적으로나 인류학적으로 이러한 이분법을 통해 만들어진 차이는 그 자체의 생명력을 갖는다. 틸리는 『지속되는 불평등』(*Durable Inequality*)에서 지배 체제의 결과는 그 자체로 생명력을 지니게 된다고 주장한다. 어떤 형태의 억압이 발생하게 되면서 열세인 쪽은 그가 부르는 '기회 비축'(opportunity hoarding)에 동참하기 시작한다. 그들은 그들의 열악한 지위를 전반적으로 받아들이기 시작하면서도 자신들을 억누르는 우위에 있는 사람들의 선의에 자신들을 위치시키는 방법을 찾기 위해 노력하고, 자신들은 자신이 속한 계급에서 예외되어 우위의 사람들과 협력하여 일부 자원을 획득하려고 노력한다 (Tilly, 1998, 2003).

전 세계적으로 양육과 가정의 일은 여성에게 과도하게 편중되어 있다. 여성이 자연적으로 돌봄에 적합하다는 전제의 최종 종착지는 전 세계적으로 만연한 고도로 성별분리된 노동이다. 국제노동기구 (International Labor Organization)의 한 연구는 이른바 "'여성' 직업의 특징이 여성이라는 전형적인 고정관념과 여성에게 기대하는 능력에 얼마나 밀접히 상응하는지"를 관찰했다. 가장 우선으로 지목되는 그런 고정관념은 여성의 '돌봄 본능'(caring nature)이다(Anker, 1998: 22-23).

따라서 날카롭게 구분되는 성별화된 활동은 사회적인 조건, 자연적이라고 받아들이는 생각, 성별화된 활동과 실천 유형에 따라서 재강화된다. 이렇게 폭넓은 사회적 모습은 남성과 여성의 상이한 돌봄 역량에 대한 사회적 태도의 결과이자 원인이기도 하다. 당연하게 여겨온 태도와 사회적인 패턴이 서로를 강화시킨다. 우리 사회 어디를 봐도 소녀와 여성은 '더 돌봄적'으로 보인다. 장난감 상점에 진열된 남아용 철제 장난감과 여아용 분홍 장난감의 뚜렷한 대조는 철저하게 성별화된 고정관념이 지속된다는 점을 명확히 보여준다(Blakemore and Centers, 2005). 여성은 미국 의료계 내에서 여전히 비전문직종에 집중되어 있으며 고위직에는 배제되고 있다(Kilminster et al., 2007). 실제로 이러한 성별화된 패턴은 매우 극심해서 마치 보편적이고 심지어 항상 그래왔던 것처럼 보인다. 하지만 만약 우리가 이러한 전제에 의존한다면, 우리는 어떻게 책임이 분담되는지 그리고 민주사회에서 모든 사람을 위한 자유와 평등을 만들어가기 위해 민주사회가 돌봄책임을 더 평등한 방식으로 어떻게 나눌지에 대한 핵심적인 열쇠를 외면하는 것이다.

남성의 돌봄 1: 보호형 무임승차

외부와 내부의 적에게서 정치체제를 보호하는 정치는 항상 시민의 책임에서 중요한 부분이었다. 돌봄을 세상을 "유지하고 지속하며 복원하는 것"이라는 광의의 의미로 정의한다면, 보호가 해로운 것으로부터 예방하거나 완화하는 역할을 하는 한, 보호는 돌봄의 한 요소다. 중요한 비돌봄적(non-caring) 돌봄으로서 근대 시기에 등장한 보호의 영역은 '치안'(police)과 '치안권'(police power)이다. 미국 법체계에서 '치안권'은 공중보건, 안전, 교육까지 포함하여 광범위하게 사용되었다. 실제로 역사적인 개념으로서 돌봄을 이해한다면 그 의미는 더 넓고 더 풍부하다.

18세기 블랙스톤(William Balckstone)은 『잉글랜드법 주해』(*Commentaries of the Laws of England*)에서 불문법을 성문법화했다. 그 책에서 그는 치안을 다음과 같이 썼다.

> 공적 치안과 경제는 정당한 규제와 왕국 내의 질서를 의미한다. 잘 다스려지고 있는 가정의 구성원과 같이 국가 내의 개인은 그들의 전체 행위를 소유의 규칙, 선한 이웃, 선한 태도에 맞게 따라야 하며 품위 있고 성실하며 각각의 지위에서 무례하지 않는 방식으로 모아져야 한다(Dubber, 2005: xii).

치안과 경제생활의 접점을 살펴보면, 국가와 가족 간의 관계도 추론이 가능하다. 국가가 가장(家長)으로서 행동할 때 국가는 치안 의무를 행사하고 있는 것이다. 더버(Marko Dubber, 2005)는 최근 연구에서 이러한 치안권과 그것의 가부장적 성격이 폭넓어지고 있음을 강조했다. 결론적으로 더버는 법과 경찰은 정부규제라는 이름의 서로 다른 시스템이라는 점을 이해해야 한다고 강조한다.

> 국가는 법으로 구성원을 통치하지만, 반면 치안으로도 그들을 관리한다. 법과는 대조적으로 치안은 다른 통치, 즉 국가 인민의 타율(heteronomy)로 정의된다. 〔……〕 법과 치안이라는 두 가지 방식의 통치는 국가를 개념화하는 두 가지 방식을 반영한다. 법의 관점에서 국가는 자유롭고 평등한 사람의 정치공동체를 제도적으로 구현하는 것이다. 법치국가의 기능은 국가구성원이 사적인 그리고 공적인 측면 모두에서 구성원의 자율성을 분명히 나타내고 보호하는 것이다. 치안의 측면에서 보면, 국가는 제도적으로 하나의 가정을 구현하는 것이다. 경찰국가(police state)는 집안의 아버지로서 그에게 딸린 식솔의 복지를 최대화하려고 노력한다(3).

푸코(Michel Foucault, 2007)가 지칭했던 '통치성'(governmentality)과 관련이 있고 경제적 삶과 다른 삶이 통합된다는 의미를 포함하는 확장된 개념으로 치안을 이해하는 것은 18세기에 폭넓게 논의되었다. 더버에 따르면, 치안의 개념은 고·중세에서 기원을 찾을 수 있다. 파스퀴노(Pasquale Pasquino, 1991)에 따르면, 18세기 '치안'에 대한 저작들은 자본주의 초기에 시작된 논의다. 모든 경우에 치안이라는 공적인 활동은 여성과 아이가 포함된 모든 사람을 통제하기 위해 남성에 의해서 추진되었다. '치안'은 공적 영역뿐만 아니라 경제생활에 대한 규제를 아울렀다. 남성에게 공적인 영역을 보살피는 것은 공적인 삶에 참여하는 것이었다. 그리고 공적인 삶의 참여로 경제조직이나 개인의 성향을 통제함으로써 '행복'(문자 그대로라면 이는 18세기에는 '치안권'의 역할 중 하나로 이해할 수 있다)을 만들고 조직하는 데 기여하였다. 이러한 치안권의 암묵적인 힘은 지난 2세기 동안 미국 사법을 통해서 구체적으로 구현되었다. 하지만 더버가 지적했듯이 이는 성별화된 파워이며 본질적으로 가장으로서의 아버지의 개념을 국가로 확대시킨 것이다. 국가가 마치 거대한 하나의 가족인 것처럼 사회에서 '좋은 질서'를 보장하는 데 가장이 책임을 지듯 국가가 책임을 지는 것이다.

그러나 이후 '치안'이라는 용어의 의미 폭은 상당히 좁아졌다. 실제로 네오클로우스(Mark Neocleous, 1998)는 아담 스미스(Adam Smith)가 『법학강의론』(*Lectures on Jurisprudence*)에서 확장된 의미로 이 용어를 사용했으나 『국부론』(*Wealth of Nations*)에서는 범죄의 반대 뜻인 질서(order)라는 의미로 협소하게 사용했음을 상기시킨다. 19세기 잉글랜드에서는 질서를 유지하고 보호하는 폭넓은 의미의 파워로 치안을 이해하지 않고 범죄를 제압하는 물리적인 전쟁의 의미, 즉 현재 사용되는 의미와 비슷한 이해가 등장한다. 이러한 변화는 후에 미국에서 도시화에 대한 대응으로 발생했다(Monkkonen, 1981). 근대의 치안 유지는 무장화되고 남성화되어왔으며 무비판적으로 공적인 지지를 받았지만 '치안'이란 근본적으로 경제생활을 포함하는 돌봄노동의 한 종류다.

미국 대중문화에서 경찰은 영웅으로 간주되지만, 그들은 또한 아주 드러나게는 아니지만 공복(公服)으로 남아 있기도 하다. '보호'(protect)와 '섬김'(serve)은 할리우드 TV와 영화를 통해 전 세계에 방영되는 경찰차에 새겨진 LA경찰의 좌우명이다. 비록 군은 공적으로 생각하기에 경찰과 다르게 이해할 수 있음에도, 군의 분명한 기능은(침략 전쟁이 정치적으로 덜 받아들여짐에 따라) 바로 보호다. 어떤 의미에서 국토를 보호하는 것은 돌봄노동의 한 가지며, 초기 미국의 경제 발전의 중요한 엔진 역할을 한 육군 공병단(Army Corps of Engineers)은 여전히 '치안'의 예전 의미를 구현하며 돌봄노동에 몸담고 있는 것처럼 보인다(Klyza, 2002). 비록 군 임무에 돌봄 영역이 존재하기는 하지만 군 임무 자체를 돌봄으로 인식하지는 않는다. 게다가 군사력이 인종과 성을 보다 통합함에 따라 군의 의미를 좀 더 남성적인 임무로 정교화하는 작업이 점차 필요해졌다.

남자 시민의 독점적 영역이었던 군복무는 최근 몇십 년간 미국 사회에서 잘 살지 못하는 사람이 상향 이동하는 장으로 전환되고 있다. 지원병 모집이 어려워지고 있었기 때문에 경제적 극빈자, 유색인과 여성까지 모집대상이 되었다. (취사, 세탁, 보수 등) 징집으로 수행되었던 여성화된 돌봄임무를 이제는 주로 제3세계 국가에서 온 남성과 여성이 위탁받아 수행한다. 이를 통해 군대는 그 자체로 전투란 남성이 하는 일이라는 위계적이고 성별화된 개념을 재강화시킨다(Stillman, 2011). 미국 내에서 점점 '전사'(warrior)라는 용어는 군인의 책무를 재남성화하는 데 사용되고 있으며, 군대의 필수기능은 군 생활에서 필요한 돌봄노동(보급품 지원, 장병의 생활과 편리 지원)과 구별되어 사용된다.

만일 보호가 돌봄의 한 형태라면, 민주적 돌봄사회의 관점에서 보호에 관한 몇몇 질문이 생기게 된다. 만약 돌봄이 필요에 대한 관심이라면, 누가 보호에 대한 필요를 결정하는가? 보호는 "누구로부터 받는 보호인가?" 영(Young, 2003)은 만일 시민이 보호에 대한 필요를 아무런 의구심 없이 마냥 받아들이기만 한다면 심각한 위험에 빠질 것이라고 지적한다.

공적 돌봄의 한 형태인 보호는 시민이 시민을 위해 제공하는 돌봄이다. 따라서 시민은 남성성으로 특징되는 공적 돌봄의 제공자이자 수혜자이다. 더버가 제안했듯이, 여기서 중요한 질문은 누가 법에 참여하는지이며, 그리고 누가 '치안'에 달려있는지이다. '남성적인' 돌봄의 수혜자는 극한의 상황(*in extremis*)에서 자신을 발견하게 되는 시민이다. 집에 불이 나고 소방관이 찾아온다. 시민이 강탈당하고 경찰이 대응한다.[7] 반면 '여성적인' 돌봄의 수혜자는 사적인 영역에서 발견되며 주로 의존적이라고 묘사된다. 이들은 어린이, 장애인, 병약자 그리고 허약자나 노령자다.[8]

---

7 이 문장은 강탈이 강도짓이라기보다 강간에 가깝다면 다르게 읽힐 수 있다.
8 복지부조의 수혜자에 대한 유사한 주장은 근로복지보상금에서 모성부조(mother's aid grants)를 구분하는 넬슨(Babara Nelson, 1986)을 참조하라.

이것은 중요한 구분점이다. 남성과 여성은 그들이 경찰의 돌봄이 필요할 때도 여전히 시민이다. 강도에게 강탈당했다고 해서 시민의 지위에 대해 의구심을 품지 않는다. 그러나 보호가 돌봄이 아닌 것처럼 보이는 이유는 보호의 수혜자는 사회에서 서로 다른 지위와 모습을 갖고 있기 때문이다. 사람들이 의존적이며 돌봄이 필요할 때 그들은 여성화된다. 여성화될 때 그들은 자율적인 판단을 할 수 없어 보인다. 이러한 관점은 남성성과 여성성의 대결 구도가 된 돌봄이 역사적으로도 공적인 삶과 사적인 삶의 분리에까지 이르게 된 방식에 대해 좀 더 철학적으로 접근할 필요성을 제기한다. 이러한 질문은 우리가 새로운 시각에서 공적인 일과 사적인 일을 바라보게 해 준다는 의미에서도 중요하다. 오직 사적인 돌봄을 '돌봄'으로 간주한다면, 돌봄은 뿌리 깊이 성별화된 공적인 삶과 사적인 삶의 분리를 답습하게 된다.

폭력: 돌봄으로서 보호의 어두운 이면

돌봄의 한 가지 모습인 보호의 의문스러운 특징 중 하나는 검토되어야 할 필요가 있다. (여성에 대한 남성의) 보호적인 돌봄이 그렇게 보호적이지 않을 때, 보호라기보다 오히려 '보호 공갈'(protection racket)이 될 때 무슨 일이 벌어지는가(Young, 2003; Stiehm, 1982a, 1982b)? 스팀(Judith Stiehm)이 오랫동안 지적해왔듯이 보호자라도 종종 보호할 수 없는 경우가 있으며 보호자는 때때로 보호의 필요를 나쁜 보호를 정당화하기 위한 명분으로 악용하거나 자신의 책임을 피보호인에게 전가한다. 폭력은 민주적 돌봄 논의에서 특별한 문제를 제기한다.

민주적 돌봄윤리의 관점에서, 아마도 우리는 누군가는 왜 폭력에 관심을 기울여야 하는지에 대한 설명부터 시작해야 한다. 두 가지 이유가 있다. 첫째, 폭력은 적어도 그것이 다양한 형태로 표출되는 돌봄의 대척점인 것처럼 보인다. 스펙트럼 상 타인에게 해를 끼치는 것은 타인을 돌본다는 것의 반대편에 있다. 하지만 돌봄이 인간 삶의 중심이 된다면 돌봄이 폭력의 본질, 폭력의 존재를 얼마나 설명할 수 있을까? 둘째, 알다시피 실제로 은밀하고 친밀한 상황에서 가해지는 무수히 많은 폭력이 존재한다. 우리는 돌봄을 기대하는 장소에서 종종 폭력을 발견하며, 때때로 폭력과 돌봄이 섞여 있는 것을 보게 된다. 특히 인간이 서로를 대하는 방식이라는 스펙트럼이 대척되는 지점에 돌봄과 폭력이 존재한다고 보는 필자의 견해가 틀리지 않다면, 폭력과 돌봄이 친밀한 공간에서 어떻게 공존할 수 있을까?

돌봄과 폭력에 대한 몇 가지 주장을 재검토하면서 시작해보겠다. 돌봄윤리는 꾸준히 비폭력과 관련 있다. 돌봄 논의에 대한 러딕의 초기 중요한 저작인 『모성적 사고』(*Maternal Thinking*, 1989)의 부제는 '평화의 정치를 향해'(*Toward a Politics of Peace*)다. 러딕은 비록 어머니들이 종종 전쟁의 열렬한 지지자였다는 점을 잘 알고 있지만, 보존, 성장, 사회구성원 되기 같은 엄마역할의 윤리(ethic of mothering)에 해당하는 가치들이 잘 균형을 잡아간다면 필연적으로 평화의 정치로 귀결될 것이라고 믿었다. 러딕의 이러한 주장은 제1차 세계대전 당시 확고한 평화주의자였던 아담스(Jane Addams) 같은 초창기 페미니스트의 정치적 실천을 따른 것이었다. 아담스(1907)의 논지는 인간사회가 진화함에 따라 사람은 문제를 풀기 위해 전쟁을 이용하는 어리석음을 깨닫게 될 것이라고 가정한다. 또한 그녀는 전 세계가 점점 작아짐에 따라 국가가 사람을 차별하기가 더욱 어려워질 것이며 결과적으로 국가가 전쟁에 대해서 충분한 혐오를 갖게 될 것이라고 믿었다.

돌봄이론이 제시하는 일반적인 폭력에 대한 이해와 통찰이 무엇이든지 간에 폭력의 특정한 종류, 즉 친밀한 관계에서 발생하는 가정폭력은 돌봄윤리에서 각별히 중요하다. 페미니스트들은 오랫동안 "혼인증명서는 구타허가서"라며 절망해왔다(Straus, Gelles, and Steinmetz, 1980). 가정폭력은 돌봄과 돌봄이 인간생활의 중심이라는 주장에 도전한다. 만일 돌봄이 인간조건에서 그렇게 중요한 요인이라면 왜 그렇게 많은 폭력 또한 존재할까? 친밀한 친족 사이에서도 왜 그렇게 많은 폭력이 발생할까? 왜 미국과 전 세계에서 가정폭력이 점점 더 많이 발생할까? 만일 가정 내 폭력이 가족이라는 제도 자체에 내재해 있는 것이라면, '보호형 무임승차'가 남성을 가정의 돌봄노동에서 열외시킬 수 있다는 전제는 잘못된 것인가? 가정 내 폭력은 가정 밖의 폭력과 유사한 것인가, 다른 것인가?

길리건(Gilligan, 1982)의 책 『다른 목소리로』(*In a Different Voice*)에서 그녀는 매우 견고하면서도 놀랄 만한 성 차이에 대해 설명한다. 인성검사를 통해서 볼 때 남자아이들이 가정폭력이 있었던 친밀한 상황에 대해 이야기를 지어내는 경향이 더 많이 있다는 점을 발견한다. 친밀한 관계에서의 무엇인가가 남자아이들에게 폭력을 전제하도록 만들었다고 보았다. 그녀의 후속 책에서, 길리건(1996)은 남자아이들이 전(前)인지적인 어린 나이에 엄마를 잃은 트라우마에 시달렸기 때문에, 친밀함에 대한 두려움을 인지적으로 설명하기 어렵다는 점을 지적한다. 결과적으로 남자아이들은 친밀한 것에 대해 두렵고 불안하다는 것이다.

또 다른 심리분석 이론가인 벤자민(Jessica Benjamin, 1988)의 가학증(sadism)과 자학증(masochism) ―끊임없이 지속적으로 스스로를 학대하거나 타인을 학대하는 상황에 개인을 두는― 이 불충분하고 단절된 관계를 복구하고 싶은 갈망과 비슷하다는 주장은 친밀한 폭력을 이해하는 하나의 통찰력을 제공해줄 수 있다.

감성과 폭력의 관계도 혼동스럽다. 한편으로 일부 심리학자들은 폭력을 (감성이) 분리된 사고의 결과, 즉 특정 시기에 전인적인 인간이 되지 못하는 일종의 감성 결핍으로 간주한다(Moskowitz, 2004). 다른 한편으로 일부 다른 학자들은 폭력을 상처받은 감성이나 전도된 감정의 결과로 본다. 『시카고 선 타임스』(*Chicago Sun Times*, 2008)는 "아이들은 상처받았기 때문에 살인한다"고 주장하며 살인 예방에 노력해온 한 선생님의 말을 인용한다. 리프턴(Robert Jay Lifton) 같은 사상가는 물리적 폭력의 협박 아래 조성된 폭력은 누구에게나 영향을 미치고 분노와 화의 격앙된 감정에 방아쇠를 당기는 "극악 조장 환경"(atrocity producing situation)[9]의 결과로 생각한다(Peltz, 2008). 그러나 감성과 폭력에 관한 이러한 관점과 무관하게, 폭력은 가정에서 일어날 수 있으며 또한 일어나고 있다. 리더(Elaine Leeder)는 "가정은 역설적이다. 가정은 우리 사회에서 사랑을 가장 많이 주는 제도다. 하지만 가장 위험한 곳이기도 하다"(2004: 239)

---

9 리프턴 교수는 이라크 아부 그라이브(Abu Ghraib) 교도소에서 평범한 수감자들을 관찰한 결과, 일반적인 수감자들은 극악성을 드러내게 만드는 상황에 노출되었을 때 극악무도한 행태를 보인다고 주장한다. 즉 사람의 고유한 인성이 아니라 환경과 상황이 극악무도한 행태를 조장한다고 보았다―옮긴이.

고 했다.

돌봄과 폭력의 관계에 대한 이러한 경합적인 논지들은 무엇을 의미하는가? 한편으로, 누군가는 폭력적인 돌봄이 해롭다는 점을 지적하며 폭력적인 돌봄을 비난할지 모른다. 다른 한편으로, 누군가는 일부 공동체와 문화에서 폭력, 특히 친밀한 폭력은 단지 인간 삶의 한 가지 방식이며 따라서 우리는 체벌의 사용을 포함하는 돌봄의 개념을 평가할 능력이 없다고 주장할지도 모른다. 이렇게 복잡한 돌봄과 폭력의 관계를 구분하는 다른 방법은 없을까?

일반적으로 학자들은 폭력이 두 가지 큰 목적 중 하나에 기여하는 것으로 간주한다. 한편으로, 폭력은 때때로 어떤 목적을 달성하기 위한 수단으로 이해된다(Arendt, 1970 참조). 다른 한편으로, 마르크스주의자 전통에서 볼 때 폭력은 지배와 억압의 목적에 봉사한다(Young, 1990). 폭력에 대한 이러한 두 가지 접근 방식에 근거해서 친밀한 폭력을 설명할 수 있다. 그렇지만 돌봄과 관련된 폭력의 문제는 새로운 시각을 제공한다. 최근의 캐나다 연구에서 커쇼, 펄킹햄, 풀러(Paul Kershaw, Jane Pulkingham, and Sylvia Fuller, 2008)는 공공부조 수령자가 친밀한 가정폭력의 환경에서 벗어나게 되면 종종 '의존적'이 된다는 점을 발견한다. 그렇게 되면 폭력의 피해자가 됨으로써 자신의 대리인을 잃어버린 이들에게 복지는 더 이상 작은 문제가 아니다. 저자들은 다음과 같이 결론을 내린다. "우리는 '더 많은 돌봄'이라는 아이디어를 더 많은 아이를 잘 기르거나 다른 의존자를 돌보는 것 뿐만 아니라 폭력을 허가하는 남성화된 규범에 대항하는 더 돌봄적인 경향을 채택하는 것까지 확대시킨다"(187).

부파치(Vittorio Bufacchi, 2007)는 폭력을 생각하는 가장 적합한 방법은 인간의 완결성에 대한 손상으로 이해하는 것이라고 주장한다. 부파치의 주장에는 몇 가지 한계(예를 들어 경제적이거나 구조적인 폭력은 받아들이지 않는다)가 존재할 수 있지만, 그럼에도 그의 개념은 폭력의 본질에 대한 중요한 지점을 파악하고 있다. 아렌트는 폭력은 하나의 수단에 불과할 수 있지만, 피해자가 할 수 있는 역량을 파괴하는 능력이 폭력의 가장 큰 해악이라는 점을 깨달아야 한다고 주장한다. 아렌트는 폭력과 파워는 정반대라고 주장하고 싶지만 그와 동시에 우리는 폭력이 누군가의 파워를 파괴하는 방법이며 따라서 폭력적인 승자는 파워를 효과적으로 잔인하게 상대에게 행사할 수 있다는 것도 망각하지 말아야 한다고 지적한다. 오웰(George Orwell)은 군화로 얼굴을 짓밟는 폭력적 장면을 상기시키며 『1984』에서 미래를 묘사한다. 현재는 상상할 수 없을 정도로 수많은(핵무기부터 가상의 화성인의 침입, 좀비, 무기로 돌변하는 장난감, 모든 것이 과장된 영화, 이라크에서 '주어진 파괴 임무를 완수하는' 꿈에 이르기까지) 폭력적 광경의 시대다. 하지만 이렇듯 더 지엽적이고 여전히 공포스러운 잔인함의 형식이 존재하고 있다는 점을 상기하는 것은 여전히 중요하다.

폭력이 일상까지 만연된, 즉 폭력이 누구에게는 가정에서 일어나는 매일 매일의 이벤트가 되어버린 문화에서 살아간다는 것은 어떤 의미일까(Leeder, 2004)? 이러한 남용과 수용의 유형이 어떻게 우리의 일상생활에 영향을 미칠까? 폭력적인 사람은 대부분 남성이지만 폭력적이지 않은 남성도 많다(Connell, 2005). 따라서 어떻게 일부 남성이 더 폭력적이고 그들이 어떻게 폭력적인 단계에 진입하게 되는지를 설명할 수 있을까(Huggins, Haritos-Fatouros, and Zimardo,

2002)?

실제로 섬뜩한 폭력 행동에 대한 '도덕의 회복' 운동을 '폭력근절 프로그램'(Resolve to Stop the Violence Project: RSVP) 같은 프로그램에서 순화된 활동에 적용하려는 최근의 움직임이 있다. 처음에 샌프란시스코 경찰과 연계해 시작한 이 프로그램은 피해자 치유, 공동체 복원, 가해자 회복을 앞세워 폭력 문제를 알리는 것을 목표로 삼았다. 놀라운 점은 폭력이 피해자의 삶에 미치는 영향에 대해 들어야 했던 폭력적인 남성은 그동안 자신들의 행동이 타인에게 미치는 영향에 대해 무지했다는 것이다(Baron-Cohen, 2011 참조). 폭력을 근절하는 데 긍정적인 효과가 있었던 '아틀란타 남성의 반폭력 프로젝트'(Atlanta-based Men Stoping Violence)는 폭력적인 남성이 자신들의 행동을 좀 더 큰 공동체의 문제라는 관점에서 바라보도록 했던 프로젝트이다(Douglas, Bathrick, and Perry, 2008). 그리고 벨 훅스(bell hooks, 2002)는 여성과 아이에 대한 남성 폭력의 근원은 종종 진지한 방식으로 표출되지 않았거나 처리되지 않았던 다른 남성에 대한 폭력에 뿌리를 두고 있다고 보았다. 그녀의 논지에 따르면, 남성 폭력이 좀 더 보편적으로 소개될 때까지 만연한 폭력을 끝낼 수 있는 희망은 거의 존재하지 않는다.

이 장에서는 보호가 돌봄의 한 부분이며 돌봄의 연장선에서 이해되어야 할 필요가 있다는 점을 강조하였다. 그렇다면 현재 왜 보호는 돌봄의 한 분야로 논의되지 않고 있는가? 이유는 돌봄의 보호적인 측면을 감추는 것이 보호 노동을 통제하고 있는 사람들 자신에게 타인에 대한 책임, 즉 여성화된 돌봄노동에 대한 책임으로부터 '보호형 돌봄 무임승차권'을 획득할 수 있도록 해주기 때문이다. 돌봄과 보호 사이의 이러한 경계를 계속해서 유지하는 것은 남성이 여성보다 우위에 있는 성별화된 위계 체계를 지속시키는 데 도움이 된다. 우리는 보호가 남성성과 여성성으로 형상화되는 또 다른 방식을 살펴볼 것이다. 이에 앞서 어떻게 경제생활이 역사적으로 가정과 '치안'으로부터 이탈하면서 성별화되었는지를 살펴볼 것이다.

남성의 돌봄 2: 생산형 무임승차

근대 시대에서 생산은 돌봄의 중요한 형태로 등장한다. 이는 아마도 돌봄의 가장 중요한 행태다. 근대 초기에 가정에서 생산 공간이 분리됨에 따라 생산과 돌봄의 성별화된 성격을 변화시켰다. 이데올로기적으로(실제로는 아니지만),[10] 남성은 월급봉투를 줌으로써 돌보고, 여성은 가사 일을 유지하고 필수적인 재생산노동을 함으로써 남성이 일을 계속해서 할 수 있도록 '월급을 잘 관리'(Bridges, 1979)함으로써 돌본다.

'가정성'(domesticity)이라는 개념은 법학자 윌리엄스(Joan Williams, 2000)가 가정이 공적 생활에서 분리되어 고착된 형태에 붙인 이름이다. 가정성에 따르면, 남성은 직장에 나가고 여성은 집안일과 아이들을 돌본다. 이는 일자리가 집 밖에 있게 되고 남성이 직장으로 출근하기 시작했던 18세기 이래로 전 세계에 보편적으로 퍼진 모습이

---

10 여성이 단지 집안을 가꾸는 일을 한다는 성 역할 구분에 따른 이데올로기는 대다수 이주 여성, 유색인 여성, 노동계급 여성의 현실과 결코 부합하지 않는다. 실제로 이러한 여성은 자신의 가족과 떨어져서 중산층 여성의 집에서 이들 가족에게 더피(Mignon Duffy)가 칭한 "비양육 돌봄"(nonnurturant care) —세탁, 청소, 조리 등— 을 제공한다. 더피(Duffy, 2011) 참조.

다. 18세기 이전에는 그리고 일부에서는 지금까지도 여성은 생산에서 제외되지 않았으며, 산업화 이전 시대에는 상당히 다른 '돌봄'을 받았던 아이들도 생산에서 배제되지 않았다. 현재 남성과 여성의 차별적인 지위에 대한 이 같은 견해가 중요함은 과장이라 보기에 어려울 것이다. 일부에게 '생산'(production)과 '재생산'(reproduction)의 분리(사회주의 여성주의자들의 언어를 빌리면)는 사회적으로 남성이 여성보다 강력해진 주요한 이유를 설명한다. 하지만 가정과 생산 공간이 최초에 분리된 모습을 그대로 두기 이전에, 우리는 이러한 분리가 '자연적이다'는 이유가 존재하지 않는다는 점을 유념해야 한다. 비록 현재 미국 가정에서는 대부분 이제는 그렇지 않지만, 가정은 '생계부양자'(breadwinner)와 '돌봄제공자'(caregiver)로 구성된다는 전통적인 관점은 문화적 사고방식과 그 밖의 다른 공공정책에도 지속되고 있다.

서구 사회의 역사와 전통에서 시민이 된다는 것의 의미는 자신이 정치질서(폴리스, 왕, 국가)에 봉사할 준비가 되어 있음을 드러내는 것이며, 자격을 갖춘 시민의 한 사람으로서 봉사할 능력이 있음을 드러내는 것이다. 따라서 일부 고대 그리스 도시국가에서 시민이란 전쟁에 대비한 필수품을 갖출 수 있는 사람이었다. 제2차 세계대전 이후 시민이란 가사 책임에서 벗어나 언제나 일할 수 있는 준비가 되어 있는 사람이었다.[11] 여성은 서구 역사의 상당 부분을 통해 시민으로서 자격을 갖춘 남성의 활동인 군복무, 정치적 참여, 일부 일자리 등의 영역에서 접근이 배제되어왔다. 따라서 여성은 다른 방식으로

11 법학자 윌리엄스(Joan Williams, 2000)는 이러한 사람을 "이상적인 노동자"(ideal worker)라고 불렀다.

만 시민으로 포함되어 왔다. 시민은 생산되어야(태어나야) 하는 것이기 때문에, 결국 여성은 시민을 생산하는 것에 관련되었다. 여성의 시민권(citizenship)은 남성(남편, 아버지, 아들)을 통해 정치질서에 연계됨으로써 주로 조정되어 왔다.[12] 여성이 남성 시민을 위해 해온 일은 그들을 돌봐주는 것이었다.

시민권 모델은 공적인 삶과 사적인 삶을 경계짓고, 어떤 행동, 태도, 재산 등이 국가에서 가치 있게 받아들여지는지를 결정한다.[13] 시민권은 좋은 시민은 무엇을 해야 하는지를 판별함으로써 정의(justice)와 공정(fairness)에 대해 깊숙이 자리 잡은 가치를 형성한다. 시민권 모델은 또한 시민이 공적인 장에 나서기 전에 그들이 어때야 하는지에 대한 암묵적인 설명을 다룬다. 국가는 적극적인 시민권에서 아이들과 '다수'(majority)로 정의되지 못한 그 밖의 사람들을 배제한다. 예전 시대에는 재산이나 무장이 시민권의 조건이었다. 일부 사람을 배제하거나 포용하는 방식으로 시민권은 가장 위험한 정치게임의 승자와 패자를 반영한다. 이 게임은 기존 승자가 새로운 멤버를 승자로 승인하여 게임의 승리를 희석시킬 수 있기 때문에, 기존 승자의 선호를 얻기만 하면 이길 수 있는 게임이다.

사회는 사람이 그 사회에 무엇을 기여하는지를 근거로 시민으로 대우한다. 역사적으로 시민은 전사, 시민-상인(burgher-merchants), 농부, 장인으로 간주되었다(Isin, 1997). 복지국가의 시민권에 대한

---

12 예를 들어, 미국에서 여성 참정권이 획득된 후에도 시민권에 대한 여성의 지위가 결혼에 영향받지 않도록 하기 위한 투쟁은 1934년까지 지속되었다. 브레드베너(Bredbenner, 1998) 참조.

13 시민권에 대한 논의는 폭넓게 진행되고 있으며 급격히 성장하고 있는 연구 분야이다. 예를 들어, 1997년부터 출간된 학술지 『시민권 연구』(*Citizenship Studies*)를 참조하라. Lister, 1997; Turner, 1997; Vogel, 1994.

주요한 담론은 시민을 일차적으로 노동자로 정의했던 마셜이 주도했다(Marshall and Bottomore, 1992[1950]). 시민은 공적 생활에 참여하지만 이들 삶의 조건은 경제활동과 돌봄노동 간의 분리를 전제한 아리스토텔리안(Aristotelian) 모델을 여기에 상기해보는 것도 의미가 있다(Yak, 1993; Stiehm, 1984). 따라서 아리스토텔리안 시민은 정치제도에서 감지되지 않는 그렇지만 시민의 삶에서 필수적인 기존 성과로 시민권을 제시한다. 재산이 독립성, 즉 시민권을 위한 필수적인 전제조건으로 인식되었지만 이러한 시민 모델은 지금은 사라졌다(Isin, 1997). 많은 예리한 관찰자들이 지적해온 것처럼, 전후의 삶을 알리는 복지국가 개념은 특정한 시민 모델을 전제했다(Knijn and Kremer, 1997; Lister, 1997; Bussemaker and van Kersbergen, 1994; Pateman, 1988). 이 모델은 시민 노동자와 전통적으로 핵가족에서 '월급봉투의 이면'의 '재생산노동' 임무를 수행하는 아내의 역할로 여겨지는 '지원부'(support staff)를 전제한다(Schwarzenbach, 1996; Bridges, 1979).

이러한 가정(household) 모델은 대다수 사람이 어떻게 살아야 하는지 정확하게 설명하지 않지만, 시민권이란 가사 일을 두고 집 밖으로 일을 하러 나가야 한다는 개념과 연계되었다. 가족에게 물질적 필요를 제공함으로써 남성은 가정에서 있어왔던 돌봄에서 벗어나는 '생산형 무임승차권'을 획득한다. 최근의 미국 복지개혁은 오히려 시민권이 유급 노동에 의존한다는 견해를 강화했다. 실제로 페미니즘의 두 번째 물결의 가장 실질적인 결과 중 하나로서 유급 노동 세력으로 여성의 참여가 증가했다. 그러나 더 많은 여성이 일을 하게 되면서, 기존 가정에 할당되었던 돌봄노동과 집 밖의 유급 노동이라는 두 가지를 동시에 해야만 하는 '2교대'(second shift)(Hochschild, 1989)라 불리는 구속에 여성은 포획되었다. 남성의 가사에 대한 기여가 미약하게나마 증가하고 있고, 가정에 대한 이상적인 설명이 실제 집안의 현실과 맞아떨어지지 않는 측면이 있음에도(Hochschild, 1997), 이러한 가정 모델은 남성에게 가정의 돌봄책임에 대한 무임승차권을 부여한다.

노동윤리와 돌봄윤리

페미니스트 학자들이 '돌봄윤리'(care ethic)라는 용어를 사용할 때, 그들은 '권리윤리'(ethic of rights)와 '돌봄윤리'를 철학적으로 대비되는 것으로 생각했다(Gilligan, 1982). 충분히 흥미로운 것은 '돌봄윤리'를 '노동윤리'(work ethic)와 대비했을 때, 설득력을 매우 높이기도 하면서도 또 다른 외연을 제시할 수 있다는 점이다.

'노동윤리'라는 어구는 독일 사회학자 베버(Max Weber)에게서 시작한다. 베버는 그의 책 『청교도 윤리와 자본주의 정신』(*The Protestant Ethic and the Spirit of Capitalism*, 2003[1905])에서 초기 청교도인들은 자신의 정신이 얼마나 공동체에 적합한 것인지를 증명하려는 문제의식에서 비롯되어, 근대 초기 유럽의 대규모 자본 축적의 근거를 제공했던 '세속적인 금욕주의'를 이루는데 기여했다고 주장한다. 비록 베버의 주장은 여러 도전에 직면했지만, 근면한 노동이 신의 뜻을 따르는 길이라고 규정한 청교도인의 믿음은 미국인에게 근면한 노동에 가치를 두는 심리적 기반을 형성하는데 논지를 꾸준히 제공하고 있다. 베버는 경건한 청교도인이 종교적으로 의도하지 않은 결과로, 근면한 노동, 저축, 미래에 대한 대비를 보상하는 사회, 그리고 개인의 경제적 노력을 인정하는 사회가 만들어졌다고 지적한다.

노동윤리에서 사람이 무엇에 대해 자격이 있다는 것은 그들이 무엇을 획득하기 위해 노력했다는 것이다. 노동으로 인해서 응분의 몫(desert)이 만들어진다. 인간에게 불가피한 필요가 있을 수 있지만 노동윤리는 사람이 실질적으로 필요한 것이 있다면 그 필요를 충족시키기 위해 노동을 해야 한다는 전제를 깔고 있다. 두 가지 추론이 논리적으로 가능해진다. 첫째, 만일 누군가가 근면하게 일을 하지 않는다면 그는 필요한 것을 얻지 못할 것이다. 둘째, 곤궁한 사람은 그들이 필요한 것을 얻기 위해 충분히 근면하지 않았다. 노동윤리는 미국에서 널리 인정받고 있다. 남성과 여성이 이 같은 노동윤리를 받아들이는 데 차이가 없다는 점이 여러 연구에서 보고되고 있으며(Meriac, Poling, and Woehr, 2009), 상당 수준까지 노동윤리에 공감하지만 노동윤리를 지지하는데 백인과 흑인 사이에 인종적 차이가 존재한다는 점을 보여주는 연구도 있다(Cokley et al., 2007).

개인과 사회의 관계는 돌봄윤리의 관점보다 노동윤리의 관점에서 다른 의미를 갖는다. 노동윤리의 관점에서 볼 때, 시민은 노동을 할 수 있고 할 준비가 되어 있는 개인이다. 정부의 역할은 성실한 사람이 자신의 노동 결실을 향유할 수 있도록 재산을 보호하고 질서를 유지하는 것이다. 개인이 다른 개인에게 해야 할 의무는 각자 자신의 책임을 다하는 것이며, 다른 사람을 끌어들이지 않는 것이다. 노동윤리의 가장 기본적인 출발점은 인간은 스스로의 필요를 충족하기 위해 노동을 해야 한다는 것이다. 열심히 일하는 사람은 필요를 충족시키기 위한 최선의 것을 갖게 될 것이다. 태만한 사람은 노력을 하지 않은 대가로 고통을 겪게 될 것이다.

노동윤리는 미국 지성사에서 몇 가지 흐름에 영향을 주었다. 노동윤리는 강인한 개인주의를 강조하는 가치를 경청하고 이와 맥락을 같이했다. 우리는 노동윤리를 사회적 다윈이즘(Social Darwinism)을 운용하는 하나의 방법으로 간주할 수 있다. 즉 노동윤리는 '적자생존'(survival of the fittest)의 의미를 경험적으로 설명한다. 결국 살아남고 성공하게 되는 사람은 근면하게 일하고 자신의 능력을 잘 활용할 수 있는 사람이다. 미국사상에서 노동윤리는 평등에 대한 논지와 더불어 가장 대중적이었던 '공정한 것'(what's fair)의 정의를 구성하는데에도 중요하게 반영되고 있다. 사람들에게 기회의 평등을 제공하고 그들의 성공이나 실패는 자신이 기꺼이 노동할 수 있는지에 따라 달려 있다고 주장한다(Hochschild, 1981). 노동윤리는 미국인의 생활에서 상당히 지속적인 개인주의의 흐름을 강화해왔다. 노동윤리는 자유, 특히 경제적 자유에 대한 과도한 해석을 정당화했다. 즉 사람들은 노동윤리에서 추론한 생각과 그 생각에 입각해 벌어 모은 자신의 지위와 재산에 대해 정당한 자격을 부여받는다. 분명 사람들이 그들이 필요한 것을 얻기 위해 최선을 다하고 책임을 진다는 것은 좋은 생각이며, 열심히 일하는 사람들이 노고에 합당한 보답을 받아야 한다는 것도 좋은 생각이다. 하지만 개인과 사회의 상호작용이라는 측면에서 보면, 노동윤리는 그리 매력적이지만은 않은 다른 측면이 존재한다.

첫째, 노동윤리는 매우 성별화되어 있다. 노동윤리는 가사 일을 여성의 것으로 분리시킨 남성적 노동관으로 각인되어 있다. 논의를 진행하기 위해 먼저 밝혀둘 점은 무언가가 성별화되었다고 하는 것은 남성과 여성의 차이를 반영하는 것은 아니다. 만일 '성'(gender)을 남성과 여성의 차이라고만 받아들인다면, 남성과 여성 모두 노동윤리를 승인하고 있기 때문에 노동윤리는 성별화되지 않았다고 결론 내릴지도 모른다(Meriac, Poling, and Woehr, 2009). 하지만 '성별화된'(gendered)이라는 용어는 개별 남성과 여성의 태도 차이 이상을 드러낸다. 남성만이 아니라 여성의 입에서도 사회의 주류가 된 가장 강한 신념들이 나오는 것은 사실 놀라운 일이 아니다. '성별화된' 측면은 우리가 '노동'을 좀 더 깊숙이 들여다보거나 우리 문화에서 '노동'의 위치를 들여다볼 때만이 명확해진다. 문제는 이 지점에서 좀 더 복잡해진다. 노동은 여성적이기보다 분명 남성적이다. 베버가 『청교도 윤리와 자본주의 정신』에서 묘사한 영웅은 모두 남성이었다. 여성은 효율성과 이윤을 주장하는 노동자를 예시할 때만 등장하였다(Weber, 2003[1905]: 62). 베버는 스스로 깊숙이 성별화된 범주를 사용했으며(Hearn and Collinson, 1994; Bologh, 1990), 따라서 우리가 한 발짝 더 나아가지 않는다면 베버의 노동윤리가 성별화된 방식을 이해하기 어려울 것이다.

금전적인 수입이 있는 노동만이 유일하게 사회적으로 값어치 있는 노동이라는 생각은 공적 생활과 사적 생활, 그리고 더 나아가 이 두 영역에서 남성과 여성의 위상에 대한 숨어 있는 편견을 반영한다. 공적 영역과 사적 영역의 분리는 고대 이후 서구사상의 특징이었다. 최근 페미니스트들은 공과 사의 분리가 얼마나 심각하게 여성의 세상과 남성의 세상의 분리를 보편적으로 반영하거나 사적인 생활의 부분인 여성적인 것의 폄하를 반영한다고 보았다.[14] 실제로 영어단

14 공/사 영역의 구분에 대한 초기 논의는 Pateman, 1988; Elshtain, 1981;

어 '멍청이'(idiot)는 '사적'(private)이라는 고대 그리스의 용어에 어원을 두고 있다. 현대인의 일상에서 이러한 차이는 여전히 중요하게 작동한다. 여성은 자신의 노동 생활보다 가족의 생활을 우선시하는 경향이 있으며, 남성은 가정 안에서 맡은 역할이 그들의 노동 생활을 방해하지 않도록 하고 있다. 이러한 주장이 어느 정도 합당한지에 대해 여러 학자가 논쟁을 벌이는 반면, 마우메(D. J. Maume, 2006)는 남녀평등에 기여하고 있다고 생각하는 기혼 이성애 부부를 관찰했다. 이들 이성애 부부들는 자신들을 평등주의자라고 생각하는데도 여전히 노동과 생활의 균형에 대한 자신의 결정에 대해 성별화된 고정관념의 틀을 벗어나지 못했다. 남성은 직장을 결정하는 데 있어 부모로서의 지위를 고려하지 않은 데 반해, 여성은 그런 결정을 하는 데 있어 부모로서의 자신들의 지위를 빈번히 고려했다.

노동윤리가 남성의 노동 영역과 여성의 노동 영역을 분리하고 생산을 하나의 영역으로, 소비·재생산·'돌봄'을 다른 하나의 영역으로 할당하는 것은 '노동윤리'를 구성하는 데 필수적이거나 논리적인 요소가 아닐 수 있다. '노동윤리'를 일과 놀이, 육체적인 노고와 휴식, 생산과 돌봄, 교육과 학습 등이 유기적인 전체의 부분을 이루는 통합된 경제체제 속에서 상상하는 것은 가능하다. 그리고 사람들은 이러한 활동들을 균형을 잡아가면서, 잉여 축적을 가능하게 할 정도로 생산해 나간다고 상상하는 것도 가능하다. 하지만 베버에게 핵심적인 것은 이러한 노동윤리의 일면성(one-sidedness)이다. 노동윤리는 사람들에게 구습(舊習)에서 벗어나 자신의 은총을 증명하는 방법으로 —이

Okin, 1979을 참조하라. 이러한 구분에 대한 지적은 현재까지 페미니스트 정치이론의 고전이 되고 있다.

는 베버에게 이윤추구의 방법이기도 하다— 열심히 일하도록 동기부여를 했기 때문에 자본축적을 할 수 있는 근거를 제공했다.

이러한 노동윤리가 경제생활과 개인생활 간의 분리, 즉 요즘 용어로는 '일과 생활의 균형'(work/life balance)과 잘 부합되는 것은 부분적으로 성별의 본질에 대한 이분법적인 설명과 맞아떨어지기 때문이다(베버는 이를 아마도 '선택적 친화성'elective affinities 이라 할지도 모른다). 이러한 분리는 사회의 모든 경제 계층에게 있어온 것은 아니다. 하층 소녀와 소년은 일을 하러 나가야 했으며 노동자 계급 여성은 계속해서 일을 해야 했고, 노예제에서는 남성이건 여성이건 모두 노예로서 중노동을 했다. 그런데도 이데올로기적인 관점에서 보면, 노동윤리는 19세기 후반과 20세기 초반의 성별화된 성향과 잘 맞아떨어졌다. 베버에서부터 퇴니스(Ferdinand Tönnies, 2001)와 프로이트(Sigmund Freud, 1958)에 걸친 사회학자들은 이분법적으로 성별화된 특징을 선별하는 것은 비(非)역사적이고 보편적이라고 가정했다. 성별화된 이중구조(gender dualism)는 남성이 가능한 열심히 일을 하고 돌봄노동은 그들 뒤에 있는 여성의 영역에 맡겨두는 이데올로기와 잘 맞아떨어졌다.

따라서 코트(Nancy Cott, 1977) 같은 역사학자들과 그녀의 뒤를 이은 윌리엄스(Joan Williams, 2000)가 '가정성'(domesticity)이 자본주의에 대한 '암묵적 비판'을 상징한다고 했을 때 그들은 심각한 실수를 한 것이다. 동전의 이면에 대한 지적이 동전의 존재에 대한 비판을 의미하는 것은 아니기 때문이다. 가정에서 여성의 일이 필수적이라고 주장하는 것이 남성 노동이 가정 밖에서 벌어지는 자본주의 경제의 존재를 약화시키는 것은 아니다. 오히려 반대로 가정성이라는 이데올로기는 분리된 영역을 지지한다.[15] '노동윤리'가 집 밖으로 분리된 정치경제의 임금노동만을 우대하는 인간활동을 가치 있는 것으로 보는 관점을 지지하는 한, 노동윤리는 성별화된 역할을 강화시키고 이렇게 분리된 경제적 영역의 존재를 '자연스러운' 것으로 보이게 만드는 방식으로 작동한다.

노동윤리는 분리된 영역으로 경제만을 혹은 경제를 주로 설명하는 것은 아니다. 중요하게 노동윤리는 도덕적 주장, 즉 정당한 자격은 자신의 노동으로 판단되어야 한다고 주장한다. 이러한 견해는 필자가 제1장과 제2장에서 자세히 설명했던 신자유주의 세계관과 책임 논의와 잘 맞아떨어진다. 만약 누군가의 경제적 행복과 불행이 그 사람의 근면한 노동의 결과라는 생각을 전제한다면, 개인의 통제를 벗어난 요인이 개인의 경제생활에 영향을 미칠 수 있다는 논지를 펼칠 근거가 존재하지 않는다. 개별 근로자가 어느 정도 자율성을 갖고 있다는 생각과 많이 벌거나 적게 버는 것을 결정하는 유일한 기준이 개인이 얼마나 열심히 일했는가라는 생각은 세계화된 자본주의 경제체제에서는 설득력이 없다. 예를 들어, 작업장과 동떨어진 곳에 있는 새로 바뀐 경영진이 내린 결정으로 근로자가 일하고자 하는 의지와 관계없이 공장의 철수 여부가 결정된다.

노동윤리는 감정, 맥락, 파워관계를 배제한 판단기준을 제시한다. 노동윤리는 평등을 평가하는 명확한 기준을 선보인다. 즉 이는 기회

15 이것이 왜 일을 그만두는 여성의 선택에 대한 논의와 상류 중산층 여성이 자신을 대신할 돌봄노동자를 필요로 한다는 것에 대한 논의가 돌봄에 있어 실질적인 논쟁을 회피하는지의 이유다. 실질적인 논쟁은 여성이 가정에서 전업주부가 된다는 '선택'을 하는지에 대한 것이 아니다. 실질적인 선택은 무엇보다도 이러한 대안을 만들어내는 사회구조에 저항하는 것이다.

의 평등이다. 노동윤리는 자유란 어떤 사람이 원하는 만큼 열심히 일할 수 있는 능력으로 정의한다. 결론적으로 노동윤리는 사람이 타인을 도덕적으로 가치 있는지에 대해, 즉 열심히 일할 의사가 있는지의 여부로 타인의 도덕적 가치를 판별하는 기준을 제시한다. 따라서 노동윤리는 사람을 판단하는 간단한 방법을 제공한다. 만약 실패했다면 그들이 열심히 일을 하지 않았기 때문이거나 그들이 우리와 같지 않았기 때문임에 틀림없다. 따라서 실패한 사람은 이해해줄 필요가 없으며 신경써 줄 필요가 없다. 그들은 충분히 열심히 하지 않은 도덕적 실패에 대한 책임으로 악마 취급을 당해야 한다. 그리고 '우리'는 그들이 실패했기 때문에 열심히 하지 않았다고 생각한다 (Gilens, 1999 참조).

이러한 사고방식은 의존적인 사람을 주변화시킨다. 열심히 일하는 것이 자신의 필요를 충족시키는 방법이라는 관점의 논리는, 시민이 돈을 버는 한 다른 사람으로부터 돌봄을 받지 않는다는 관점과 같은 말이다. 대다수의 미국 시민이 돌봄을 받지 않는다고 생각하도록 스스로를 기만할 수 있는 한, 그들은 '곤궁한 사람'과 그들 자신에게 돌봄을 제공한 돌봄제공자를 완전한 시민의 지위에서 배제할 수 있다(Kittay, 1999 참조).

신자유주의는 시민이 '이상적인 노동자'(ideal workers)가 되기를 요구한다. 이러한 시민은 사적 영역에서 그들이 내리는 결정이 무엇인지에 관계없이 자유로운 이들이다. 이러한 시민은 그들이 할 수 있는 한 열심히 일한다. (즉 새로운 정치경제에서 그들은 할 수 있는 만큼 성공한다. 그러나 이러한 이데올로기가 현실에 여전히 부족하지만 열심히 일을 해도 반드시 보상받지 못할 수 있다는 점에 주목해야 한다.) 그리고 시민은 근면한 노동의 대가로서 그에 합당한 것을 받는다. 이러한 맥락에서 볼 때 노동윤리는 시민이 할 수 있는 가장 중요한 기여가 바로 노동이라는 사조를 강화한다. 하지만 신자유주의 경제에서 일자리가 충분하지 않게 된다면 어떤 일이 벌어질까?

신자유주의, 경쟁, 자유

생산으로서 남성의 돌봄에 주목하는 것은 돌보는 남성의 돌봄능력을 이해하는 두 번째 방식이다. 남성은 모든 다른 남성과 경쟁에 있는 것으로 가정된다. 그 결과 마르크스가 주장한 것처럼 남성은 타인을 돌보지 않으며 타인과 경쟁 관계에 있다. 전 세계를 휘몰아친 2008년 경제위기는 노동자가 일자리보다 더 많음을 보여주었다. 그리고 노동자 간 경쟁은 점점 강화된다. 남성은 '돌봄'에 시간과 에너지를 낭비할 수 없다. 시간과 에너지를 경제활동에 집중적으로 투하해야 한다. 따라서 다수의 미국 남성은 일주일에 40시간 이상 근무를 하며 돈벌이를 최우선의 목적으로 한다.

여기에서 돌봄윤리 접근과 노동윤리의 접근 간 가장 명확한 차이가 드러난다. 노동윤리 모델은 매우 개인주의적이다. 이데올로기로서의 노동윤리는 세상과 사회를 상대적으로 평면적으로 설명한다. 만약 한 개인이 열심히 일하고자 한다면, 근면 성실의 대가를 향유하고 좋은 삶을 사는 것만으로도 충분하다. 따라서 노동윤리의 세계관은 신자유주의적 세계관과 상통한다. 집단적 삶에 대해 알아야 할 중요한 모든 것은 자유시장에서 작동하는 개인의 능력차를 반영하는 것뿐이다.

다른 한편으로 관계적 돌봄윤리는 개인의 노력을 다른 관점에서 바라본다. 돌봄의 복잡성을 고려한다면, 잘 돌보는 것은 어느 노동자라도 그자신의 복지뿐만 아니라 다른 사람 —가정 내 친지, 친구, 이웃 그리고 멀리 떨어진 타인— 의 필요에도 적절히 조응할 것을 요구한다. 돌봄윤리는 스스로 돌보는 측면을 강조하면서도, 노동자의 삶의 조건을 형성하는 사회구조를 이해할 수 있도록 한다. 돌봄의 복합적인 맥락을 고려할 때, 아무리 노력을 한다고 하더라도 누군가의 노력은 그 자체로 누군가의 행동을 정당화하는 데 충분하지 않다. 결과적으로 노동에 대한 돌봄윤리의 관점은 유급 노동의 현실과 본질을 포괄적으로 이해할 것을 요구한다.

글로벌 신자유주의 경제는 노동자를 필요로 하지 않는다. 다만, 자본을 필요로 할 뿐이다. 마르크스가 노동 착취만이 잉여가치를 생산한다고 주장했지만, 점차적으로 이윤의 원천은 금융에서 비롯되고 있다(Madrick, 2011). 하비(David Harvey, 2005)가 설명한 것처럼 근면 성실함은 이제 보상을 받지 않는다. 보상을 받는 것은 자본시장의 요동을 활용할 수 있도록 준비된 능력이다. 우리는 다음 장에서 이러한 능력의 차이가 무엇을 의미하는지 살펴볼 것이다. 하지만 우리는 남성이 돌봄으로부터 '생산형 무임승차권'을 요구하도록 두기 이전에, 우리는 이러한 요구 조건과 인간 자유의 근거로서 생산형 무임승차권의 전제에 대해 생각해봐야 한다.

자유

열심히 일하는 것 자체가 개인이 사회에 공적으로 기여함에 대한 의미 있는 측정기준이라고 주장하는 것은, 개인이 자신만의 방식으로 스스로를 발전시킬 방법을 찾아야 한다고 보는 사회의 관점을 채택한 것이다. 이러한 관점에서 보면, 자유는 벌린(Isaiah Berlin, 1969)이 설명한 ―정부의 간섭으로부터의 자유― '소극적 자유'(negative freedom)의 종류로서 쉽게 설명될 수 있다. 하지만 정부의 경제활동에 대한 간섭으로부터의 자유로 정의된 자유는, 세계화되고 자본화된 정치경제 하에서 정부의 많은 활동들이 자본에 우호적인 환경을 조성하는 방향으로 경사되는 방식을 간과한다.

애착을 두지 않음(lack of attachment)으로 자유를 이해하는 발상은 미국인의 문화에 깊숙이 내재해 있다. 예를 들어, 조플린(Janis Joplin)이 자유를 "잃을 것이 없는" 것으로서 노래했을 때 시작된 것은 아니다. 남성성에 대한 미국인의 개념에 근거해볼 때 남성다움이란 결국 태생적이고 의무적인 관계를 갖는 가정이라는 복잡한 끈에서 벗어나서 누리는 자유로 그려져 왔다(Leonard and Tronto, 2007; Faludi, 1999; Kimbrell, 1995). 어떤 것에도 구속되지 않은 도로 위의 남성이 미국 남성성과 자유의 상징이다. 그러나 그러한 '자유'를 얻기 위해 그 남성이 포기해야 하는 것은 무엇일까? 이것이 자유를 이해하는 최고의 방법인가?

페미니스트 학자들은 공/사 구분과 사회에서 제도화된 성별 유형의 많은 딜레마를 끊어낼 방안을 생각하며, 자유를 '선택'할 수 있는 역량과 등치시키기보다 좀 더 복합적인 관점을 채택해왔다(Hirschmann, 1996, 2002). 관계적 존재론의 관점에서 볼 때, 자유 선택은 단순히 개인의 의지를 행사하는 것 이상이다. 자유 선택은 실제 삶의 구조적 조건과 복합적인 상호작용을 필요로 한다.

'관계적 자율성'(relational autonomy)에 관심을 보여왔던 페미니스트 사상가들은 선택의 결과로 보여지는 결정도 개인의 자율성을 침해할 수 있다는 점을 강조한다. 맥러드(Carolyn McLeod)와 셔윈(Susan Sherwin)은 이 관점에 대해 다음과 같이 설명한다.

> 전통적인 논의는 자율적으로 행동할 수 있는 개인의 능력을 판단하는 것만을 주목하는 반면, 관계적 자율성은 사회적이고 정치적인 구조, 특히 성차별주의나 여타 개인의 기회와 삶을 억누르는 억압을 고려해야 한다고 우리에게 주문한다. 〔……〕 특히 자율성에 대한 관계적 관점은 자율적으로 행동하는 개인 역량에 미치는 억압의 구속적인 영향력에 대응하는 최상의 방법은, 개인의 삶의 억압적인 조건을 변화시키는 것이지 개인이 그러한 조건에 더 잘 적응(또는 단순히 어떻게든 '극복')하도록 만들려고 노력하는 것은 아니라는 점을, 우리가 이해할 것을 독려한다. (260)

여성은 이데올로기적으로 사적인 영역에 위치하고 있기 때문에, 또한 여성의 시민권은 이러한 조건을 변화시킬지 아니면 그대로 둘지에 대한 계산까지를 포함하기 때문에, 여성의 삶의 조건을 관찰해온 학자들은 사회에서 여성의 지위에 있어 의존(dependence)의 중요성을 주시해왔다. 앞서 언급했듯이, 만일 누군가가 경찰관이나 소방관 같은 보호적인 돌봄노동자의 돌봄이 필요하다고 한다면, 그러한 돌봄이 필요하다는 사실은 누군가를 의존적인 사람으로 만들지 않는다. 하지만 역사적으로 사사화 되어 오거나 여성의 돌봄으로 국한된 돌봄을 필요로 하는 것은 의존적인 사람이 되는 것으로 간주되었다(Fraser and Gordon, 1994). 프레이저와 고든이 주장하듯, '의존'(dependency)이라는 용어는 사적인 영역에 있는 사람에게 부당하게 적용되어왔다. 스카치폴(Theda Skocpol, 1992)과 넬슨(Barbara J. Nelson, 1986) 같은 학자는 일부의 필요는 명료하게 시민의 필요로 인식되는 (예를 들어, 퇴역군인의 연금이나 노동자의 보상을 필요로 하는 욕구) 반면, 다른 필요는 시민의 필요수준 이하로 간주되거나 수혜자가 의존적인 사람으로 여겨지는 (예를 들어, 복지부조, 아동과 고령자의 필요) 성별화된 방식에 주목해왔다. 프레이저(Nancy Fraser, 1989)는 모든 사회에서 어떤 필요가 가치 있는 것이며 어떻게 필요가 구성되고 통제되어야만 하는지에 대한 기본 가정을 만들어내는 것은 정치적 투쟁이기 때문에, 이것을 "필요해석의 정치"라고 명명했다.

따라서 사회적 삶의 비전으로서 시장에서 경쟁하는 개인 모델을 넘어서기 위해서는 자유에 대한 다른 설명은 필수적이다. 자율이라는 개념이 무엇을 의미하든지 간에 그것은 페팃(Pettit, 2002)이 지배로부터의 자유라고 설명한 자유의 종류를 포함해야 한다. 페팃은 자유가 없는 상황에 대해 설명하면서 불간섭(non-interference)의 해악과 지배의 해악의 차이를 구분한다. 예를 들어, 야간소음 발생을 규제하는 시(市) 조례를 근거로 누군가가 하고자 하는 것에 간섭하는 것은 페팃이 주장한 지배를 출현시키는 사례만큼 자유를 침해하는 것이 아니다. 지배는 그것이 우리를 타인의 의지에 종속된 다른 종류의 인간으로 만들어가기 때문에 훨씬 나쁘다. 이러한 종속은 우리의 인간 존재의 가능성을 왜곡시킨다. 따라서 페팃은 스키너(Quentin Skinner)의 논지를 따라 다음과 같이 주장한다.

지배받는 상태에 있는 사람은 지배자의 지지를 지속적으로 받기를 원하기 때문에 예측된 지배자의 선호에 따라 자신의 선택 사항을 제한하며, 지배자가 좋아하는 것이 무엇인지를 미리 예측하는 경향이 생긴다. 전통적인 언어로 표현하자면, 아첨과 아양을 떨거나 굽실거리거나 환심을 사려는 한마디로 자신을 비하하는 경향이 있다. 게다가 그들은 자신이 말하고 행동하는 모든 것을, 지배자의 비위를 거스르지 않는 완화된 결과에 맞추어 스스로를 검열한다(348).

허쉬만(Nancy Hirschmann, 2002)은 페팃의 아이디어를 한층 심화시킨다. 그녀는 페팃에게 '지배자'란 그 주체를 확인할 수 있는 것이어야 하지만 성차별주의나 인종차별주의 같은 다른 사회적 모습 역시 비록 그 주체를 밝힐 수 없을지언정 지배를 출현시킬 수 있다고 보았다. 그녀는 다음과 같이 설명한다.

사회규범은 스스로 생기는 것이 아니며 사람들이 적극적으로 사회규범을 호출하고 사용하지 않는 이상 지속될 수 없다. 이러한 규범이나 지배는 다른 개인의 자아 개념, 욕망, 선택을 간섭하는 더 큰 문화적인 체계 안에서 개인이 활성화되지 않는다면 지속될 수 없다. 하지만 동시에 규범, 실천적 관행, 의미라는 파워는 어떤 개인의 이해와 통제를 넘어서기 때문에 결과적으로 이러한 파워는 지배되거나 지배된 누군가의 명시적인 각성 없이 이용되고 행사될 수 있다(28).

사회구조의 현실에서 볼 때, 많은 자유는 개별 행위자도 인식하지 못하는 방식으로 구속된다. 어떻게 개인이 그런 상황에서 빠져나올 수 있는가? 개인은 자유가 구속되었다는 것을 언제 알 수 있는가? 허쉬만은 다음 단계의 논리적 귀결로, 지배적인 사회구조가 인격체의 자유를 제한해왔다고 할 수 있을 만한 지표로 불평등을 사용한다.

특히 평등은 어떤 특정 맥락이 어느 집단을 그렇지 않은 맥락보다 더 또는 덜 구속하는지의 여부를 결정하는 데 도움을 줄 수 있다. 예를 들어, 만약 어떤 사회가 여성을 남성보다, 흑인을 백인보다, 동성애자를 이성애자보다 반복적이고 체계적으로 구속한다면, 사회가 —혹은 자유가 문제되는 특정 맥락의 규율, 규범, 제도, 관심, 가치 등이— 더 구속받는 집단에 장벽을 놓은 것이라는 결론의 이론적 전제조건이 성립하게 된다(Hirschmann, 2002: 231).

따라서 허쉬만은 사회구조가 얼마나 개인의 자유를 구속하는지를 감안할 때, 평등의 부재는 자유의 부재를 평가하는 유용한 도구가 된다는 점을 보여준다. 자유를 분석하는 것은 개개인의 선택이 실제 가능한지에 대한 논의에서 멈추지 않고 이런 선택이 어느 정도 자유롭고 평등해야 함을 요구한다.

선택할 수 있는 자유란 시장이라는 세상에서 자율적인 행위자에게 부여된 자유다. 모든 사람은 평등하기 때문에, 선택할 수 있는 것이다. 그러나 지배가 다양한 모습으로 나타나는 세계에서 선택으로 자유를 정의하는 것은 불충분하다. 왜냐하면 그러한 선택은 선택을 하는 맥락과 그런 선택을 가능하게 하는 사회구조를 간과하기 때문이다. 신자유주의 시장에서 남성과 여성이 함께 살고 있는 이 세계는 지배로부터 자유로운 세계가 아니다. 우파 이데올로기는 국가를 그 자체로 가장 커다란 지배 세력(그리고 물론 국가는 잠재적으로 그런 세력이다)으로 묘사하지만, 그런 태도는 신자유주의에서 자본가들이 자신이 주요한 수혜자가 되기 위해 다른 개인들을 특정 방향으로 행동하도록 강제하고 국가제도를 조종하는 방식을 간과한다. 결과적으로 개인에게 누구도 진정한 '자유'라고 말할 수 없는 '선택'이 남겨지게 된다. 중산층 여성은 일을 '하지 않을 선택'을 해야 하고 자녀를 양육해야 하는가? 다음 장에서 살펴보겠지만, 이 문제를 선택과 자유의 관점으로 고려한다면 쉽게 답할 수 없다.

하지만 현재 어떻게 돌보고 있는지에 대해 고려함에 있어 어머니의 딜레마를 논의하기 이전에, 남성은 돌봄을 하지 않도록 했던 전통적인 방식을 요약하려고 한다. 남성은 두 가지 형태로 넓은 의미의 사회적 돌봄을 제공한다. 하나는 사회를 보호하는 것이고, 다른 하나는 생산적인 경제활동에 참여하는 것이다. 이에 따르면, 매일매일의 돌봄활동에 동참하는 것으로부터 남성에게 '무임승차권'을 주는 것은 정당하다는 논리가 성립하게 된다. 남성은 역사적으로 여성과 아이들을 보호하는데 투신할 '준비가 되었고,' 그렇기 때문에 스스로를 보호가 불필요한 끄떡없는 철옹성으로 생각하고 자신의 역량에 대해 그러한 의식을 투사해야만 했다. 남성은 보호하는 데 투신함으로써 돌봄의 무임승차권을 선사 받았다. 더 나아가 남성은 살아갈 경제적 수단을 제공해주는 방식으로 가족을 '돌본'다. 남성은 돈벌이를 함으로써 그렇게 한다. 그들은 그렇게 함으로써 그들의 가족구성원을 돌보고, 이에 대한 대가로 가족 내 여성과 아이들이 '급여봉투의 이면'에 관심갖기를 기대한다(Bridges, 1979).

남성의 돌봄에 관한 설명에서 흥미로운 점은 자유란 돌봄을 하지 않는 것이라는 개념에 도달하게 된다는 점이다. 이것은 실제 인간에게 내장된 —아마도 어떤 이는 자신과 관계된 누군가를 돌보거나 공적 영역을 돌보는 일을 다시 하고 싶어 할 수도 있는— 선택을 자유로 인식하지 않는다. 그 대신 남성의 돌봄 논지를 보면, 누군가가 일정 정도 경제적으로 넉넉해지고 그것으로 충분히 보호받을 수 있다고 한다면 더는 돌봐야 할 필요가 없다고 가정한다.

이같이 자유를 정의하는 것은 설령 논리적이라 하더라도, 오래가지 않는다. 남성은 보호와 생산과 관련된 돌봄 무임승차를 재협상해야 할 필요가 있으며, 남성성이 어떻게 돌봄에 대한 대체제로서 구성되어왔는지를 다시 생각해야 할 필요가 있다. 이러한 관점에서 볼 때, 돌봄은 공적이며 집단적인 삶의 일부가 다시 될 수 있을 것이다.

성별화된 시민권의 변화

이 장에서 필자가 주장한 내용에 반대하는 혹자는 성별화된 시민권이 자연스러운 것이고 그렇지 않더라고 인간사회에 뿌리 깊이 박혀 있기 때문에, 그리고 남성은 보호와 생산의 방식으로 돌봄을 하고 여성은 사적 영역에서 제한적으로 돌봄을 하기 때문에, 성별화된 시민권을 변화시키는 것은 불가능하다고 주장할 수 있다. 하지만 성별화된 역할이 전적으로 자연스러운 것일 수는 없다. 성 차이가 변화를 겪어야 했던 역사적인 변곡점을 찾아볼 수 있다. '성별화된 시민권'(gender of citizenship)으로의 변화는 18세기 말과 19세기 초 앵글로 아메리칸의 세계에서 공화적인 것으로부터 좀 더 자유주의적인 정치적 가치로의 경로변화와 함께 했다.[16]

16 여기서 필자와 필자의 동료인 레오나르드(Stephen Leonard)와 공동작업한 연구를 활용했다(Leonard and Tronto, 2007).

돌봄에 관한 18세기 공화주의적 논의는 시민으로서 남성의 주요한 임무가 사적인 부를 늘려나가는 것으로 기대하지 않았다. 실제로 사적인 생활에 대한 관심, 개인 수준의 경제적 안락, 개인용모 등은 18세기 퍼거슨(Adam Ferguson, 1995[1767]: VI.3) 같은 작가에게 '여자 같은'(effeminate) 것으로 비난받았다. 하지만 킴멜(Michael Kimmel, 1996)이 주장하듯 19세기 초 미국에서는 '자수성가한 남성'(self-made man)의 의미가 경제적 성공이라는 용어로 대체되기 시작했다.

경제가 변화하면서 그만큼 남성성이라는 이상을 품고 밖에서 활동하는 기회도 많아졌다. 팔루디(Susan Faludi, 1999: 38)는 "경제체제가 제조에서 서비스로 혹은 생산에서 소비로 전환되고 있으며, 이 경제적 전환은 상징적인 측면에서 보면 전통적인 남성상에서 전통적인 여성상으로 이동하는 것으로 보인다. 하지만 젠더적인 관점에서 보면, 이러한 전환은 단지 남성에서 여성으로 교체(sex change) 그 이상이며, 그래서 남성에게는 우리가 생각하는 것 이상의 정신적 쇼크에 가까워 보인다"라고 했다. 실제로 팔루디는 이러한 변화가 자족, 근면, 가족에 대한 헌신 같은 더 오래된 남성적 미덕을 지탱시키는 것을 불가능하게 만들었다고 주장한다. 우리는 지금 "남성성이 의미 있는 사회적 목적과 점점 동떨어지고 있으면서도, 동시에 남성성의 최고봉을 향해 점점 다가가고 있는"(598) 시대에 살고 있다고 주장한다. 팔루디는 작금의 남성을 "거의 공적인 기능을 하지 않고, 단지 장식적이거나 소비적인 역할만을 하도록 권장하는 문화에 포위된"(34) 것으로 간주한다.

성(gender)에 대한 개념이 과거에 변해왔다면 한 번 더 변하는 것도 가능한 일이다. 남성도 돌본다. 그러나 남성의 삶 속에서 변화된 돌봄의 의미는 지금 이 시대 미국인의 삶에서 상당한 걱정을 불러일으킨다. 이것이 어떻게 돌봄책임이 성별화된 역할을 따르거나 성별화된 역할을 따르지 않고 분담되어야 하는지에 대한 재고가 필요한 이유다.

이 같은 문제가 미국정치의 수면 아래 잠복해 있는 산적한 대형 현안 중 하나라는 점은 이해하기 어렵지 않다. 정책을 제안하기보다 분노를 표출하는 후보가 지지를 더 얻었으며, 야구방망이로 기존 정치질서를 위협하는 후보자가 존경을 받았던 2010년 선거를 달리 어떻게 설명할 수 있을까? 심지어 이러한 정치현실로 자신이 처해 있는 조건을 깨우친 여성은 자신을 모성애 같은 전통적인 모습이 아니라 보호로 설명되는 남성주의적 돌봄의 모습인 '어미 회색곰'(momma grizzlies)[17]으로 표현했다. 우파와 좌파라는 오래된 범주로는 이러한 흙탕물에서 유권자(또는 시민)를 선도할 수 없다. 미국인들은 이러한 현실을 직시할 수 있을 때만이 그들의 근심과 분노에서 벗어날 수 있을 것이다. 현재의 경제, 사회, 정치질서로는 돌봄 문제의 범위를 심층적으로 제대로 설명할 수 없다. 그리고 미국인들은 경제학, 이익, 권리의 언어로만 표현하기 때문에 이러한 관심을 표출할 수 없다. 민주사회에 사는 사람은 그들의 사회가 잘 돌보지 못하는 데 대한 두려움, 그것에 대한 관심과 필요성에 대해 정치적으로 이야기할 필요가 있다.

---

17 북미 캐나다 지역의 회색곰으로 일명 '공포의 곰'이라는 별칭을 지녔다—옮긴이.

결론

이 장은 전통적인 돌봄의 언어가 아니라 보호와 생산이라는 용어로 남성의 돌봄책임을 설명한 '돌봄 무임승차'를 검토하면서 시작했다. 보호와 생산 둘 다 돌봄이기 때문에 매우 중요하다. 그럼에도 이러한 돌봄이 매우 성별화되어 있는 한, 이러한 돌봄분담은 돌봄책임의 분담이라는 맥락에서 논의되어본 적이 없었다. 보호와 생산을 성별화함으로써 남성의 돌봄은 개인적인 것으로 간주되었다. 그 결과 폭력과 많은 사회적 사고의 기저에 깔려있는 개인 단위의 경쟁적 '노동윤리'를 감지할 수 없게 되었다. 또한 '자유'와 의존으로부터의 자유 간의 단절된 관계가 강조되었다. 의존을 피함으로써 얻은 것을 자유로 볼 수 있지만, 필자는 실제 그것은 다른 모습의 의존으로 대체하는 것뿐이라고 주장한다.

'선택'은 의존으로부터의 자유와 동일한 것이 아니며, 일반인이 손쓸 수 없는 범위의 경제적 의존은 우리 삶의 엄연한 현실이다. 하지만 비록 우리가 모든 형태의 의존에서 자유로울 수 있더라도 자유로운 삶이 되지 않을 수 있으며, 그것은 의미 없는 삶이 될 수 있다. 의존은 태어나서 죽을 때까지 함께하는 인간 삶의 조건이다. 실제로 우리를 자유롭게 하는 것은 우리의 돌봄 역량과 우리가 돌보고자 하는 것에 기여하는 역량이다. 이것을 선택의 하나라고 볼 수 있지만 이는 단순하게 이해되는 선택은 아니다. 자유는 소비보다 행동을 요구한다. 자유는 타인과 함께하는 것을 요구한다. 자유는 종종 우리 앞에 선택으로 주어지지 않으며 다가오지도 않는다. 사람들이 그들을 둘러싼 제약 조건을 인식하지만, 그럼에도 그들이 뜻과 행동을 함께 지속적으로 만들어나갈 때 우리는 그들이 자유로운 선택을 하고 있다고 정의할 수 있다. 필자가 알고 있는 최상의 자유는 이런 것이다.

제4장

사적 돌봄의 악순환

돌봄, 평등, 민주주의

> 오늘날 세계의 어느 정부도 자신이 책임져야 할 아이들의 기본적인 이해를 보호하는 직무에 만족할 수 있는 정부는 거의 없다(Shapiro, 2001: 101).

'너무 많이 돌보는 어머니들'에 관한 허쉬만(Nancy Hirschmann)의 저작과 이와 관련해 『보스턴 리뷰』(*Boston Review*)에 게재된 토론은 어머니의 돌봄이 얼마나 '충분한지'에 대한 문제를 탐색한다. 어머니는 일을 해야 할 것인가 아니면 그들의 아이들 곁을 지켜야 하는가? 그러나 이런 질문을 던지는 것조차 '어머니'라는 대상을 제한하는 것이다. 중상층 여성은 돌봄을 '안 할 수 있는' 선택을 할 수 있을지 모르지만, 대부분의 여성들은 그럴 수 없다. 많은 논평자는 만일 누군가 일부 어머니에 한정시켜 논의하면서 어머니 전체의 적절한 역할에 대해 토론을 시작하는 것은 정의롭지 못한 것이라고 지적한다. 허쉬만도 이러한 문제를 인식하고 있었지만 성별화된 노동분업에 기초해서 비판하고 있다. 이는 마치 고려할 다른 흥미 있는 질문이 없는 것처럼, 어머니의 역할에 대한 논의가 이러한 계급의 문제를 벗어나서는 거론될 수 없음을 보여준다.

앞 장에서는 인종과 계급의 문제에 대해 실제 상황에서 좀 거리를 두었지만, 필자 역시 대체적으로 계급에 기초한 논의를 따랐다. 우리가 발견했던 것은 남성에게 돌봄책임을 묻지 못하게 된 패착은 가정 내 돌봄의무의 고리에서 빠져나갈 수 있도록 남성이 가진 두 개의 돌봄 '무임승차권'에 기인한 그들의 특권 의식의 결과다. 이 무임승차권 두 개는 보호형 무임승차권과 생산형 무임승차권이다. 이러한 면제권에 주로 주목하는 이유는 '자유'와 의존으로부터 자유 간의 연계 때문이라고 앞 장의 말미에서 필자는 주장했다. 의존하지 않음으로써 얻은 것이 자유라고 볼 수 있을지 모르지만, 사실 그것은 단지 다른 형태의 의존으로 대체하는 것에 지나지 않다고 주장했다. '선택'은 의존으로부터의 자유와 동일한 것은 아니며 일반적인 사람의 손이 닿지 않는 경제조건에 대한 경제적 의존도 삶의 엄연한 현실이다.

필자는 이 장에서 현재 우리가 어떻게 돌보는지에 대한, 즉 우리가 아이들을 어떻게 돌보고 있는지에 대한 또 다른 조각을 주워 모아볼 것이다. 필자는 이러한 관점을 중심에 두고 현재 돌봄에 대한 두 가지 중요한 주제를 탐색할 것이다. 첫째, 아이돌봄은 심각하게 여성화되었기 때문에 아이돌봄의 성별화된 측면을 살펴볼 것이다. 둘째, 이 장을 평등 개념을 생각해보는 계기로 삼을 것이다. 필자는 '승자독식'(winner-take-all)의 현재 정치경제 구조는 돌봄제공자가 돌보는 역할을 하기 위해 평등을 뒤집도록 요구한다고 주장할 것이다. 따라서 불평등한 돌봄의 악순환은 불평등한 돌봄을 더욱 깊숙이 강화시키고 고착시킬 뿐이다.

여성이 온전한(full) 시민이 되고자 할 때, 자신이 시민으로서 적합하다는 점을 보여주는 방법은 유급노동력에 대한 '애착'(attach)을 표시하는 것이었다. 돌봄노동이 낳은 질서잡히지 않음(chaos)은 유급 노동의 세계관으로는 이해되지 않는다. 일하면 돌봄을 할 수 없게 된다는 사실은 여성들이 돌봄에서 빠질 수 있는 '생산형 무임승차권'을 받는다는 의미이다. 아이는 엄마가 돌봐야 한다는 이들에게 쏟아지는 거센 요구와 맞물리면, 부모(특히 엄마)는 내 아이만을 돌보기 위해(care-for-my-own) 무임승차권을 요구한다. 그래서 그들은 자신이 직접 돌볼 수 있는 범위에 있는 사람들을 직접 돌봐야 할 의무만 남게 된다.

『벌들의 우화』(*The Fable of the Bees*, 1714)[1]에서 맨더빌(Bernard de Mandeville)은 개인 자신의 악덕(private vices)만을 추구하는 것이 어떻게 좀 더 큰 사회적 부라는 공공선을 만들어낼 수 있는지를 묘사했다. 이러한 주장은 현재의 신자유주의 이데올로기와 같은 계통이라 할 수 있다. 신자유주의자들은 개인적으로 부를 추구하도록 권장하는 것이 그리고 이 과정에서 공적인 개입을 제한하는 것이 공동의 행복을 성취하는 가장 확실한 방법이라고 믿고 있다. 맨더빌의 우화는 우리의 책임이 우리 자신이나 우리 가족을 넘어서까지 확장되지 않는다는 이야기를 들려준다. 그러나 필자는 이 장에서 반대로 주장할 것이다. 즉 존경할 만한 개인적 행실도 공익을 해칠 수 있다.

---

1 초기 자본주의 발전에서 인간 이기심에 주목한 맨더빌은 금욕과 절제를 강조하는 중세 기독교적 도덕은 돈벌이에 몰두하는 상업 사회에는 맞지 않는다는 점을 우화로 짚어냈다—옮긴이.

불평등한 시민이 개인적으로만 돌봄을 한다면 그들은 불평등을 강화하고 온전한 시민에 대한 전망에서 누군가를 배제하는 것이다. 만일 돌봄책임이 진정한 의미에서 평등한지 함께 재검토되지 않는다면 더 민주적인 사회를 향한 진전은 찾을 수 없게 된다.

또한 이 장은 충고할 것이다. 이 세상의 힘 있는 많은 개인과 조직은 현대 사회가 시민에게 어떻게 좋은 삶을 제공할 수 있는지에 대한 모범 사례로 미국 내 사회·정치조직을 칭찬한다. 미국의 군사력, 정치력, 경제력도 이러한 신자유주의 이데올로기의 메시지를 전 세계에 전파한다. 실제로 미국인은 물질적인 부에 둘러싸여 살아가고 있으며 자신들의 삶에 만족한다고 말한다. 하지만 부유한 자와 가난한 자의 격차가 커지는 미국을 볼 때, 민주주의의 출발점인 모든 시민이 평등하다는 시각으로 미국을 앞으로도 설명할 수 있을까라는 의구심을 갖게 된다. 물론 시민은 결코 상황적으로 모두 평등할 수 없다. 하지만 우리는 권리의 평등과 기회의 평등이 정치적 평등을 만들어가는 데 충분하다고 전제한다.

실제로 우리는 우리 사회에서 과연 평등을 전망할 수 있을지에 대해 상당히 우려해야 한다. 커테이(Kittay, 1999)는 그녀의 저서에서 정치적 삶을 가능하게 만드는 자원에 돌봄노동자가 불평등하게 접근하고, 그 결과 돌봄이 시민으로 살아갈 수 있는 역량의 차이를 만드는 한, 정치적 권리의 행사라는 시민적 역량의 관점에서 시민 사이의 진정한 평등은 없게 된다고 주장한다. 심각하게 신자유주의자들이 공적인 삶과 사적인 삶의 분리가 명확한 정부 권한의 한계를 보여준다고 주장하는 한, 이들은 불평등한 돌봄의 악순환을 강화하는 이데올로기적 정당성을 제공하는 것이다. 아이돌봄이 기본적으로 평등하지 않으면 '평등한 기회'라는 것은 있을 수 없다(Harrington, 1999). 이 장에서 필자는 불평등한 기회가 민주사회에 위협이 된다면, 민주시민은 자신의 가정을 넘어선 돌봄의 책임을 진지하게 분담해야 한다고 주장할 것이다.

흔하지 않은 돌봄 현장을 살펴본 앞 장과 달리 이 장은 범주적으로 '돌봄'에 공통적으로 속하는 예를 들어, 부모가 아이를 돌보는 직접적인 돌봄을 다룰 것이다. 이것은 가정, 가족 혹은 가사 일이라는 전통적으로 '사적 영역'에 속하는 돌봄이다. 많은 페미니스트 학자들은 남성과 대비된 여성의 지위를 고려할 때 이러한 지점이 만들어낸 취약성을 지적해왔다. 예를 들어, 파인먼(Martha Fineman, 1995)은 가족을 아이가 있는 기혼 부부로 한정하지 말고, 취약성이라는 위험이 거의 모두 여성에게 발생하기 때문에, 가족 단위를 여성과 여성의 아이로 정의하는 것이 합당하다고 보았다. 집단적으로 여성은 가장 중요한 돌봄제공자이기 때문에 여성이 가장 피해를 많이 본다는 점을 놓치면 안 된다. 다른 학자들은 가족이나 가정을 불평등한 돌봄의 문제를 독자적으로 풀 수 있는 단위로 재정의하거나 생각하는 방법을 고민했다(Metz, 2010b). 하지만 폴브레(Folbre, 2001: xiv)는 여성이 "돌봄노동의 이중 기준에 도전"해왔다는 것으로는 얼마나 우리가 돌봄을 제공해야 하는지 그리고 누구에게 제공해야 하는지에 대한 답을 주지 못한다고 주장한다. 공/사 구분에 도전하는 것은 어떤 어머니의 자녀가 다른 어머니의 자녀보다 많은 돌봄을 받는 이유를 설명하지 못한다. 이러한 차이와 문제점을 평가하면서 돌봄책임, 돌봄책임에 대한 제도적·개인적 위치, 돌봄책임의 공적 본질에 대해 재정의하고 재조정하는 것은 이 논쟁을 진전시킬 수 있다고 이 장은 주장할 것이다. 오히려 돌봄 자체에 한정된 논의는 사회적·경제적 불평등을 강화하는 돌봄 악순환에 갇히게 될 것이다.

돌봄 불균형

현재 대다수 친밀하고 직접적인 아이돌봄은 가족이나 가정이라는 기존 제도에서 담당하고 있다. 자녀를 돌보는 데 있어 가정의 역량이 각기 다름을 상기할 때, 상당한 불균형이 아이돌봄의 종류와 질에 영향을 미친다. 다양한 사람들이 받는 돌봄의 양, 그리고 돌봄 노동을 제공함에 있어 필요한 자원의 양에 대한 물적 자원의 불균형이 존재한다. 이러한 불균형은 미국 내 사회적 계급과 지위(주로 인종적/민족적 지위)의 지형을 그대로 반영한다.

아이 발달에 가장 중요한 시기는 생후 3년이라는 견해에 대부분의 사람들이 대체로 동의한다(Shonkoff and Phillips, 2000). 인생의 시작 단계에서 돌봄을 받는지 그렇지 않은지가 아이의 미래에 엄청난 영향을 미친다는 것이다. 헤이만(Jody Heymann, 2000, 2006)은 노동 계급인 부모는 자신이 활용할 수 있는 '개인적인 시간' 같은 자원을 덜 가지고 있으며, 노동 계급 아이의 결석률이 이러한 자원의 부족과 상관성이 있음을 입증했다.

처음부터 돌봄을 충분히 받지 못한 아이가 돌봄 결핍을 충분히 보완할 수 없으며, 열악한 교육을 받거나 보건, 의료 돌봄을 충분히 받지 못한 아이가 더 적은 자원을 가지며 덜 성공하는 성인이 된다는 점은 놀라운 일이 아니다. 전 세계적으로 "가난과 열악한 건강은 서로 얽혀"(Wagstaff, 2002) 있으며, 이는 미국도 예외가 아니다

(Shi et al., 2005). 워드워스(Martha Wadsworth)와 그녀의 동료들(2008)은 "계속적으로 빈곤하게 성장하는 것은 심리적·육체적·교육적 건강에 해롭다"는 결론을 내렸다. 그들은 "열악한 건강, 열악한 교육, 열악한 복지를 경험한 사회적으로 불이익을 받은 가족에게서 태어난 아이에게 나타나는 전반적인 경향"을 밝혔다(Fergusson, Horwood, and Boden, 2008).

스스로를 돌보는 경우나 가족을 돌보는 모든 범주에서, 더 풍족하고 부유한 사람이 잘살지 못하는 사람보다 훨씬 더 많은 돌봄의 자원을 가지며 이러한 자원을 활용하는 데 있어 더 유리하다. 가정간호도 부유한 사람이 공공부조 수급자보다 훨씬 더 쾌적한 보살핌을 받는다. 더 풍족한 사람은 더 좋은 음식과 영양이 많은 식사를 하며 여가활동의 하나로 운동을 하기도 하고 의사와 심리치료사의 도움을 더 많이 받는다. 더 부유한 사람은 돌봄 '인프라'를 제공하는 자원에 더 자주 접근 ―예를 들어, 교통수단과 더 좋고 안전한 집의 접근성 ― 할 수 있다. 더 부유한 사람이 더 좋은 돌봄을 받는 기회를 갖는다는 점은 의심할 여지가 없다.

하지만 더 좋은 돌봄을 받는 사람은 다른 사람을 돌봐야 한다는 요구에 대해 덜 부담스럽다. 공식 경제에서 돌봄노동은 우리 사회에서 가장 저임금 노동의 하나다. 일부 돌봄노동은 전문직에 속하기도 하지만 이 직종도 대부분 백인 여성이 차지하고 있다. 가정이나 가정 밖에서 이루어지는 '비양육' 돌봄노동의 비숙련 노동자는 대부분 여성이며 유색인이고 이주민이며 노동 계층에 속한다(Duffy, 2011). 게다가 많은 돌봄노동은 비공식적이고 무급 경제영역에서 일어나며, 결과적으로 돌봄노동자는 자신의 가족을 돌보기 위해 가장 보호받지 못하고 비조직화되어 있기 때문에 가장 열악한 혜택을 받는다(Heymann, 2000).

구조적으로 돌봄이 실행되는 면면은 이러한 불평등에 일조한다. 첫째, 자원의 할당이라는 측면에서 돌봄노동은 저평가되었을 뿐만 아니라 여성 및 낮은 계급과 지위의 사람의 것으로 간주된다. 이는 노동 현장에서 오랫동안 지속된 차별의 결과며, 우리가 돌봄노동의 대가를 바라보는 구조적 차이다(Nelson, 1999). 둘째, 파워의 할당이라는 측면에서 돌봄의 필요성은 상당 부분 어린아이, 고령자, 허약자, 장애인, 의존적인 사람 같은 '취약한' 사람에게 해당되기 때문에, 이러한 필요를 충족시키기 위한 통제는 능력있고 독립적인 사람의 손에 놓이게 된다. 따라서 취약한 사람의 시각과 목소리를 경청할 수 있는 공적인 담론을 만들어내기가 어렵다.

전술했듯 틸리(Tilly, 1998)는 어떤 그룹이 다른 그룹에 갖는 사소한 우위라도 그 차이를 사회제도와 관습이 구조적으로 활용함으로써 광범위한 억압의 패턴이 내장된다고 주장했다. 돌봄이 제공되는 방식과 대상은 틸리의 주장을 예증하는 듯하다. 당신이 미국에서 더 부유해질수록 돌봄을 더 잘 받게 되지만 다른 사람을 돌보는 노동을 할 확률은 더 낮아진다. 이것이 출발점이며 이를 통해 다른 사람을 돌보지 않는 악순환은 강화된다.

불평등한 돌봄의 사회심리학

우리는 아마도 이러한 돌봄불평등과 돌봄 자원에 대한 불평등이 미국 사회와 정치 지도자가 관심 가져야 하는 사안이 될 것이라 기대할 수 있다. 결국 아이들이 받는 돌봄의 질은 이들이 생산적인 시민으로 성장할 수 있는 역량을 가늠하는 중요한 지표다. 만일 미국인들이 기회의 평등에 대해 심각하게 생각한다면 아이들의 돌봄이 충분한지 매우 심각하게 생각해야 한다(Heymann, 2000; Harrington, 1999 참조). 부시 대통령의 교육개혁안의 제목 '낙오생 없는 학교'(No Child Left Behind)는 아마도 한낱 정치적인 수사에 지나지 않았을 수 있지만 적어도 기회의 평등에 대한 의지를 드러냈다. 그리고 고령자의 경우, 이들의 삶을 수월하게 만들기 위해 다른 사회 집단보다 더 높은 수준의 사회적 지지가 발견된다. 이와 유사하게 허약자는 사회보장제도로 공적 혜택을 받고 있으며 그들의 돌봄 역시 부분적으로 공적 관심을 받고 있다. 하지만 문제는 이러한 노력과 의지가 실질적인 돌봄평등에 대한 기여로 전환되지 않는다는 점이다. 오히려 여러 가지 이유로 필자는 정반대의 일이 벌어졌다고 주장한다.

우선 미국인들은 일반적으로 돌봄을 사적 관심사로 개념화하기 때문에, 시장 선택이라는 언어와 논리가 돌봄 선택에 대해 그들이 어떻게 생각하고 설명하는지를 이끌었다. 이러한 논의 방식은 돌봄을 기본적인 공적 관심의 대상 밖으로 밀어내 버렸다. 돌봄불평등을 이해하는 하나의 방법은 불평등을 경쟁적인 행위자가 시장에서 하는 '선택'의 결과로 보는 것이다. 금전적이고 일시적인 자원을 통해 시장에서건 시장 밖에서건 돌봄 불균형을 이해하는 방식은 돌봄 불균형을 개인 선택의 거대한 연쇄 작용의 결과로 간주하는 것이다. 예를 들어, 부모가 시간, 돈, 그 밖의 자원을 그들의 아이들에게 무익하게 사용하기로 한다면, 그 선택이 어이없는 것이라도 그 결과는 부모 자신의 개인적인 선택이며 사회적인 책임이 아니다. 시장과 선택의 언어는 경제적 불평등이 사회적 역량의 감소로 이어지는 방식을 감지하는 능력을 감퇴시킨다. 돌봄이 친밀한 삶에 관한 것이라면 돌봄을 생각하는 기준, 즉 '분석 단위'나 '분석 수준'은 개인이나 가족에 맞춰지게 된다. 개별 가족이나 개인은 스스로 돌봄을 잘 책임지고 해나가기를 희망한다. 모든 돌봄행위자가 친밀한 돌봄제공(care-giving)행위자라고 가정한 결과는 따라서 모든 돌봄활동을 방법론적 개인주의의 하나인 개인의 행동 결과로 바라보는 것이다. 다른 사람이 어떻게 행동하는지를 알아보고자 할 때, 시장은 그러한 모든 행위를 설명하는 선도적인 방법이 되었으며, 결과적으로 시장은 자본주의 사회에서 돌봄의 분배가 어떻게 작동하는지를 설명하는 데 매우 강력한 수단이 되었다(Slater and Tonkiss, 2001).

이러한 세계관은 사람이 다른 사람의 선택에 대해서 판단하는 방식과 개인이 자신을 위해서 선택하는 방식을 모호하게 한다. 다양한 사회심리학적 기제는 서로 다른 개인이 이용할 수 있는 돌봄의 양적 불평등을 정당화하는 역할을 하고 있다. 아래의 세 가지를 고려해보자.

1. 경쟁적인 돌봄

돌봄평등에 관한 이러한 논의는 돌봄이 자유주의 정의론의 틀 안에서 분배될 수 있다고 가정한다. 하지만 자유주의 정의의 원칙에서 시작하는 것 그리고 돌봄을 단순히 자유주의 논리의 틀에 들어맞기를 기대하는 것은 한계가 있다. 헤이만(Jody Heymann, 2000)은 기회의 평등은 가족돌봄의 시간이 평등해져야 함을 요구한다고 주장한다. 헤이만은 만일 시간이 돌봄을 중심으로 합리적으로 조직된다면, 더 많은 아이들이 학교생활에 성공적인 기회를 갖게 될 것이고,

고령의 친지가 더 충분한 돌봄을 받게 될 것이며, 노동과 생산성이 더 향상되고, 사회는 더 좋아질 것이라고 주장한다.[2]

이러한 주장에는 기본적인 흠결이 있다. 돌봄이 '승자독식'의 치열한 경쟁사회에서 종속된 활동과 가치로 남아 있는 한, 가정 내에서 돌봄을 잘한다는 것은 평등한 기회의 친구가 아니라 적을 만들 것이다. 사람들이 돌봄활동을 할 때, 대부분 당연히 그들은 사회를 생각하는 것이 아니라 친밀한 사람들과 그들의 구체적이고 특별한 필요를 생각한다. 경쟁적인 사회에서 자신의 아이를 잘 돌본다는 것은 자신의 아이가 다른 아이들에 비해 비교 우위를 갖추고자 함을 의미한다. 부모가 추상적인 수준에서 기회의 평등이라는 원칙을 받아들인다 하더라도, 구체적인 일상에서는 부모가 아이를 위해 특권과 경쟁적 우위를 얻게 될 때 가장 가시적인 '돌봄'이 된다. 예를 들어, 공교육의 가치에 대한 논의는 공교육이 내 아이의 미래에 영향을 미치게 될 때 그 추진력을 상실하고 만다. 이러한 사례는 돌봄이 또 다른 가치의 틀에 갇혀있을 때 돌봄이 반드시 진보적인 방향으로 향하는 것은 아니라는 점을 보여준다.

미국의 이상적인 중산층 집안의 돌봄은 헤이만이 설명한 돌봄불평등을 일면 필요로 하고 구조화하며 영속화한다. '출세한 사람'(Walker, 1999)은 단지 무엇이 자신의 가족을 위해 최선인지를 원하기만 한다. 이 같은 사람은 자신을 위해 돌봄을 제공하며, '돌봄'은 의존적인 사람과 병약한 사람 —어린아이, 허약한 사람, 고령자

2 정부 대리인은 돌봄에 참여하는 시민의 다양한 필요에 대해 적극적으로 반응하지 않는다는 헤이만의 예는 영향력 있는 사례이다. 이탈리아에서 페미니스트들은 도시 시간표가 돌봄의 필요에 민감할 수 있도록 지방정부를 개혁하기 위해 노력해왔다(Mareggi, 2002 참조). 이 주제는 제6장과 제7장에서 다시 논의할 것이다.

— 만의 걱정거리라는 가정에 도달한다. 그러나 자기돌봄(self-care)형 인간 모델은 사실 기만이다. 즉 일하는 성인은 타인의 필수돌봄(necessary care, 즉 전문적인 돌봄제공자의 기술과 숙련)이 필요하지 않을 수는 있어도, 아마도 자신의 바쁜 생활을 칼같이 유지하기 위해 다른 사람이 제공하는 돌봄서비스(care services, 즉 일상적인 돌봄노동)(Waerness, 1990 참조)를 상당 부분 이용할 것이다. 미국 사회에서는 엘리트가 되어가면 갈수록 본인의 기본적인 돌봄필요를 충족시켜주는 타인에게 더욱 의존하게 된다. 음식을 먹을 수 있게 해주고 세탁을 해주며 거처를 깨끗이 청소해주는 타인에게 의존하게 된다. 자녀가 학업에서 성공적인 그리고 노동 시간이 유동적인 부모는 아마도 엄청나게 다양한 돌봄서비스를 받을 것이다. 그러한 돌봄노동은 우리 사회에서 가장 열악한 보수가 주어지는 노동 중 하나이며 덜 조직화된 노동이다. 따라서 헤이만이 지적한 격차는 결과적으로 돌봄의 격차이기도 하다. 비록 '돌봄' 이데올로기가 치유되기 어려운 그 격차의 근원을 숨기려 하고 있음에도 말이다.

2. 냉정한 무관심

왜 사람이 공적으로 다른 사람을 돌보는 책임을 지려하지 않는지를 설명할 수 있는 두 번째 사회심리학적 기제는 수혜자가 될 시민이 지원을 받을 만한 가치가 있는지에 대한 판단, 즉 냉정한 무관심을 내릴 때 작동한다.[3]

---

3 혹실드(Hochschild, 2005)는 이러한 현상을 "공감 짜내기"(empathy squeeze)라고 불렀다.

왜 미국에서 불평등이 지속되는지에 대한 샤피로(Shapiro, 2002)의 최근 저서를 보면, 그는 '감정이입의 간극'(empathy gaps)이라는 것을 설명한다. 이는 자신보다 열악한 사람이 아니라 자신보다 더 잘사는 사람과 같아지려는 경향을 보이는 것이다.[4] 게다가 미국에서는 부자와 가난한 사람이 지리적으로 분리되어 있어 감정이입을 더욱 어렵게 한다.

샤피로가 언급할 수 있었지만 언급하지는 않은 또 다른 중요한 요소는 돌봄이 개인화되거나 사적 영역에서 수행되는 한, 자신의 돌봄에 대해서는 스스로를 칭찬하지만 다른 사람이 돌보는 것은 무시할 수 있게 되었다는 점이다. 이러한 칭찬과 비난은 인종, 계급, 민족, 지역 그리고 종교의 선을 따르는 경향이 있으며, 불평등이 선택의 결과가 아니라는 점을 받아들이기 어렵게 한다. 그 대신 불평등이 누군가의 악의적이고 고의적인 행동, 결정 혹은 생활방식의 산물로 간주되기도 한다. 결과적으로 사람은 다른 사람의 곤궁에 대해 공감할 것 같지 않다.

이러한 사회심리적 기제가 중요한 이유는 사람이 공적인 판단을 할 때 자신의 경험을 단순하게 일반화시키지 않을 정도로 현명하다는 점이다. 하지만 사람은 '타인'에 대한 판단을 할 때 할 수 있는 일반화를 하려는 경향이 있다. 이러한 경향에 대한 설명은 길렌스(Martin Gilens, 1999)가 쓴 왜 미국인은 복지를 증오하는지에 대한 설명에서 알 수 있다. 길렌스가 밝혔듯이, 대부분의 미국인은 복지

4 샤피로가 적었듯이, 우연히 아담 스미스(Adam Smith, 1981)도 유사한 경향을 적시했으며 『도덕감정론』(*The Theory of Moral Sentiments*)에서 공화주의 덕성에 영향을 미치는 이러한 경향이 낳은 결과에 대해 우려했다.

수혜자의 다수가 흑인이라고 생각하고 있으며, 그들은 수혜자가 근면하다고 믿을 때만 복지를 지지하지만 대부분의 흑인은 게으르다고 생각하기 때문에 복지를 기꺼이 지지하지 않는다. 사람은 지금 자신의 믿음과 행동을 평가하려 들지 않지만 모자라게 보이는 다른 사람의 믿음과 행동은 평가하려 한다. 판단에 관한 이러한 심리학적 기제는 사람이 인종차별주의 같은 태도에 대해 왜 책임을 묻지 않을 수 있는지를 설명한다. 미국인은 자신들이 인종적인 판단을 하고 있다고 생각하지 않는다. 결국 처음부터 그 판단의 전제는 모든 근면한 사람은 도움을 받을 가치가 있다는 점이다. 미국인은 단지 흑인이 게으르다는 가정을 '사실로' 받아들인다. 비록 이것이 경험적인 검증의 주제라고 할지라도, 그러한 사고방식이 돌봄에 대해 생각하는 방식에 어느 만큼 영향을 준다는 점은 흥미로울 수 있다. 모든 사람은 그들이 할 수 있는 한 최선을 다한다고 생각한다. 하지만 다른 사람이 동일한 방식을 행동하는 데 실패했을 때, 사람들은 이유에 관계없이 그들을 묵살할 수 있다. "사람들은 단지 신경 쓰지 않는다."

자원이 없어서 부유하지 못한 개인이 자신의 가족을 돌보지 못하는 점을 상기해본다면, 우리는 돌봄이 어떻게 이데올로기적으로 악순환되는지 이해할 수 있다. 예를 들어, 어떤 부모가 자녀의 학교 연극에 참석하지 못한다고 하면, 그것을 알게 된 다른 부모는 그들이 짬을 낼 수 없는 직장에서 일하고 있다고 생각하지 않고 그 부모는 단지 '신경 쓰지 않는다'(don't care, 돌보지 않는다)고 결론을 내릴 것이다. 따라서 불평등한 돌봄을 야기하는 물적 자원의 부족과 더불어 이데올로기의 악순환은 무감각이 보급될 수 있는 조건을 만들 수 있다.

3. 특권적 무책임

'특권적 무책임'(privileged irresponsibility)은 노동분업과 기존의 사회적 가치가 일부 개인들에게 자신들이 더 중요한 일을 수행하기 때문에 기본적인 돌봄책임에서 자신을 열외하는 방식을 지칭한다 (Tronto, 1993). 베르네스(Waerness, 1984a, 1984b)의 개념 구분을 사용한다면, 특권적 무책임은 다른 사람의 돌봄노동을 받는 사람은 그러한 돌봄을 받을 자격이 있는 것으로 가정하는 특별한 종류의 대인 서비스이다. 게다가 눈에 띄거나 회자되거나 튀지 않도록, 그러한 자격의 존재는 '배후에서 작동'한다. 예를 들어, 가사노동의 전통적인 분업을 이데올로기적으로 생각해보자. 생계부양자인 남편은 돈을 벌어서 그의 가족을 '돌본다.' 이에 상응하게 남편은 아내가 그의 금전적 수입으로 편안한 집, 맛있는 음식, 깨끗한 세탁, 사교생활, 집의 관리 등등을 하기를 기대한다. 생계부양자인 남편은 요리, 가사관리, 기타 등등의 복잡한 것에 대해 많이 알아야 한다는 책임감이 별로 들지 않는다. 그러한 남편은 '자신을 돌보는' 법에 대해 거의 배우지 않았다. 눈에 띄지 않으면서 효과적으로 수행되는 돌봄노동은 생계부양자라는 역할에서 나온 특권이다. 가장은 '월급수표 뒷면'(Bridges, 1979)에서 수행되는 눈에 띄지 않지만 충족되어온 노동에는 책임감을 느끼지 못한다. 이것이 특권적 무책임이다.

'특권'에 대해 광범위하게 써온 맥킨토시(Peggy McIntosh, 1988), 존슨(A. Johnson, 2001), 홉굿(M. E. Hobgood, 2000) 등은 태어나면서 주어진 특징으로 특권을 누린다는 것을 알게 된다면, 그 자체가 정당한 것이 아니기 때문에, 그들은 '자의식 발생'(consciousness raising) 과정을 겪고 자신의 특권을 내려놓을 것이라고 가정한다.

하지만 특권적 무책임은 다소 다른 논리에서 작동한다. 일반적인 '특권'의 모습과 같이 특권적 무책임은 거의 눈에 띄지 않는다. 위계 체계 내에서 우월적 지위가 가져다주는 가장 큰 특권이나 혜택 중 하나는 그 체계를 유지하기 위해서 의식적으로 매일매일 노력을 애써 하거나 자신의 역할이나 책임을 고려할 필요가 없다는 것이다. 따라서 그러한 체계는 그들이 받는 혜택에 대해 기이할 정도의 무감각에서 비롯된다. 그러한 특권적 무책임은 대체로 어떤 문제에 대해 완전한 무지(complete ignorance)의 양상을 보이며, 그러나 역시 문제를 잘못 이해하거나 모호하게 인식할 수도 있다(Mills, 1997).

그럼에도 불구하고 특권적 무책임이 가시화될 때, 특권을 누리는 사람은 자신의 자각을 변경시키는 것 이상의 무엇을 할 필요가 있다. 그들은 자신의 책임을 재평가하고 그에 따른 책임을 져야 한다. 만약 사회적 책임의 본질에 관한 기본적인 질문이 재고되지 않는다면, 이러한 특권이 어떤 불편을 야기한다고 인식하지 못할 것이다. 예를 들어, 남편은 자신이 할 일을 잘하고 있으며 아내 역시 본인의 일을 잘하고 있다고 생각할 것이다. 특히 각 개인이 자신의 삶에만 얼마나 책임이 있는지 강조하고 다른 사람을 돌보는 것에는 무지한 문화에서, 그러한 특권을 깨는 것은 매우 어려운 일이다.

특권적 무책임을 보다 깊게 분석해보자면, 여러 돌봄 유형은 파워 관계를 다르게 반영한다. 제1장에서 살폈듯이, 베르네스(Waerness, 1990)는 필수 돌봄(누군가가 반드시 제공해야 하는)과 대인 서비스(스스로 제공할 수 있지만 누군가의 도움이 필요한 돌봄)를 구분한다. 필수 돌봄의 경우 돌봄제공자는 돌봄수혜자의 안녕(well-being)에 필수적이기 때문에 상대적으로 강력한 파워를 갖는다. 대인 서비스의 경우 돌봄제공자는 돌봄수혜자의 안녕에 필수적인 것은 아니며 돌봄수혜자가 돌봄제공의 역할도 할 수 있다. 결과적으로 돌봄수혜자는 필수 돌봄에서보다 대인 서비스에서 더 많은 파워를 갖게 된다.

돌봄은 복합적이기 때문에, 그리고 우리가 가장 필수적인 돌봄활동에 동참하고 있을 때만 돌봄을 하고 있다고 생각할 수 있기 때문에, 사람들은 다른 사람에게 높은 수준의 대인 서비스를 요구하면서도 동시에 그들이 필수 돌봄의 의무를 다하고 있다고 믿을지 모른다. 그럼으로써 사람들이 깨닫지 못하는 점은 우리에게 대인 서비스를 제공하는 다른 사람들을 우리가 이용하고 있다는 점이다. 특권적 무책임은 필수 돌봄이 아니라 대인 서비스에 관한 것이다. 하지만 이러한 구분이 일반적으로 우리의 의식 속에 자리 잡고 있거나 이러한 의식을 만들어가는 것은 아니다. 상황은 여전히 복잡하다. 대개 특권을 누리는 사람들도 자신이 원하는 대인 서비스를 다른 사람들이 그들도 동의할 만했기 때문에 제공할 것이라 기대한다. 하지만 우리 사회에서 이 상황은 노동 분업을 정당하게 반영한다는 생각이기 때문에, 책임의 정당성을 재검토해 볼 여지를 두지 않는다. 대인 서비스를 자신의 필수 돌봄 역할을 다하기 위해 활용함으로써, 사람들은 자기 자신의 돌봄활동이 불평등을 지속적으로 공고화시키는 데 일조하는 방식을 외면할 수 있다. 타인을 고용해 자신들의 대인 서비스를 충족시킬 수 있는 여력이 있는 사람들은 자신들이 돌봄에 있어 잘한다고 생각한다(Tronto, 2002 참조).

재생산 돌봄(reproductive care)이 개인화되는 것은 상대적으로 사회적 파워가 있는 집단이 자신의 기여를 더 가치 있게 보이거나 더 돋보이게 할 수 있도록 한다. 사회에서 더 파워가 있는 사람들은 그들의 돌봄필요가 자신에게 유리한 조건에서 충족된다는 점을 알기 때문에 비록 자신에게 제공되는 돌봄서비스가 충족되지 않더라도 상대적으로 운이 따른다. 또한 상대적으로 파워가 있는 사람들은 그렇지 않은 사람들에게 돌봄노동을 전가할 수 있다. 즉 남성은 여성에게, 상위 계층은 하위 계층에게, 자유인은 노예에게, 인종적으로 우월하다고 여기는 사람은 인종적으로 열등하다고 여기는 집단에게 전가할 수 있게 된다. 돌봄노동은 그 자체로 종종 힘겨우면서도 새로움이 없는 일이다. 그러한 노동을 하는 사람은 그 노동의 본원적 가치를 인식하지만, 돌봄의 가치는 혁신이나 축적한 부에 가치를 두는 사회와 조응하지 않는다.

인간본성에 대해 성선설이나 성악설 중 어떤 태도를 받아들인다 하더라도 돌봄불평등이 존재하는 한, 다른 사람들이 자기 자신을 어떻게 돌보는지 그리고 자신의 돌봄의무는 어떻게 되는지에 생각하는 방식은 그들의 돌봄 문제를 심각하게 받아들이지 않도록 만드는 경향이 있다. 이데올로기적인 측면이나 물질적 기반을 고려하더라도 돌봄불평등은 악순환을 만든다.

성, 계급 그리고 돌봄의 생태학

'돌봄 선택'에 대한 이해를 방해하는 사회심리학적 요소만이 계급 격차와 돌봄 연대(care solidarity)의 결핍과 관련된 유일한 문제는 아니다. 무엇이 '좋은 돌봄'을 구성하는지는 그 본연의 성격에 따라 다양하다. 예를 들어, 라루(Annette Lareau, 2003)는 중간 계층과 노동 계층 부모가 그들의 자녀가 필요로 하는 돌봄의 종류에 대한 태도의 차이를 탐구했다. 중간 계층 부모에게 아이들의 재능과 기회는 지속적으로 육성할 필요가 있는 것이다. 이러한 육성은 종종 전문적인 서비스(피아노 선생님, 테니스 코치 등)가 필요하며, 부모는 다른 사람과 자녀의 상호작용에 개입한다(예를 들어 의사에게 문의할 때를 제외하고 지나치게 예의바를 필요가 없다는 점을 알려줄 때). 반면 노동 계층 부모를 둔 아이들의 경우, 아무런 조언이나 충고 없이 방치되어 이 아이들이 타고난 본성대로만 자연적으로 발달하게 된다. 일단 아이들이 위험에서 충분히 보호되기만 한다면 본성이 발현하도록 간섭하지 않는 것은 결과적으로 자연적인 섭리가 이끄는 결과일 것이다(Lareau, 2003). 중간 계층의 특징인 집중 육성 아이돌봄은 보다 광범위한 타인의 전문적이고 숙련된 돌봄서비스를 필요로 한다. 분명한 것은 이러한 서비스를 받을 수 있으려면 시간과 돈이라는 자원이 필요하다. 헤이스(Sharon Hays, 1996)가 '집중모성'(intensive mothering)이라 부른 이데올로기는 기본적으로 중간 계층의 현상이다. 비록 가레이(Anita Garey, 1999)가 계층을 가로지르는 어머니 활동을 특징짓는 방식을 고안했음에도 불구하고, 어머니 입장에서 중요하다고 그녀가 정의한 분류는 계층별로 다르다는 점은 분명하다. 예를 들어, '거기에 있기'(being there)는 월차나 휴가를 내고 자녀의 학교 활동에 참석할 수 있는 중간 계층의 부모와 그럴 수 없는 노동 계층의 부모에게 서로 다른 의미로 다가올 것이다. 칸시안과 올리커(Francesca Cancian and Stacey Oliker, 2002)도 '좋은 돌봄'에 관련한 중간 계층과 노동 계층 가족 간의 차이를 연구해왔다.

비록 이 논의가 계층에 집중하고 있지만, 우리는 양육 태도에 대해 민족적·인종적 차이에 대해서도 유사한 논지를 펼칠 수 있다(B.

Omolade, 1994). 이러한 차이는 아이들뿐만 아니라 가족과 공동체 내의 노령자, 장애인, 허약한 구성원에게도 적용된다.

성 차이는 또한 소녀나 여성이 돌봄제공의 '붙박이'(default)로 간주되고 있음을 보여준다. 학자들은 전 지구적 차원에서 소녀와 여성—가장 마지막으로 식사를 할 것으로 예상되고 교육을 덜 받고 보건의료의 혜택을 덜 누리는— 이 돌봄제공의 고정자로 가정됨으로써 초래되는 심각하게 치명적인 결과를 보여주고 있다(Sen, 1992). 여성은 그들의 처지에 알맞은 돌봄을 요구할 수 있지만, 이들은 돌봄을 직접 제공하거나 돌봄서비스를 조직하는 일에 대해 책임을 짊으로써 여전히 자신의 가정에서 돌봄제공자로 남아있다.

이러한 차이들을 지적하는 이유는 어떤 사람은 어떤 방식으로 돌봄을 하거나 다른 사람은 또 다른 방식으로 돌봄을 한다고 주장하려는 것이 아니다. 이러한 차이들은 단순히 선호에 관련된 것이 아니며 사회의 다른 구조에 깊숙이 침투되어 있는 불평등의 구조에 관한 것이다.

평등의 의미에 대한 재검토

이전 세대부터 정치이론가들과 페미니스트 학자들은 평등이 어떤 의미인지에 대한 논쟁에 심혈을 기울여왔다. 철학자들은 인간에게 평등해야 하는 것이 무엇인지에 대해, 예를 들면 인간의 역량, 인간존엄의 기준, 고통을 느끼는 능력, 취약성, 특정 이해의 평등한 소유 등에 대해 논쟁해왔다. 필자는 이와 관련하여 우리의 목적에 맞는 제한된 관심만을 논의할 것이다.

일부에게 평등은 동일성(sameness)을 함의하며 이렇게 이해되었을 때, 사실상 누구도 평등을 하나의 정치적인 가치로 승인하려 하지 않는다. 하지만 종종 동일성으로의 평등은 '기회의 평등'과 대조적인 '결과의 평등'을 의미하는 것으로 읽힌다. 막연한 의미에서 보면, 기회의 평등이라는 개념은 지난 50년간 인종 차별의 결과를 줄여나감과 관련된 보다 구체적인 법률적 의미와는 다른 것이다. 널리 받아들여지는 의미에서 보면, '기회의 평등'은 '운동장을 평평하게 하는'(level playing field) 논의와 밀접하게 연결되어 있다. 모든 사람이 동일선 상에서 시작한다면 그들은 자신의 행동 결과에 대해 책임이 있다. 실제로 미국에서 평등에 대한 표준적인 의미를 하나만 고른다고 하면, 그것은 아마도 기회의 평등일 것이다.

일군의 비평가는 평등을 이와 같이 이해하는 것에 반대해왔다. 여기에서 필자는 앤더슨(Elizabeth Anderson, 1999)의 관점을 빌려오려고 한다. 앤더슨은 평등은 우리의 책임이 이미 역사적·정치적으로 할당된 방식과 관련이 있다고 주장한다. 워커(Walker, 1998)의 주장을 상기해보자.

> 때때로 책임에서 면제되는 것은 특권이거나 자비다. 때때로 이는 당신이 아무런 존재가 아니거나 다른 누군가보다 못한 사람이라는 것이다. 책임분담은 도덕적 논의의 한 형태이지만, 일부는 동료로서 소개되며 다른 일부는 윗사람이나 아랫사람으로 소개된다.

가시적 협력의 도덕 논의의 목표는 모든 사람이 평등한 사람으로서 책임의 균등한 분담을 하도록 하는 것이다. 이것이 가능할 수 있는 유일한 방법은 모든 사람이 책임을 분담하는 데 있어 대등한 도덕적 위상(equal moral standing)이어야 한다. 따라서 "알맞은 적극적인 평등의 목적은 모든 사람이 도덕적으로 자격이 있는 그 무엇을 얻는 것이 아니라 다른 사람과 평등한 관계가 조성되는 공동체를 만드는 것"이라는 앤더슨의 관점에 도달한다(1999: 288-289, 필자 강조). 민주주의에 기여한다는 맥락에서 다른 정치이론가들 역시 자신의 관심사에 대해 발언하고 그것이 경청될 수 있는 파워를 갖는 것이 평등을 이해하는 핵심적인 방법이라고 강조했다(Young, 2000).

이러한 방식으로 이해한다면, 평등은 기회의 평등에 대한 것이 아니라 지위의 평등(equality of standing)과 관련이 있다. 즉 책임을 분담하는 데 있어 사람들의 지위와 심려가 모두 평등하게 경청될 수 있는 지위와 관련이 있다.

이러한 평등 논의에서 주목해야 할 것은 평등 논의가 무엇을 배제하고 있는지이다. 만일 X라는 사람과 Y라는 사람이 선택을 할 수 있다고 해서 두 사람이 평등하다고 이야기하는 것으로 충분하지 않다. 만일 그들이 애초에 동등한 지위가 아니었다면 그들은 '선택'만으로 평등한 지위를 갖지 않는다. 빈번히 이것이 오늘날의 평등 개념이 작동하는 방식이다.

따라서 평등을 성취하는 것은 차별금지법을 통과시키는 것 이상을 요구한다. 평등은 생애 주기에 따라 다르게 보일 수 있기 때문에 적어도 세 단계가 필요하다. 첫째, 어리고 의존적인 상황에 있을 때, 사람은 온전한 성인으로 성장하기 위해서 충분한 돌봄에 평등하게 접근할 수 있어야 한다. 둘째, 성인일 때, 사람은 동등하고 독립적으로 자신의 발언권(voices)을 행사할 수 있어야 하며 그들의 발언권이 침묵당하거나 다른 사람에게 묵살당하지 않을 것이라는 보호 조항들이 있어야 한다. 셋째, 아프거나 노령이거나 장애가 있을 때, 사람은 그들의 목소리가 경청되게 하는 제도적인 지원과 뒷받침이 필요하다.

지금까지 가정에서 불평등이 드러나는 여러 경우를 설명해왔지만, 지배의 새로운 유형이 나타날 개연성은 언제나 존재한다. 과거에도 그랬듯이 돌봄제공의 역할을 억압적으로 할당하는 양상은 변한다(Duffy, 2007). 현재에도 진화하고 있는 억압적인 모습 중 하나는 이주민을 개인 하인(개인 가정부, private servant)으로 고용하는 것이다.

돌봄불평등과 하인

마지막 문제는 하인이다. 이것은 돌봄과 서비스를 가족구성원에게 제공할 수 있는 상대적으로 부유한 집안에서 볼 수 있다. 가사 서비스를 제공하는 하인의 수는 19세기 말과 20세기 초를 거치면서 점차 줄어드는 추세를 보이다가 현재 다시 증가세가 감지된다. 20세기 초 '하인 문제'(servant problem)는 이에 대해 빈번히 의견을 나누었던 부르주아 여성들의 관심사였을 뿐만 아니라(Sarti, 2005, 2006), 다른 관점에서 접근한 사회주의자들의 관심사였다. 사회주의자들이 보기에 가사 하인이 사라진 것은 보편화된 교육에 대한 평등주의적 노력과 더불어 가사 일에 덜 매몰되도록 만든 새로운 기술능력과 노동의 집단적 조직화의 결과였다. 가사 일이 노동자나 고용주에게도 부담이었는지의 여부에 관계없이 가사 일은 관심사에서 멀어져간 것처럼 보였다.

그런데 가사서비스가 다시 한번 증가한다는 것은 놀라운 일이다. 사르티(Rafaella Sarti, 2005)와 그녀의 동료들은 '하인 프로젝트'(Servant Project)에 대한 방대한 분석에서 하인의 특성이 18세기와 19세기를 지나 현재에 이르기까지 중요한 변화를 거쳐왔음을 밝혀냈다. 매우 중요하게 18세기 하인은 주로 연령(그들은 가족을 구성하기 전에 하인으로서 일을 했던 젊은 사람이다)으로 구분되었으며, 19세기 그리고 20세기 초기는 연령, 계급 그리고 점차적으로 성으로 구분되었고, 현재는 계급, 성, 국적으로 구분된다고 밝혔다(Sarti, 2005: 7). 남성도 있지만 주로 여성이 하인이 되기 위해 국경을 넘는다.

과거에는 서비스가 가정을 '개방'시켰고(Sarti, 2005: 12), 영구적인 평생의 신분(유럽에 있어)이라기보다 인생의 한 구간에서 일시적으로 종사하는 일이었지만, 이제는 그렇지 않다. 과거와 달라진 현대판 하인의 중요한 특징은 인종, 계급, 성, 국적, 민족, 언어의 요소가 점차적으로 증가 추세를 보이고 있다는 점이다. 결과적으로 하인됨(servanthood)의 초기 형태의 모습일 수 있는 유동적인 특징들이 이제는 공고화되고 있다.

사르티의 조사에 따르면, 과거에는 가사서비스가 하인에게 주는 혜택은 한 방향이 아니었다. 18세기와 19세기에 하인이 되는 것은 종종 사회적·경제적 상황을 개선하는 통로였다. 현대판 하인 역시 자신들의 상황에 대해 긍정적이거나 부정적인 협상을 자주 한다. 우리는 가사서비스에 종사하는 국경을 넘어온 여성이나 남성에게 어떤 긍정적인 측면이 있음을 언급하면서 시작할 수 있을지 모른다.[5]

5 필자는 '전 지구적 돌봄사슬'(global care chain)이라는 용어를 꺼린다. 왜냐하

일부 방식과 일부 경우에는 서비스를 제공하기 위해 해외로 나가는 남성과 여성이 모국에 두고 온 아이들에게 더 좋은 것을 제공해줄 수 있다. 모국의 가족과 끈을 놓지 않거나 가족을 남겨두고 온 많은 사람들은 모국에서 부러움을 받으며 귀국할 수도 있다. 여성이 자신의 자녀를 떼어놓는다는 것은 매우 힘든 일이지만, 급여의 상당 부분은 모국으로의 송금을 차지하며 많은 국가는 돌봄노동자가 해외로 나갈 수 있도록 정책적으로 양성하고 있다. 해외에 거주하는 여성이 모국으로 송금하는 돈은 그들 자녀들이 받는 교육의 질을 향상시킨다는 증거도 있다. 유엔 인구보고서(United Nations Population Report)는 "여성 송금의 56퍼센트가 의식주 지출, 건강이나 교육에 사용되었다"고 보고한다(Workpermit.com, 2006; Morrison and Schiff, 2007 참조).

자율과 의존의 관점에서 이러한 여성의 선택은 어떤 의미일까? 한편으로 자신을 굴욕적인 처우에 예속시키는 것은 굴종(submission)의 하나다. 하지만 다른 한편으로 해외로 가기 위해 모국을 떠나는 것은 어느 정도 자율적인 행동인 것처럼 보인다(강제로 또는 속임수에 빠져 서비스에 종사하게 된 사람의 경우는 논외로 한다. 이들의 자율과 자유는 타협되었기 때문이다). 하지만 개인이 금전적 필요 같은 전 세계 '필수품'을 대면할 때 그리고 그러한 '서비스'를 권장하는 (필리핀 같은) 사회에서 정규 교과로 교육을 받게 될 때, '선택'이라는 언어를 사용하는 것은 어느 정도 의미가 있는 것일까? '선택'의 문제는 단순히 빈/부를 대조해 설명하거나 이주를 결정하는 데 강압이 있었는지

면 이 용어는 '사슬' 속의 여성과 남성을 어머니로 묘사함으로써 우리의 시각을 제한하고 이를 당연한 것으로 간주하게 한다.

를 설명하는 것보다 훨씬 복잡해진다.

가사노동자는 종종 열악하고 차별적인 대우를 받는다. 그들은 착취가 가능하기 때문에(Romero, 2002), 시민이 아닌 국경을 넘어온 그래서 상대적으로 힘이 더 없는 이들을 선호하는 이주민의 수요는 점차 지속된다. 페미니스트 지리학자 맥도웰(Linda McDowell, 2007)이 지적했듯이 종종 아이들을 돌보기 위해 집안으로 들인 사람은 다른 계급의 가치, 이상, 관습, 언어(문화가 들어오는 것은 이론의 여지가 없다)를 들여온다. 이러한 환경에서 고용주는 아이들이 가능한 한 많이 성장하는 방식으로 이주민 가사노동자를 관리할 수 있기를 원한다.

특히 가장 취약한 가사노동자들은 저임금을 받는다. 그들은 '가족의 일원'이 되기를 기대하지만 실제로 그들이 가족이 아니라는 것을 깨닫게 되며 고초와 냉대를 겪는다. 로메로(Mary Romero, 1992, 2002)는 『미국의 하인』(*Maid in the USA*)이 된다는 것의 복합적인 면에 대해 광범위하게 썼으며, 그녀의 후속 논의에서 가사노동자의 상황이 개선되지 않고 있음을 밝혀냈다. 로메로는 "고용주와 고용인 간의 친밀한 관계는 소설이나 영화 그리고 신화를 위한 재료였지만, 실제 연구는 그러한 관계가 노동자에 대한 재정적 보상이나 인격적 보상보다 매우 심각한 착취 상태였으며 〔……〕 '가족의 일원'으로서의 대우라기보다 의례적인 말과 장소를 고려한 공손으로 점철되는 직업이다"라고 결론내린다(Romero, 2001: 1660).

앤더슨(Bridget Anderson, 2000: 19-20)은 가사노동자가 지위의 불평등에 얼마만큼 기여하는지 관찰한다.

> 유급 가사노동자의 고용은 〔……〕 단지 은 식기를 광내고 의복을

다림질하도록 하는 신분 목적을 유지하는 것뿐만 아니라 집안의 안주인을 돋보이게 하는 역할을 함으로써 신분 재생산을 촉진시킨다. 고용된 생산 노동자는 단순히 그녀 자신뿐만 아니라 그녀의 이해관계에 매우 적대적인 사회적 존재와 관계를 재생산한다. 그녀가 있다는 것은 그녀 자신뿐만 아니라 고용주의 정체성 ―능력 있는 가정 지배인으로서, 중산층으로서, 백인으로서― 을 강조하고 강화하는 것이다.

하지만 민주사회를 만드는 가정의 역할이라는 관점에서 보면, 가사노동자의 좀 더 심각한 영향을 살펴봐야 할 필요가 있다. 이 서비스 관계는 단지 하인을 만드는 것이 아니라 주인을 만들고 주인 부류를 만든다.

인류학자들이 밝혔듯이, 가사 돌봄노동자가 돌봄노동으로 낙인찍히게 될 때, 가사서비스는 여성화되고 다문화적인 노동으로 인식되기 때문에 비민주적이다. 가사노동자들은 후진적이고 사사로운 형태의 노동을 제공하는 사람으로 인식되어 낙인찍히며, 이들이 제공하는 노동은 후진적이며 사사로운 이들에 의해서 제공되기에 역시 후진적이고 사사롭다고 인식되고 낙인찍힌다.[6]

민주사회의 정의의 관점에서 보면, 우리는 또한 누군가가 단조롭고 기계적인 일에 적합한 사람이라고 선입견을 갖는 것에 조심해야

---

6 이러한 낙인의 많은 사례를 생각해볼 수 있다. 음식매장에서 일하는 미국 십 대에 대한 낙인을 사례로 들 수 있다(D. Johnson, 2001). 이러한 낙인과 그 결과는 가장 전문성이 떨어지는 돌봄노동자에게 좀 더 가혹하지만, 이들에 대한 낙인과 그 결과는 의사와 간호사에게도 영향을 미친다. 영국의 건강돌봄종사자 여섯 명 중 한 명은 바로 위의 감독관에게 괴롭힘을 당하며, 민족적 소수의 경우에 그 수가 열 명 중 세 명으로 증가하는 것으로 보고된다(International Centre for Human Resources in Nursing, 2008).

한다. 심지어 입은 옷의 차이를 두고 사람들이 서로 다르다고 낙인찍는 것은 하인 계급이 존재하는 어느 곳이나 지속된다. 그들은 다른 지역과 역사적으로 다른 시대에 사는 사람들이지만 그들은 인종, 피부색, 종교, 교의, 억양, 국적 등으로 낙인찍혀 분명 노역을 하기에 적합한 사람들로 지정되었다. 로드(Audre Lorde)는 『시스터 아웃사이더』(*Sister Outsider*, 1984)에서 이를 하나하나 열거한다. "나는 1967년 이스트체스터에서 두 살짜리 딸을 쇼핑카트에 태우고 갔다. 한 어린 백인 소녀가 엄마의 카트를 타고 지나가며 재미있다는 듯이 소리쳤다. '오, 저기 좀 봐요, 애기 하인이에요!'"(126). 미국 문화는 종종 다문화인을 백인 미국인 ―다문화인의 지원에 점차 의존하는 백인 미국인― 의 걱정거리를 진정시키기 위한 역할을 하는 하인에 위치시킨다(Wong, 1994).

이러한 낙인의 폐해는 다면적이다. 우선 낙인찍힌 사람이 돌봄노동에 더 잘 어울린다는 암시를 보내면서 그 사람은 평등하지 않다는 메시지를 전파한다. 이는 민주사회에 대한 매우 심각한 위험이다. 에런라이크(Barbara Ehrenreich, 2000: 70)는 이는 그들이 청소하는 것을 따라서 배울 필요가 없는 아이들에게 특별히 악영향을 미친다는 점에 주목한다.

> 청소된다는 것은 어떠한 신비로운 무중력의 공중부양과 실체 없음에 다다르는 것이다. 거의 모든 사람이 폭력적인 비디오 게임에 대해 불평하지만 청소가정부도 결과적으로 비슷한 악영향을 끼친다. 악한에게 피의 응징을 하고 제자리로 돌아오듯, 당신은 세탁기 안에서 공중부양을 하듯이 세탁된 후 정리되어 제자리로 돌아올 것을 알고 양

말을 아무데나 휙 잡아 던진다. 결과는 당신을 따르는 빨래통이 모든 것을 알아서 증발시켜주는 가상 현실과 유사하다. 〔……〕 하인 경제(servant economy)는 하인의 서비스를 받는 사람의 무감각과 자기 탐닉을 쏟아낸다. 그리고 하인 경제는 하인 서비스가 일상에서 습관적이고 반복적으로 이뤄지고 마무리될 때, 무감각과 자기 탐닉을 더욱 효과적으로 만든다.

에런라이크가 강조하는 이러한 유해성 중 하나는 가사노동은 개인화되었고 또 집안에서 일어남으로써 더욱 악화되고 있다는 점이다. 필자가 다른 곳에서 주장해온 것처럼(Tronto, 2002), 노동 착취라는 비도덕적인 일이 가정 안에서 이뤄지기 때문에 더 나쁘다고 본다. 이 점은 가사 일은 종종 노동 자체로 간주되지 않으며, 돌봄노동을 하는 가사노동자는 다른 노동 환경에서 나타나는 것보다 더 친밀한 관계를 형성하기 때문이기도 하다. 왈쩌(Michael Walzer)는 "가정의 규칙이 되는 원칙은 친족적 연대감이나 사랑이다. 이것은 상호성과 의무감 또는 권위와 복종이라는 근본적인 유형을 형성한다. 하인은 이러한 유형에 낄 자리를 찾지 못하지만 그것에 동화되어야만 한다"고 밝힌다(1983: 52). 하인이 친족적 연대감이나 사랑에 동화된다는 것은 무엇을 의미하는가? 페미니스트 학자들은 왈쩌가 친족적 연대감이나 사랑의 규칙에 대해 의구심을 품는 것보다 더 많은 회의를 품어왔다. 그럼에도 가정에서 개인에 맞춰진 규칙은 친족적 연대감이나 사랑을 분명한 노동관계로 만들었다. 가사 하인이 전통적인 아내의 역할을 대체하는 것으로 인식되는 한, 그들은 단지 부분적으로 실제 '노동'인 그들의 업무 의무에 순응하기를 바라는 기대에 부응해야 한다. "당신은 아이들을 바로 앞에 두고 돌봐줄 수 있는 사람을 원한다." 이는 건강보험회사에 다니는 두 자녀가 있는 뉴욕 주 브리아크리프 매너(Briarcliff Manor, New York)의 37세 여성의 말이다. "하지만 적정한 돈에 합당한 사람을 찾는 것은 쉬운 일이 아니다"(Rubenstein, 1993: C1). 혼다뉴-소텔로(Pierrette Hondagneu-Sotelo, 2001)에 따르면, 고용주는 아이돌봄 노동자가 '오직 돈 때문에' 일을 한다는 점에 자주 놀란다. 에런라이크가 설명한 유아론(唯我論)[7]은 돌봄노동자를 고용하는 가정의 모든 사람에게 영향을 미치는 일종의 눈가리개이다. 이러한 타인에 대한 자기 암시성의 영향 중 하나는 평등 의식이 눈에 띄게 줄어든다는 점이다.

이러한 상황이 계속되었기 때문에, 앤더슨이 민주주의의 필수 요소로 설명한 평등한 발언(equal voice)을 돌봄노동자가 행사조차 못한다는 점은 놀라운 일이 아니다. 정당한 도덕적 판단을 위해서 돌봄의 책임을 분배하는 가시적 협력의 과정에 모든 사람이 참여해야 한다는 워커의 견해를 되짚어본다면, 돌봄노동자가 그 과정에 포함되었을 때 상쇄되는 것이 있음을 쉽게 알 수 있을 것이다.

만일 우리가 서로 동등한 위상을 갖는 시민을 만들기 위해 하인의 문제를 바라본다면, 우리는 청소된 집과 아이를 돌보는 것을 각기 다르게 설명할 것이다. 하지만 지금 우리는 불평등한 가족이 불평등한 돌봄을 만들고 불평등한 돌봄이 정치적 삶에서 더 큰 불평등을 야기하는 방식을 살펴보고 있다. 이러한 불평등은 강화되며 또한 인종, 계급, 성의 축을 따라 만들어진다는 점은 우리를 더 이상 놀라게 하

---

7 유아론이란 실재하는 것은 자아뿐이고 다른 모든 것은 자아의 관념이나 현상에 지나지 않는다는 관점이다—옮긴이.

지 않지만, 불평등을 근절하려는 우리의 노력은 더 필요할 것 같다. 하지만 우리가 시민에게 '내 아이만을 돌보기'(taking-care-of-my-own) 위한 무임승차권을 주는 한, 이러한 문제는 심지어 정치적인 문제로 보이지도 않을 것이다.

제5장

시장이 돌볼 수 있다?

시장, 돌봄, 정의

2009년 매사추세츠주 일군의 경제학자들은 해당 주(州) 내 돌봄노동의 경제적 가치를 추산했다. 그들은 가장 큰 20개의 돌봄 산업의 가치를 합산했으며, 매사추세츠 전체 GDP(Gross Domestic Product, 주내 총생산) 중 13퍼센트에 달하는 468억 달러가 돌봄노 동으로 만들어졌다고 밝혔다. 돌봄노동자의 평균 급여를 사용해 그들의 가사노동과 교육뿐만 아니라 병약자, 고령자 및 아이들 보호와 주된 돌봄으로 정의된 무보수 돌봄의 가치를 추산했다. 유급 노동과 무급노동의 총합, 즉 매사추세츠의 2007년 돌봄노동의 경제적 가치는 1,516억 달러, 주 전체 GDP의 36퍼센트였다(Albelda, Duffy, and Folbre, 2009).

이러한 수치는 여러 측면에서 흥미롭다. 무급 돌봄이 유급 돌봄의 경제 규모보다 두 배 이상이다. 하지만 왜 무급 돌봄을 경제 용어로 환산하는가? 왜 돌봄의 이슈를 경제적 가치로 설명하는 것이 돌봄 필요를 충족하는 일상의 경험보다 더 실재적이고 현실적으로 만드는가?

미국 사회에서 모든 것을 경제 용어로 환산하는 것은 이미 일상화되었다. 교육의 가치, 방과 후 프로그램의 가치, '예술'의 가치 등이 경제적으로 계산된다. 피상적으로 모든 것을 비교하기 위해 달러(dollar)라는 기준의 잣대로 계량화되었다. 다른 차원에서 볼 때, 경제적 환산에 의존하는 것은 돌봄책임에 대한 또 다른 반응을 보여준다. 이 장은 각자도생(부스트랩, bootstrap)[1]형 무임승차(각자 알아서 돌봄을 조달)와 자선형 무임승차(누군가를 돕는 것은 개인의 선택)라는 우리가 고려해야 할 돌봄책임의 마지막 '무임승차권'을 살펴본다. 이러한 논의에 따르면, (가족을 넘어선) 시장은 돌봄책임을 최선으로 할당하고 돌봄책임을 잘 배당하는 제도다. 시장이 좀 더 효율적이며 자유롭게 돌봄책임을 할당할 것이기 때문에, 돌봄책임의 특징을 재고해볼 만한 정부나 다른 공적 제도는 필요치 않다. 신자유주의의 핵심은 시장이 자유와 민주주의를 위한 조건을 만들며, 정의로운 것은 재화와 서비스를 분배하고 할당하는 보이지 않는 손이 이끄는 시장이 인도하도록 두는 것이라는 점이다.

시장이 돌봄을 할 수 있을까? 이 문제에 대한 답은 긍정과 부정 모두다. 돌봄에 시장가치를 매기는 것은 돌봄이 인류의 삶에서 얼마나 광범위하고 중심적인 것인지를 보여주기 위해서 유용하다. 하지만 돌봄을 단지 시장의 언어로 생각하는 것도 전체 사회가 돌봄책임을 바라보는 방식을 심각하게 왜곡한다. 물론 돌봄필요를 충족시키는

---

1 부스트랩이란 사전적으로 혼자 힘 또는 혼자 힘으로 ~에서 빠져나옴을 뜻한다. 이 책에서 쓰이는 부스트랩은 시장에서 혼자 힘으로 돌봄을 구매하는 일종의 돌봄 자구책을 의미한다—옮긴이.

데 필수적인 돌봄서비스와 노동은 시장을 통해서 조직될 수 있을 것이다. 하지만 시장도 인간의 다른 조직처럼 어떤 목적에 봉사한다. 자본주의 경제에서 시장의 주요한 목적은 이윤, 즉 부를 창출하는 것이다. 물론 자본주의 시장이라 할지라도 이윤 이외의 다른 목적에 봉사할 수 있다. 예를 들어, 노동안전법이 없었다면 기업은 아마 더 많은 돈을 벌 수 있었을 것이다. 하지만 어떤 기업이 매우 위험한 사업장을 방치하면서 초과생산과 초과이윤을 쥐어 짜낸다면 이는 비도덕적인 것이다. 시장이 돌봄을 할 수 있을지의 여부는 사회구성원들이 시장과 시장의 목적에 대해서 어떻게 생각하는지에 달려 있으며, 시장이 다른 제도와 얼마나 잘 조응하는지의 여부에 달려 있다. 필자는 이 장에서 시장 근본주의자들은 ―시장은 돌봄의 책임을 포함한 모든 것을 할당하는데 충분하다는 시각(Ubel, 2009 참조)― 이러한 목적을 달성하기 위한 수단으로서 시장이 내포한 여러 문제들을 도외시하고 있다고 주장할 것이다.

경제학자의 관점에서 보면, 시장의 한계는 두 가지 차원이다. 시장은 공공재에 적정 가격을 매길 수 없으며, 시장은 거래를 넘어 발생하는 비용과 수익이라는 '외부효과'(externalities)를 고려할 수 없다(Albelda, Duffy, and Folbre, 2009; Folbre, 2001). 예를 들어, 방치된 아이들의 사회적 비용이나 훌륭하게 성장한 아이들의 사회적 가치 등은 아이돌봄의 비용에 고려되지 않는다. 하지만 시장은 '가격'을 공공재나 외부효과에 책정함으로써 이러한 문제에 적응할 수 있다. 예를 들어, 환경론자들은 경제가 대기오염의 비용에 적응하도록 하기 위해 우리는 지구 온난화의 주범인 대기 중 이산화탄소 방출에 대한 가격을 책정할 수 있다고 주장해왔다.

돌봄의 공공재와 돌봄의 외부효과 가격이 책정될 수 있을지 모르겠지만, 시장이 돌봄과 돌봄책임을 제대로 할당하는데 여전히 적절하지 않은 여러 이유가 있다. 이러한 문제는 시장을 돌봄책임을 분배하기 위한 수단으로 사용한다는 기본 전제에 다다르면 매우 심각해진다. 이러한 문제는 돌봄 그 자체의 특징에서 그리고 시장적 사고방식의 특징에서 비롯된다. 필자는 이 장에서 첫째, '자유시장'과 돌봄 간의 양립 불가능성에 대해, 둘째, 돌봄책임을 충분히 할당하는 것을 불가능하게 만드는 구조적 불평등을 덮어버리는 시장적 사고방식에 대해 다루고자 한다. 필자는 '낙오생 없는 학교'(No Child Left Behind) 법안에 내장되어 있는 '신공공관리'(New Public Management) 접근을 사례로 공교육에서 시장적 사고방식을 사용하는 것이 이러한 문제들을 어떻게 설명하는지 생각해볼 것이다.

돌보는 제도로서 시장

시장이 근대성을 정의할 수 있는 특징이라는 점은 『대전환』(*The Great Transformation*)(2001[1944])에서 폴라니(Karl Polanyi)가 밝힌 유명한 주제다. 폴라니의 광범위한 이 저작은 이데올로기뿐만 아니라 제도, 사회뿐만 아니라 과학에서 변화를 이끌었다. 핵심적인 주장은 시장적 관계가 어떻게 초기 근대 시기에 봉건적 관계를 대체했으며, 개인에게 얼마나 엄청난 자유를 제공했는지에 대해 다루고 있다. 그러나 폴라니가 주장했듯이, 자유를 얻음으로써 치른 대가는 봉건사회의 바람직한 특징이었다. 이러한 특징은 다양한 방법으로 책임을 공유하는 좀 더 연결된 모습의 사회를 포함한다. 1977년 허쉬만(Albert O. Hirschman)은 『열정과 이해관계』(*The Passions and the Interests*)를 출판했다. 그 책에서 그는 초기 자본주의 옹호자들이 주장했던 시장적 삶의 '일차원적' 특징에서 발생한 긍정적인 효과를 설명했다. 몽테스키외에 대한 허쉬만의 해석을 따라 많은 학자들은 이것을 '온화한 상업주의'(doux commerce)라고 명명했다. 이는 전쟁, 폭력, 균열을 야기한 명예, 자부심 등의 이전 감성을 재화에 대한 욕망으로 대체하는 '부드럽고' 문명화된 효과를 지닌 상업주의이다. 아담 스미스가 『국부론』(*The Wealth of Nations*)(1976[1776])에서 밝혔듯이, 영국의 신사 계급은 "다이아몬드 혁대 장식이나 그것만큼 무용하고 시시한 것"에 돈을 쓰기 위해 자신의 사병도 기꺼이 포기했다(III. iv. 10; vol. 1, p. 331). 허쉬만에 따르면, 이해관계가 가미된 열정은 더 평화로운 사회질서를 만든다. 돌봄에게는 일상의 작은 평화가 필요한 반면, 시장의 승리는 더 엄청난 경제발전을 가능하게 했으며 사람들과 가족에게 어린 아이, 고령자, 허약자를 돌볼 수 있는 가능성을 높여주었다. 돌봄의 현대적인 모습은 그러한 경제발전과 다양한 돌봄 역할을 했던 제도를 가능하게 한 '시장'이 없었다면 상상할 수 없을지 모른다.

맥클로스키(Deirdre McCloskey, 2006)의 연구는 이러한 논의를 조금 더 확장한다. 맥클로스키는 자본주의가 인간을 원자화하고 비도덕적 존재로 축소한다는 비판에 반발하여 자본주의가 여러 미덕을 육성한다고 주장한다. "희소성과 그 밖의 고려할 사항 그리고 시장 사회의 자유주의적 가치에 대한 강조가 윤리 학교처럼 작동한다"(413). 그녀는 다음과 같은 목록을 제시한다. "상업적 실천에서 볼 수 있는 부르주아의 미덕은 아마도 진취성, 적응력, 상상력, 낙천

성, 청렴, 신중, 검약, 신뢰, 유머, 애착, 소유, 배려, 책임, 염려, 품위, 인내, 관용, 붙임성, 평화, 시민성, 이웃 사귐성, 의무감, 평판, 의존성, 불편부당성이다"(349-350; Fourcade and Healy, 2007 참조). 이러한 관점에서 맥클로스키는 부르주아 윤리를 키우는 자본주의의 훈련은, 돌봄윤리에 대한 설명처럼, 현대 사회에서 살아가기에 안성맞춤인 덕목이라고 주장한다. 돌봄윤리와 양립 불가능하다는 점은 논외로 치더라도, 도덕시스템으로서 자본주의와 돌봄윤리는 결과적으로 같은 뿌리라는 것이다.

마지막으로 시장 옹호자들은 자본주의를 자유와 민주주의를 위한 필수 전제조건으로 간주한다. 프리드먼(Milton Friedman)은 "경제적 자유도 정치적 자유를 성취하는데 필수불가결한 수단"이라고 했다(1962: 8). 포캐이드(Marion Fourcade)와 힐리(Kieran Healy)는 "시장에 힘을 불어넣는 것은 사람에게 힘을 불어넣는 것과 같기" 때문에 "시장에 족쇄를 채우는 것은 사람들이 진정으로 원하는 것을 하지 못하도록 하는 것이다. 소비자 주권은 따라서 다른 척도의 정치적 자유다"라고 했다(2007: 289). 민주적 돌봄이 인간의 자유를 보호하고 심화하고자 하는 한 민주적 돌봄과 시장을 이용하는 것은 양립 가능할 수 있다는 것이다.

사람들이 시장에서 돌봄이 제공된다고 인식할 때 그들은 두 가지 유형의 무임승차권을 얘기한다. 이 두 무임승차권은 동전의 양면 같아서 이 둘이 합쳐져서 시장이 현명하게 돌봄을 분배할 것이라는 견해에 다다른다. 하나는 각자도생(부스트랩)형 무임승차권이다. 이에 따르면 사람들은 시장을 통한 행위를 하면서 자기 자신의 돌봄욕구를 충족한다. 사람들은 가족을 이루거나 보험에 가입하거나 시장에서 자신이 원하는 돌봄을 살 수 있는 충분한 자원을 보유하는 방식으로 돌봄을 대비하거나 자신을 돌봐야만 한다. 다른 하나는 일부 사람은 타인을 도움으로써 긍정적인 효용을 획득한다는 관점이다. 이러한 사람에게는 자선형 무임승차권이 주어진다. 모든 사람이 자신의 돈을 자선을 행하는 데 쓸 수 있는 선택 가능한 수단을 갖고 있는 한, 곤경에 처한 사람은 도움을 받을 수 있기 때문에, 다른 사람의 돌봄필요에 대해 집단적이거나 강제로 생각할 필요가 없다. 문제를 해결할 정부나 정부 관료제가 있어야 할 필요가 없다.

시장에서의 돌봄: 각자도생과 자선의 몇몇 문제점

각자도생과 자선은 시장의 강력한 방어선이다. 실제로 시장은 몇몇 측면에서는 매우 잘하고 있다. 그런데도 돌봄의 관점에서 볼 때 희소한 자원을 할당하기 위해 시장을 이용하게 되면 많은 문제점이 생긴다. 돌봄의 관점에서 제기하는 시장이 갖는 문제점은 시장 옹호자나 비평가에게 모두 익숙한 것들이다. 사람이 자신의 이해관계를 추구하면서 희소한 자원을 할당하는 시스템으로 시장을 여기는 것은 모든 사람은 자신의 이해관계를 추구할 수 있는 능력이 있음을 전제로 한다. 제3장에서 언급한 개인의 '노동윤리'의 전제가 되는 개인적인 능력과 같이 시장에서 노동이나 다른 재화를 판매하거나 제공되는 재화를 소비하는 개인은 그 자신의 합리적인 자기 이해를 알고 있으며 재화를 구매함으로써 자기 이해를 추구한다고 전제한다. 이 관점의 문제는 인간은 생애 주기의 모든 국면에서 그러한 결정을 할 수 있는 역량을 갖추고 있지 않다는 데 있다. 예를 들어, 어린 아이, 허약한 개인, 장애가 있는 사람, 노쇠한 어르신은 그러한 판단을 할 수 없다. 역사적으로 가족은 시장에서 그러한 개인을 대변했으며, 여전히 그 전제는 시장이 가족 내 개인을 위한 올바른 결정을 내리리라는 것이었다. 그러나 이러한 관점은 가족 안에 있는 개인이 가족 안에 있는 다른 사람의 이해를 반영하는 정확한 판단을 내릴 수 있다는 것을 전제하기 때문에 문제가 된다(Sen, 1992 참조). 아마도 이것은 다른 제도로 보완되어야 하는 시장의 제한된 조건이다.

시장의 다른 심각한 문제는 교환관계를 충족하려는 사람들이 역량이 상대적으로 평등한 지위에서 교환된다고 가정한다는 점이다. 하지만 제1장에서 언급했던 바와 같이 돌봄의 맥락은 종종 불평등한 파워의 맥락이다. 만일 어떤 사람이 베르네스(Waerness, 1984a, 1984b)가 호칭했던 필수 돌봄을 제공하면서도 자신을 위한 돌봄을 제공하지 못한다면, 돌봄제공자는 돌봄수혜자에 비해 상대적으로 파워가 더 있는 지위에 있게 된다. 때때로 돌봄제공자는 돌봄을 제공할 때 필요한 기술과 지식이 그 자신에게는 무용하기 때문에, 스스로에게 도움을 제공하지 못하는 사람을 위한 도움을 제공한다. 이것은 건강돌봄(healthcare)의 경우 대부분 사실이다. 만일 돌봄이 일종의 서비스라면, 돌봄수혜자는 돌봄제공자를 대체할 수 있는 대안적 선택을 할 수 있으며, 그 결과 돌봄제공자의 상대적인 파워는 줄어든다. 따라서 교환되는 돈의 크기가 아닌 다른 것이 교환의 질에 영향을 준다.

시장에서 돌봄의 또 다른 문제는 돌봄이 그 자체로 지닌 친밀성 때문에 나타난다. 교환이라는 용어를 사용하는 것은 돌봄이 종종 감정적인 애착을 포함하는 매우 친밀한 것임을 간과하는 것이다. 이러한 관점에서 보면 돌봄관계는 '끈끈'하고, 따라서 열린 시장이 갖는 자유를 드러내지 않는다. 예를 들어, 사람들은 더 저렴한 누구를 만나더라도 자신을 돌보는 배우자나 반려자를 저버리지 않을 것이다. 돌봄은 시장의 힘에만 대응하지 않는다.

시장에 대한 또 하나의 비판은 시장이 정보의 완전성을 전제한다는 점이다. 완전한 정보의 부재는 필수적이고 전문적인 돌봄을 제공할 때 매우 심각한 관심사다. 실제로 개방되고 합리적인 교환을 불가능하게 하는 정보 비대칭이 존재하는 필수 돌봄이 필요한 상황에서 속임에 취약한 사람을 생각한다면 돌봄 영역은 언제나 규제된 시장이었다. 예를 들어, 모든 사람이 의료 행위를 할 수 없고 시체의 방부 처리도 할 수 없다. 인허가 절차는 정부가 만들며 정부는 규제 ―예를 들어 장례사 훈련 같은― 를 고안해낸다. 그러한 훈련이 얼마나 복잡한 것인지를 고려한 이상 정부는 인허가권 ―예를 들어 미국의료협회나 법률협회 같은― 을 협회에 부여한다. 돌봄의 경우 자유시장은 존재하지 않는다. 문제는 규제되는 돌봄 시장 안에서 어떠한 형태의 규제와 제한이 있어야 하는지에 관한 것이다. 예를 들어, 정부는 의사에게 면허를 발급함으로써 의사들은 경제적 혜택을 부여받게 된다. 그러나 다른 누구도 의사처럼 잘 치료할 수 있는지의 문제는 논쟁의 지점이 아니다. 그래서 많은 집단은 경제적인 혜택을 얻는다. 하지만 완전한 자유시장 역시 대안이 될 수 없다는 점 또한 분명하다. 그렇다면 문제는 오히려 그러한 규제가 공정한지, 규제의 본래 목적에 부합하는지에 관한 것이다. 그러나 만일 시장이 '자유로운' 것으로 받아들여진다면 이런 문제가 더는 제기되지 않을 것이다.

돌봄민주주의 관점에서 볼 때, 시장의 한계에 대한 일반적 관점인 경제적 시각으로 제기되지 않는 심각한 문제가 두 가지 있다. 하나는 인간본성의 관계적인 특징과 다른 하나는 시간의 차원이다.

관계적 존재론(relational ontology)의 문제를 제기하는 가장 익숙한 방법은 시장이 필요에 어떻게 대응하느냐에 관한 것이다. 시장은 필요를 개인이 자신 스스로의 필요를 고민하여 선택한 결과로 간주한다. 새로운 필요가 나타날 때, 일부 기업가들은 새로운 틈새를 보고 어떤 재화나 서비스를 그 필요를 충족시키기 위해 제공하게 된다. 따라서 필요는 그것이 나타나게 되면 충족된다.

돌봄의 관점에서 본다면, 시장에서 필요가 충족된다는 이러한 논의는 몇몇 문제점이 있다. 인간본성에 관한 돌봄민주주의의 관점은 시민은 동등하다는 언명 때문이 아니라 정교한 사회적 과정을 통해서만이 평등해진다고 전제한다. 시장을 통해 (또는 다른 방식을 통해) 공정한 경쟁이라는 교훈을 학습하는 것은 맥클로스키가 정확하게 시사한 바와 같이 이러한 과정의 한 부분이다. 그럼에도 불구하고 돌봄민주주의는 시민이 그들의 필요를 책임이라는 큰 틀 속에서 이해해야 한다고 주장한다. 프리드먼과 맥클로스키(그리고 노직Robert Nozick과 드워킨Ronald Dworkin 같은 학자들) 같은 학자들이 책임의 학습에 대해서 썼을 때, 그들은 자신의 행동에 대해 책임지는 것을 학습의 핵심이라고 보았다. 제3장에서 개인책임에 대한 몇 가지 문제점을 살펴보았다. 비록 어떤 학자들은 기업은 사회적 책임이 있으며 사회가 책임을 권장할 수 있다고 주장하고 있지만(Lee, 2008; Vives, 2008; Frankental, 2001), 프리드먼은 기업이 이윤 극대화라는 목표를 넘어서 어떤 '사회적 책임'을 갖는다는 점을 인정하려 하지 않았다. 어떤 개인책임의 모습은 필수적이라는 측면에서 물론 프리드먼은 틀리지 않았다. 그런데도 돌봄은 시민이 다른 종류의 책임에 대해서도 좀 더 넓게 생각할 것을 요구한다. 만일 사람들이 그들이 어디서 왔으며, 누구와 어떤 관계를 어떻게 맺고 있으며, 어떻게 여기까지 왔는지에 대해 이해하지 않는다면, 그들은 돌봄책임에 관한 폭넓은 판단을 할 수 없게 될 것이다. 그 결과 사람들은 "우리는 스스로를 돌봐야만 한다"라는 주장으로 되돌아가거나 '우리'를 만든 것은 환경과 개인의 (또는 가족의) 의지가 함께 영향을 미쳤다는 점을 간과할 것이다. 따라서 자신의 각자도생에 의지하는 것은 다른 사람들을 관찰하고 그들을 이해하는 방식을 넓히지는 못할지언정 오히려 협소하게 할 것이다.

각자도생과 유사하게 자선 시장에 의지하는 것도 필요를 충족시키는 데 문제가 있다. 사람들이 자애로운 기부를 하기로 결정할 때, 그들은 자신의 이해관계에 가장 근접한 명분에 기부를 한다. 부유한 오페라 애호가는 기부금을 낼 때 그 기부금이 오페라를 위해 쓰이길 기대하며, 경제적으로 중하 계급에 속하는 신앙인이라면 교회에 기부하려 한다. 자신의 이해관계가 반영되는 이러한 기부의 궁극적인 결론은 필수적인 필요가 아니라 원하는 것과 이해관계가 자선을 통해서 무엇인가를 충족시킬지 결정한다는 점이다(Bennett, 2011; Piff et al., 2010). 시장에서 자선이 존재한다는 것은 돌봄책임이 부분적으로 충족될 것이라는 점을 의미한다. 하지만 시장에서의 자선이 반드시 충분히 올바르고 자애로운 기여로 이어질 것이라는 어떠한 근거도 존재하지 않는다.

인간본성에 대한 관계론적 개념보다 원자론적 개념이 시장과 잘 어울린다. 최근 경제학자들과 몇몇 학자들은 만일 자기이해 중심이라는 자아 모델이 근본적으로 사용된다면, 다른 사회제도에 대한 학문적인 연구도 향상될 것이라고 주장한다.[2] 예를 들어, 경제학자 베커(Gary Becker, 1976, 1991)는 가정생활의 내부 동학을 자아 모델로 설명해 왔다. 하지만 사회이론가들이 주목했던 것처럼 이 모델에서는 행위에 대한 행위자들의 자아의식의 의미 있는 통찰을 찾아보기 어렵다(Granovetter, 1985). 하지만 자기 이해의 시장적 관점에서 세상을 보는 것이 필연적으로 다른 삶의 영역에서 자기 자신을 다른 시각에서 바라보지 말아야 한다는 것을 의미하는가?

시장에 대한 그 무엇도 시장적 사고방식이 다른 삶의 영역에 전파되어야 한다고 말하지 않지만 실제로 시장의 논리는 전파되고 있다. 시장 근본주의자들은 정치적 삶이 시장이 따르는 논리를 따라야 한다고 주장한다. 다른 삶의 영역에서는 필연적으로 다른 논리가 의미 있다고 주장할 수 있지만 이런 식의 주장은 점점 더 어려워지고 있다. 예를 들어, 시장은 부모 역할을 어떻게 해야 하는지 조언한다. 컨설팅 회사는 사무관들에게 어떻게 해야 좋은 부모가 되는지를 조언한다(Arlie Hochschild, 2005). 시장적 사고방식이 다양한 삶의 모든 영역에서 획일적으로 확산되어야 한다는 신념을 갖고 있는 시장 근본주의자들은 자본주의적 삶의 논리가 종국에는 전 삶의 영역에 불가피하게 전파될 것으로 생각하는 마르크스주의자[3]와 자본주의 삶

2 정치학에서의 이러한 접근법에 대한 전형적인 비판은 그린과 샤피로(Green and Shapiro, 1996) 참조.

3 "역사적으로 부르주아 계급은 가장 혁명적인 역할을 해왔다.〔……〕부르주아 계급은 어디서나 우위에 있었으며, 모든 봉건적·향토적·목가적 잔재를 혁파했다. 부르주아 계급은 남성이 당연히 '자연적으로 우월'하다는 봉건적 잔재를 부숴버렸으며, '현금 지급'이나 자기 이익만을 생각하는 것을 제외하고 다른 인간적인 관계를 남겨두지 않았다. 부르주아 계급은 종교적인 열망, 기사도의 열정, 순수한 감성주의 등 가장 아름다운 가치를 가장 자기 중심적인 차디찬 얼음물 속에 익사시켜버렸다. 인

의 특징으로서 인간의 일차원적인 특징에 대해 공유한다(Marcuse, 1964). 시장적 사고방식의 확산은 통제될 수 있는 것이며 이러한 통제는 돌봄민주주의의 정치제도가 해야 할 중요한 몫일 것이다. 하지만 부지불식간에 퍼지는 시장적 사고의 확산을 인식하지 못한다면 ―실제로 시장적 사고가 합리적인 유일한 가능성이라고 여기고 있다면― 매우 심각한 위험이 도사리고 있다.

그런데도 돌봄의 관점에서 보면 시장적 사고방식의 확산이 야기한 실질적인 문제에 더해 또 다른 중요한 요인이 있다.[4] 그것은 시간이다. 시장의 상품으로서 돌봄이 제공될 때 효율성 증가의 긴급성은 보몰(William Baumol, 2012)의 주장에 근거해 라자비(Shahra Razavi, 2007)가 명명한 돌봄의 "비용질병"(cost disease)을 겪는다. 보몰의 실내악 연주와 같이 좀 더 효율적인 시간 관리는 시간을 보내는 것 자체가 돌봄활동의 부분인 친밀한 돌봄에서는 적용될 수 없다. 로봇이 돌봄활동을 대체할 수 있게 될 것이라는 희망을 갖기 시작하는 사람들이 생겼지만(Graf, Hans, and Schraft, 2004), 돌봄의 중요한 측면은 이야기를 듣고 돌봄수혜자를 관찰하며 다른 사람과 시간을 함께하는 것이다. 스테이시(Clare Stacy, 2011)는 가정건강보조원들은 고령자에 대한 자신의 이 같은 일이 의뢰인의 삶의 질에 긴요한 것으로 이해하고 있다고 보고한다.

간의 가치를 교환가치로 용해했으며 무효화할 수 없는 수많은 공인된 자유 대신에 하나의 부도덕한 자유 ―자유무역― 를 수립했다"(마르크스와 엥겔스, 『공산당 선언』 [Tucker, 1977: 337]).

4 페미니스트 학들는 이러한 주제를 여러 측면에서 검토해왔다. Folbre and Bittman, 2004; Bittman et al., 2003; Tronto, 2003; Phipps, Burton, and Osberg, 2001; Hochschild, 1997, 2005; Daly, 1996; Adam, 1995; Bonfiglioli, 1990; Kristeva, 1982 참조.

하지만 혹실드(Arlie Hochschild, 1997)가 관찰해온 것처럼 시장 경제의 요구는 돌봄을 심각한 '타임 바인드'(time bind)에 두고 있다. 쇼어(Schor, 1998, 2000)는 왜 미국인이 지나치게 일을 많이 하는지 살펴본다. 그녀에 따르면, 부모는 자녀를 위해 '맞춤형' 장난감, 여행, 체험에 쓸 돈을 모으는 데 매우 관심이 있기 때문에 일하는 데 지나치게 많은 시간을 사용한다는 것을 밝혀냈다. 소비 시장은 아이들을 만족시키기 위해(일을 더 많이 해야 함을 의미) 돈을 더 많이 쓰는 새로운 소비 시장을 창출하고, 새로운 소비자(이제는 영유아도 마케팅의 대상이다; Schor, 2004)를 발굴하는 데 고도로 전문화되어 있다(Lane 2000). 돌봄 관점에서 바라볼 때 여기에는 명백한 문제가 있다. 부모가 자녀를 돌본다는 것을 보여주려는 목적으로, 그들이 열심히 일을 하고 돈을 벌어 아이들에게 무언가를 해주기 위해 그렇게 많은 시간을 쓰고 있다면, 이것은 오히려 처음 목적과 반대되는 것이 아닐까? 돌봄을 하는 데 시간을 쓰는 것이 더 좋은 것은 아닐까?

마지막으로, 좀 더 철학적인 수준에서 인간이 원하는 것을 만족시키기 위해 조직된 시장이 돌봄을 판단하는 근거인 인간의 필요를 충족시키기 위한 가장 좋은 제도인지에 대해 문제를 제기할 수 있다. 필요를 원하는 것으로 전환하는 여러 방법이 있지만, 레인(Robert E. Lane)의 말을 기억하는 것이 좋겠다. "시장은 이미 열악한 처지의 많은 사람과 빈곤한 개인을 배제하고, 금전을 지닌 사람이 원하는 것을 만족시키며, 돈이 있는 사람 중에서도 다양한 사람이 원하는 것의 긴급함과 필요에 따라서가 아니라 얼마나 돈을 많이 가지고 있느냐에 따라서 선호를 만족시킨다"(1991: 497).

따라서 시장은 여러 가지 이유로 돌봄을 제공하는 최선의 방법은 아닌 것 같아 보인다. 시장 근본주의자가 승인하는 각자도생과 자선이라는 무임승차권이 돌봄필요를 충족시킬 수 있다는 지적은 합당한 것 같지 않아 보인다.

구조적 불평등과 시장

지금까지 이 장에서는 시장이 돌봄과 돌봄책임을 할당하는 불충분한 근거를 제공하는 방식에 대해 살펴보았다. 시장은 다른 수준에서 돌봄책임을 할당하는 방식으로 더 심각하지만 덜 가시적인 문제가 있다. 시장적 사고방식에 의존하는 것은 사회구조가 불평등을 생산하고 영구화하는 방식을 감춘다. 또한 '시장에 맡겨라'는 각자도생형 무임승차권과 자선형 무임승차권도 불평등을 완화하기보다 심화시킨다.

줄리안(T. H. Julian)은 1971년에 「역행하는 돌봄 법칙」(The Inverse Care Law)이라는 기사를 영국의 의학지 『란셋』(*The Lancet*)에 게재했다. 줄리안은 영국에서 가장 건강한 사람이 최고의 돌봄을 받은 반면, 건강 상태가 최악인 사람들이 의료돌봄(medical care)을 제일 적게 받았다는 점을 발견했다. 줄리안은 이런 사실을 시장을 통해 의료 자원을 분배함으로써 나타나는 곡해와 연결했다. 그는 당시 시작 단계인 국민건강서비스(National Health Service)를 옹호하며 다음과 같이 썼다.

> 양질의 의료돌봄은 서비스를 받는 사람들의 서비스 욕구와 역전된 모습이다. 이러한 역전된 돌봄 법칙은 의료 돌봄이 시장의 힘에 가장 많이 노출된 곳에서 좀 더 완벽하게 들어맞으며 그 힘이 완화된 지역

에서는 들어맞지 않는다. 의료 돌봄의 시장적 분배는 원시적이고 역사적으로 구시대적인 사회적 형태며, 시장으로 회귀하려는 어떤 움직임도 의료 자원의 불균형 분배를 좀 더 심화시키고 확대할지도 모른다(1971: 405).

미국의 최근 공공보건조사에서 일군의 연구자들은 수입이 가장 적은 사람이 노동 현장에서 위험성에 가장 취약하다는 '역행하는 위험 법칙'(inverse hazard law)을 수치로 보여주었다(Krieger et al., 2008). 하지만 과거 40년 동안, 레인(Robert E. Lane)이 칭한 '시장 민주주의'는 자원 분배의 역할에서 시장을 '초보적인' 것으로 이해하는 관점으로부터 자유라는 이름으로 인간의 모든 필요를 충족시키고 모든 것을 분배하기 위해서 시장에 점점 더 의존하는 관점으로 이데올로기적 전환을 경험하고 있다. 시장은 개인이 시장에서 자유롭게 선택함으로써 그들의 자유를 행사하기 때문에 '평등'(Friedman, 2005 참조)하다는 점을 전제한다. 누군가 원하는 것이나 누군가 해야 할 것을 누군가에게 '납득'시키는 방식으로 조직되는 다른 삶과 비교하면, 시장의 삶은 자신이 원하는 것을 자유롭게 할 수 있는 삶, 즉 자유와 동의어다.

이러한 주장을 펼치려면 자유에 대한 부연 설명과 더불어 강력한 사회구조가 어떻게 '선택'을 만드는지 이해하는 것의 한계에 대한 설명도 필요하다. 이 절은 어떻게 시장적 사고가 사회구조와 파워를 은폐시키도록 작동하는지에 대해 논의한다. 이 논점이 명확해지면 시장에서 선택과 자유를 등치시키는 것이 왜 오류인지가 명확해질 것이다.

필자는 평등한 권리라는 도덕이론의 관점에서 볼 때, '차이'가 왜 논쟁적인지에 대한 필자의 기존 태도를 따를 것이다(Tronto, 1993: 71-75). 앞서 필자는 콜버그(Lawrence Kohlberg)의 도덕발달 이론이 설명할 수 없는 점을 지적했다. 콜버그의 이론은 타인을 배제한 사람이 후에 타인의 처지에서 더는 생각할 수 없다는 사실을 설명할 수 없다. 예를 들어, 과거에는 인종 편견의 태도를 취했던 백인 아이들이 현재는 그것이 자신의 과오임을 알게 되었다. 하지만 콜버그의 이론은 인종주의로 배제되어 비웃음거리로 상처받았던 사람들이 어떻게 그러한 해악을 넘어 도덕적인 발전을 경험해야 하는지를 설명할 수 없다. 실제로 억압받은 사람들이 도덕적 미덕을 성취할 수 있는 능력을 면밀히 주목해보면, 억압받은 환경 때문에 심지어 희망갖기처럼 단순해 보이는 미덕도 이들에게는 어렵고 드문 것이라는 점을 알 수 있다(Tessman, 2000, 2005, 2009). 어떻게 이런 일이 생겼을까? 이것이 시장적 사고에 대해 어떤 의미를 갖고 있을까?

위 사례를 계속 언급하기 위해 도덕발달이 무엇을 필요로 하는지 생각해보자. 콜버그가 주장한 도덕발달은 시간에 따라 나타난다. 사람들이 어린 시절 불완전한 도덕을 넘어 성장함에 따라 그러한 불완전한 도덕은 어느 정도 사라진다고 콜버그는 생각했다. 하지만 그러한 초기의 도덕 관점은 이를 행동하거나 표출함으로써 세상에 어떤 영향을 주었으며, 아마도 다른 사람들에게는 이미 유해한 영향을 끼쳤을 수 있다. 과거로 돌아가고 그러한 해악을 다시 들춰내고 그것을 뉘우칠 때 잘못된 관점을 대상으로 논의할 수 있다. 콜버그의 진보적인 도덕사상가들이 인종주의의 희생자가 스스로를 대변하지 못하는 이유를 이해하지 못했을 때, 이러한 도덕사상가들은 자신들이 '스스로를 대변하는' 소수자의 능력을 약화시키는 도덕적 해악을 범하는 범죄자라고 생각하지 않았을 것이다. 필자는 이를 두 단계 과정으로 이해한다. '동화'(assimilation)와 이에 따른 '대상화'(objectification)이다. 먼저 배제 혹은 다른 양상의 파워가 존재하고, 그 배제는 잊혀진다. 타인은 다르게 취급되고, 그 다음에 힘있는 사람들과 똑같다고 여겨진다.

이러한 사실에서 유추할 수 있는 몇 가지 중요한 교훈이 있다. 우리는 이를 도덕발달을 넘어 다른 형태의 발달까지 일반화할 수 있다. 사람들은 많은 발달 과정을 겪는다. 종종 사람들은 그들이 어린 시절의 발달 단계에서 했던 것을 잊고 (그리고 그 행동의 결과를 고려하지 않고) 커간다. 미국 정치의 수사를 빌려 표현하자면, 인간이 '자유롭게 태어났다'는 견해는 사람이 완전히 무력하게 그리고 그들의 삶을 스스로 지탱할 수 없게 태어난다는 현실을 외면하고 있다. 누군가가 자유롭게 태어나는 것을 선택할 수 있다고 장담한다면 이는 말도 안 되는 소리다. 누가 그렇게 말하고 싶어 할까? 이러한 이데올로기의 구조 속에서 이는 인간이 인간에 대해서 중요한 무언가를 말하는 것이다. 이는 영유아가 매우 의존적이라는 사실을 부인한다. 오직 다른 사람과의 관계를 통해서만이 인간은 선택을 할 수 있는 역량을 갖춘다는 점을 부인하며 또한 그러한 관계의 질이 사람의 역량을 방해하거나 도움을 준다는 사실을 부인한다. 이는 개별 인간의 취약성을 부인하며 각 개인의 형성 과정에 필요한 돌봄 중심성을 부인한다. 그러나 인간의 자율성은 성취되는 것이지 출발의 전제가 아니며 이는 몇 해가 필요한 성취물이다.[5]

---

5 이러한 발달에 대한 더 관계적인 설명은 우리가 '상처받은 애착'(wounded

모든 사람이 유아기와 아동기를 잊고 성인이 될 때 느끼는 중요한 부인(denial)의 종류가 있다. 그러한 부인이 사회적 수준에서 반복될 때 이는 심각하게 위험해진다. 집단과 사회뿐만 아니라 개인도 앞으로 나아가기 위해 과거의 무능력과 폐해에 대해 숙고하지 않는다. 하지만 역사를 보면 유사한 과정이 반복된다. 다음의 두 단계의 과정은 ―첫 번째 단계, 타인에게 파워를 행사하거나 해악을 입힌다. 두 번째 단계, 힘없는 약자에게 그들의 무능력을 비난한다― 첫 번째 단계가 지워지면 가장 효과적이다. 어찌 되었든 잊혀야 하거나 해명되어야 한다.

시장적 사고는 인간 사회가 완전히 성숙한 자율적인 인간으로 구성된다고 가정한다.[6] 시장적 관점에서 볼 때, 사람들이 불완전한 상태로 시장에 온다는 것은 가당치 않은 소리다. 또한 사람들의 과거 경험을 고려했을 때, 어떤 양상이든 불평등에 처한 모습으로 시장에 진입한다는 사실도 시장과는 관련이 없는 이야기일 뿐이다.

하지만 이러한 시장적 관점이 인간본성에 있어 가장 중요한 혹은 유일한 시각이 아니다. 인간의 본성은 시간과 관련되며, 인간의 특성은 시장적 사고도 과거의 연고성과도 관련된다. 그러나 시장은 과거가 아니라 미래를 지향한다. 물론 미래에 대한 걱정은 현재의 모습과 행태에 영향을 미친다. 맥클로스키가 지적했듯, 사람은 경영자

---

attachments)을 정체성 정치와 연계시킬 수 있도록 일조한다(Brown, 1995). 만일 사람들이 '정체성'을 어떤 것으로 간주한다면, 사람들은 정체성의 형성과 상처를 치유하기 위해 필요한 것에 대한 책임 소재를 놓치게 될 것이다.

6 시장의 실제가 그렇지 않더라도, 시장은 그렇게 가정한다. 쇼어(Schor, 2004)는 영아도 시장에 들어온다고 지적한다. 19세기부터 지금까지의 아동 노동의 존재는 아이들이 노동 현장에 참여하는 선택이 그들이 성인이 되기 전에 행사된다는 점을 보여준다(Bales, 2007 참조).

처럼 자신의 울타리 안에서 신뢰를 형성하고 유지해야 한다. 시장적 사고방식 역시 미래의 목표를 위해 현재 어떻게 행동해야 하는지 반면교사 삼기위해 과거를 볼 수 있다. 하지만 과거의 부정의를 성찰하기 위해 돌아보는 것은 아니다.

전술했듯 과거의 부정의를 묵살하려는 동기가 강력하다면, 그러한 동기는 시장이 훨씬 강하다. 행위자의 선택이라는 시장의 형식적인 평등 너머를 직시하는 것은 현재의 시장을 혼란스럽게 만들지도 모른다. 예를 들어, 피해자 배상에 대한 법률로 해악을 제한하려는 법적인 노력은 시장에서 과거 부정의를 바로잡기 위한 여러 방법을 가능하게 할 수 있지만, '자유시장'에서 시장 근본주의자들에게 그러한 침해는 혁신을 위협하는 것이다. 과거의 해악을 재평가하고 미래의 선을 장려하는 것 사이에 긴장의 끈이 있다면 시장적 사고는 미래를 향해 있다.

돌봄과 인간 취약성의 본질을 고려한다면, 돌봄책임의 가장 중요한 모습은 공간과 시간을 함께하는 것이다. 시장이 시장과 함께 작동하는 가족 같은 제도에서 시간과 공간의 요소를 포함할 수 있지만, 시장적 사고는 그 자체로 과거의 (시장) 행동이 현재의 시장에 어떻게 영향을 주고 있는지에 대한 인식이 매우 빈약하다.

과거를 배제하는 것이 돌봄 시장화의 문제인 이유는 개인적으로나 집단적으로 돌봄은 과거에서 분리될 수 없기 때문이다. 모든 개인은 과거에 돌봄을 받았으며 모든 사회, 가족, 제도는 예전부터 특별한 방식으로 돌봄을 해왔다. 실제로 좋은 돌봄과 나쁜 돌봄에 대한 인식의 상당 부분은 과거의 돌봄에 관한 판단에서 시작된다.

더욱 중요하게도 우리가 현재 마주하는 윤리 문제의 다수는 과거의 부정의를 어떻게 다룰지에 대한 문제와 연계되어 있다. 만일 우리가 정의에 대해 새롭게 심의하기 시작하면서 단지 '이 순간부터 앞으로'의 정의에 대해 상상하려 한다면, 세상을 물들이는 부정의를 단순히 덮어두거나 그렇지 않으면 단순히 묵인하는 꼴이 되고 말 것이다(Walker, 2006 참조). 하지만 과거의 부정의를 바로잡는 것은 단지 새로운 것을 시작하는 것 이상을 요구한다. 우리는 과거 부정의의 본질에 대해 탐구해야 하며, 과거 잘못된 관행에 대한 책임을 물어야 하고, 우리가 할 수 있는 수단이 무엇이든지 간에 부정의를 지속적으로 개선해나가야 한다.

시장을 통해 돌봄책임을 해결하려는 태도의 더 심각한 문제는 시장은 모든 거래 관계를 서로의 계약을 통해 성립하는 양자관계로 본다는 사실이다. 개인에 방점을 둔 이러한 태도는 불평등한 협상적 지위의 결과에 따른 강력한 영향을 무시한다. 어떤 사람이 더 열악한 상황에 있었을 때 체결된 고용 계약은 그 사람이 그런 상황이 아니었을 때와 비교할 때 더 적은 보수로 계약한다. 이렇게 되면 다음 협상에서 양자 간 파워의 불평등 격차는 감소하지 않으며 오히려 더 벌어질지도 모르고 결과적으로 다시 한번 약자의 협상력을 약화시킨다. 이러한 과정이 계속해서 반복되면 최종 결과는 경제 거래에 내장된 불평등 구조다. 하지만 모든 계약이 매번 깨끗하게 새롭게 갱신된다는 신화는 결국 계약이 갱신될 때마다 불평등한 협상력이 매번 사라진다는 것을 의미한다. 이처럼 과거의 불평등 구조에 의존하고 있으면서도 이를 없던 것인 양 무시하는 것은 이러한 과정을 계속해서 재연하는 것이다.

궁극적인 결과는 사회에서 열악한 구성원은 영구히 열악한 삶을 살게 된다는 점이다. 하지만 모든 시장 거래가 매번 새롭게 갱신된다면 책임의 문제는 제기될 필요가 없다. 과거의 상호작용으로 구조적 불평등이 만들어졌음에도 그러한 불평등이 이제부터 있을 새로운 거래와 형식적으로 아무런 관계가 없다고 주장하는 것은 신자유주의적 사고의 가장 중요한 수단이다. 이는 우리가 과거를 잊고 새롭게 출발하자고 하면서 과거의 부정의를 외면하는 교활한 술책이다.

시장에서의 활동이 매우 미시적으로 이뤄지기 때문에 개별 거래가 다른 것으로부터 '자유'로운 것으로 보인다면, 과거에서 이익을 보면서 과거를 덮어버리는 이런 현상을 가시화시킬 수 없다. 탈식민주의 작가는 종종 식민주의 파워가 갖는 과거에 대한 눈감기(blindness)에 대해 분개한다. 하지만 이미 경기장이 식민주의자에게 유리하게 기울어져 있기 때문에 다음 거래를 위해 우선 앞으로 나아가는 것보다 과거를 돌아보는 것은 이러한 파워가 있는 자에게 터무니없는 소리(기만하거나 보채거나 부정의한 소리가 아닐 수 있지만)로 들린다. 정치학자들이 '경로의존성'(path dependency)이라 부르는, 과거의 결정과 행동이 지금 가능한 선택에 영향을 준다는 생각은 모든 시장 거래가 양자 간 개방되어 있고 자발적인 거래 관계라고 가정한다면 적용되지 않는다. 이러한 방식으로, 프리드먼의 용어를 빌린다면 시장은 '평평'(flat)하다.

인간 삶의 시간의(temporal) 측면을 삭제해버린다면 책임에 대해 논의하는 것은 매우 어려울 것이다. 역사가 없다면 친밀함과 가족만이 책임의 유일한 근거로 남는다. 제2장에서 언급한 확대된 책임 의식은 이러한 환경에서 자라날 수 없다.

헤게모니를 쥔 시장적 사고가 유일한 사고일 때 그리고 현재의 거래와 현재로부터 미래로의 움직임이 모든 것일 때, 돌봄실천을 상상하는 것은 불가능하다. 인간을 매우 취약한 피조물로 바라보는 최초의 관점을 고려한다면, 모든 사람은 좋은 돌봄을 받았건 돌봄을 제대로 받지 못했건(또는 필요가 복합적으로 충족되었거나 충족되지 못했건) 어느 경우든 돌봄의 역사를 안고 있다. 문제는 시장적 사고는 현실을 왜곡했으며, 과거에 대한 선호와는 관계없이 주어진 선호로 인도된다는 생각으로 인간의 존엄을 퇴색시켰다는 점이다. 또한 문제는 과거의 부정의로 편익을 받아온 사람들은 그들이 부정의를 영속화시키거나 단순히 다른 사람들의 부정의한 활동으로 혜택을 받는 방관자라는 사실을 잊으려는 유인을 상당히 많이 갖고 있다는 점이다. 그러나 심각한 폐해를 당해온 사람들은 과거의 부정의에 대해 묻지 않거나 묵살해버리면서 세계가 어떻게 앞으로 나아갈 수 있는지 이해할 수 없다.

신자유주의자들이 모호하다고 밝힌 '인종차별주의'나 '성차별주의' 같은 사회구조는 단순한 개인의 행동이나 신념이 아니다. 이는 관계 내 개인에게 다른 영향을 미치는 패턴화된 행동의 결과다. 그러한 행동과 관계가 구조 속 행위자들에게 서로 다른 영향을 미치기 때문에 그들의 삶에도 다른 영향을 미친다. 시간이 갈수록 그러한 행동의 기억은 사람들의 삶, 그들의 미래 행동 등에서 다른 의미로 드러나고 중요성을 갖는다. 억압자들은 그들이 억압적인 행동을 했다는 점을 잊고, 억압받았던 사람들은 여전히 자신들이 그러한 행동의 압박에서 자유롭기가 힘들다고 생각한다. 억압자들이 "하지만 우리 모두는 지금 똑같은 선택권을 갖고 있다"라고 말하는 것은 매우 무책임한 행동이다. 하지만 현재만 놓고 본다면 과거의 행동과 과거의 행동이 야기된 구조는 모두 가상적인 것처럼 보인다. 따라서 "사회 같은 것은 없다"는 대처(Casey, 2009; Margaret Thatcher, 1987)의 유명한 주장에서 우리는 좀 더 많은 함의를 찾을 수 있을지 모른다.[7] 대처에게 책임을 분담하기 위해서 우리의 눈앞에 보이는 것 — 가족과 개인 — 을 뛰어넘는 것은 불가능하기 때문이다.

그렇다면 시장 안에 있는 사람들에게 그들 앞에 있는 제도와 사회 구조는 가상적인 것으로 보일지 모른다. 그들에게 과거의 폐해와 해결되지 않은 책임에 근거해 정의를 요구하는 것은 무의미해 보일지 모른다.

시장적 사고가 어떻게 돌봄의 책임에 대한 본질을 천착하지 못하도록 하는지에 대한 이러한 토론은 꽤나 추상적이다. 하지만 공공정책에서 시장적 사고를 사용하는 경우를 고려해본다면 좀 더 명확해질 것이다.

신공공관리의 시장화

『네이션』(*The Nation*)지는 학생들을 초대해 짧은 잡지투고 형식의 글을 제출하도록 하는 대회를 매년 열어왔다. 2010년 수상자 중 한 명인 파나지안(Melissa Parnagian)은 그녀가 다니는 뉴저지주 고등학교에 대한 예산 삭감의 효과에 대해 에세이를 썼다. 『네이션』의

---

7 여기에 긴 인용구가 있다. "사회란 무엇인가? 그런 것은 없다! 개별 남성과 개별 여성 그리고 개별 가족만이 존재할 뿐이다. 어떤 정부도 이런 사람들, 즉 자신을 우선시하는 사람들 없이는 어떤 것도 진행할 수 없다. (……) 만일 아이들이 문제라면 이는 문제가 있는 사회일 뿐이다. 사회 같은 것은 없다." 로빈(Corey Robin, 2011)은 그의 블로그에서, 가족의 논리로 되돌아갈 때, 대처의 신자유주의 시장정치는 위계적인 제도에 의지한다고 지적한다. 비록 다른 신자유주의자들은 가족에 대해 다른 태도를 갖는다 하더라도, 대처의 견해는 아이들에게 개인책임에 대해 가르치는 가족에 대한 것이다. 필자는 이 유명한 구절에 대한 로빈의 통찰에 감사한다.

웹사이트에서는 에세이의 내용에 대한 질문은 하지 않고 오히려 그녀를 호되게 몰아붙였다. "그만 징징대라. 그리고 공부나 열심히 해서 네가 학부모가 되었을 때, 네 아이들을 진절머리 나는 사회주의자의 공립학교 대신 사립학교에 보낼 수 있도록 돈이나 벌어라"(*The Nation*, 2010). 이 논평은 미국 내 교육과 같은 공공재에 대한 미국인의 의식을 함축한다. 어떤 공공재도 '진절머리 나고'(crappy), '사회주의자'(socialist) 같다. 자유시장에서 온 것은 좋은 것이며, 충분한 돈을 가지고 있는 사람은 누구든 '진절머리 나는 사회주의자'에서 벗어나 자신만의 대체제를 살 수 있을 것이다. 공립학교에 대한 그리고 일반적인 공공재에 대한 이러한 태도를 어떻게 설명할 수 있을까?

덜 알려진 것이지만 신자유주의 교지 중 하나는 신자유주의자들이 공공부조에 지나치게 의존하게 된 국가에서 자유시장 국가로 전환하기를 바라보는 관점이다. 신자유주의자들은 기업가들이 좀 더 새롭고 천재적인 공공서비스의 제공 방식을 착안할 것이기 때문에 공공재는 민영화되어야 한다고 주장한다. 클레인(Naomi Klein)이 『충격적인 교리』(*The Shock Doctrine*, 2007)에서 탐구한 바에 따르면 현실은 공공재가 민영화된 후, 즉 공공재가 창출하는 이윤을 착취당하고 난 후, 공공재의 찌꺼기가 상대적으로 약하고 덜 실용적인 조건으로 '일반인'에게 되돌아간다는 것이다. 공공재를 '진절머리 나는' 것으로 만드는 데 일조한 것은 양질의 공공재의 양분이 빨렸기 때문이기도 하다. 따라서 더 작아진 공적 자원으로 서비스가 제공되고 더 적은 재원이 할당되기 때문에 낙후의 악순환은 시작된다. 앞서 인용한 논평자가 주장하듯, 부모 역시 "공부를 열심히 해서 학부모가 되었을 때 아이들을 사립학교에 보낼 수 있도록 돈을 많이 벌어야 한다"는 충고를 듣는다.

오늘날 많은 우파 미국 정치사상가들은 만일 사람들이 자신의 삶을 통제할 수 없다고 생각한다면 그 잘못은 국가에 있다는 견해를 보이기 시작했다. 그들이 제대로 평가하지 못한 것은 국가가 이제는 그들의 삶을 만드는 데 있어 가장 중요한 행위자가 아니라는 점이다. 그 대신 대기업과 거부들(이들의 수는 많겠지만, 여전히 전체 인구의 작은 비율을 차지한다)과 그들을 위해 조직된 정치경제가 더 중요한 영향력을 갖고 있다. 현재의 정치경제를 조직하는 사람들은 모든 사람의 경제적 이해관계를 최우선으로 두고 있지 않다. 즉 그들은 그들 자신의 부를 늘리고 보존하는 데 더욱더 많은 관심을 쏟아왔다 (Madrick, 2011; Winters, 2010). 그리고 국가의 역할은 주로 미래의 투자와 '경제성장'의 열쇠를 쥐고 있는 그러한 부유한 사람들의 이해관계를 최우선적으로 간주하는 것이었다.[8] 뉴딜정책 이래로 민주당은 공화당보다 부유한 사람들의 활동에 더 많은 제약을 해왔으며 일부 재분배적인 경제정책을 추구하려고 노력해왔다. 그런데도 민주당과 공화당 모두 경제성장이 모두에게 혜택이 된다는 견해를 공유하고 있다. 하지만 시장이 사회에서 유일한 안내자 역할을 하게 될 때, 돌봄이 서비스로 바뀌도록 강제하며 가장 좋은 돌봄은 가장 저렴한 것이라고 전제할 것이다.

그러나 돌봄이 표준화된 시장적인 재화와 동일하지 않기 때문에, 단지 사회에서 돌봄의 위상을 이해하기 위해 시장의 용어와 시장

8 "임금분담이나 국가의 분배동학을 둘러싼 투쟁은 경제 중심적인 사고에 특권을 부여하는 경제 담론 내에서 인식되었다. 궁극적으로 생산 자금의 축적을 증가시키는 방향으로 분배되는 잉여가치는 다른 어떤 것들보다 경제적 미래에 대한 더 큰 영향력을 가할 수 있다는 이점이 있다"(Gibson-Graham, 1996: 180).

의 가치를 사용하는 것은 돌봄의 의미를 왜곡시키는 것이다. 헬드(Virginia Held, 2006)는 시장의 범위는 돌봄의 필요 때문에 제한되겠지만, 시장은 나름의 정당한 유효 활동 범위를 갖고 있다는 점을 지적했다. 하지만 필자의 주장은 다르다. 필자는 일부 주장처럼(Nelson, 1999 참조) 돌봄은 감정에 관한 것이어야 하고 시장이 합리적인 계산에 관한 것이기 때문에 시장이 돌봄을 왜곡한다고 말하는 것이 아니다. 또한 필자는 돌봄을 서비스로 제공하기 위해 시장을 활용하는 것이 나쁘다고 말하는 것도 아니다. 오히려 필자가 말하려는 것은 시장은 다양한 목적을 조장할 수 있는 제도라는 것이다. 하지만 시장의 목적이 모험적인 기업가의 선호, 부의 축적 그리고 모든 재화의 가격을 가능한 낮게 책정하게 추동하는 신자유주의적 선호에만 부합하기 위해 맞춰진다면, 그러한 시장은 돌봄의 정당한 분배를 지원하기는커녕 오히려 방해가 될 것이다.

시장적 사고는 다음과 같이 제안한다. 만일 내가 당신을 위해 값싸게 얻을 수 있다면 그만큼 더 좋은 것이다. 덜 지불하는 것이 더 좋은 것이다. 하지만 돌봄이 잘 이뤄지는 민주사회의 관점에서 보면 건강, 돌봄, 교육, 주거 같은 재화를 분배하는 데 시장을 활용함으로써 제기되는 정치적인 문제는 정의의 문제다. 어떤 민주사회가 시장 시스템에서 발생하는 불평등한 기회의 부당한 결과를 정당화시킬 수 있겠는가?

교육의 시장화

돌봄과 교육에 관한 면밀한 탐구는 이미 많은 책에서 다뤄왔다(Noddings, 2002a, 2002b, 2005). 필자는 관련된 쟁점을 간단히 다룰 수 있다. 하지만 이러한 필자의 짧은 논의가 이데올로기적으로 순수하지만 단순한 개인책임 논리보다 민주적 돌봄 접근이 우리가 직면한 문제를 더 잘 볼 수 있도록 강조하기를 바란다.

공립학교는 언제나 평등한 기회의 상징이었다. 아이들은 종종 사회질서 속에서 그들 부모의 지위와 동일하게 취급받고는 한다(Bowles and Gintis, 1977). 하지만 만일 미국 사회에서 상향 이동이 가능한 현장이 있다면 그것은 학교를 통해서다(뉴욕주 브론스의 공공주택 정책으로 성장한 연방헌법재판관 손토메이어Sonia Sontomayor는 이러한 역사적 사례의 좋은 예다).

하지만 공립학교는 또한 공동체가 스스로를 지탱하는 수단이기도 하다. 듀이(John Dewey, 1993)는 민주화된 교육 효과를 강조하면서 민주사회에서 학교의 역할을 지적했다. 실제로 교육은 부정의에 대한 완충 역할을 해왔다. 흑백분리정책이 있었을 당시, 흑인(African-American) 학교는 돌봄을 제공했으며 학생들에게 정의감을 가르쳤다(Siddle Walker and Snarey, 2004; Siddle Walker and Tompkins, 2004).

그러나 이제 교육은 '신공공관리'가 —경쟁이나 소비자 만족 같은 시장적 개념을 점차 확대해서 적용하는(Page, 2005)— 가장 철저하게 신봉된 현장 중 하나가 되었다. 지난 20년 동안 '차터 학교'[9]를 설립하고 교과목을 표준화하고 전반적인 교육을 평가할 수 있는

9 차터 학교(Charter School)란 공적 자금으로 운영되지만, 공립학교와는 달리 주(州) 교육국의 각종 규정이나 규제에 얽매이지 않고 자율적으로 운영되는 학교를 말한다. 일정한 기간 내에 설립 당시의 계획대로 학생들의 교육의 질적 향상이나 성적 향상을 이끌어낼 책임이 있다. 시장경제 원칙에 의거하여 공립학교와의 경쟁력을 불러일으키도록 하는 것이 설립 취지 중의 하나다—옮긴이.

몇 가지 테스트 항목만으로 축소하는 운동이 미국 교육을 휩쓸었다. 이 운동은 현상 유지에 급급한 교직원과 교원노조 등이 좋은 교육을 불가능하게 한다고 주장했다. 이 운동은 또한 여러 방면에서 현재의 고등교육에도 영향을 미치고 있다. 부분적으로 더 이상 작동하지 않을 것 같은 '시스템'을 시장이 대체했기 때문에 시장은 주권자가 되었다. OECD(Organization for Economic Cooperation and Development) 국가를 대상으로 한 조사에서 미국 아이들은 다른 나라 학생들과 비교했을 때 읽기, 수리, 과학에서 기껏해야 보통밖에 안 되는 정도의 수준이었다(National Center for Education Statistics, 2009). 인기 경쟁 텔레비전 프로그램은 출연자에게 "당신은 초등학교 5학년보다 똑똑합니까?"라는 질문을 던지지만 결과는 언제나 긍정적이지 않다. 뉴욕주에서는 절반도 안 되는 고등학교 졸업 예정자만이 2010년에 진학이나 취업 준비를 했을 뿐이며, 로체스터시의 경우 5퍼센트까지 그 비율이 떨어진 것처럼, 도시의 경우 진학과 취업률은 더 낮아졌다(Otterman, 2011).

혹실드(Jennifer Hochschild)는 2000년 이전에는 도시 공교육의 문제점이 지적되었지만, 이것이 교육의 전반적인 문제점으로 인식되지는 않았다고 지적했다. 미국은 특정 목적성 개혁 대신에 교사의 학생 성적에 대한 '책무'(accountability)를 강조하는 광범위한 개혁을 진행했다. '책무'라는 용어는 '책임'(responsibility)과 동의어처럼 보인다. 하지만 엡스타인(Debbie Epstein, 1993)이 밝혔듯이, 보수주의 사상가들은 이 용어를 건전하고 번드르르하고 민주적이며 학생 친화적인 수사로 사용하면서도, 반인종주의 교육 같은 영국의 점진적인 교육개혁정책을 무력화시키기 위해 사용했다. 혹실드는

"'책무'를 강조하는 교육개혁은 지속적으로 주시해야 하는 주제다. 일반적인 정치적 기준으로 보면 책무는 등장하지 말았어야 했으며, 일반적인 교육 기준에서 보면 책무는 큰 성공을 거두지 않았어야 했다"고 말했다(2003a: 120).

부시 행정부가 추진한 '낙오생 없는 학교'로 포장된 정책은 부족하거나 질 나쁜 교육을 받고 있는 아이들에게 궁극적인 해법을 제시하는 등 공공연하게 시장에서 권장하는 사고방식 —학부모들은 자녀를 다른 학교에 재등록할 수 있게 되었다— 을 교육에 적용했다. 이 입법은 신자유주의자들이 개인책임이 평등한 기회를 구현하거나 대체하기를 얼마나 기대하는지 보여준다. 신자유주의자들은 학부모에게 '선택'을 제공함으로써 개인책임의 논리가 구조적 제약이 평등한 기회를 만드는 방법을 숨긴다. 국가시험제도가 시행되었으며 기준에 미달된 학교는 폐교 위기를 맞았다(시장에서 '팔리지' 않는 제품 취급을 당했다). 게다가 사기업들은 학생들에게 더 좋은 교육을 제공한다는 약속의 차터 학교를 세우기 위해 우후죽순 모여들었다(차터 학교가 좋은 교육을 제공했는지에 대한 견해는 잘해봤자 논쟁적이다. Dean and Wolf, 2010). 교육의 성취에 영향을 줄 수 있는 이웃, 부모의 배경, 빈곤 또는 다른 요인 등의 차이에 대한 통제가 없었다. 잘하고 있지만 개선된 결과를 보여주지 못했던 학교는 낮은 평가를 받았다. '실패'한 학교가 성공한 학교 옆에 있을 수 있다고 누구도 보장하지 않았다. 어떤 필요가 존재한다면 시장이 충족시킬 것이라는 가정이 진실로 받아들여졌다. 만일 어떤 아이들이 실패하거나 뒤처지게 된다면 책임은 '선택'을 충분히 활용하지 못한 아이들의 부모에게 전가되었다.

하지만 이러한 접근에는 많은 문제가 있다. 여기서 필자가 지적하고 싶은 점은 21세기 공교육이 대면해야 하는 역사적인 상황과 관련이 있다. 현시점에서 A학교와 B학교의 비교에 몰두함으로써 전체 공교육 시스템에서 지난 세대에 걸쳐 가장 필요한 두 가지가 체계적으로 빠진 점을 우리는 놓치고 있다. 또한 도시에서 최악의 공교육이 여전히 제공된다는 사실도 놓치고 있다(Hochschild, 2003b). 이 두 가지 자원은 탁월한 선생님과 책 같은 충분한 자원이다.

1970년대 교육계에 두 가지 중요한 변화가 있었으며, 이러한 변화의 결과는 시장적인 접근으로는 이해할 수 없는 것들이었다. 첫 번째는 과거에는 학교가 낮은 비용으로 훌륭한 선생님을 모실 수 있었던 불공정한 카스트 제도 덕분에 선생님의 자질이 인위적인 배경 때문이었지만 질적으로 좋았다. 남성만큼은 아니지만 여성이 눈에 띄게 교직에 진출할 수 있었던 20세기 이래로 선생님은 여성이 많이 차지하게 되었다(Duffy, 2011). 대학 학력의 여성에게 열려 있었던 직업이 선생님과 가정주부뿐이었을 때 그들 중 좀 더 진취적이었던 지원자가 선생님의 길을 택했다. 하지만 카스트의 장벽이 철폐된 이래로 선생님이 될 수도 있었던 여성은 의사, 변호사, 물리학자, 수학자, 전문 경영인이 되었다.

필자는 현재 선생님의 헌신과 공헌을 폄하하고 싶지는 않다. 하지만 지금은 찾아보기 어려운 조예 깊은 학식을 공교육에 불어넣을 수 있었던 비범하고 걸출한 선생님을 카스트 제도 아래서 더 많이 볼 수 있었던 것은 사실이다. 실제로 현재 선생님이 되려는 사람은 사회의 가장 관습적이고 전통적인 구성원의 하나가 되는 것을 제외하고, 성별의 장벽을 깨는 것 같은 기성 틀을 뛰어넘으려는 선도적인 역할을 하는 것 같지 않다. 지금의 선생님은 덜 진취적이고 더 보수적인 사회구성원이다. (우리는 교직원에게도 동일하게 말할 수 있을 것이다.) 게다가 다른 직종을 희망하는 여성과 비교하면 선생님이 받는 적은 급여(카스트 제도의 유산)는 이들의 계급적 위상이 낮다는 것을 의미한다. 카스트의 부정의는 더 좋은 선생님을 제공하는 의도하지 않은 결과를 낳았다. 현재 선생님들은 진취적이거나 혁신적일 것 같지 않다. 그리고 학생들이 무엇을 배워야 하는지에 대한 변화된 아이디어가 있음에도 (예를 들면 표준화된 시험의 도입 같은) 혁신적이어야 될 동기부여가 덜 되어 있다. 비록 현재는 더 높은 학위가 있는 선생님들도 많이 있지만, 비록 수학 과목에서의 소규모 성과를 예외로 한다면, 학생들의 학습은 1990년대 중반 이후 높아지지 않고 있으며, 현재의 선생님들은 그들 에너지의 대부분을 읽기와 수학에만 집중하고 있다(Dee and Jacob, 2010; National Center for Education Statistics, 2009).

직업으로서 선생님에 매력을 느끼는 현재의 학생들은 중산층, 대학교육을 받은 여성에게 집에서 아이를 기르는 일 정도만을 기대했던 시대에 일을 찾아 나섰던 선도적인 여성과는 매우 다르다(Friedan, 1963). 그 당시 여성은 사회적 기대를 타파한 시대의 선도자들이었다. 현재 교육에 매력을 느끼는 학생들은 더 소심해 보인다. 그들(특히 초등교육에 관심을 보이는 학생들의 경우)은 학교에서 열등한 학생으로 취급받는다. 그들의 시험 성적은 대학원에 진학하는 다른 학생들의 점수보다 낮다. 그들의 급여는 다른 비교할 만한 수습 직원보다 매우 낮으며 그들의 일은 위신이 떨어지는 일로 간주된다(Alcoff, 2006). 많은 다른 이들도 동일하게 지적했듯이, 전 미국 콜럼비아 대학교의 사범대학장 레빈(Arthur Levine, 2006)은 선생님의 질을 높이는 방법은 급여와 위신을 높이는 것이라고 했다. 하지만 더 좋은 관리와 경쟁이 학교를 개선시킬 것이라고 생각하는 문화에서는 선생님에게 더 많은 급여를 주며 또한 '최고의 것과 가장 번뜩이는 것'을 교실로 다시 가져오도록 유인하는 우리의 책임에는 별 관심이 없다.

학교에 영향을 미친 두 번째 변화는 기금을 모금하는 방식이다. 1973년 미국 연방헌법재판소(U. S. Supreme Court)는 교육 모금의 주요 근거로서 재산세가 위헌이라고 판결한 주(州) 법원의 판시를 뒤집었다. 샌안토니오 독립학교 지역 대 로드리게스(*San Antonio Independent School District v. Rodriguez*)(411 U.S. 16[1973]) 사건에서 위헌 소송을 제기한 쪽은 일부 지역은 부유하고 다른 지역은 빈곤하기 때문에 재산세는 본질적으로 학교에 기금을 대기 위한 불평등한 방식이라고 주장했다. 헌법재판소는 주 법원의 판시를 뒤집으면서 그러한 불평등은 단지 정부의 권한 밖에 있는 요인에 따른 결과라고 선언했다. "일부 지역이 다른 지역보다 과세할 수 있는 더 많은 자산으로 축복받는 것은 불가피하다"(at 54). 학교에 대한 비용이 계속해서 늘어가고 1970년대 주의 재정파탄이 심화됨에 따라 학교 예산이 감액되었다. 1978년 캘리포니아주에서는 재산세를 올리지 않고 동결하는 주 법을 수정하는 개정안 13(Proposition 13)을 통과시켰다. 마치 '과세되는 자산'이 학교 예산을 이미 심각하게 제약하고 있지 않은 것처럼, 재산세의 동결로 주립학교는 더 이상 수입을 올리지 못하게 되었다. 1970년대 초기 가장 높이 평가받았던 캘리포니아의 학교들은 모간-퀴트노(Morgan-Quitno) 지표에 따르면 2006~2007년은 47위를 기록했다. 반면 주 소득세는 지역 학교를 평등화하는 데 사용되어야 한다는 판시를 받았던 뉴저지주의 학교들은 질적인 측면에서 눈에 띄게 많이 개선되었다. 뉴저지주의 학교들은 현재 4위에 올랐으며, 좀 더 많은 뉴저지주의 학생들이 다른 지역의 졸업생들보다 고등교육을 받으려고 진학하고 있다.

그로스(J. A. Gross)는 로드리게스 판결이 가난한 아이들의 교육기회를 충분히 인정하지 않았던 관행에 미친 영향에 대해 언급하면서 다음과 같이 주장했다.

> 이 나라의 교육 문제와 제안된 해법은 도덕성, 정의, 가치의 문제와 손댈 수 없을 정도로 서로 얽혀 있다. 어떤 교육제도를 개선하려는 노력보다도 먼저 인권, 정의, 도덕성이라는 근본적인 논점을 함께 논의하고 해법을 마련해나가야 한다. 불운한 것이라는 변명은 부정의로 인식되어야만 하고 현상 유지로서 무시해왔던 것들에 부정의가 작용했는지 그렇지 않았는지를 추적해야만 한다(Strobl, 2009: 951에서 재인용).

현 교육제도의 "야만적인 불평등"(savage inequalities)(Brush and Vasupuram, 2006)은 현재의 미숙한 학교들 간 경쟁을 유도하는 시장기제를 만들거나, 다른 학교에 본보기가 되는 시장적 모델인 소수의 좋은 '차터 학교'를 설립함으로써 해결할 수 있는 것이 아니다(Phillips, 2002). 달링-하몬드(Linda Darling-Hammond)는 "미국에서 제공하는 교육에는 어마어마한 불평등이 존재하며, 중앙정부에서 균등하게 학교에 재정 지원을 하는 대부분의 국가들와 달리 미국의 가장 부유한 공립학교는 가장 가난한 학교보다 적어도 10배는 넘게 쓴다. 가장 부유한 학교는 3만 달러를, 가장 가난한 학교는 3천 달러를 쓴다. 실제로 이는 전 세계 다른 어떤 산업화된 국가들보다도 미국에서 성취도의 차이를 더 벌어지게 하는 데 기여한다"고 관찰했다(2004: 6).

선생님의 질을 높이는 것은 또 다른 유익한 결과를 가져올 수 있다. 이는 교육의 질을 높일 것이며 학교를 덜 위계적이면서도 엄격하게 조직할 수 있도록 할 것이다. 선생님이 노조를 결성했을 때 그들은 그들이 일하는 조건을 좀 더 많이 통제할 수 있다는 희망으로 시작했다. 하지만 현재의 선생님은 신뢰를 받지 못한 채, 아이들의 지적 호기심과 이해를 자극시키느냐의 문제나 학생들이 지속적으로 영감을 갖고 학습을 할 수 있도록 동기를 부여하느냐의 문제가 아니라, 단지 표준화된 시험에 학생들이 얼마나 많이 성적을 올리는지의 기준으로 현재의 선생님이 지속적인 감시와 견제의 대상이 되고 있다. 학교 개혁의 놀랄 만한 사례는 매사추세츠주 브록턴 시내 고등학교의 교원노조의 선도로 추진되었다. 선생님이 함께 뜻을 모아 교과과정에서 학생들의 작문 실력을 높이는 방법에 대해 서로 연구한 결과 상당히 많은 개선점을 찾아냈다. 만일 우리가 교육이 어떤 역할을 해야 하는지 그리고 학교에서 어떤 필요를 채워 줘야 하는지에 대한 질문에서 다시 시작했더라면 결과는 현재의 모습과 매우 달랐을지 모른다.

민주적 돌봄사회의 관점에서 좋은 교육은 어떤 모습일까? 첫째, 우리는 교육의 목적에서 시작할 것이다. 현재의 교육은 노동자를 위한 '경제'의 필요를 충족시키기 위한 것으로 보인다(Bowles and Gintis, 1977). 그러나 돌봄 접근은 민주사회에서 시민을 돌보거나 시민이 되는 것을 돌보기 위해 개인의 발전과 발전된 기술의 필요성을 강조한다.

둘째, 우리는 교육적인 필요에 대한 특별한 어떤 것에 주목할 필요가 있다. 그것은 종종 돌봄수혜자에게 명확하게 드러나지 않는 필요이다. 그것은 스탠포드(John Stanford)가 부모가 교육을 향상시키기 위한 핵심 구성 요소라고 쓴 이유다. 만일 부모가 교육의 중요성에 대해 자녀와 소통하지 않는다면, 그들은 성공적인 교육에 대한 희망을 품을 수 없다(Stanford and Simons, 1999).

학급 규모, 맞춤형 필요, 학생에 대한 이해, 학생의 삶에 대한 이해를 학생들의 필요가 무엇인지를 결정할 때 포함시켜야 한다. 선생님은 뭔가 부족한 상태로 교실에 들어간다고 종종 느낀다. 권위의 본질에 관한 문제는 선생님을 교육시킬 때부터 좀 더 분명히 해야 한다. 선생님은 학생을 시험 결과로 평가해서는 안 되며 세상에 대한 학생의 실질적인 지식, 세상에 대한 호기심, 학생이 인생을 통해서 배움을 꾸준하게 지속할 수 있는 기반을 얼마나 잘 마련해가는지로 평가하는 것이 매우 중요하다.

물론 이러한 요소 모두 더 깊이 있고 더 지적으로 논의될 수 있는 것들이다. 하지만 우리가 기꺼이 교육에 대한 책임을 폭넓게 생각하지 않는다면, 자식 세대가 부모 세대보다 교육을 덜 받는 미국의 첫 번째 세대가 됨으로써 다음 세대에 대한 전망이 어두워질 것이다.

비평가들은 종종 개별 학부모의 노력과 아이들의 질을 향상시키기 위한 학교당국의 노력에 대한 비판으로서, 교육개혁과 학교의 재무개혁을 주장한다. 제4장은 자신의 아이만을 위한 돌봄이 다른 아이의 비용이 되는 문제를 살펴보았다. 하지만 이러한 견해는 잘못된 것이다. 왜냐하면 더 높은 수준의 교육적 성취를 모두를 위한 좋은 교육으로 바라보지 않고 교육에 대한 위협으로, 결과적으로 제로섬 게임으로 바라보기 때문이다. 폴브레(Nancy Folbre)는 "기회의 평등은 모든 학교의 예산을 삭감하는 방식으로 손쉽게 달성할 수 있는 완전한 평등이라는 엄격한 기준을 부과하면서 하향 평준화되는 것을 의미하지 않는다. 기회의 평등은 우리가 우리의 집단적인 역량을 충분히 발전시키기 위해 우리의 모든 학교에 충분하게 지출함으로써 그 수준을 끌어올려야 함을 의미한다"고 주장했다(2001: 158).

결론

이 장은 각자도생과 자선이라는 시장의 돌봄 무임승차권이 어떻게 자기이해 타산적인 행동으로 돌봄책임을 할당하는지를 살펴보았다. 하지만 이러한 무임승차권은 자원이 많은 사람일수록 돌봄을 더 갖는 불공정한 과정에서만 가능하다. 더군다나 시장을 영원할 것처럼 간주한다면 시장의 이상이 직면한 과거의 부정의에 대해 구조적으로 생각하지 못하게 될 것이다. 시장의 무임승차권은 이런 방식으로 자유, 평등, 정의에 대한 근본적인 공헌을 잠식한다. 민주사회에서 돌봄을 위한 다른 방법을 생각해보는 것은 가능하다. 앞으로 어떻게 할 것인지는 이 책의 제6장과 제7장의 과제이다.

진정으로 자유로운 사회는 사람들이 자유롭게 돌보는 사회다. 진정으로 평등한 사회는 사람들에게 돌봄을 잘 받을 수 있는 평등한 기회가 주어지고 돌봄의 관계에 함께할 평등한 기회가 있는 사회다. 진정으로 정의로운 사회는 어제와 오늘의 부정의를 감추려고 시장을 이용하지 않는다. 경제적 삶의 목적은 돌봄을 지원하는 것이지 돌봄을 주변화하는 것은 아니다. 생산은 그 자체가 목적이 아니며 우리의 삶의 목적을 위한 수단이다. 민주사회는 몇몇 소수가 아니라 우리 모두가 잘살 수 있는 사회다.

제3부

민주적 돌봄실천과 돌봄민주주의에 대한 구상

제6장

민주적 돌봄

우리는 인생이 결과뿐만 아니라 과정이라는 것을 시나브로 체득하고, 실패는 이해타산적이거나 비열한 목표뿐만 아니라 자신이 쓸 수 있는 수단이 충분하다는 점을 모르는 것에서도 온다는 점을 배우게 된다. 따라서 우리는 모든 사람이 잘살기를 열망하는 감성도 아니고 모든 사람의 본질적인 존엄과 평등의 가치를 믿는 신조도 아닌, 신념에 대한 실험뿐만 아니라 삶의 원칙을 제시하는 개념으로서 민주주의를 받아들여야 한다(Addams, 1902: 6).

지금까지 이 책은 시장가치를 최우선시하는 데 몰두해온 시장민주주의가 더 많은 자유, 평등, 정의라는 민주적 목적이나 돌봄을 제공하고 제공받는 것이 사회에서 정당한 위상으로 보장되어야 할 돌봄의 목적과 얼마나 동떨어져 있는지를 살펴보았다. '현재 우리의 돌봄' 방식은 자유를 지배와 무관한 '선택'으로 잘못 생각하고 불평등을 고착화시키며 돌봄의 문제를 정의의 문제로 생각하는 것을 불가능하게 한다. 이러한 왜곡은 돌봄이 인간 삶의 절대적인 부분이지만 철저히 '주변화'되어 그것의 역할이 거의 눈에 띄지 않았기 때문이기도 하다. 또한 이러한 왜곡은 개인, 국가, 시장이 추구하는 정당한 관심사로 경제성장과 생산성이 철저하게 전면에 등장했기 때문이기도 하다.

돌봄은 손길이 닿아 직접 돌보는 매일매일 판에 박힌 친밀한 일에 대한 것만이 아니다. 돌봄은 어떤 제도, 사람, 실천이 구체적이고 실질적인 돌봄 임무를 해낼 수 있는지에 관한 더 큰 틀의 구조적인 문제와도 관련된다. 이러한 사회에 대한 큰 틀의 돌봄 관점은 시장, 개인이나 다수의 사회과학적 관점과 차이가 있다. 돌봄을 잘하기 위해서는 돌봄이 관계적이라는 점을 인식해야 한다. 무엇이 좋은 돌봄인지에 대한 어떠한 판단도 돌봄제공자나 돌봄수혜자의 관점이 아닌 어떤 특정한 관점에서 판단될 수 있는 것이 아니다. 비민주적인 돌봄의 모습은 돌봄제공자, 돌봄의 후원자 또는 누군가의 특정 관점을 채택함으로써 좋은 돌봄으로 생각되기도 한다. 하지만 민주사회와 부합하는 돌봄의 모습은 돌봄이 충분한지를 판단하는 민주적 기준이 중요하다. "우리 없이 우리에 대한 것은 없다"(Nothing about us without us)(Charlton, 2000)라는 장애인권리 운동의 구호는 이러한 이상을 포착하고 있다. 유사한 주장들은 로마법의 언명(*Quod omnes-tangit, ab omnibus approbetur* 모두에게 영향을 미치는 것은 모두의 승인을 받아야 한다)을 재해석한 중세시대 이래로, 결정에 영향을 받는 사람들은 그러한 결정을 하는 데 참여해야 한다고 보는 현대 민주주의자들까지 꾸준히 제기되었다(Gould, 2004, 2008). 이러한 맥락에서 민주사회의 돌봄은 상당히 높은 참여와 최소한 모든 사람의 관점을 정직하게 포용하느냐에 달려 있다.[1] 따라서 필자는 제1장에서 민주정치의 핵심은 돌봄책임을 분담하고 이러한 돌봄책임의 배정에 참여할 수 있는 역량을 보장하는 것이어야 한다고 주장했다. 이러한 주장의 급진적인 성격은 이쯤에서 좀 더 명확해진다. 돌봄책임 분담의 임무는 기존의 제도와 실천, 가족이나 가정, 생산 체계와 소비 시장 또는 지금의 정부 관료와 정책에 맡길 수 없다. 민주 시민은 돌봄을 제공하고 필요로 하는 일에 모두 함께 연계되어 있다. 즉 함께 돌봄은 정치로 풀어야만 할 필요가 있는 정치적인 관심사이다.

민주사회에서 책임을 할당해온 두 가지 방식으로 돌봄책임의 공유를 제한했다. 첫째, 공적인 것과 사적인 것을 분리함으로써 여성을 배제하거나 인종적·민족적 위계를 가정함으로써 인종 집단을 배제하는 것과 같이 독립적으로 의사결정에 참여할 수 있는 사람과 그렇지 못한 사람을 분리하는 것은 돌봄 역할과 의무에 대한 진정한 토론을 제한하며, 결과적으로 다른 사람들을 배제시켜온 특정 사람의 관점에서만 보게 할 뿐이다. 배제된 '타인'은 역사적으로 사회에서 돌봄을 제공해온 사람이었기 때문에 배제로 인해서 그들을 배제시키고 있는 사람은 돌봄서비스를 받을 수 있는 혜택을 얻게 되었다. 폴브레가 "여성의 권리에 대한 제약은 억압적이었지만, 그 제약은 돌봄노동의 비용을 떨어뜨렸다"고 지적했듯이 말이다(2001: xiv).

둘째, 어떤 사람들은 모든 인간이 전제하는 돌봄책임을 진지하게

1 아그네(Hans Agné, 2006)는 "우리 없이 우리에 대한 것은 없다"는 조건, 즉 완전한 참여는 너무 힘들고 비현실적이라고 주장한다. 이러한 비판은 중요하다. 경험적 증거를 활용해 대안을 제시하기란 쉽지 않다. 그러나 수집된 증거가 관계의 복잡성을 잘 대표하고 있으며 또한 이러한 증거에 편견이 내재하지 않았음을 누가 장담할 수 있는가?

맡아야 함에 있어 자신을 열외로 할 수 있어왔다. 우리는 일부 남성에게 그들이 보호하고 생산하기 때문에 돌봄책임에서 면제하는 무임승차권을 발부했다. 우리는 일부 중산층 여성과 남성에게 그들이 부모 역할에 집중하고 자신의 자녀에게 집중적으로 투자하고 투신한다는 이유로 사회에서 다른 사람들을 돌보지 않아도 되는 무임승차권을 발부했다. 그리고 우리는 사람들이, 특히 부유한 시민이 시장에서 모든 돌봄을 제공받을 수 있다는 주장에서 비롯된 각자도생형 무임승차와 자선형 무임승차에 의지할 수 있도록 방치함으로써 공적으로 돌봄을 지원해야 하는 책임에서 면제되는 무임승차권을 발부했다.

모든 사람이 사회의 돌봄이라는 짐을 동등하게 나눠져야 한다는 것이 터무니없게 들릴 수 있다. 그러한 부과는 받아들일 수 없는 방식으로 사람들의 자유를 침해하는 것일 수 있다. 또한 이것은 평등의 잘못된 모습을 부과하는 것일 수 있다. 폴브레가 지적하듯이, 이것은 많은 돌봄이 의무감으로 행해진 것처럼, 친밀한 돌봄관계를 악화시킬지도 모른다. 분담되어야 하는 것은 돌봄책임의 본질을 반추하는 의무, 그리고 책임을 분담하는 일반적으로 받아들일 수 있는 방식 —민주시민이 생각하기에 자유, 평등, 정의라는 목적을 최상으로 성취할 수 있는 방식— 의 필요성이다.

이제 앞으로 두 장에 걸쳐 논의의 초점은 돌봄과 민주사회에 대한 두 가지 전망으로 이동한다. 제6장에서 생각할 문제는 다음의 질문이다. 어떻게 시민이 민주적 삶과 좀 더 부합하는 방식으로 돌봄을 할 수 있을까? 실천적으로 또한 제도적으로 민주적 돌봄의 특성은 무엇인가? 제7장에서 주로 다룰 질문은 돌봄민주주의라는 정치질서의 목적에 대해서다. 이 장에서는 민주적 돌봄의 실천에 대해 대략적인 윤곽을 그리면서 시작할 것이다. 그 다음으로 민주적 돌봄에 대한 일부 우려를 검토할 것이다. 이를 통해 왜 민주적 돌봄이 더 좋은지를 생각해볼 것이다. 그리고 돌봄제도의 적정성을 시민이 어떻게 평가할 수 있는지에 대해 논의할 것이다. 마지막으로 민주적 돌봄실천에 대한 주장이 민주적 돌봄의 미래에 대해 왜 낙관적인지를 설명하려 한다.

돌봄이 민주적이라면 그것은 포용적이어야 한다

처칠의 유명한 지적처럼, 민주주의는 모든 다른 통치 방식을 제외했을 때만이 최악의 통치 방식이다(Rose and Mishler, 1996). 그러나 여전히 민주주의는 불완전하다. 20세기 후반 눈에 띄는 사회변화를 만들어낸 운동 ―반식민주의 운동, 시민권 운동, 여성주의 운동, 퀴어 운동, 장애인 운동― 등은 정치적 포용의 기반을 탈바꿈시켰다. 하지만 가난한 사람, 유색인, 여성, 장애인, 식민화된 사람 그리고 배제된 다른 집단의 지위에 대해 면밀히 살펴보지 않아도 이러한 변화가 완전한 성공이 아니라는 점은 자명하다. 새 천 년의 위대한 도전은 진정한 포용적 민주주의를 어떻게 만드느냐에 달려 있다.

포용은 쉽지 않다. 포용이라는 말이 좋게 들릴 수 있지만 '단순한 정의'(simple justice) 같은 것은 세상에 존재하지 않는다. 모든 사회제도는 비록 그것이 가장 정의롭지 못한 것이라 해도 사람들이 자신의 삶의 방식을 대변하는 행동과 실천 방법을 발전시킨다. 형식적인 포용은 억압의 기저에 깊숙이 박혀 있는 형식을 뿌리 뽑거나 억압적인 조건 하에서 살고 있는 사람들의 삶의 방식을 변화시키기에는 불충분하다. 다수 집단에 속하는 사람들은 이러한 곤경과 저항을 알지 못한다. 그들에게 억압받는 '타인'은 성공하지 못하고 열심히 하지 않았으므로 '좋지' 않은 사람으로만 보여질 뿐이다.

페미니스트들은 지난 20년 넘게 형식적인 포용에 대해 비판해왔으며(Young, 1990, 2000; Fraser, 1989, 1997), 이러한 문제를 풀기 위한 시험적인 해법을 다양하게 제시해왔다. 영(Young, 1990)은 그녀의 초기 저작에서 배제되어왔던 집단은 자신의 집단적 정체성을 기반으로 포용되어야 한다고 주장하면서 형식적인 포용과 단절을 제안했다. 영의 주장은 실현 가능성이 없고 추상적인 집단의 소속을 구체화한다는 거침없는 비판을 받았다(Fraser, 1997). 영의 저작이 '정체성의 정치'(identity politics)에 대한 옹호로 이해되는 한, 브라운(Wendy Brown, 1995)을 포함한 많은 페미니스트 학자들은 정체성의 정치는 만족스럽지 못하다고 주장했다. 브라운에 따르면, 정체성의 정치는 '상처받은 애착'(wounded attachment)과 같이 또 다른 전도된 정치결사체가 만들어질 위험이 있다고 보았다. 반면 프레이저(1997) 같은 페미니스트 학자는 인정(recognition)의 차원을 경제적 평등에 중첩시킴으로써 정체성의 정치가 지나치게 도식적이 되거나 배제에 대한 인위적인 해법이 되는 문제를 완화하는 데 도움이 될 수 있다고 제안했다. 또 다른 학자는 인정은 오래가지 않는다고 논평했다(Blum, 1998).

가시적 협력의 도덕에서 책임을 진지하게 생각하고 받아들이는 민주사회의 관점에서 보면 형식적인 변화라는 것이 얼마나 부족한지를 가늠할 수 있을 것이다. 이러한 관점에서 본다면, 법적 혹은 도덕적 지위의 변화는 사회를 탈바꿈시킬 수 있는 요술지팡이가 아니다. 특히 우리가 정치적 삶을 책임의 정당한 구역으로 간주한다면 말이다. 페미니스트들은 포용이 단지 새로운 사람을 마치 그들이 예전부터 그곳에 있었던 사람처럼 대하는 단순한 개념으로 받아들여지는 것에 대해 오랫동안 도전해왔다. 새로운 사람은 다른 사람들 사이에서 배제라는 방식으로 사회구성원이 되었기 때문에 문제가 된다. 만일 한 세대의 페미니스트 학계로부터 배웠어야 하는 점이 있다면 그것은 일부 사람들(여성과 종교적·언어적·인종적·민족적·성적 소수자를 포함한 '타인들')을 비하하는 구조의 뿌리가 매우 깊다는 점이다. 일부는 이런 지점을 '울스턴크래프트의 딜레마'(Wollstonecraft's Dilemma)라고 불렀다(Pateman, 1989). 페미니스트들이 윤리에 대한 더 '자연스러운' 설명으로 돌아갈 것을 주장해온 이유는 어떤 사람이 누구이고 어떻게 살아왔는지 같은 세밀한 부분들은 도덕적 판단을 할 때 몰라야 하는 '사실'과 관련되기 때문이 아니라 이러한 세밀한 부분들은 도덕적 판단 그 자체이기 때문이다. 단순히 철학의 사고에 성차별주의가 존재해왔다는 점을 인정하는 것(Tännsjö, 2002)도 그 뿌리를 충분히 파낼 수 없다. 지금의 '도덕적 지위'를 획득한 사람들이 '일반 도덕'(common morality)에 참여한다면, 책임의 본질을 다시 생각하는 것은 매우 급진적인 프로젝트가 될 것이다.

돌봄을 정치적 관심사로 진지하게 받아들이게 되면 민주사회에서 삶의 근간을 이루는 많은 기본 전제가 다시 보이게 된다. 이미 깊숙이 자리 잡은 사고방식이 돌봄을 사적인 문제로 다루고 있기 때문에 돌봄을 공적인 관심사로 포함시킨다면 공적인 삶과 사적인 삶의 영역이 뒤집히게 된다. 현 사회는 역사적으로 돌봄을 여성, 노동 계층,

인종적·민족적 소수자의 관심사 정도의 문제로 치부해왔기 때문에, 공적인 삶에 돌봄을 편입시키는 것은 성, 인종, 계급 그리고 '타인'에 대한 대우에 대해 어떻게 생각해야 하는지를 재고하게 만든다. 따라서 포용적이라는 것은 '여성을 첨가해 휘젓는'(add women and stir) 것보다 매우 어려운 것임을 판명하게 된다(Bunch, 1987).

포용의 과정은 신자유주의의 출현으로 더욱 어려워졌다. 더 큰 포용에 대한 이러한 부담이 반발을 불러올 것이라는 점은 놀랄 만한 일이 아니다. 그 결과 포용으로 가는 길에 매우 우스운 일이 벌어졌다. 그것은 신자유주의다. 비록 우리가 신자유주의를 현대 자본주의의 경제적 필수품으로 간주하는 사고에 익숙해져 있다고 하더라도 신자유주의는 포용에 반하는 하나의 정치적 반동이다. 신자유주의는 시민권 운동과 제2물결 페미니즘의 혁혁한 성공에 직면해 1980년대 중반부터 시작되었다. 모든 포용 운동은 이전에 권력을 보유했던 사람이 이제는 새롭게 포함된 사람과 함께 권력을 나눌 것을 요구한다. 대처와 레이건 같은 사람들이, 대처가 그랬던 것처럼 "다른 대안은 없다"(There is no alternative)고 선언했다는 점은 놀라운 일이 아니다. 대안은 있었다. 하지만 그 대안은 그들이 부담스럽게 생각하는 사회적 책임에 대해 다시 생각해보는 것이었으므로, 파워가 있는 사람들에게 대안은 존재하지 않는 것과 같았다. 보수주의 경제학자의 관점을 따라, 파워가 있는 사람들은 이전에 사적이었던 것을 공적인 관심사로 전환시키는 것은 국가 권력이 확대되는 것처럼 재앙적이라고 주장했다. 그러나 그들은 다른 많은 제도가 가족의 '사적인' 기능을 역시 탈취했던 점을 언급하지 않았다. 심지어 더 나아가 그들은 다수의 공적인 관심이 시장이라는 '사적인' 영역으로 되돌려지는 것을 옹호했다. 하지만 신자유주의적 실천의 현실은 이러한 접근의 순수성이 거짓임을 드러냈다. 그런데도 공적인 삶의 큰 포용에 대한 신자유주의의 이데올로기적인 적대감, 그리고 모든 것에 '자유'라는 이름표를 붙이며 사적 영역으로 축소하고자 한 신자유주의의 노력은 오늘날까지 지속되어온 세계관을 만들었다.

신자유주의가 더 포용적인 방향으로 이동하지 않으려는 욕구가 호소력을 갖는 논리와 이유는 있다. 하지만 우리는 운명적인 전환기를 맞이했다. 세계 재정 위기가 지속되면서, 신자유주의 정책의 노예가 되었던 미국 및 여타 국가의 사람들은 미래의 방향에 대해 어떤 결정을 내려야 할 필요가 생겼다.

첫 번째 선택은 신자유주의의 길과 개인책임이라는 신자유주의의 도덕적 이데올로기를 계속해서 따르는 것이다. 한편으로, 공적 삶에 새롭게 들어온 사람들(여성, 유색인, 가난한 사람, 이주민)의 요구가 있을 때, 신자유주의자들은 일반적으로 그 문제를 경제적인 문제로 환원한다. 이들은 우리는 새로운 사람들과 우리의 자원을 나눠야 할 것이라고 설명한다. 다른 한편으로, 도덕적 이데올로기로서 개인책임은 일순간에 몇몇 심각한 한계에 봉착하게 된다. 개인책임의 첫 번째 문제는, 개인책임은 도덕적·경제적 삶을 묘사할 때 실제 현실을 제대로 잡아내지 못한다는 것이다. 물론 책임을 완전히 다하지 못한 사람들, 예를 들면 학생으로서, 노동자로서, 부모로서, 배우자로서, 친구로서 성공하지 못한 사람들을 지적할 수 있다. 하지만 모든 사람이 자신의 행동에 대해 일부 책임을 져야 한다는 주장에는 동의하지만, 그것이 만일 모든 사람이 단지 그들 각자의 책임을 다하기만 하면 모든 것이 잘 돌아갈 것이라는 마술 같은 견해에 도달하게 만들지는 않는다. 책임은 또한 파워를 필요로 한다. 자신의 삶을 실질적으로 통제할 수 있는 사람은 거의 없다. 사람들은 함께 일하는 사람들, 일을 해줘야 하는 사람들과 더불어 신세를 지며 살아간다. 예를 들어, 만일 사람들이 시장에서 자신의 재능과 재화를 팔고 싶다면, 그들은 경제성장이라는 조건에 의존하며 혹은 그들이 일을(그리고 경제적 안녕을) 할 수 있도록 그들을 고용하는 회사에 의존한다. 따라서 '개인책임' 자체가 사람이 인간 사회에서 어떻게 풍요롭게 살아야 할지를 추동하는 엔진이 될 것이라고 말하는 것은 모든 사람이 그들 자신에 대해서 운용할 수 있는 충분한 자원을 갖고 있지 않다는 현실을 외면하는 것이다.

개인책임의 두 번째 문제는 공적 돌봄제공을 돌봄의 위험한 모습으로 간주한다는 점이다. 신자유주의에서 공적 돌봄에 대한 논의가 없는 것은 아니다. 공적 돌봄이 수혜자에게 해롭다고 보기 때문에 오히려 모든 사적 돌봄이 공적 돌봄보다 선호된다. 제3장에서 언급했듯이, 만일 신자유주의가 모든 사람이 자신을 돌볼 수 있는 역량을 가졌다고 가정한다면, 개념적으로 공적 돌봄의 혜택을 받은 사람은 자신을 돌볼 수 있는 능력이 없는 사람이며, 이에 그들은 무능한 사람임이 분명하다. 만일 그들이 무능하다면 공적인 것으로 그들의 판단을 대신해야 하는 것이 이치에 맞는다. 따라서 복지수혜자는 그들에게 결혼을 권하는 국가에 의해 그들의 섹슈얼리티가 통제될 필요가 있다고 본다(Smith, 2007). 정부 지원은 좀 더 많은 재화와 서비스를 사용하려고 유인하는 '도덕적 해이'를 촉발하지 않기 위해서 모자라지 않게만 충분해야 한다. 이러한 논의의 틀에서 출발하기 때문에 신자유주의자들은 사람들이 필요로 하는 것보다 부족하게 보조금을 제공하는 것을 정당화할 수 있다. 사람들에게 더 많이 주는 것(사람들은 '필수적'이라고 볼지도 모르는 것)은 그들에게 해롭다. 이런 식으로 신자유주의 국가는 가난한 사람이 국가에 '지나치게 의존'하는 것을 방지함으로써 최소한으로 필요한 만큼의 삶의 질을 돌본다(Mead, 2001).

신자유주의 시작으로부터 최종 종착지는 모든 종류의 포용이 더욱 어려워지는 악순환의 고리를 낳았다. 모든 집단은 더욱 배타적으로 된다. 점점 더 많은 공공서비스가 민영화되거나 '진절머리 나는' 것이 된다. 사람들은 자신이 가진 자원에 부득이하게 의존하지만, 그 자원은 사적인 시장에서 그들이 필요한 것을 점점 더 많이 구매해야 하기 때문에 사람들은 점차 더 쪼들리게 된다. 부자는 더욱 부유하게 가난한 자는 더욱 가난해 짐에 따라 여전히 불신과 불평등이 존재하며, 돈이 많이 없는 사람들에게는 어떤 것도 할 수 없는 무능함, 즉 자유의 결핍이 기다리고 있다. 열악한 존재라는 것은 그 자신이 무가치하다는 신호다. 이러한 악순환은 긴박하게 돌아간다. '타인'은 그들의 경제실패로 인해 '무책임한' 사람이 되게 되며, 시민들은 점점 화를 내고 불신과 분노로 가득 채워진다. 정치는 점점 처벌적으로 되어간다. 이러한 악순환은 반복된다. 시민들은 점차 공적인 삶을 불행하게 느끼며 분노로 채워진다. 미래를 생각할 여력이 있는 사람들은 닫힌 공동체 안에서 이 공동체가 아닌 다른 곳의 사람은 만날 필요가 없다는 식으로 자신의 삶을 꾸려나간다. 이에 '타인'을 믿을 수 있는 역량은 점점 멀어진다. 민주시민은 그들과 같지 않은 사람을 위협하거나 멸시할 수 있을 만큼의 평등한 힘을 갖게 될 수도 있다. 그렇다면 어떻게 사람들이 다른 사람들을 그들과 동등하다고 생각할 수 있을까? 벨라미의 마차가 보여준 삶에 대한 자화상은 몇몇 순간은 편안할 수 있지만 마차의 꼭대기에 있는 사람들조차 항상 그들의 지위를 잃어버리거나 떨어져버릴 것 같은 두려움을 갖는다.

여기에 다른 가능성이 있다. 돌봄의 중요성을 진지하게 다루어보자. 사람들은 돌봄책임이 논의되고 재분담되면서 어떤 과도기를 겪어야만 할 것이다. 또한 돌봄책임에 관해서 더 넓은 관점에서 생각할 필요가 있을 것이다. 무임승차권이 주어졌던 사람들과 특권적 무책임을 누렸던 사람들은 직접적이고 친밀한 돌봄의 역할을 맡고 준비해야 할 필요가 있을 것이다. 물론 쉬운 일은 아니다. 어떤 사람은 모든 사람이 다른 사람들을 돌보는 데 소질이 있지 않다며 반대할 것이다. 돌봄은 종종 실망스럽기도 하고 어려운 것이다. 돌봄은 경합하는 필요 간의 균형을 맞춰야 한다. 돌봄은 희생을 요구하며 언제나 성공적이지는 않다. 그러나 다른 한편으로 돌봄은 기쁨과 성공을 가져다준다. 돌봄을 많이 한다는 것은 더 주위에 관심을 갖는다는 것을 의미하고, 책임에 대한 판단을 할 역량이 더 커진다는 것을 의미한다. 모든 사람이 더 돌봄적으로 된다는 것은 타인의 자유를 축소시키는 온정주의의 위험성을 경계하고, 평등을 좀 더 어렵게 만드는 편협함에 반대하는 도덕적 틀을 채택할 것을 요구하는 것이다(Tronto, 1993).

다른 시각에서 사회의 돌봄책임을 나누자고 하는 것은 경제적 이익만이 중요한 것이라는 개념과 차이가 나는 다른 가치로의 이동을 요구하는 것이다. 여기에 대안이 있다. 공적으로 사람들이 돌봄에 대한 책임을 많이 나눌수록 사람들은 덜 두려워하게 될 것이고 더 수월하게 다른 사람들을 믿게 될 것이다. 신뢰라는 관점에서 보면 세상은 점점 개방되어간다. 더 자유로워지며 더 평등해지고 더 정의로워진다. 생각하는 방식을 바꾸는 것은 어렵다. 하지만 선택은 현실이며 신자유주의의 약속은 허구다. 인간은 다른 사람들과 항구적인 악순환의 경쟁만을 죽을 때까지 하지 않기 위해서 사회를 조직할 수 있다.

포용적이기 위해 돌봄수혜자로서 우리 자신을 다시 생각해야 한다

상당한 용기를 갖고 시민이 취해야 할 필요가 있는 첫 번째 단계는 개인 각자가 인간의 취약성에 대해 인정하는 것이다. 우리 모두는 돌봄수혜자다. 사람들이 유아일 때, 병약할 때나 고령으로 노쇠해질 때, 이는 엄연한 사실이다. 모든 사람은 평생토록 필요를 갖는다. 시민들이 기꺼이 자신의 필요를 인정한다면 다른 사람들의 필요도 역시 인식할 수 있다. 일단 사람들이 자기 자신의 돌봄을 인정했을 때, 사람들은 또한 얼마나 많은 시간과 에너지가 그들과 다른 사람들을 돌보는 데 몰두해야 하는지 알 수 있다.

일단 사람들은 그들 자신의 취약성을 인식하게 되면, 그들 주변 사람의 돌봄실천을 되돌아볼 필요가 생기게 된다. 친구나 이웃같이 친밀한 사람들이나 한 가족으로 사는 사람들일지라도 어떤 방법이 최선의 돌봄 방식인지에 대해서는 의견이 서로 다르다. 공간, 문화적 배경 및 경제적 조건을 따라 이러한 차이는 심화되며, 그래서 모든 시민은 각자의 구체적인 돌봄필요와 자신 및 다른 사람을 돌보는 구체적인 방법을 갖고 있다는 점이 명확해진다. 필요를 재검토하는 것은 시민이 다른 시각에서 생각해보는 것이다. 돌봄제공자와 돌봄수혜자의 복합적인 역할을 고려한다면, 시민은 잘못된 추상성에 기초에서 서로를 판단할 수 없다. 오래전 벤하비브(Seyla Benhabib, 1986)는 '구체화'하는 대신 '타인을 일반화'하는 추상적인 철학적 토론을 비판했다. 또한 시민이 실제로는 그렇지 못하면서 다른 사람에 대해서 '알고 있다'고 간주하는 것 또한 마찬가지로 매우 위험한 문제다. 제4장에서 논의했던 왜 미국인들이 복지를 혐오하는지에 대한 길렌스(Martin Gilens, 1999)의 논의는 이러한 문제의 한 예다. 그는 미국인들은 복지에 대해 반감이 있는 것이 아니라 단지 '게으른' 사람에게 주는 복지에 대해 반감이 있다고 지적한다. 하지만 다수의 백인 미국인들은 대다수 복지수혜자가 흑인(African-American)일 것이며 그들이 '게으르다'고 잘못 생각하고 있다. 여기에 그들의 인종적 태도가 감춰져 있었다. 백인 미국인들이 지속적으로 주거를 분리하는 관점에서 볼 때(백인의 75퍼센트 이상은 유색인이 거의 없는 지역에 여전히 살고 있다), 일상의 생활공간에서 그들의 인종적 태도를 변화시킬 수 있는 기회는 거의 없을 것이다. 2010년 미국 인구조사에 근거한 보고서는 인종 차별이 계속되고 있다고 주지하면서, 미국의 인구학적인 변화가 있었음에도 "백인, 흑인, 히스패닉, 아시안의 일상생활에서 다양성을 경험하는 것은 상당한 차이가 있다"고 결론지었다(Logan and Stults, 2011: 2). 가시적 협력의 도덕은 사람들이 돌봄책임을 다시 생각해보기 위해 많은 전제를 다시 생각해볼 것을 요구할 것이다.

책임 분담의 결정은 어떻게 만들어갈 것인가? '함께 돌봄'은 민주적 돌봄실천과 민주적 돌봄제도의 변화 모두 필요하다.

민주적 돌봄실천

민주적으로 돌봄을 실천하려면 무엇이 필요할까? 사람들은 자신과 가까운 사람들을 돌보는 데 익숙하기 때문에 돌봄을 확대하는 것을 어렵지 않게 느낄 수 있다. 다른 사람을 돌보기 위해 단지 외형의 '확장'만이 필요한 사람이 있을지 모른다. 하지만 타인을 돌보는 것은 실제로 그들의 삶에 대한 지식이 필요한 것이다. 시민은 사실일 것이라고 기대하는 다른 사람의 견해를 단순히 수용하는 것이 아니라 다른 시민의 삶에 대해 알아가야 할 시간이 필요하다.[2] 사람들이 그들의 집, 직장(직장도 차별이 지속되는 곳이다; Hellerstein and Neumark, 2008 참조), 학교를 벗어나 만날 수 있는 실천이 필요하다. 돌봄책임을 완전히 이해하기 위해 다른 시민을 배우는 작업을 시작하는 것은 그 자체로 많은 시간과 에너지가 필요할 것이다.

다른 사람을 배우는 이러한 임무나 가시적 협력의 과정이 진정으로 표현되고 협력하는 모습으로 되기 위해서 다른 사람의 견해를 들을 수 있는 조건을 만드는 것 이상으로, 이 책은 또한 돌봄의 민주적 실천의 특징이 되는 몇 가지 다른 차원의 돌봄을 제안해왔다. 최소한 다음의 요소는 중추적이다. 첫째, 돌봄은 다차원적이고 그래서 민주적 돌봄실천도 이러한 복합성을 제공해야 한다. 피셔와 트론토가 정의한(Fisher and Tronto, 1990) 돌봄의 네 가지 측면이 있다: 관심돌봄(caring about)—제일 먼저 돌봄필요에 대해 감지하기, 안심돌봄(caring for)—돌봄에 대한 책임 확인하기, 돌봄제공(care

2 이 개념은 허쉬만(Nancy Hirschmann, 2002)의 페미니스트 자유이론 내의 평등 개념과 맥락을 같이한다. 그녀의 평등 논지는 사람들 삶의 구체적인 맥락적 고려가 자유와 평등에 대한 판단을 위해 요구된다고 지적한다. 제3장 참조.

giving)—돌봄을 직접 제공하기, 돌봄수혜(care receiving)—돌봄 과정이 처음의 필요를 충족하는지 그렇지 않은지에 대해 대응하기. 한 차원 더 나아간다면 함께 돌봄, 즉 돌봄의 다차원적 과정이 신뢰와 존경에 미치는 영향을 생각하는 것은 이러한 과정을 더 복합적으로 만든다. 현대 사회에서 이러한 복합적인 과정은 종종 제도별 또는 제도 안에서 별도로 분류되곤 한다. 이러한 과정을 통한 돌봄 흐름의 최우선은 이들 과정이 민주적 방향으로 진행되어야 한다는 점이다. 돌봄실천이 어느 정도가 되어야 돌봄제공자와 돌봄수혜자가 이 전체적인 과정을 이해하고 있다고 할 수 있을까?

더 나아가 돌봄은 언제나 어떤 맥락 속에 위치한다. 그리고 피셔와 필자(트론토)가 밝힌 맥락의 가장 중요한 요소는 돌봄 현장에서 일상적으로 발견되는 불평등한 파워 배분의 요소다. 간단하지만 익숙한 예를 살펴보자. 필요는 필요를 느끼는 사람이 아니라 사회에서 더 파워가 있는 구성원에 의해 정의된다. 예를 들어, 정상가족 구조, 성적 도덕규범, 노동 등의 결핍이 해결되어야 하는 문제로 받아들여졌던 1990년대 미국의 복지개혁 운동의 논리를 고려해보자.[3] 공교육에서는 종종 있는 일이지만, 돌봄책임이 할당된 후 돌봄제공을 위한 충분한 자원이 모자랄 수 있다. 장애인권리 옹호자가 지적하듯이, 장애인에 대한 돌봄은 장애인 스스로의 입장이 소거되거나 함구된 온정주의적 담론으로 흘러버린다(Scully, 2008; Beckett, 2007; Silvers, 1995). 많이 지적되었듯이, 돌봄노동자는 경제적 계층의 가

---

3 이 주제에 대해서는 많은 문헌이 있다. Pulkingham, Fuller, and Kershaw, 2010; Monnat, Bunyan, 2008; Smith, 2007; McCluskey, 2003; Weaver, 2000; Seccombe, 1999; Gault, Hartmann, 1988; Mink, 1998 참조.

장 밑바닥에서 기초적인 혜택을 받지 못하는 불평등한 상황에 몰려 있으며, 이러한 노동자의 다수는 인종적 지위와 이주민의 지위로 주변화된다. 그래서 민주적으로 돌봄실천을 다시 생각하는 것은 상이한 돌봄 맥락에서의 파워의 동학을 면밀히 살펴보는 것이 필요하다. 더구나 돌봄제도의 특정 조합만으로 모든 사람의 필요를 충족시킬 수 없다. 유연하고 혁신적인 정책은 일반적인 범주에 속하지 않는 인생 역정을 살아온 사람이나 예외적인 사람까지도 포용할 수 있어야 한다.

마지막으로, 실질적인 돌봄제공이 이뤄지기 이전에, 우선적으로 책임을 분담하는 가시적 협력의 과정은 돌봄의 '영적인'(spiritual) 측면과 '하찮은'(menial) 측면 간 분리에 대해 재고하게 만든다(Roberts, 1997). 이러한 분리는 이미 사회에서 가장 주변화된 사람들을 더 자주 주변화시킨다. '누가 어떤 돌봄을 누구에게 왜'라는 수준까지 내려온 과정을 탐색하지 못하는, 즉 실질적인 돌봄실천이 제거된 추상적인 돌봄책임의 할당에 관한 어떤 과정도 민주적 돌봄을 스며들게 하기에는 충분하지 않을 것이다.

돌봄의 실천을 더 민주적으로 만들기 위해 어떻게 시작할 것인가라는 이러한 논의는 필수적이지만 다분히 추상적이다. 왜냐하면 이러한 돌봄실천을 실행하는 제도들이 진화해야 하기 때문일 뿐만 아니라, 이 책의 목표가 필자의 관점을 민주시민에게 단지 부과하기 위한 것이 아니라 시민이 앞으로 나아가는 방법에 대해서 하나하나 설명하는 것이기 때문이다.

민주적 돌봄에 대한 일부 우려

그럼에도 돌봄이 더 민주적일 수 있다는 기본 전제에 도전하는 종종 불평등한 관계에서 발생하기 때문에 돌봄은 민주적일 수 없다. 돌봄은 양자관계이며 그렇기 때문에 친밀하고 사적인 수준에 남아 있어야 한다. 그리고 돌봄에 지나치게 많은 초점을 두는 것은 권리와 인권이라는 더 정치적으로 중요한 강조점을 퇴색시킨다. 각각의 우려를 차례로 살펴보자.

불평등한 돌봄이 어떻게 민주적일 수 있나?

돌봄은 민주적인 관점에서 분명히 문제가 된다. 다수의 돌봄관계는 평등한 관계가 아니며 그렇기 때문에 민주주의 이념을 위협하는 것으로 보일 수 있다. 사회 속 인간은 각자의 역량이 똑같지 않다. 특히 영유아, 너무 허약한 사람, 너무 노쇠한 사람의 경우가 그러하다. 역사적으로 민주주의 이론가들과 민주주의 실천가들은 '의존적'이거나 온전히 합리적이지 않은 사람을 시민에서 배제함으로써 문제를 해결해왔다. 고대에는 이러한 배제가 노예와 여성에게로 확장되었다. 근대 시기 민주사회에서 투쟁은 누구를 온전한 시민으로 포함시킬지를 확대하는 데 초점을 맞췄다. 무산자와 노동계급의 남성, 나중에는 여성에게 참정권이 주어졌다. 민주적 미래의 관점에서 이 문제는 고려되어야 할 필요가 있다.

돌봄은 주로 의존인의 필요에 관한 것이다. '필요'가 있을 때 의존인은 자주 다른 시민과 평등하게 대우받지 못한다. 학자들이 보여주었듯이, 20세기를 통해 '의존'(dependency)의 개념은 덜 유복한이라는 일반적인 조건으로부터 개인적이고 특수한 병리 현상의 한 종류로 변했다. 이러한 '의존'은 다른 사람들이 어떤 사람들에 대해 그들이 시민이 되기에 적절한지 판단할 수 있게끔 가능하게 해주었다(Fraser and Gordon, 1994).

시민은 자신이 자율적이라고, 즉 자기 혼자 결정을 내릴 수 있다고 생각하기를 좋아한다. 18세기 이래로 의존적인 것과 자율적인 것은 모순되는 것으로 간주되어왔다(Tronto, 2010). 게다가 '자율적인' 행위자와 '의존적인' 수혜자의 구분은 돌봄수혜자를 '타인'으로 탈바꿈시켰다(Beauvoir, 1968). 보부아르와 다른 학자들이 증명한 것처럼, 누군가를 '타인'으로 만드는 이러한 과정은 '타인의 것'을 분석하는 능력과 그들에게 무슨 일이 벌어지고 있는지를 바라보고 판단할 수 있는 능력을 방해한다. 스스로를 돌봄수혜자라기보다 돌봄제공자라고 생각하는 자율적인 행위자는 그들 자신의 상황에 대해 잘못 이해하기 쉬우며, 의존에 대한 자신의 혐오를 돌봄수혜자에게 투사하려는 성향을 보인다. 결과적으로 이는 사회의 돌봄과 돌봄현장을 곡해하는 것이다.

돌봄에 대한 거의 모든 토론은 돌봄수혜자가 아니라 돌봄제공자의 관점에서 시작된다. 아마도 그것은 자율적인 행위자의 삶이 인간행동의 규범으로 받아들여지는 사회에서 돌봄이 인간 삶의 한 단면으로만 치부되어온 사회의 지적 경향일 것이다. 돌봄수혜자는 필수적인 돌봄을 필요로 할지 모르지만, 그들이 돌봄을 필요로 한다는 것이 이를 사전에 준비하고 충족시키고 평가하는 과정에 참여할 능력이 부족함을 의미하지 않는다. 실제로 돌봄수혜자는 종종 충분한 돌봄에 대해 더 좋은 자원이다. 이러한 관점에서 본다면 돌봄은 자율적인 돌봄제공자의 관점에서 보는 것보다 평등하다.

푸코의 '자기돌봄'(care for the self)에 대한 후기 저작은 돌봄을 단순한 수동적인 활동으로 이해하는 데 중요한 제동을 걸었다. 푸코의 초기 저작은 사회적 실천과 모세혈관 같은 파워가 개인을(실제로 '개인'이나 '주체'의 개념을) 구성하는 방식을 강조했다. 윤리적인 범주로 자기돌봄을 봤을 때, 푸코(1997)는 돌봄을 받는다는 것이 불가피하게 수동적인 활동이라는 관점에 문제를 제기했다. '우리 모두가 돌봄수혜자'라고 인식할 때까지 우리는 돌봄을 생각하는 방식에서나 돌봄이 폄하되고 있는 현실에서 어떠한 변화도 이룰 수 없게 될 것이다.

모든 행위자가 자신을 돌봄수혜자라고 기꺼이 생각한다면 두 가지 효과가 있다. 첫째, 자신을 단지 행위자로 뿐만 아니라 수혜자로 보는 관점이 정상적인 것으로 자리를 잡게 된다. 이러한 변화는 작아 보이지만 이는 시장에서 행위자는 경쟁할 수 있는 이해타산적인 행위만을 한다는 전제를 완전히 무너뜨리는 것이다. 또한 모든 인간 행동의 비유로서 이해되는 시장적 삶에 대한 한계를 인식하도록 만든다. 둘째, 돌봄수혜자를 이제 '타인'으로 보지 않게 된다. 마치 사람들이 자신의 문제에 대해 판단하는 것과 같이 '타인'에 대해서도 판단을 내리기 시작할 수 있게 된다면, 더욱 진정한 동감(genuine empathy)이라는 다른 종류의 사회심리적 과정이 필요해질 것이다. 돌봄에 대한 우리의 이해를 변화시키는 것은 공감의 영역을 확장시키게 한다. 우리 자신의 취약성을 인정하는 것은 이러한 과정을 단축시킨다.

시민이 일상적인 삶을 잘 해나가고 충분한 돌봄을 잘 받을 수 있도록 매일매일 많은 사람들은 책임을 다하고 있다. 많은 사람들은 비장애 성인으로서 자신에게 기본적인 돌봄과 그 이상의 부가적인 돌봄까지도 제공할 수 있다. 그럼에도 불구하고 이러한 작업 역시 돌봄이다. 인생의 여정을 통해서 보면, 돌봄을 받는 사람과 돌봄을 주는 사람은 동일한 사람이다. 돌봄을 실천하려거나 사회를 통해 돌봄책임을 분담하려 할 때, 우리가 명심하고 마음에 새겨야 하는 문제는 불평등이다. 하지만 돌봄제공자와 돌봄수혜자로서의 변함없는 역할은 돌봄과 평등에 대한 생각과 전망을 처음보다 한결 수월한 것으로 만든다.

돌봄은 위계구조를 부수는 효과가 있다: 양자관계 돌봄의 문제

돌봄을 거대한 민주적 프로젝트로 만드는 것에 대한 두 번째 반감은 돌봄관계가 주로 양자적이며 따라서 돌봄관계를 거시적으로 생각하려는 시도는 돌봄 자체의 친밀성을 파괴한다는 전제다. 한편으로 이러한 주장은 돌봄책임이 한 사회 내에서 어떻게 조직되어야 하는지를 이해할 수 있는 방식인 민주적 돌봄실천을 곡해하고 있다. 그러나 돌봄이 양자적이라는 기계적인 도식에 빠질 수 있는 몇몇 함정을 고려하는 것은 의미 있는 작업이다.

나딩스(Nel Noddings, 1984)가 돌봄을 돌봄제공자와 돌봄수혜자 간의 양자관계로 설명한 것은 유명하다. 그녀에 따르면, 돌봄수혜자가 돌봄을 받았다는 것을 인식하지 못한다면 돌봄은 존재하는 것이 아니라고 했다. 엄마의 품에 안겨 있는 아이의 이미지는 돌봄 이미지로 강력하게 자리 잡고 있지만 그러나 이것은 돌봄의 왜곡된 표현이다. 한 사람이 다른 사람을 돌보는 '로빈슨 크루소' 돌봄은 존재하지 않으며 그것은 그러한 상황의 종료를 뜻한다. 첫 번째 사례로 돌봄수혜자는 종종 그들이 받은 돌봄에 보답하려 한다. 심지어 아주 어린 아이도 자신들의 돌봄제공자에게 돌봄을 되돌려주려 한다(Bråten, 2003). 돌봄의 한 모습으로서 양자관계에 대해 우리가 애착을 느끼고 있지만 그것은 정확한 설명이 아니다. 양자 돌봄관계의 의사/환자 관계, 어머니/아이 관계, 학생/선생님 관계 상황을 가정해보자. 의사는 건강돌봄(health care)을 혼자서 제공하지 않는다. 그들은 점점 더 돌봄의 복합적인 사회적 관계에 관여하게 된다. 가족도 사람이 받는 건강돌봄의 상당 부분을 제공한다. 하지만 다른 전문가들, 보험회사, 정부 대리인, 병원 원무과 등도 돌봄관계에 연관되어 있다. 이를 양자관계로 생각하는 것은 매우 부정확한 것이다.

동일하게 어머니/아이 관계도 사실이다. 비록 어머니와 자녀 간의 특별히 강한 유대가 종종 있을 수 있지만, 이러한 관계를 인간 삶에서 근본적으로 중요한 관계로 이데올로기적으로 구성한 것은 상대적으로 최근의 일이다. 페미니스트 영장류 학자인 하디(Sarah Hrdy)는 다른 영장류 중에서 영유아기의 영장류는 누구도 어미만의 돌봄에만 맡겨지지 않으며 '알로마더'(allomothers)[4]의 복합적인 돌봄이 아이를 키운다는 점을 발견했다(Else, 2006; Henry, 2006; Hrdy, 1999). 지난 세기 서구 사회에서 아이들은 엄마와 어느 정도 떨어져 있는 유모에게 보내졌다. 커테이(Kittay, 1999)가 설명한 둘라(doula)[5]는 신생아 시기에 집안에서 함께 있었던 도우미이다. 보모,

4 아버지, 어머니, 할아버지, 할머니 등 누구나 동참하는 양육—옮긴이.
5 산모를 돌보는 산모도우미—옮긴이.

아버지, 형제자매, 할아버지, 할머니 그리고 가족 내 다른 어른 등은 종종 아이의 삶에 중요한 영향을 미친다. 엄마만이 아이를 돌본다는 생각은 돌봄의 본질에 대한 잘못된 인상을 조장할 수 있다. 유사하게 학생은 선생님에게서 배우지만 선생님에게만 배우는 것이 아니며 선생님과의 관계를 통해서만 배우지 않는다. 예를 들어, 대학 수준에서 학생이 배움을 고립된 것으로 생각한다면, 대학에 가려고도 또한 마치려고도 고집하지 하지 않을 것이라는 연구가 보고되었다(Tinto, 2000).

양자관계의 이미지는 부정확할 뿐만 아니라 악영향을 끼친다. 플럼우드(Plumwood, 1993)의 '그림자처리'(backgrounding)에 관한 경고는 돌봄제공자와 돌봄수혜자의 양자관계에도 적용된다. 돌봄제공자와 돌봄수혜자라는 양자관계는 단순히 분석적인 도구가 아니다. 그것은 또한 이성/감성의 이분법과 같이 돌봄제공자의 지위와 돌봄의 전체적인 관계를 누락시킨다. 여기서 그림자처리는 돌봄제공자 역시 취약하고 어렵고 때때로 누군가의 도움이 필요하다는 사실을 모호하게 한다. 따라서 돌봄의 양자관계 모델은 돌봄의 비대칭성에 관한 '불편함'과 불쾌함을 고조시키는 데 일조한다.

양자관계의 틀 속에서는 필수 돌봄의 비대칭 문제가 해결될 수 없다. 심지어 나딩스는 돌봄수혜자는 받은 지원을 인정하고 감사해야 한다고 주장함으로써 이 점을 인정하는 듯 보인다. 하지만 이 모델의 문제는 불평등을 돌봄의 본질적인 특징으로 인정한다는 점에 있다. 민주사회라는 관점에서 본다면 그러한 불평등은 지속적인 배제를 정당화할 수 있으며 돌봄수혜자와 그들과 밀접한 돌봄제공자를 온전(full)하며 참여하는 시민으로 생각하지 않는다는 점에 있다. 요약하면, 민주적 돌봄의 중요한 부분은 위계적인 관계를 깨는 것이다. 이를 위한 시작점은 양자적인 관계로서 돌봄을 바라보는 논리에 도전하는 것에서 비롯된다. 돌봄은 두 사람 사이에서만 나타나지 않는다. 그리고 돌봄을 '삼각화'(triangulate)하는 기회를 만드는 것은 또한 무자비한 파워의 위계 조직을 깰 수 있는 기회를 만드는 것이다.

필요, 권리 그리고 돌봄

돌봄책임을 분담하는 돌봄실천에 대한 또 다른 가능한 반대는 권리에 근거해 돌봄을 제공하는 이해를 어렵게 한다는 점이다.

돌봄수혜자는 필요(needs)가 있다. 또한 그들은 권리(rights)가 있다. 그들의 필요와 그들의 권리를 동시에 생각하는 것은 중요하다. 여기서 우려하는 점은 돌봄을 민주적으로 함으로써 가장 시급한 모든 필요를 사회에서 주목하기보다 필요 간의 경쟁으로 귀결될 수 있는 여지다. 최근 보수 정부는 돌봄의 공적 지원을 삭감하기 위해 더 민주적으로 들릴 법한 수사를 종종 사용해왔다. 영국과 미국의 보수적인 정권들은 돌봄 재원을 삭감하면서 교육에서의 '책무'(accountability)(Epstein, 1993)와 고령자 돌봄에 대한 '개인화'를 요구했다. 비록 주창자들이 이러한 운동을 '더 민주적인' 것으로 묘사하고 있지만, 돌봄책임을 분담하는 관점에서 본다면 아주 다르게 보일 수 있다. 돌봄옹호자들은 돌봄필요가 서로 경쟁하는 것을 허락하지 않는다. 이것이 권리 담론의 논쟁점이기도 하다.

돌봄의 권리가 존재하는가? 적어도 세 가지는 명확히 존재한다.[6]

6 돌봄 권리에 대한 다양하고 유용한 논의는 컬쇼(Kershaw, 2005) 참조.

만일 우리가 돌봄을 진지하게 공적 가치로 받아들이는 훌륭한 이유가 있다고 본다면, 그러한 돌봄을 제공하기 위해 세 가지 전제가 필요할 것이다. 첫째, 우리는 모든 사람이 평생 동안 충분한 돌봄을 받을 자격이 있다는 점을 전제해야 한다. 우리는 심지어 이것을 '돌봄을 받을 권리'(right to receive care)로 부를 수 있다. 둘째, '돌볼 권리'(right to care)가 존재한다. 모든 사람은 그들의 삶에 유의미한 돌봄관계에 참여할 수 있는 자격이 있다. 셋째, 모든 사람은 사회가 이러한 두 가지 전제 조건을 얼마나 보장해야 하는지를 결정하는 공적 과정에 참여할 수 있는 자격이 있다.

첫 번째 전제는 마셜(T. H. Marshall, 1981)이 주장했던 고전적인 '사회권'(social right)을 다시 언급한 것처럼 들린다. 하지만 필자의 주장은 우리가 돌봄을 시민에게 그냥 주어지거나 보유하는 실재로서가 아니라 계속 진행 중인 사회적 과정으로 이해해야 한다는 점에 있다. 사회권 모델은 국가가 구체적인 혜택을 제공하는 일방향적인 관계를 주로 전제한다. 마셜 역시 시민이 사회권을 보유하고 있다고 (즉 정부에 사회복지수급권을 주장했던 사람들처럼) 보는 모델은 궁극적으로 영향력을 잃게 될 것이라고 설명했다.

> 사회권 —폭넓게 이해되는 용어로는 복지에 대한 권리— 은 파워를 행사하기 위해 고안된 것이 절대 아니다. 수년 전에 지적했듯이 사회권은 대중 사회에서 강력한 개인주의적 요소를 반영하는 것이지만 행위자로서가 아니라 소비자로서의 개인을 지칭한다. 소비자는 올리버 트위스트를 모방하거나 '더 많은 것을 요구'하는 것을 제외하고 하는 일이 거의 없다. 정치인이 대중에게 사회권을 약속함으로써

> 그들에게 미치는 영향력은 시민(또는 시민권에 관심 있는 사람들)이 정치인에게 사회권을 요구하며 미치는 영향력보다 더 크다(141).

이러한 이유로 돌봄을 마치 분배되어야 하는 상품처럼, 돌봄에 대한 자격을 주장하는 것으로는 충분하지 않다. 그 대신 우리는 돌봄을 함께 돌봄, 즉 시민이 항상 함께하는 하나의 활동으로 보아야 한다. 여기서 요구되는 변화는 국가가 그러한 서비스의 제공자가 되어야 한다는 것이 아니라 국가가 현재 진행되고 있는 돌봄활동을 지원하거나 제한하는 역할이 공적 토론의 중심이 되어야 할 필요가 있다는 점이다.

두 번째 권리는 좋은 돌봄에 대한 사람들의 견해가 인종, 계급, 민족, 종교, 지역, 이데올로기 그리고 심지어 개인 성격에 따라서 매우 다양하기 때문에 중요하다. 따라서 모든 사람에게 적용되는 한 가지 돌봄 모델이 있다는 것은 어불성설이다. 모든 병약한 고령자는 요양시설에 보내야 한다고 주장하거나 모든 가족은 자신의 가족을 스스로 돌봐야 한다고 주장하는 것은 돌봄을 제공하고 제공받는 능력에 있어 다양한 인간의 삶의 방식을 침범하는 것이다. 누구도 자신이 비참하다고 생각하는 유형의 돌봄을 받도록 강요받아서는 안 되는 것처럼, 우리는 좋은 사회라면 예를 들어 가족구성원이 돌봄을 제공해야 한다고 주장해서는 안 된다. 핀치(Janet Finch, 1996)는 이것을 "돌보지 않을 권리"(right not to care)로 불렀다.

세 번째 권리는 매우 중요하다. 사람들이 이타적으로 행동할 때 '타인'을 생각하고 있다고 말할 수 있지만(Kelman, 1988), 그렇다고 해서 자신의 처지에서 타인의 필요를 감지하는 것이 아닌 순수하게 타인의 처지에서 그들의 필요를 반영하고 있다고 말할 수 있는 것은 아니다. 우리는 앞서 모든 사람의 필요와 욕망이 우리 자신의 것과 같을 것이라고 동일시하는 관행이 어떻게 돌봄 악순환을 영구화하는 방식으로 사람들을 행동하게 하는지 살펴보았다. 이러한 자세는 사람들의 필요에 관한 실질적인 근거에 대해 반추함으로써 전환될 수 있다. 민주적 과정은 단지 파워있는 사람들이나 중간계급의 사람들만이 아닌 모든 사람의 목소리가 경청된다는 점을 보장해야 한다.

미국에서 대부분의 정치제도가 얼마나 대표성이 부족한지를 감안한다면, 민주적 과정에 대한 이러한 필요성은 비현실적인 것으로 보일 수 있다(Winters, 2010). 비록 사실이 그렇다 하더라도 민주적 돌봄의 과정을 시작하고 간섭할 수준은 수백 가지다. 변화가 필요한 것은 민주주의와 돌봄이 어떻게 함께 갈 것인가에 대한 일련의 생각들이다. 일단 이 임무가 성취된다면 민주적 돌봄실천의 입지는 좀 더 명확해질 것이다.

민주적 돌봄이 더 좋은 돌봄이다

아이들을 위한 방과후 학교 프로그램을 살펴보면서 화이트(Julie White)는 더 민주적으로 조직된 돌봄이 더 완성도있게 성공하고 있음을 보여주었다(2000). 이 장의 관심사는 이러한 발견을 일반화시키는 것이다. 민주적 돌봄은 그것이 민주적이기 때문에 더 좋은 것일 뿐만 아니라 더 좋은 돌봄을 제공하기 때문에 더 좋은 것이다.

이 책의 앞에서 필자는 개념으로서 돌봄은 그 안에 어떤 '사고방식,' 즉 돌봄 논리를 내포하고 있다고 주장했다(Mol, 2008 참조). 하지만 돌봄을 완전하게 이해하기 위해서 돌봄 개념은 사회를 바라보는 완결된 '관점,' 즉 정치이론 안에서 자리매김해야 할 필요가 있다. 결국 봉건주의에서도 식민주의가 그랬던 것처럼, 돌봄 개념이 있었지만 그것은 우리가 인정하고 싶지 않은 돌봄 개념이다. 필자는 이 책을 통해서 도덕에 대한 대안적 접근으로서 돌봄을 이해하기 위해서는 이를 민주적 삶의 맥락에서 이해되어야 할 필요가 있다고 주장해왔다. 오직 민주적 제도만이 워커가 사회에서 책임을 정당하게 분담하는데 필수적인 것으로 설명한 '가시적 협력'의 실천을 담보할 수 있다(Card, 2002 참조). 즉 민주사회에서만 '함께 돌봄'이 가능하다.

돌봄과 민주주의에 대한 이러한 생각은 결국 좀 더 극적인 주장에 이르게 된다. 민주적인 돌봄이 더 좋은 돌봄일 뿐만 아니라 돌봄적인 민주주의 삶이 결과적으로 더 좋은 민주주의를 만든다. 이러한 이유로 민주주의는 인간이 인간 서로를, 세상의 다른 생명체를 그리고 세상 그 자체를 돌볼 수 있게 하는 최상의 정치적 장치이기 때문에, 민주주의는 가장 좋은 정치체제다. 따라서 민주주의를 더 좋은 돌봄을 요구하는 가장 좋은 틀로 받아들이는 것은 단지 오늘날 세계의 대다수 정부가 민주적이라는 맥락적 사실의 결과에 기인한 것만은 아니다. 그 대신 다른 주장이 왜 민주주의가 더 선호되는지를 설명한다. 만일 사람, 모든 것 그리고 이 행성이 잘 돌봐지는 세상에서 사는 것에 관심을 가진다면, 그들은 민주주의를 더 선호해야 한다. 왜냐하면 민주적 돌봄이 더 좋은 돌봄이기 때문이다.

우선 이 점은 분명 반직관적으로 비춰질 것이다. 왜 돌봄을 전문가의 손에 맡기는 것보다 민주적 다수에게 넘겨주는 것이 더 좋은

가? 결국 현재의 민주주의 국가에서 공공선에 대한 실천에 동의하기 위해 다수를 얻는 것은 극단적으로 어려웠다. 예를 들어, 민주적 다수가 온실가스 배출 제한을 꺼린다는 점을 고려해보자. 『뉴욕타임스』의 글로벌 문제 전문가인 칼럼니스트 프리드먼(Thomas Friedman, 2008)은 중국 공산주의 정권이 너무나도 쉽게 환경 친화적인 정책을 도입했다는 사실을 알았을 때, 그는 자신이 몇 분만이라도 독재자가 될 수 있기를 희망했다고 한다. 돌봄은 잘 연구되어 왔으며, 학자들은 더 잘 돌보기 위한 우수한 정책 제안들을 만들어 왔다.[7] 그렇다면 왜 민주주의가 더 잘 돌볼 수 있는가?

현대 민주주의 사회의 가장 핵심적인 문제는 그것이 민주적이기 때문이 아니라 경제적 생산의 가치를 다른 어떤 가치보다 우위에 두고 있기 때문이라는 점을 상기해보자. 민주주의가 더 돌봄적이 된다면 —민주주의가 다른 것 중 돌봄에 높은 가치를 둔다면— 민주적 돌봄은 모든 사람에게 사회에서 수많은 돌봄실천을 알려주게 될 것이다. 이러한 조건하에서 민주주의는 덜 부패하고 더 대응력이 높아지게 될 뿐만 아니라, 역시 더 돌봄적이 될 것이다.

첫째, 우리는 돌봄을 민주적으로 할 때 돌봄이 더 좋아진다는 것을 관찰해야만 한다. "백지장도 맞들면 낫다"라는 속담이 있다. '삼각법'(triangulation)은 좀 더 효율적인 항법 장치이자 연구 방법이다. 양자관계적 돌봄 모델은 부정확할 뿐만 아니라 규범적으로도 좋

7 많은 학자들이 돌봄제공에 대한 논의에 가세했다. 일부만 보면, Stacey, 2011; Engster, 2007; Hankivsky, 2004; Eriksen, 2003; Gornick, Meyers, 2003; Folbre, 2001; Goodin, 2001; Gerstel, 2000; White, 2000; J. Williams, 2000; Kittay, 1999; Uttal, 1999, 2006; F. Williams, 1999, 2001; Sevenhuijsen, 1998, 2000, 2003; Fineman, 1995.

은 돌봄 모델이 아니다. 인간 생활의 다른 측면과 마찬가지로 돌봄은 더 많은 사람이 참여했을 때 유익해진다. 돌봄의 규모가 어디까지 확대되어야 하는지에 대한 제한이 있을 수 있지만, 돌봄의 규모가 돌봄의 질을 보장할 수 있을 만큼 커야 한다는 제안도 있다.

둘째, 사회적 가치로서의 연대(solidarity)는 사람들 간의 돌봄을 위한 또한 민주적 가치에 대한 보다 큰 대응력을 위한 조건을 만든다(Schwartz, 2009; Gould, 2004; Sevenhuijsen, 1998). 다른 사람들과 공동의 목적의식을 공유하는 시민은 다른 사람들을 더 잘 보살피게 될 것이며, 그들 자신의 돌봄 행위로 다른 시민에게도 좀 더 공헌하려고 할 것이다. 게다가 그러한 연대는 선순환을 만든다. 사람들이 다른 사람들의 필요에 더 공감한다면, 그들은 다른 사람들을 보살피는 일을 더 잘할 것이다.

셋째, 민주적 돌봄이 위계질서를 평평하게 만드는 한, 민주적 돌봄은 돌봄의 질을 개선한다. 이러한 주장은 퍼트남과 다른 학자들이 제공한 사회적 자본에 대한 글에서 추론할 수 있다. 퍼트남(Robert Putnam, 1993)과 그의 동료들은 이탈리아에서 권위의 위계가 존재할 때 사회구조에서 상위를 차지하는 사람들은 다른 사람들과 정보를 덜 공유하는 경향이 있다는 점을 밝혔다. 그 결과 문제에 반응하지 못하는 사회시스템이 야기된다. 이러한 시스템이 야기된 이유는 부분적으로 무엇이 문제인지가 불명확하기 때문이다. 덜 위계적인 권위 유형은 공유된 관점을 만들어 내는 경향이 있으며, 공유된 관점은 결과적으로 사회적 자본과 현명한 행동으로 귀결되는 경향이 있다. 비록 관료제적인 위계질서의 추정된 합리성 앞에서 사라지기는 했지만, 이러한 원칙은 점점 더 폭넓게 받아들여지고 있다.

사람들이 합심해서 한 팀으로 함께 일하도록 요구될 때, 위계질서를 약화시킴으로써 기능이 증진될 수 있어 보인다. 의사와 조종사를 비교해보자. 헬름라이히(Robert Helmreich)와 그의 팀 연구자들은 조종사와 의사가 훈련받는 것을 비교했다. 의사는 여전히 더 위계적으로 훈련을 받았으며 실수를 개인책임으로 생각하는 경향을 보였다. 예를 들어, 의사들은 수술실에서 의사소통을 확실하게 했다고 생각했지만, 의사의 지휘 하에 있는 간호사들은 의사소통이 확실하지 못했다고 생각했다(Sexton, Thomas, and Helmreich, 2000). 다른 한편으로 불시착 비행기를 주의 깊게 연구했더니, 승무원들이 조종사의 상황판단에 대해 유보한다면, 그들은 실수를 종종 바로잡을 수 없었다는 사실을 조종 교관들은 알아냈다. 조종사가 승무원들은 실수를 하며 그러한 실수는 흠이 아니라 그럴 수 있는 것으로 인식하도록 훈련을 받게 된다면, 조종사는 좀 더 수평적인 위계질서 속에서 좀 더 효율적으로 문제를 해결할 수 있을 것이다. 물론 의사가 궁극적으로 자신의 의료 판단에 대해 책임을 져야 하지만, 그들은 오류가 특이하지 않은 상황에서 책임을 지는 것이다. 모든 사람이 자신의 견해를 드러내도록 한다면 그들은 실수를 덜 할 것이다. 2009년 슐렌버거(Chesley Sullenberger) 기장이 엔진동력이 모두 꺼진 여객기를 성공적으로 허드슨 강에 착륙시켰을 때, 사람들은 갈채를 보내 그를 영웅으로 대접했다. 그는 자신과 승무원들이 그들이 받았던 훈련을 충실히 준수했을 뿐이라고 답했다. 그 사건을 조사한 후, 활주로 관제사와 나눈 교신 내용을 보면 그 당시 기장은 여객기를 통제하고 있다고 확신했으며 결정을 내렸고 기존의 절차를 따랐다고 밝혔다.

또 다른 의료 사례는 '점검 목록'을 만들면서 시작된다. 헬름라이히 조사팀은 신생아 집중돌봄실에서 일하는 의사와 간호사에게 질문을 했더니, 모든 의사는 다양한 의료인들 간에 의사소통의 수준은 뛰어났다고 확신했지만 간호사는 형편없었다고 대답했다. 같은 방에 있는 사람들이 어떻게 그토록 다른 경험을 할 수 있을까? 위계질서의 최상위에 있는 의사는 그렇기 때문에 그들이 못 들었다는 것을 알지 못했다. 말을 하지 않았던 간호사는 말을 하려고 주저주저했던 경험이 있었다. 외과전문의로서 자신의 역할에 대해 자주 글을 써온 가완데(Atul Gawande, 2010) 박사는 전 세계적으로 외과팀들이 의료 실수를 최소화할 수 있도록 점검 목록을 만들어보고 싶어 했다. 점검 목록을 어디서나 사용할 수 있도록 만들었는데도 가완데 박사는 그것이 의료자원이 부족한 병원에 가장 큰 영향을 미칠 것이라고 생각했다. 자신의 수술실에서 점검 목록을 사용한 지 몇 주 지나지 않아 그는 자신의 수술에서 의료 실수를 예방했다는 것을 발견했다. 이러한 사례에서 보듯이 위계질서를 평평하게 하는 것은 구성원들이 심각한 과오를 예방할 수 있는 더 좋은 기회를 제공한다고 결론을 내릴 수 있다.

의사와 조종사의 사례는 완화된 위계질서와 민주주의가 왜 일반적으로 더 좋은지 깨닫게 해준다. 이는 '사회적 자본'에 대해 글을 쓴 정치학자 퍼트남과 그의 동료들이 주장했던 것과 매우 유사하다. 덜 두려워하고 덜 위계적이고 더 협력적인 사회에서는 신뢰의 수준이 그만큼 더 높다. 베르네스가 "자발적 돌봄"이라고 부른 것은 사회적 자본의 수준이 높은 나라에서 훨씬 두드러지게 나타난다.

돌봄실천은 더 민주적으로 만들어질 수 있으며, 돌봄실천을 더 민주적으로 만드는 것은 그 실천을 더 좋은 것으로 만들어 갈 것이다.

유사한 방식으로 제도도 더 돌봄적으로 만들 수 있다.

민주적 돌봄제도

제도가 돌볼 수 있다?

제도로서 가족은 전통적인 돌봄 현장이다. 돌봄이 가족에서 다른 제도로 이동했을 때, 사람들은 더 사회적이고 공유된 시설에서 받는 돌봄이 가정에서 받는 돌봄만큼 좋을 수 있을지 회의를 품게 되었다. 제도가 돌봄을 잘할 수 있을까?

가족부터 시작해보자. 왜 가족 돌봄을 바람직하다고 보는가? 우선 돌봄은 어느 정도 자동적이기 때문이다. 실제로 가족 돌봄은 파워와 의무를 명확하게 이해한다. 아이들, 부모, 배우자, 이모, 삼촌 그리고 하인은 모두 그들이 또 다른 누군가에게 무엇인가 힘입고 있다는 점을 잘 알고 있다. 둘째, 가족 내에서의 돌봄은 매우 구체적이다. 가정마다 나름의 방식을 발전시킨다. 가족 누군가에게 돌봄을 받고 있는 기쁨은 가족구성원이 그러한 구체적인 돌봄의 특성을 잘 이해하고 수용하기 때문에 가능하다. 셋째, 가족 내 돌봄은 명확한 목적이 있다. 즉 사랑을 표현하는 것이다(적어도 가족이, 그 안에서 서로를 생산자의 관계로 대하는, 생산의 주요 단위인 시절이 지나간 이래로 말이다).

가족은 아마도 천국은 아닐지언정 돌봄이 행해졌던 왕국이었다. 하지만 우리는 가족에 대해 지나친 향수를 기대해서는 안 된다. 주요 돌봄제도로서 가족의 쇠퇴에 상응해서 돌봄의 공적 제도의 성장이라는 변화가 나타났지만, 이러한 변화는 또한 현대 생활의 다른 많은 변화와 맞닿아 있다. 예를 들어, 전문적인 보건의료 구조가 발전하기 전까지 사람들은 집에서 살고 생을 마감하기를 기대했다. 항생제가 보급되기 전에 죽음은 종종 장기간의 만성적인 질병뿐만 아니라 갑작스런 전염이 원인이었다. 최근까지지도 특권층을 제외하고 모든 아이는 아주 어릴 때부터 교육을 받기보다 일꾼이 되는 기대를 받았다. 들판, 광산 또는 구빈원이 주간 돌봄과 학교의 역할을 했다. 돌봄의 초창기 유형이 좀 더 바람직한 것인지 아닌지는 쉬운 문제가 아니다.

가족에 대한 감성적인 접근을 차치하면 문제는 이렇다. 제도가 가족이 이상적으로 제공해온 돌봄의 요소를 제공하기 위해 유사한 역할을 할 수 있을까? 필자는 동일한 세 가지 요소를 동일하지 않은 방식으로 제시하고자 한다. 신화적으로 미화된 아름다운 가족 관계의 모습은 대화가 필요 없는 모습이었으며, 그러한 관계는 당연한 것으로 받아들여질 수 있었다. 다른 제도에서 돌봄의 이러한 측면은 주의 깊게 이뤄져야 할 필요가 있다. 이것은 돌봄 요소를 덜 성취되도록 만들지는 않지만, 관계가 좀 더 눈에 띄게 되고 돌봄을 법제화하는 심의적이고 정치적인 과정을 요구한다. 이러한 세 가지 요소는 다음과 같다. 첫째, 돌봄관계에서 파워에 대해 명확하게 설명하고 따라서 모든 수준에서 돌봄의 정치에 대해 그 필요를 인식하는 것이며, 둘째, 돌봄의 방식이 구체적이고 다원적으로 진행되어야 하며, 셋째, 명확하게 정의된 받아들일 수 있는 돌봄의 목적이 있는 것이다.

이상적인 소고(小考)

비록 이상적인 생각은 분석의 최종 지점이 될 수 없지만, 이는 종종 좋은 출발점이 되곤 한다. 다음과 같은 질문으로 시작한다. 각 개인은 어떤 종류의 돌봄을 받기를 원하는가? 그러한 돌봄은 아마도 다음의 요소를 포함할 것이다. 첫째, 우리는 우리를 돌봐 주는 사람이 그들이 우리를 돌보고 있다는 사실만으로도 행복하기를 원한다. 그들은 개인적으로도 그렇고 필요하다면 경제적 측면(돌봄의 대가로 얼마를 받는지 혹은 돌봄의 '기회비용'에 대해 생각하지 않을 정도로 다른 방법의 경제적 보상이 제공되는지)에서도 돌봄이 보람되다고 여길 수 있다. 둘째, 우리는 규격화되고 표준화된 돌봄 매뉴얼에 따른 돌봄을 받고 싶지 않아 한다. 우리는 우리의 따뜻한 감성(예를 들어, 예의, 영적 생활, 공손함에 대한 존중)과 우리의 실질적 필요에 대한 두터운 모델을 중심으로 한 돌봄이 이뤄지기를 원한다. 셋째, 우리는 좋고 나쁜 돌봄을 받는 기쁨과 실망을 모두 인정하는 방식을 원하며, 우리는 우리의 판단을 이해해주는 사람들과 판단을 함께하기를 원한다.

이러한 전제는 간단해 보이지만 좋은 사회의 돌봄 조건에 대한 두터운 논의를 수반하게 된다. 첫째, 어느 누구의 사회적 기회나 '삶의 기회'도 성, 성적 취향, 인종 또는 부과된 신조를 이유로 제한되어서는 안 된다. 이러한 관점은 포용적 시민권과 사회적 화합의 바람과 목적을 포함한다. 둘째, 사람들은 자신이 선택한 사람들과 같이 살고 친밀한 관계를 맺을 자유가 있다. (적어도 최소 연령 이상에서; 피어시Marge Piercy는 『시간이라는 절벽에 선 여성』*Woman on the Edge of Time* [1976]에서 13세의 아이들은 자신의 이름과 어머니를 선택할 수 있어야 한다고 제안했다.) 사회에서 어떤 돌봄노동은 그러한 돌봄을 제공하기 위해서 친밀한 관계에 있는 사람들이 조직될 수 있지만 다른 대안도 가능하다. 최근 메츠(Tamara Metz, 2010a, 2010b)는 가족을 대체할 수 있는 "친밀한 돌봄제공 단위"(intimate caregiving units)를 만들자고 제안했다. 용어가 우아하지는 않지만, 그녀가 지적하고자 한 것은 가족이 친밀한 돌봄을 제공해줄 수 있는 유일한 제도가 아니라는 점이며, 이는 정확한 지적이다.

셋째, 돌봄노동에 종사하는 것이 계급적 상징이 되어서는 안 되고 또한 돌봄을 받는 것이 특권적 상징이 되어서도 안 되기 때문에, 모든 대인 서비스 노동은 제대로 지불되어야 한다(Waerness, 1990 참조). 넷째, 사회제도와 실천은 비장애인, 강인하고 건강한 명목상 성인뿐만 아니라 취약한 사람에게도 편의를 제공할 수 있도록 조직되어야 한다. 사람들은 다른 사람의 필요에 대해서 생각하지만, 모든 사람은 자기 자신의 필요가 무엇인지를 말할 수 있는 역량을 갖고 있다(Fraser, 1989). 필요를 충족시키는 다층적인 방식이 있다. 좋은 사회에서라면 사람들은 어떤 방식이 자신의 필요를 충족시켜줄 것인지를 선택할 수 있을 것이다. 더 나아가 사람들은 그들이 제공하는 돌봄노동이 그만큼 보상받고 만족스럽고 잘 받아들여지기를 원하며, 사람들은 자신의 판단을 공유하고 다른 사람들과 자신의 판단과 경험을 공유하는 기회를 원할 것이다. 마지막으로 누구에게도 너무나 많은 돌봄노동을 요구해서 그 사람의 인생에서 돌봄 영역 밖의 삶의 공간이 존재하지 않을 정도로 요구해서는 안 된다.

이 목록으로는 불완전하기 때문에, 돌봄의 목적을 차근차근 설명하는 것은 가능한 일이며 중요한 일이라는 것을 확실히 해야 한다. 돌봄과 함께 다른 가치들도 포함시켜야 할 필요가 있다. 민주사회에서 이러한 가치들은 자유(앞에서 언급한 것처럼 지배로부터의 자유로 이해되는)와 진정한 평등을 포함한다. 다원적 민주사회에서 시민은 "차이를 교차시켜 개입하는" 방식으로 자유와 평등에 대해 생각할 필요가 있다(Hancock, 2011: 22).

돌봄제도가 무엇을 목적으로 삼아야 하는지를 설명하는 것이 가능하다면, 제도가 이러한 목적을 얼마나 잘 달성했는지를 근거로 돌봄제도를 평가할 수 있다. 주의력 있고 책임감 있으며 수행성 있고 대응력이 좋은 사람들로 구성된 좋은 제도를 만들 수 있을 것이다.

제도상에서 이러한 변화가 없었기 때문에, 돌봄에 몸담은 사람들은 종종 폴브레(Folbre, 2001)가 칭한 "선인의 딜레마"(Nice Person's Dilemma)와 마주친다. 선인은 다른 사람을 돌보기 위해 기여하는 사람이지만 그의 희생은 결코 보답받지 못한다. 이러한 처우의 결과로 선인은 미래에는 이용을 당하거나 '선'(nice)하지 않은 사람이 되기로 결정하고 만다. 많은 사상가들이 딜레마로서 돌봄을 바라본다는 것은 '딜레마'가 돌봄이 조직되는 방식과 관련된 근원적인 문제를 지적하고 있다고 보기 때문이다. 때때로 돌봄의 딜레마는 집중적으로 개인에게 맞춰져 있으며 때로는 딜레마가 직접적으로 더 큰 사회적·정치적 선택을 반영한다.

돌봄제도: 실천적인 도덕적/정치적 기준

필자는 일반적으로 돌봄윤리의 도덕적 요소로서 관심, 책임성, 수행성, 대응력을 지적하지만(Tronto, 1993, 1995), 이들 요소 ―그리고 다섯 번째 기준은 연대성과 신뢰― 는 우리가 돌봄 그 자체를 판단할 수 있는 기준이기도 하다. 복잡한 것은 돌봄제도에서 돌봄의 필요는 다양한 수준과 단계가 존재한다는 점이다. 제도 내에서 다양한 목적이 상충될 가능성의 문제는 제도를 단일 목적을 가진 일체화된 것으로 바라보는 관점이 가진 오래된 숙제다. 모든 개인이 여러 가지 목적을 갖고 사는 것처럼 조직체도 그러하며 조직 내에 있는 개인도 서로 다른 많은 목적을 갖고 있다.

게다가 '필요'는 변한다(Fraser, 1989 참조). 필요는 특정한 개인과 시간에 따라 변한다. 필요는 의료 기술처럼 변한다. 무엇을 돌봐야 하는지에 대한 사회의식이 확대됨에 따라 필요는 변한다. 필요는 집단이 정치질서에 새로운, 확대된, 감소된 요구를 함에 따라 변한다. 제도에 대한 요구도 변한다. 제도 내의 구체적인 개인들이 변하면서 그들은 다른 필요를 갖는다. 제도 내의 노동자들은 자신의 필요를 갖고 있다. 학자들은 전문가들이 필요를 평가하고 만들어가는 과정이 얼마나 정교한지 연구해왔다(Culpitt, 1992). 필요를 결정하는 것은 복잡하다.

필요를 결정하는 과정은 어떤 돌봄 논의보다도 가장 정치적인 노력이 필요한 것 중 하나며(Fraser, 1989 참조), 민주적 돌봄실천의 핵심 사항은 이러한 노력을 민주적 삶의 본질적인 부분으로 받아들이는 것이다. 그러나 필요 논의(needs-talk)는 권리 논의(rights-talk)만큼 진지하게 받아들여지지 않는다. 예를 들어, 이그나티에프(Michael Ignatieff, 1984)는, 비록 그의 주장이 구체적인 상황에서 권리의 의미를 구분하는 것이 쉽다고 전제하지만, 권리를 필요로 대체하는 것에 반대한다. 개념적으로 상당히 논쟁적이고 불분명한 필요는 많은 문제를 제기한다(Reader, 2007). 누가 돌봄을 '필요'로 하는 사람들의 필요를 결정해야 하는가? 어떤 수준에서 우리는 사람들이 그들 자신의 필요를 결정할 수 있다고 기대한다. 하지만 다른 수준에서 우리는 직업 전문가가 필요를 확실하게 결정해줄 필요도 있다고 본다. 전문가들도 서로 이견을 보이며, 이들이 돌봄수혜자와도 어떻게 돌봄을 진행할지에 대해 이견을 보일 때도 있다. 게다가 때때로 전문가는 다른 사람들의 필요를 결정할 때 전문가 자신만의 어젠다를 갖고 있기도 하다. 그렇다면 누군가에게 그러한 결정을 맡겨야 하는 것인가? 이러한 필요에 대한 서로 다른 평가를 어떻게 해결할 수 있을까? 이러한 상황에서 '중립적인 관찰자'(impartial observers)가 존재할 수 있을까?

'필요'를 구체적으로 정의하려는 시도는 정치적으로도 철학적으로도 어렵다. 다른 학자들은 '필요'를 피하고 그 대신 '기본적인 인간 역량'(basic human capabilities)에 집중하는 또 다른 접근을 시도해왔다. 철학자 너스바움(Martha Nussbaum, 2000, 2004)과 센(Amartya Sen, 2009)은 필요와 정의의 본질에 대한 논의를 시작하기 위해서 '기본적인 인간 역량'이라는 개념을 쓴다. 하지만 어떠한 접근을 받아들이더라도 이러한 질문을 재고하는 것은 민주적 돌봄실천의 핵심 부분일 것이다.

다수의 페미니스트 학자들은 그러한 필요 해석이 잘 되리라는 점을 보여주기 위해서 '소통윤리'(communicative ethics) 류의 주장을 지지해왔다(Sevenhuijsen, 1998). 그런데도 이러한 노력은 필요를 재고하는 과정이 유용할 것이라는 점을 보증하지 않는다(Bickford, 1996). 더구나 덜 혜택받은 사람이 표현하는 '필요'를 교묘하게 조작하거나 왜곡시킬 수도 있다(Cruikshank, 1994). 따라서 필요를 재평가하고 숙고해보는 작업은 현재진행의 복잡한 과정이다.

민주사회에서 어떠한 돌봄제도도 필요 해석(needs-interpretation)의 노력의 명시적인 현장이 존재하지 않으면 즉 "수사적 공간"(Code, 1995), "도덕적 공간"(Walker, 1998) 또는 이러한 돌봄의 근원적인 부분이 발생할 수 있는 정치적인 공간이 없다면 제대로 기능할 수 없다. 따라서 제도를 평가하는 몇 가지 중요한 기준이 있다. 제도가 어떻게 필요를 이해할 수 있게 되는가? 제도가 어떻게 제도 안에 있는 필요를 조율하는가? 어떠한 필요가 정당한 것으로 받아들여지는가? 조직 안에서 책임은 어떻게 분담되는가? 누가 실제로 돌봄을 하는가? 돌봄노동의 효율성과 수혜성을 어떻게 평가할 것인가?

돌봄제도는 의존(dependency)에 관심을 갖기 때문에 모든 돌봄제도가 비민주적이라는 지적을 받을 위험성이 있다. 대다수 사람들이 보기에 돌봄은 취약한 사람(Goodin, 1985)이나 의존적인 사람에 대한 관심이다. 그러나 사실 모든 인간은 항상 돌봄이 필요하다. 어떤 사람들은 자신을 더 잘 돌볼 수 있다. 어떤 사람들은 '대인 서비스'를 제공하는 돌봄노동자에게 일을 시킬 수 있다. 그래서 자신이 직접 할 수 있는 청소를 귀찮게 생각해서 그 일을 맡을 누군가를 고용한다(Waerness, 1990 참조). "자율적인 직장인 남성"(Walker, 1999)의 이미지가 계속 존재하는 한, 돌봄이 필요해 보이는 사람들은 주변화될 것이다. 많은 사람들이 지적하듯이(Knijn and Kremer, 1997), 인간이 삶을 살아가는 방식이 그다지 가시적으로 드러나지 않는 점을 고려한다면, 이 같은 '남성' 이미지가 우리가 시민을 생각하는 방식을 상당히 지배한다는 것은 매우 주목할 만하다.

민주사회에서 돌봄의 또 다른 위험은 시장적 기준이 돌봄을 규정할 수 있다는 점이다. 엉거슨(Ungerson, 1997)은 돌봄이 제공되는 방식에 대한 상당한 불만족과 이에 연관된 돌봄 상품화의 문제점에 대해서 방대하게 저술해왔다. 전통적인 마르크스주의자의 틀에서 상품화의 문제는 소외의 문제다. 하지만 자본주의 사회구조에 화폐가 도입될 때 소외의 문제가 불거진다는 엥거슨의 지적이 정확하다 하더라도, 돌봄관계에서 현금을 제공하는 것과 소외의 문제 사이에는 분석적인 차이가 존재한다. 화폐가 그 등식에 들어왔다고 하더라도 소외가 발생하지 않는 체제를 상상할 수 있다. 착취로서 돌봄을 설명한 부벡(Diemut Bubeck, 1995)의 작업은 돌봄이 여타 상품과 다르다는 점을 지적한다.

하지만 돌봄을 하나의 과정이라기보다 구매할 수 있는 서비스로 그리고 하나의 상품으로 간주하는 것은 매우 큰 위험성이 도사리고 있다. 상품화로서 돌봄에 관해 이야기하는 것은 희소성이라는 동반 개념에 빠지기 시작하는 것이다(Xenos, 1989). 돌봄을 하나의 상품으로 간주하는 생각에서 나온 일반적인 견해는, 돌봄 시간이 늘어난다는 것은 다른 활동을 할 수 있는 시간이 줄어드는 것이라고 여긴다. 유급 노동 같은 활동을 탄력적으로 배치할 수 있다면, 돌봄과 다른 활동을 모두 증가시키는 것이 가능할 수 있을 것이다. 하지만 그렇게 하는 것은 탄력성과 창의적인 사고가 필요하고 제로섬 모델도 뛰어넘어야 한다.

돌봄의 복잡성은 그러한 결정을 할 수 있는 정치적인 공간이 있어야 한다. 어디에서나 남성과 여성은 기꺼이 돌봄책임을 져야 하며 돌봄 문제의 해결책을 토의해야 한다. 우리가 해야 할 가장 절박한 정치 토론은 건장하고 자율적이며 절도 있는 행위자로서의 '남성 모델'을 굴복시킬 필요가 있다. 하지만 돌봄에 대한 우리 자신의 견해를 결의하기 위해서는 연대라고 하는 용감한 행동이 필요하다. 즉 인간으로서 타인의 선택을 존중해야 한다. 인간의 다양성을 회피하는 어떤 돌봄 시스템도 부적합하다. 위계는 돌봄에 위협적이다. 위계는 책임의 과정을 분할하며 실질적인 돌봄활동과 돌봄응답으로부터 책임을 분리시킨다. 따라서 민주적 돌봄은 위계질서를 평평하게 하기 위한 노력을 가능한 많이 할 것이다. 의존은 사람들의 자유를 부인할 수 있고 위계질서 속에 존재하는 것도 자유를 부인할 수 있지만, 상호의존은 사람들의 자유를 부인하지 않는다. 그리고 다시 반복하지만, 요구하는 것은 모든 사람이 그러한 토론에 참여할 수 있어야만 한다는 점이다. 우리가 그러한 가치에 다다랐을 때, 제도가 인간의 필요를 충족시킬 수 있는 여러 가지 방법을 갖고 있을 정도로 충분히 탄력적일 때, 누구도 태만하거나 혹사당하는 일이 없을 때, 돌봄사회에 살고 있다고 말할 수 있을 것이다.

이런 단계는 심오하지 않으며, 돌봄실천에 동참하는 많은 사람은 이미 이런 단계를 밟고 있다. 요양시설과 관련되어서는, 많은 제도와 학자들이 '사람 중심'의 조직을 생각하기 시작했다(Groombridge, 2010). 그들은 이것을 문화 변혁(culture-change) 모델이라고 부른다. 이는 상주 요양인의 선택을 가능하게 하고, 가정 같은 분위기를 조성하며, 구체적인 요양보호사와 상주 요양인 간의 관계를 쌓아 나가고 직원에게 많은 권한을 주는 것을 포함한다(Koren, 2010).

돌봄실천을 민주화하는 또 다른 사례는 가족에서 나타난다. 밀(John Stuart Mill)은 "인간의 진정한 미덕은 동등하게 함께 사는 것과 일치한다"라고 했다(1998[1869]: 518). 정치학자들은 가족 내 권위 유형이 정치적 삶에서도 반복된다는 점을 오랫동안 주장해왔다.

비(非)권위적인 가족은 민주정치라는 공평한 타협을 할 줄 아는 시민을 배출할 확률이 높다(Eckstein and Gurr, 1975). 유니세프(UNICEF)의 지원을 받는 아르헨티나의 사회복지사 단체는 가족구조를 민주화하기 위한 일을 해오고 있다(Di Marco, 2005, 2006; Di Marco and Palomino, 2004). 맥클레인(Linda McClain, 2006)은 민주사회에서 살아가는 삶의 관심사에 미국 가족이 좀 더 응답적이 되어야 한다는 확대된 주장을 펼친다. 그녀는 자유주의 정부가 민주적 가치에 공헌하려 한다면, 세 가지 관심사를 그 정부의 중심 '가족 가치'(family values)로 만들어야 한다고 주장한다. 즉 스스로의 자치를 위한 개인 역량 증진, 평등의 증진, 책임의 증진이다. 이러한 세 가지 목표 중 어떤 것을 추구하는 최근 정책을 조사했을 때(예를 들어, 책임을 증진시키기 위한 방안으로 복지개혁에 편입된 결혼장려정책), 대부분의 최근 정책은 하나의 목표를 지지하지만 나머지 두 개에는 저촉하는 것으로 나타난다고 그녀는 밝힌다. 그러나 맥클레인은 가족에 대한 자유주의적 정책이라면 위의 세 가지 목표를 모두 증진시켜야 한다고 주장한다. 이러한 세 가지 가치 모두를 고수하는 것은 가족에 대한 어떤 정부 정책이 받아들여질 수 있는지 또는 어떤 것은 받아들여질 수 없는지에 관한 명확한 지침을 제공한다.

따라서 맥클레인은 정부가 가족 내 개인의 성장과 발전을 촉진시켜야 하며 가족은 '미덕 양성소'라는 공동체주의자의 관심을 공유하는 것처럼 보인다. 이러한 관심을 받아들이면서, 그녀는 예를 들어 성적 취향의 차이를 존중하지 않는 정부 정책은 다른 것들을 받아들이지 않기 때문에 '미덕 양성소'로서의 역할을 충족시킬 수 없다고 주장한다. 맥클레인은 겉보기에는 다소 논쟁적일 수 있는 제안을 옹호한다. 동성 결혼, 가족관계등록, 평등한 가사와 평등한 돌봄의무, 학교에서 포괄적인(제한된 금욕이 아니라) 성교육 등이 이러한 제안에 포함된다.

다른 학자들은 실시되었을 수도 있는 그 밖의 부가적인 민주적 제도를 제안해왔다. '시민 배심원'도 그러한 아이디어다(Fishkin, 2009; Barnes, 1999, 2007). 브라질의 포르투알레그레(Porto Alegre)에서 채택한 참여예산제도처럼 절차와 과정에 시민이 함께하는 것은 또 다른 예다(Gret and Sintomer, 2005 참조). 구, 시, 전국 단위 그리고 국제정치의 장에서 시민이 함께하는 많은 방법을 다양하게 상상해 볼 수 있다.

이러한 사례들은 단지 예시일 뿐이다. 돌봄민주주의의 실천을 통해 사회 각 영역의 삶이 더 완전하게 민주화될 수 있는 방법을 열거하는 것은 책 한 권 이상이 필요할지도 모른다. 그러나 이러한 간략한 사례만으로도 구성원들을 공정하게 다루며 또한 민주주의라는 공적 생활에 참여하는 구성원의 역량을 강화하는, 즉 정의로운 제도라는 우리의 목표를 보다 수용할 것 같은 사회에 도달할 수 있다는 것을 보여준다.

민주적 돌봄을 위한 시간

한 번 더 강조할 마지막 사안이 있다. 민주적 돌봄을 위한 변화의 핵심에 중요한 사실이 있다. 돌봄은 관계에 관한 것이라는 점이다. 그리고 관계는 다른 무엇보다도 두 가지가 필요하다. 충분한 시간과 근접성이다. 돌봄의 관점에서 사회를 다시 생각해볼 때 가장 중요한 고려 사항 중 하나는 돌봄을 위한 시간과 공간을 만드는 것이다.

이탈리아에서 페미니스트들은 도시 시간표(tempi della città, city times)를 바꾸라고 적극적으로 주장해왔다.[8] 여성이 가사 일에 묶여 있는 시간대에 주로 공공기관이 업무를 하기 때문에, 이는 여성이 효율적으로 공적인 일이나 공적인 업무를 볼 수 없다는 것을 의미 했다. 이렇게 주장한 결과 공공기관의 개관, 폐관 시간에 변화가 나타났으며, 그래서 여성의 생활이 더 원활해 질 수 있었다.

우리는 남성과 여성의 삶에 대한 영향이 모든 문화와 일과에 덜 파괴적이도록 '도시 시간표'의 구상을 확대시키는 방법을 곰곰이 생각해야 할지 모른다. 예를 들어, 미국에서 초등학교와 고등학교 시간과 직장에서 일하는 시간이 맞지 않다는 사실을 고려해보자. 학생들이 학교에 있지 않을 때 부모는 여전히 근무해야 하는 상황에서, 아이들의 돌봄을 준비해야 하는 부담은 여성에게 특히 낮은 계층의 여성에게 전가된다(Heymann, 2000). 물론 학교, 직장, 상가 그리고 그 밖의 공공서비스 일정표를 서로 매우 정확하게 일치하게 만들기 위해서는 정치적인 힘이 필요할 것이다.[9] 시간이라는 가장 큰 그림은 자본주의의 이해관계에 따라 최상으로 맞춰져 있는 것이 사실이다. 그런데도 마르크스가 주당 노동시간 단축을 주장했듯이, 민주적 다수의 정치적 힘이 자본주의의 일시적인 긴급성을 뛰어넘을 수 있다.

---

8 필자는 카젤 대학(Gesamthochschule Kassel)의 엑카르트(Christel Eckart)에게 본피글리올리(Sandra Bonfiglioli)의 저작과 개념을 접할 수 있게 해주었다는 점에서 은혜를 입었다. 이탈리아의 시간에 대한 재검토에 대한 이론적인 논의는 본피글리올리(1990) 참조.

9 게다가 그러한 부조화의 문제는 열악한 조건에 있는 사람들에게 발생한다. 저임금을 받는 사람들은 시간 유연성, 유급 휴가, 병가나 월차가 있는 괜찮은 직장을 잡기가 더 어렵다. Heymann, 2000, 2-3장 참조.

도시 시간표는 페미니스트들이 시간을 단지 생산 속도나 생산 속도의 유연화에 대한 산물로 간주하지 않는다는 점을 보여주는 사례이다. 달리(Kerry Daly)는 "시간에 대한 새로운 패러다임은 시간에 대한 결정이 곧 가치에 대한 결정이라는 생각에서 출발해야 한다고 주장한다. 사람들이 시간 갈등을 경험할 때 그 시간에 경합하는 요구만 있는 것이 아니라 다양한 가치가 어떻게 시간을 쓰는지를 결정한다"고 관찰했다(1996: 211). 사람들의 삶을 더 잘살기 위한 방식으로 시간은 재구성될 수 있다. 시간과 공간은 돌봄을 더 어려운 것이 아닌 더 쉬운 것으로 만들기 위해 재배열될 수 있다. 윌리엄스(Fiona Williams)는 이러한 주장을 확실하게 밝힌다.

> 일/삶의 균형이 실질적인 균형을 의미한다면, 돈 버는 일을 논의의 출발점으로 해서 우리의 삶을 돈 버는 일에 어떻게 맞출 것인가라는 문제의식 대신, 우리는 다른 방식을 상정하고 물어야 할 것이다. 즉, 우리의 삶에 우리의 일을 어떻게 맞출 것인가? 일과 돌봄의 두 가지 윤리를 균형 잡아가는 것은 우리가 우리의 시간과 환경 ―우리의 공간― 을 다른 방식으로 어떻게 조직할지를 곰곰이 생각해보게 한다. 돌봄필요를 전통적인 필수 노동에 맞추기보다 우리는 우리 삶의 장에서 무엇이 중요한 것인지를 반문하며 시작할 수 있다. (2004: 77)

10년 전쯤 스톤(Deborah Stone, 2000)은 돌봐야 할 필요가 있는 구성원이 있는 가족, 그들에게 돌봄을 제공하는 돌봄노동자 그리고 돌봄을 받는 사람에게 중압감을 덜어줄 수 있는 '돌봄운동'(care movement)을 주장했다. 스톤이 희망한 사회운동은 아직 일어나지 않았지만, 이 주장을 지속적으로 확대시키자는 잉스터(Daniel Engster, 2010)의 권고는 눈여겨볼 가치가 있다. 민주사회에 살고 있는 모든 사람은 그들이 필요한 돌봄에 대해 좀 더 깊이 생각한다면, 그리고 사회에서 우리에게 그런 돌봄이 제공되는 방식과 우리가 자신과 다른 사람들에게 돌봄을 제공하는 방식이 얼마나 열악하게 조직되었는지 생각한다면, 상당한 것을 얻게 될 것이다. 스톤의 요구에 대해 우리는 아직 답을 내지 못하고 있다.

돌봄에 더 높은 가치를 부여할 때, 사람들은 경제적 부에 대한 개인의 편협한 몰두를 완화시킬 필요가 있을 것이다. 시간을 재조직하고 근접성에 대해 숙고하면 돌봄은 아마도 우리가 최선으로 살아가는 방법에 대한 새로운 대안을 만들어낼 것이다. 이는 쉬운 과정이 아니다. 이 시대를 덮고 있는 불안과 근심 —경제적 생활, 안전 그리고 '타인들'의 침범에 대한 불안— 은 사회적 삶을 다시 생각하게 만드는 어려운 문제들이다. 그런데도 돌봄을 가치 시스템의 중심에 두는 것은 두려움을 경감시키거나, 적어도 두려움에 대한 인식을 변화시키는 긍정적인 결과를 낼 것이다. 그러한 관점에서 더 어려운 도전도 고려하기 더 쉬워질 수 있다. 현대 민주주의는 '공유된 시민권의 다원화된 개념'을 구현할 수 있을 것이다(Schwartz, 2009: 178).

민주적 돌봄의 진영 구축하기

민주적 돌봄실천과 제도에 대해 마지막으로 언급하고 싶은 사항이 있다. 그러한 실천과 제도는 가치의 근본적인 변화를 반영하기 때문에 의심할 여지 없이 시험적으로 시작될 것이다. 그런데도 조종사 훈련법이 의사 훈련법에 참조가 되듯이, 실천이 돌봄의 한 영역에서 시작됨에 따라 다른 영역에 적용할 수 있는 교훈이 좀 더 분명해질 것이다. 변화하는 필요에 대한 돌봄 응답성을 높이는 것은 모든 돌봄필요가 충족되거나 논쟁, 긴장 그리고 이견이 사라짐을 의미하는 것은 아니다. 하지만 돌봄에 관련된 공적 담론과 제도로 사람들은 돌봄을 심사숙고하는 데 훨씬 능숙하게 될 것이라는 점을 의미할 수 있다. 악순환이 반복되듯 선순환이 반복될 것이다. 사회에서 더 잘 돌보기 시작한다는 것은 아마도 새로운 갈등을 만들 수 있지만, 다른 사람들을 돌보는 데 더 능숙할 수 있는 더 잘 돌보는 시민도 만들어낼 것이다.

이 장에서는 돌봄 생활이 더 민주적이 될 수 있는 몇 가지 방법을 탐색했다. 현재의 경험은 돌봄을 더 민주적으로 만듦으로써 얻을 수 있는 것이 훨씬 많다는 것을 제안한다. 민주적 돌봄실천이 더 일상화된 미래는 불평등하고 개인화된 돌봄의 악순환을 벨라미의 마차 꼭대기에서 떨어질 위험과 공포가 덜한 선순환으로 대체하는 데 기여할 것이다.

제7장

돌봄민주주의

> 17~18세기에 민주주의 아이디어가 등장함에 따라 정치적·사회적으로 민주주의를 운영하는 것뿐만 아니라 민주주의를 돌보고 개선시키고 궁극적으로 옹호하는, 즉 민주주의를 '함양할'(cultivating) 책임이 시민에게 맡겨졌다(Wolin, 2008: 138).

어떻게 할 것인가? 경제성장에 매몰되어 있는 사회에서 돌봄을 강조하는 사회로 어떻게 이동할 것인가? 인간은 자율적이라는 생각 대신, 인간은 취약하고 상호의존적이라는 생각을 함께하기 위해서 인간에 대한 개념을 어떻게 바꿀 것인가? 어떻게 우리가 자유를 지배의 부재로 간주하고, 평등을 평등한 발언을 위한 조건으로 생각하며, 정의를 비지배된 포용의 틀 속에서 돌봄과 다른 책임들을 재평가하고 할당하는 진행형의 과정으로 생각하게 할 것인가? 이를 위해 우리는 민주적 삶을 모든 시민이 함께 동참하는 현재의 실천과 제도로 재인식해야 할 것이다. 이렇게 함께한다는 것은 돌봄수혜자이자 돌봄제공자로서 참여가 필요한 관계적 자아들이 책임을 판단하는 중심에 있어야 함을 전제로 한다.

말하자면 우리가 먼저 해야 할 일은 돌봄책임을 방기하는 모든 무임승차권을 회수해야 한다. 누구도 그들이 보호하거나 생산하거나 자신을 돌보는 일을 하고 있고 또는 각자도생으로서나 자선을 할 정도로 부유하다는 이유만으로 스스로나 다른 사람들을 돌보는 일에 대한 무임승차권을 받을 자격을 자동으로 갖지 않는다. 제일 잘사는 사람과 제일 못사는 사람, 가장 자립적인 사람부터 가장 의존적인 사람까지 모든 사람이 테이블을 마주하고 앉아 돌봄책임을 다시 협상해야 한다.

돌봄책임의 재협상 원칙은 다음과 같다. 지금 우리는 뒤로 돌려야 한다. 모든 사람에게 잘사는 것의 핵심은 돌봄이 채워진 삶을 사는 것이며, 돌봄이 필요할 때 돌봄을 잘 받는 삶이며, 자신을 잘 돌보는 그리고 자신의 삶에 특별한 의미를 줄 수 있는 돌봄 —다른 사람들, 동물, 제도 그리고 이상(ideals)을 위해— 을 제공하는 여유를 갖는 삶이다. 진정으로 자유로운 사회는 사람들이 자유롭게 돌보는 사회다. 진정으로 평등한 사회는 사람들에게 돌봄을 잘 받을 수 있는 평등한 기회가 주어지고 돌봄의 관계에 함께할 평등한 기회가 있는 사회다. 진정으로 정의로운 사회는 어제와 오늘의 부정의를 감추려고 시장을 이용하지 않는다. 경제적 삶의 목적은 돌봄을 지원하는 것이지 돌봄을 주변화하는 것은 아니다. 생산은 그 자체가 목적이 아니며 우리의 삶의 목적을 위한 수단이다. 민주사회는 몇몇 소수가 아니라 우리 모두가 잘살 수 있는 사회다.

이렇게 간단한 원칙은 말하기는 쉬워도 실천으로 구상하기는 어려우며, 이행하는 것은 말하는 것만큼 간단하지 않다. 사회를 바꾸는 것은 단순한 작업이 아니겠지만, 이러한 비전에서 그 임무의 몇몇 측면을 미리 그려보는 것은 가능하다. 이 작업을 시작하기 위한 구체적인 변화로 이르는 몇 가지 방법은 명확하다. 우리는 보호의 본질에 대해 다시 생각해야 한다. 우리는 생산의 본질과 시장에 대해 재검토해야 할 것이다. 우리는 사람들이 그들이 필요로 하는 돌봄을 가족뿐만 아니라 다른 제도로도 직접적으로 받게 되는지 확신시켜줄 방안을 생각해야 한다. 그리고 돌봄의 가치가 어떻게 시장과 민주국가와의 관계를 재고해야 한다고 제안하는지 생각을 해야 한다. 그렇게 한다는 것은 제도에 대한 변화와 시간을 어떻게 사용해야 하는지에 대한 변화도 필요하다.

이 장의 마지막에서 필자는 이러한 변화의 영역을 탐색하려 한다. 목적은 구체적인 정책을 많이 살펴보는 것이 아니다. 결국 이러한 작업은 돌봄민주주의 시민의 작업이다. 어쩌면 가시적 협력의 도덕 모델과 부합하지 않을 수도 있으며, 모든 어려운 문제의 해결책이란 모든 사람들이 의사결정에 대해서 논의하고 편안하게 느껴야 한다고 보는 필자 제안이 기존 정치의 해법과 어울리지 않을 수도 있다. 필자의 목표는 돌봄에 대한 아이디어를 좀 더 친숙하게 만들기 위한 다양한 사고와 행동의 방향을 제안하는 것이다. 결국 돌봄의 책임이 너무나도 오랫동안 모호한 상태로 방치되어 있었기 때문에, 돌봄책임을 정당한 원위치로 되돌려놓기 위한 시작을 어디서부터 해야 할 것인지에 대한 논의는 유용한 것이다.

무임승차권 회수하기

이 책은 지금의 자유민주주의 사회는 여전히 돌봄은 사적인 영역에 속하며 국가의 부가적인 관심사라는 전제에서 출발한다고 주장했다. 돌봄의무를 수행하기 위해 사적 영역으로 내몰렸던 사람들을 포함할 수 있는 여지가 자유민주주의 모델에 있다고 할지라도, 이 모델은 더 이상 민주적 포용과 양립하지 못한다고 필자는 주장했다. 흥미롭게도 여기서 제시한 돌봄필요 역시 전통적으로 성별화된 돌봄 개념을 반영한다. 이데올로기적으로 (지배 집단인) 남성의 돌봄 ― 보호와 생산― 으로 간주되었던 것은 공적인 지원을 받아왔다. 이데올로기적으로 여성(억압받은 남성)의 돌봄 ―가족돌봄, 시장에서의 돌봄 구매(가사 도움에서부터 음식과 의복의 구매)― 으로 간주되었던 것은 사적인 것으로 간주되었다.

예전부터 지금까지 돌봄에 대한 공적 관심이 존재해왔다는 점은 모두가 인정해야 한다. 더 나아가 이러한 공적 관심의 영역은 확대되어야 한다. 돌봄을 공적 제도의 틀로 다루는 것은 보호와 생산의 제도를 넘어서는 것이며, 사적 영역과 공적 영역으로 나뉠 뿐만 아니라 성별화되고 하층 계급에 집중되고 인종화된 돌봄책임의 구분을 넘어서는 것이다. 특히 가정에서 행해지는 것으로 간주되는 직접적인 돌봄 ―아이돌봄, 허약자 수발, 노인돌봄― 을 사회에서 충분히 제공할 수 있다는 공적인 확신이 있어야 한다. 대중은 누군가가, 특히 유색 이주노동자가 사회에서 기피하는 일을 착취 수준으로 도맡아 하는 것을 더 이상 허용하지 않을 수 있어야 한다(Duffy, 2011; Glenn, 2010; Sarvasy and Longo, 2004 참조). 가족과 시장 같은 제도가 공적 삶과 가치로 만들어지고 정당화되며 얽혀있다는 점을 인식하지 않은 채, 이러한 부담을 가족과 시장에 맡기는 것은 더 이상 충분하지 않다.

따라서 무임승차권을 회수하고 돌봄책임을 할당하는 방법을 제공할 정치적 과정을 창출하는 것은 민주사회를 포용적으로 만들기 위해 필수적인 일이다. 현대 민주사회에서 국가가 이러한 역할을 담임하기 시작했지만, 일반적으로 보호와 생산의 관심을 확대시켜온 가부장적인 원칙과 명분하에서 이뤄져왔다. 공/사 구분의 삶, 여성, 하류로 치부되었던 사람에 대한 국가의 본질적 관계 변화에 대해 민주국가가 명시적으로 이를 인정하고 국가의 돌봄 역할을 확대시킨 적은 거의 없었다. 하지만 만약 민주사회가 돌봄책임을 재조직하는 방안에 대해서 정직해야 한다면, 포용에 대한 헌신은 즉 공/사의 관심을 재조직해야 하는 것은 필수적이다.

어떻게 진정으로 포용적인 민주사회가 돌봄책임을 분담하는 임무를 다룰 수 있을까? 우리가 설명해온 무임승차권이 제거된 후 책임을 재가동시키는 가능성에 대해 간략하게 고려해보자.

1. 보호형 무임승차권 없는 보호

보호형 무임승차권이 없다면, 시민은 군, '국토안보부'(homeland security), 치안, 경찰력, 교정제도 등이 돌봄의 임무라는 것을 깨닫게 될 것이다. 민주적 돌봄의 관점에서 이러한 보호 형식을 조직하는 지금의 방식이 적절하지 못함은 명확하고 심각하다.

역사적으로 군복무는 시민적 직분의 상징이었다. 하지만 자원병제도의 출현으로 군복무라는 부담은 불평등하게 못사는 사람들에게 지워졌다. 만일 시민이 포용과 평등한 발언권에 주목하여 군복무의 책임을 실제로 조직한다면, 어떤 사람은 군복무의 책임을 다하는 데 반해 다른 사람은 책임을 지지 않는 불공정이 명백히 드러날 것이다. 아마도 결과는 재징집을 시키거나 군복무제를 다시 손보게 될 것이다. 또한 예를 들어 18세의 모든 사람이 보호 돌봄의 역할에 1년간 의무 복무(예컨대, 군/경의 의무, 환경 보호적인 노력 또는 대기 청정, 수질, 식품 안전을 보장해주는 등의 그 밖의 치안 의무)를 요구하는 것은 아마도 사람들이 그들과 같지 않은 사람들을 만나지 못하게 되는 거주분리와 직업분리가 만연한 미국 사회의 또 다른 문제를 해결할 수 있다. 비록 이러한 프로그램은 비용이 많이 들지만 직접적으로 모든 시민을 군대에 관여하게 할 수 있는 장점이 있으며 그래서 군이 더 많은 시민에게 더 많은 책임을 지게 될 것이다.

보호제도의 다른 측면에서 보면, 교도소를 처벌하기 위한 제도로서뿐만 아니라 돌봄을 위한 제도로서 인식하는 것은 수많은 돌봄책임을 재검토하게 만들 수 있을 것이다. 수감제도의 부정의한 측면은 종종 다음의 문제, 예를 들면 인종차별주의, 폭력, 불법적 마약복용, 불충분한 교육과 취업기회 그리고 교도소를 도시와 떨어진 곳으로 이전해 농촌 지역에 고용을 제공하려는 국가정책 등과 얽혀 있다(Sim, 2009; James, 2007; Hallett, 2006; Siddle Walker and Tompkins, 2004). 왜 미국 교도소의 수감자는 그렇게 많은가? 왜 수감자는 남성 유색인에게 집중되어 있을까? 왜 교도소에서는 열악한 교육밖에 이뤄지지 못할까? 돌봄의 관점에서 수감자를 생각해보면 이러한 문제를 보다 폭넓은 공적 초점에서 바라보게 만든다.

마지막으로 사회에서 '보호'의 위상에 대해 다르게 생각하는 것은 인간 생활에서 폭력의 본질과 위치를 재고해야 함을 요구하게 된다.

비록 폭력을 제거하는 것은 불가능할지 모르지만, 폭력이 일상적으로 보일 때 그것이 발생하는 빈도는 높아진다는 강력한 증거가 있다. 비록 '사고 발생'은 어쩔 수 없는 일이라 하더라도, 사랑하는 사람을 보호하는 방법은 안전한 공간을 덜 확보한, 자원이 부족한, 시간이 불충분한 사람들에게는 매우 어려운 것이다(Frenkel, 2008; Heymann, 2006). 길만(Charlotte Perkins Gilman)의 『허랜드』(*Herland*, 1979)와 아담스(Jane Addams)와 러딕(Sara Ruddick, 1989) 같은 돌봄사상가들의 평화적 실천(Fischer, 2006; Ross-Sheriff and Swignoski, 2006; Addams, 1907)에서 볼 수 있듯이, 돌봄은 오랫동안 비폭력과 관련되어왔다. 더 나아가 우리가 폭력을 지배의 한 유형으로 이해한다면, 평등한 돌봄과 평등한 자유에 대한 관심을 통해서 그리고 지배가 스스로를 어떻게 은폐해왔는지 노출함으로써 돌봄민주주의는 폭력의 문제를 보다 지적할 수 있을 것이다.

2. 생산형 무임승차권 없는 생산

20세기에는 일자리를 갖고 경제 생산에 기여하는 것이 시민적 직분으로서 군복무를 대체했다. 경제 생산이 공동체에 대한 기여로 간주됨으로써, (중산층 이하에서 여성의 유급 노동이 존재하고 있었지만 남성으로 상징되는) 근로자는 그들의 돌봄제공 역할을 다해온 것으로 여겨졌다. 생계부양자-양육자 모델은 20세기 사회복지정책에 상당 부분 반영되었다(Kilkey and Perrons, 2010; Weir, 2005; Pascall and Lewis, 2004; Mahon, 2002; Lister, 2001; Knijn and Kremer, 1997; Lister, 1997; Ungerson, 1997).

일을 하는 것이 더 이상 직접적인 돌봄제공으로부터 무임승차권을 얻게 되는 충분한 자격이 아니라고 주장하는 것과 일을 하는 것이 곧 공적인 기여라는 기존 방식에 문제제기를 하는 것은, 시민은 무엇을 하며 무엇을 해야 하는지에 대한 매우 커다란 질문을 던지는 것이다. 이러한 무임승차에 대해 다시 생각해볼 두 가지 측면이 있다. 첫째, 무엇보다 시민이 이러한 무임승차권을 발부받을 가치가 있는가? 둘째, 이 같은 생각에 대한 돌봄책임의 재분담이 가능하다면 그 다음은 무엇인가?

현대 정치경제의 난제 중 하나는 경제성장을 위해 그렇게 많은 근로자가 필요하지 않다는 점이다. 지난 수십 년간 미국에서 기업 이윤과 경제는 성장해왔지만 임금은 정체된 상태이다. 경제는 성장했지만 근로자 수는 감소하고 있다. 이는 부분적으로는 더 많은 제조 기반이 해외로 이동하기 때문일 것이다. 하지만 전 세계 정치경제를 통틀어 실업자와 비정규직에 대한 문제가 존재한다. 자본주의는 '국부'(wealth of nations)가 더 이상 노동력에서 나오지 않아도 될 정도로 성공해왔단 것인가?

하지만 더 흥미로운 질문은 이렇다. 만약 우리가 생산의 책임을 시민의 동등한 책임으로 인식한다면, 어떻게 시민의 책임을 분담할 것인가? 기본소득(basic income)에 대한 많은 논쟁 중 하나는 세계화된 정치경제 시스템에서 모든 사람이 살 만한 충분한 소득을 벌 수 있는 '일'이 더 이상 없다는 점이다. 아마도 사람들에게 기본소득을 제공하는 것은 일리가 있다. 아마도 이는 사람들에게 일자리를 준다는 의미일 수 있다. 하지만 이러한 질문을 시스템의 관점에서 접근하게 되면 현재의 정치경제가 운영되는 방식에 대대적인 변화가 불가피할 것이다.

생산과 관련된 시민의 의무가 재조직된다면 책임의 다른 측면도 재고되어야 한다. 예를 들어 제3장에서 살폈듯이, '이상적인 노동자'가 사적인 영역의 타인에게 의존함으로써 내일의 출근을 준비할 수 있다는 사실은 매우 불평등하다. 유급병가, 개인용무의 날(personal day),[1] 직장에서 여러 가지 형태로 제공되는 돌봄 등이 평등한 혜택으로 제공되지 않았기 때문에 생산형 무임승차권은 완전히 차원이 다른 가치가 되었다.

돌봄책임을 평등하게 하려는 관점에서 본다면, 생산형 무임승차권을 재고하는 것은 적어도 노동자가 더 이상 떨어지지 않을 수 있는 망(網)을 만드는 것이다. 긴 여정일 수 있지만, 최저임금법을 개정하고 유급병가와 개인용무의 날을 지정함으로써 생산형 무임승차권을 보다 평등한 방향으로 이끌 수 있다(Heymann, 2000).

이러한 지적에 대한 명확한 반대는 세계화된 정치경제에서 노동자에게 최대한의 혜택을 제공하는 것이 훌륭한 일이기는 하지만, 전 세계 노동자가 경쟁하는 조건에서라면 이는 현실적으로 불가능하다는 입장이다. 시민의 돌봄역량을 강화하는 문제는 일국의 정치경제 안에서 풀 수 없는 문제라는 점은 명확하다. 시민은 자국의 정치경제에서 일할 수 있으며, 동시에 기본적인 돌봄필요가 충족됨을 담보하기 위해서 전 세계 시민과의 상당한 수준의 협력도 가능하다. 불충분한 노동과 삶의 조건에 놓인 세계 곳곳의 가족은 똑같은 위험을 대면하고 있기 때문이다(Heymann, 2006).

---

1 출근하지 않고 개인 용무를 볼 수 있도록 허가한 날—옮긴이.

3. '나만의' 무임승차권 없는 직접 돌봄

제4장에서 작금의 민주사회에서 돌봄은 불평등한 돌봄의 악순환을 지속시킨다는 점을 밝혔다. 열혈 엄마가 되기 위해서 중상 계층과 중간 계층 여성이 자신의 아이가 다른 아이들보다 경쟁 우위를 확보하기 위해 많은 자원을 투여하는 것을 불가피한 것으로 받아들이는 상황에서, 많은 시간과 자원을 받은 아이는 다른 아이들에게 폐를 끼치면서 우위를 점하고 있다. 이렇게 불평등한 돌봄은 일부 아이가 더 부유한 가정에서 태어났기 때문에 그 아이가 편익을 얻게 된다는 것뿐만 아니라, 열혈 엄마가 저가의 서비스를 제공받을 수 있는 노동자의 열악한 근로조건과 임금이 유지되는 것을 바람직한 것으로 간주한다는 점에서도 해로운 결과를 만들어낸다. 마지막 결과는 어떤 지위를 점하는 아이들 집단을 위해 돌봄을 잘하는 것은 결국 훨씬 부족한 돌봄을 받게 되는 다른 아이들의 가족구성원에 대한 착취로 귀결된다.

'나만의' 무임승차로 생기는 악순환을 종결시키는 것은 학교, 예비학교, 주간 돌봄시설을 통해 제공되는 공적 돌봄을 통해서 모든 아이에게 너희들은 특별하고 너희들이 가진 재능을 키워나갈 수 있다고 어떻게 가르쳐야 하는지를 생각해볼 수 있게 만든다. 일을 해야만 하는 계층의 부모는 자녀들에게 이미 그렇게 가르치려고 시도하고 있으나, 중간 계층의 부모에 비해 그들이 가용할 수 있는 자원은 종종 열악하다.

'나만의' 것으로부터 멀어질 수 있도록 책임을 재조직하는 또 다른 효과는 '승자독식' 사회가 상대적으로 풍요로울 것이라는 호소에 제동을 걸 수 있다는 점이다. 이미 승자독식을 용인하는 사회관은 덜 부유한 사람에게 더 이상 호소력이 없다. 최저임금을 인상하는 것과 유급병가, 개인용무의 날 같은 기초적인 혜택을 더 확대하는 것은 모든 부모가 자녀들을 더 많이 돌볼 수 있도록 할 것이다. 물론 일부 부모가 여전히 다른 부모보다 더 잘 돌볼 수 있다. 즉 사람들은 어떤 것이 좋은 돌봄인지, 돌봄의 본질이 무엇인지에 대해 견해가 다양하다. 하지만 그러한 차이에 대한 정당한 근거는 부모의 자원이기보다는 부모와 아이들의 희망이자 열망이어야 한다.

나아가 '나만의' 무임승차가 더 이상 지속되지 않게 된다면 현재 돌봄 업무에 나타나는 잘못 짜인 일정표를 재평가할 동기 부여가 가능해진다. 제6장에서 지적했듯이, '학교 시간'과 '업무 시간' 간의 차이가 부모뿐만 아니라 아이들에게도 어려움을 가중시키는 것으로 판명되었다. 방과 후 시간은 아이들이 위험에 더 많이 노출되는 시간대이다. 그것이 오랫동안 지속된 문화적 관례를 변화시키는 것이겠지만 학교 시간과 근무 시간을 동일한 시간대로 맞춰가는 것은 부모가 아이들과 더 많은 시간을 보낼 수 있도록 할 것이며, 아이들이 학교에서 많이 놀고 배울 수 있는 더 많은 시간을 갖도록 할 것이다.

아이들은 또래 아이들끼리 어울리며 다양성을 경험하면서 다양한 세상에서 살아가는 것을 배운다. 거주 지역의 분리가 학교의 다양성에 지속적으로 영향을 미칠 수 있겠지만, 교실과 사회에서 존재하는 다양성은 더 길어진 학교생활을 통해서 더 철저하게 탐구될 수 있을 것이다. 대안적으로는 학교 일수를 늘리는 것보다 근무 일수를 줄일 수 있다. 일부 학자들은 근무 일수가 줄어들면, 노동자에 대한 경제적 수요가 증가하여, 고용주가 초과근무에 더 많은 비용을 지출하고 더 많은 고용을 하도록 강제하는 요인이 된다고 주장한다(Bruzalski,

2004: 147). 이러한 재조정을 통해 다양한 개인을 위한 보다 폭넓은 돌봄을 행함으로써 긍정적인 혜택을 많이 만들 수 있을 것이다.

이와 유사하게 유약자와 고령자에 대한 돌봄책임을 다시 한번 생각해본다면, 과중하게 돌봄책임이 부과된 돌봄제공자의 문제에 대한 창조적인 해법이 나올 수 있다. 현재 유약자와 고령자를 돌보는 데 쓰이는 시간이 매년 늘고 있다. 이러한 돌봄제공을 통해 상당한 혜택을 받는 사람이 있기는 하지만 그들 역시 종종 엄청난 부담을 느낀다. 돌봄민주주의에서는 가족 내 돌봄제공자가 돌볼 수 있는 시간을 만들어줄 뿐만 아니라 그들이 돌봄의무에서 벗어날 수 있는 시간까지 제공해줄 수 있다. 그러한 돌봄서비스를 제공하기 위해 추가 비용이 들 수 있지만 추가로 일자리가 창출될 것이다.

사회에서 돌봄책임을 재조직함으로써 나타나는 주요 특징은 지금까지의 돌봄노동의 불평등한 임금 격차가 더 이상 편승되지 못하게 한다는 점이다. 교사부터 보육교사까지, 청소인력부터 가정건강조무사까지, 현재의 돌봄 인력에 대한 경제적 혜택이 실망스러운 것은 부분적으로 시장이 역사적으로 이러한 일자리에 저임금을 제공해왔기 때문이며, 또한 부분적으로 그 일을 맡은 여성에게 그 일이 '간단'하거나 '저숙련'된 일로 간주되었기 때문이다. 그리고 부분적으로 그러한 인력을 고용해온 고용주가 가능한 한 저임금을 주려고 하는 유인이 있었기 때문이다. 그런데도 '잡역 인력을 위한 정의'(Justice for Janitors)는 불평등한 돌봄의 악순환이 보다 선순환으로 전환되기 위해서 근로 빈곤층의 임금과 경제적 환경이 실질적으로 개선될 필요가 있다는 현실을 설명한다.

게다가 현재 저임금과 낮은 지위의 돌봄 일을 하는 사람들 중 다수가 이주노동자이기 때문에 가정 내 돌봄불평등 문제에 대한 해법도 전 지구적 돌봄노동자의 열망과 필요를 고려해야 할 것이다.

'모든 것을 다 하는'(she does it all) 어머니라는 신화를 건드리지 않고는 사회에 잔존하는 최악의 불평등은 드러나지 않을 것이며, 이러한 문제를 창조적으로 풀어갈 수 있는 기회를 놓치게 될 것이다. 이러한 문제가 제기되는 가시적 협력의 과정을 거치게 된다면 자신의 아이가 혼자 남겨진다는 두려움이 완화될 것이며 아이들, 허약자, 노약자의 필요에 대한 정직한 토론은 보다 견실한 돌봄을 가능하게 할 것이다.

4. 각자도생과 자선의 '시장은 현명하다'는 무임승차권 없는 경제생활

제5장은 돌봄을 분담하는 한 방법으로서 시장 기제에 대한 비판을 다뤘다. 시장은 출발부터 기울어져 있어서, 시장이 어느 정도 평등을 만들어낸다거나 혹은 자선으로 이러한 차이를 메워갈 수 있을 것이라는 근거를 찾을 수 없다. 하지만 더 심각한 결과도 논의되어야 한다. 즉 시장은 자유롭고 평등하다는 가정은 시간이 갈수록 시장이 드러나지 않고서는 부정의가 시정되지 못하는 결과를 만들어 낸다.

이미 명백히 밝혀진 것처럼 다른 종류의 무임승차권에 대해 생각해볼 때, 경제적 불평등은 일부에게는 좋은 돌봄을 제공하지만 일부에게는 불충분한 돌봄을 배출한다. 자본주의나 시장 그 자체를 비난하려는 것은 아니지만 기업과 개인의 이윤을 극대화하는 것을 제외하고 그 어떤 가치를 고려할 공간이 없는 시장에 대한 비판인 것은 맞다. 시장 기제는 돌봄을 분배할 때 매우 유용할 수 있다. 돌봄의 적합한 모습에 대해서는 다양한 견해가 존재할 수 있기 때문에, 동등한 출발선이 주어진다면 시장 기제를 이용해서 일부 건강돌봄이나 노인돌봄 또는 아이돌봄 등을 제공하는 것은 매우 유용한 생각이다. 시장의 최고 장점은 선택을 가능하게 한다는 점이다. 하지만 그러한 선택은 민주사회의 필요에 따라서 제한되어야 한다. 일부 선택이 지배 아래에서 이루어진다면 이러한 선택은 자유로운 것이 아니다. 과세와 보조금 같은 정책 수단을 통해서 우위와 열위의 상황을 초래하지 않고도 다양한 형태의 돌봄을 제공할 수 있다.

하지만 시장을 이러한 방식으로 규제하기 위해서는 상당한 정도의 정치개혁이 필요하다. 시장 기제로 혜택을 받고 있는 사람을 제외하고 현재 누가 시장을 보호하는 데 관심이 있을까? 만일 시장이 이윤 극대화를 추구하는 사람들만으로 방향이 정해진다면 그들은 시장을 통제할 유인을 갖고 있지 않다. 따라서 돌봄민주주의는 시장 규제에 대한 사적인 이해관계 없는 시민이 그러한 규제에 관여하는 방식의 새로운 기제가 필요하다. 예를 들어, 기부자를 추적할 수 없는 펀드로 운영하는 선거 운동의 경우, 후보자와 공무원이 특정 기업의 견해를 현명한 공공정책으로 잘못 받아들이지 않게 만들 수 있을 것이다(Ackerman and Ayres, 2006).

마지막으로 고려해야 할 문제는 다음과 같다. 여기서 제기하는 주장은 자유와 민주주의를 시장 선택으로 정의하는 방식에 대항할 뿐만 아니라 정치경제의 세계화를 찬양하는 신자유주의 이데올로기에 대항하는 것이다. 신자유주의자에게 경제질서가 일국의 국경을 넘어서는 능력은 우리에게 자유를 선사하는 방식이다. 하지만 특히

"세계화된 도시들"(Sassen, 2001)에 대해 언급한 학자들이 주장해왔듯이, 세계화의 출현으로 부유한 사람에게는 일부 새로운 기회가 도래했지만 저임금, 저숙련의 바람직하지 않은 일자리가 만들어졌다. 오스트레일리아 학자 하게(Ghassan Hage)는 도발적인 방식으로 다음 사항을 지적한다.

> 세계화된/초국적 기업들은 국가를 필요로 하지만 국민을 필요로 하지는 않는다. 전 세계의 모든 국민과 준국가적(주州나 지방 같은) 정부는 사회의 주된 관리자에서 투자 공간의 미학을 관리하는 존재로 변하고 있다. 정부 정책을 주도하는 많은 질문 중에서 어떤 하나가 점점 독보적인 위치를 차지하게 되었다. 즉 어떻게 상공을 떠다니는 초국적 자본이 우리 땅에 착륙하게 할 수 있을 정도로 우리를 충분히 매력적으로 만들어갈 것인가?(2003: 19)

신자유주의적으로 세계화된 경제에서 시민 스스로가 투자 유치의 매력적인 대상으로 자신을 만들어야 한다는 하게의 지적은 신자유주의적 세계화의 목적과 수단이 전도된 부분을 포착한다. 경제생활의 목적은 시민이 자본에 순응하는 것이 아니라 자본이 사람들의 필요를 위해 준비되는 것이다. 만일 국가가 자본에 매력적으로 보이기 위해 경쟁한다면, 사람들은 결국 세상을 통째로 잃어버리는 것이 되고 만다. 특정 단일 국가가 세계화된 자본에 '대항'할 수 있는지는 불분명하다. 실제로 과거 10년간 경제환경은 그 반대의 모습을 보였다. 하지만 어떤 국가가 이러한 상황을 전환시킬 수 있는 지렛대를 갖고 있다면 이는 오히려 자본이 마음대로 움직이는 국가일 것이다.

자본이 돌봄적(caring)이 되는 일은 시민이 요구하지 않는 이상 일어나지 않을 것이다. 아니, 시민이 요구한다고 해도 그런 일이 일어날지는 분명하지 않다. 하지만 그러한 요구가 나오지 않는 이상, 그러한 요구가 절대 충족되지 않을 것이라는 점은 확실하다.

위와 같은 구체적인 정책 제안을 인용할 가치가 있는지의 여부를 차치하고라도, 돌봄을 민주사회의 중심적인 가치로 만듦으로써 기존의 많은 사회제도, 정치제도 그리고 실천을 재검토해볼 수 있을 것이다. 돈이 재분배되어야 할 필요와 일과 돌봄의 관계를 다시 생각해봐야 할 필요뿐만 아니라 시민이 자신의 시간을 어떻게 쓸 것인가를 다시 고려해볼 필요가 생길 것이다. 하지만 이러한 재검토의 최종 결과는 평등, 자유, 정의의 수준을 높이는 것이 될 것이며 따라서 더 민주적인 사회가 될 것이다.

돌봄민주시민은 무엇을 할 것인가?

자, 민주시민이 돌본다는 아이디어를 신중히 생각해보자. 민주시민이 함께 돌봄을 실천함으로써 구체적으로 무엇을 한다는 의미인가? 첫 번째 예로 그들은 돌봄을 증진한다. 이는 그들이 사회에서 돌봄노동에 가치를 불어넣는 방법을 찾아내는 노력을 한다는 것을 의미한다. 이러한 목적을 달성하는 하나의 방법은 더 많은 사람들이 돌봄의 일을 할 수 있도록 시장의 기존 인센티브를 활용하는 것이다. 돌봄민주시민은 필수 돌봄노동자에게 더 높은 임금과 급여를 지원할 것이다.

돌봄노동력과 관련한 최근의 저서에서, 카메론과 모스(Claire

Cameron and Peter Moss, 2007)는 돌봄노동을 개선시키는 방법과 더 많은 남성이 돌봄을 하도록 유인하는 방법에 대해 설명했다. 하지만 그들의 해법은 관리직 돌봄노동을 늘리고 '저숙련' 돌봄노동의 양을 줄이는 것을 포함한다. 그들의 논리는 완전히 현재의 시장 논리와 일치하며, 그들은 시장을 통해서 행해지는 돌봄노동의 상당 부분이 만일 경제적 측정을 사용한다면 그 자체로 '저숙련'이라는 점을 완전히 놓치고 있다. 돌봄제공은 필연적으로 개인적이다. 그럼에도 다른 모든 노동자와 마찬가지로 돌봄노동자는 더 좋은 훈련과 교육을 받을 수 있으며, 돌봄사회에서는 돌봄노동자가 임금을 더 많이 받을 수 있게 될 뿐만 아니라 회사에서 더 좋은 훈련을 받을 수 있다. 하지만 보다 중요한 것은 돌봄노동자는 직업의 일부로서 돌봄제공자인 자신의 실천을 돌아볼 필요가 있는 기회를 갖게 될 것이다. 예를 들어, 네덜란드의 가정건강보조원(home health aides)은 주말에 서로 만나 자신들의 돌봄에 대해 의견을 나누고 기록해둔 것들을 비교하며 긴장을 푸는 주말 시간을 업무 시간의 부분으로 진행해왔다. 올덴버그(Ray Oldenburg, 1989)는 모든 사람은 자신의 삶에서 의미를 만들 수 있는 집과 직장이 아닌 '제3의 장소'가 필요하다고 주장한다. 즉 민주사회에서 우리는 돌봄노동자가 그러한 선택을 할 수 있도록 하기 위해 시장과 노동규제를 활용할 수 있다.

최종적으로 돌봄에 관심 있는 시민들은 시장이 얼마나 사적 돌봄을 부추기는 유인에 접근하는 기회를 불평등하게 제공하는지 주목할 것이다. 그 결과 이들은 가족친화적 노동정책을 제안함으로써 이 정책으로 가족구성원이 자신을 위한 돌봄노동뿐만 아니라 아이들, 청소년, 허약한 사람, 노령자를 위한 돌봄노동의 상당 부분을 할 수 있도록 할 것이다.

두 번째, 돌봄민주시민은 민주적 돌봄의 모습을 증진한다. 돌봄실천을 더 민주적으로 만드는 가장 기본적인 핵심에 대해서는 돌봄실천의 민주적인 목적에 대해 곰곰이 생각해야 할 필요가 있다. 예를 들어, 이러한 목적을 달성하기 위해서 사람들은 돌봄필요와 실천의 다양성을 생각해야 하며, 그러한 다양성을 융화할 수 있는 사회제도를 만들기 위해 노력해야 한다. 여기서 역시 시장은 보조원이다. 시장의 주요 특징 중 하나는 새롭게 인식된 필요를 충족시키기 위해 새로운 상품을 생산하는 것이다. 예를 들어, 노령자에 대한 돌봄을 조직하는 수많은 방안을 제공하기 위해 시장을 활용하는 것은 모든 사람이 자신에게 맞는 돌봄의 종류를 발견하도록 하는 것과 같다.

세 번째, 민주시민은 자유, 평등, 정의에 대한 그들의 다짐(commitments)에 따라 행동하고 조직할 정도로 돌봄에 대해 충분한 관심을 쏟는다. 돌봄의 영웅적 행동은 전 세계 어디서나 매일의 일상에서 나온다. 여기에 주목할 만한 사례가 있다. 2008년 4월, 남아프리카의 더반에서 부두노동자는 정박해오는 중국 선박의 하역을 거부했다. 그 선박은 중국 외무부 대변인 지앙유(Jiang Yu)가 설명한 대로 "중국과 짐바브웨이가 매우 정상적으로 군수 거래"를 한 선박으로 짐바브웨이로 이동 중이던 병기(兵器) ―약 77톤― 를 싣고 있었다. 무가베(Mugabe) 정부가 몇 주간이나 선거 결과를 지연시켜 발표한 것에 대한 항의 표시로 남아프리카의 노동자 연맹과 부두노동자는 중국 선박을 단순 국제무역으로 간주하지 않고 인접국 짐바브웨인의 인권에 대한 의도된 위협으로 간주했다. 정상적인 무역을 '정치화'시키지 말 것을 당부했던 중국 정부의 요청이 있었음에도 이들 부두노동자와 후에 합류한 동아프리카 정부의 지원을 받은 다른 부두노동자도 하역을 거부했다. 그 결과 '안위에지앙'(An Yue Jiang)호는 뱃머리를 중국으로 돌렸다(Baldauf and Ford, 2008; Dugger, 2008). 부두노동자 행동의 근거였던 짐바브웨인에 대한 연대 의식은 타인의 삶의 조건에 대한 인식, 좌시하지 않을 의지 그리고 타인에게 피해를 끼치지 않는 선에서 행동하는 역량이 필요한 것이었다. 만일 그러한 행동이 칭찬받을 만한 것이라면 돌봄민주시민은 그러한 행동에 동참할 것이다. 나아가 결과적으로 돌봄민주시민은 그러한 행동의 가능성을 높이기 위해 자신의 정치조직을 만들고 세계를 조직하는 일을 추구할 수 있다. 노동자와 시민이 자신들의 최선의 이해관계를 조직하고 이러한 이해관계 속에서 돌봄 중심성을 이해하는 역량은 세상을 더 안전하고 더 많은 것을 돌보는 장소로 만들어갈 것이다.

마지막으로 주목해야 할 점은 사회가 얼마나 돌봄의 사회적 책임을 충족하는가에 대한 평가는 일회성이 아니라는 것이다. 시민이 자신의 결정을 모니터링하고 재검토할 필요가 있는 반복적인 과정으로서 일단 필요에 민감해지기 시작하면 돌봄에 더 익숙하게 되는 것처럼, 시민은 자신의 집단적인 행동과 결정의 결과를 차분하게 생각하는데 더 익숙해질 것이라고 기대할 수 있다. '정부'가 실제 매일매일 시민을 걱정하고 동기를 부여하는 문제와 더 밀접해지기 때문에 정부와 시민의 간극은 줄어들 것이다. 각기 다른 의견을 지닌 시민이 자신의 의견만을 내세운다면 누구도 승자가 될 수 없을 것이다. 시민은 정치를 알게 되고 이해관계도 명확해지면서 그들은 자신의 이해를 추구하면서도 그들 자신의 상호의존성의 진가를 인정할 수 있게 될 것이다. 그러한 조건에서 시민은 아리스토텔레스가 지적했던 대로 통치를 하기도 하고 통치를 받기도 하면서, 결과적으로 다른 사람에게 미칠 자신의 행동을 신중하고 사려 깊게 생각하는 사람이 될 것이다.

결론

필자는, 아마도 직관에 반대되지만, 돌봄 결핍과 민주주의 결핍은 동전의 양면 같다는 주장으로 이 책을 시작했다. 이제 보다 명확해졌기를 바라는 필자는 이 같은 결핍된 동전을 던져버리고 충분한 돌봄으로 시작하는 동전을 택함으로써 더 충분한 수준의 민주적 참여와 생활에 도달할 수 있다고 주장한다.

이것은 현실적인 선택이며 아마도 현대 사회가 대면하는 가장 중요한 선택이다. 레인(Robert E. Lane)이 관찰했듯이, 지금까지는 시장민주주의가 풍요를 만들어낸 엄청난 경제적 부를 만들 수 있었다. 하지만 시장민주주의에서 인간의 만족을 주의 깊게 살핀 레인은 선진국의 시민은 현재 미래의 경제적 풍요가 더 이상 행복하지 않을 것이라는 지점에 다다르고 있으며, 그 대신 인간은 레인이 칭한 '동료애'(companionship)와 이 책에서 필자가 칭한 '돌봄'을 열망하고 있음을 보여주었다. 즉 더 이상 미분될 수 없는 인간 존재의 관계적인 특성에 대한 이해이다. 레인은 다음과 같이 경고한다.

> 더 많은 돈과 상품이 인간을 행복하게 만들 것이라는 믿음은 문화 지체의 산물이다. 다른 성공한 사회와 마찬가지로 시장민주주의는

> 그것의 성공 논리로 현재의 영광을 이끈 주제를 지속적으로 강조해야만 한다. 이러한 환경에서 개인은 실질적인 의미에서 그들을 키워온 문화에 대항하지 못한다는 면에서 자유롭지 않다. 〔……〕 시장경제는 박식한 이론가에게 그들이 잘 아는 상황을 제공한다. 즉 더 많은 수입이라는 지체 없는 보상(또는 재강화)이 설득력을 갖고 심지어 유혹적이기까지 해서 그들은 미궁의 담장 너머 또 다른 무엇이 거기 있는지를 엿볼 마음마저 삼켜버린다. (2000: 60)

담장 너머 우리가 볼 수 있는 것은, 우리가 필요로 하는 것을 용기 있게 인정한 경우에만 우리 자신과 타인을 돌보는 역량이 커질 수 있는 세상에 대한 가능성이다. 또한 우리의 삶이 의미를 갖게 되는 돌봄관계의 망을 인정함으로써 우리 자신과 타인을 돌보는 역량이 혜택받는 세상에 대한 가능성이다.

세상의 방향을 바꾸는 방법은 존재한다. 돌봄을 위한 충분한 자원을 제공하고 우리의 돌봄책임을 재검토하고 받아들임으로써 우리 자신과 타인을 돌보는 데 다시 한번 합심할 것을 요구한다. 그렇다면 우리는 신뢰의 수준을 높일 수 있으며, 불평등의 정도를 줄일 수 있을 것이고, 모든 이를 위한 진정한 자유를 제공할 수 있을 것이다. 그런 사회에서 우리는 비코(Giambattista Vico, 1990[1709]: 67)가 그랬던 것처럼 결론을 내려야 할지도 모른다: "정의란 무엇인가? 그것은 공공선을 위한 지속적인 돌봄이다."

참고문헌

Ackerman, Bruce A., and Ian Ayres, *Voting with Dollars: A Paradigm for Campaign Finance*, New Haven: Yale University Press, 2006.

Adam, Barbara, *Timewatch: The Social Analysis of Time*, Cambridge, UK: Polity, 1995.

Addams, Jane, *Democracy and Social Ethics*, New York: Macmillan, 1902.

______, *Newer Ideals of Peace*, New York: Macmillan, 1907.

Agné, Hans, "A Dogma of Democratic Theory and Globalization: Why Politics Need Not Include Everyone It Affects," *European Journal of International Relations* 12(3): 433-458, 2006.

Albelda, Randy, Mignon Duffy, and Nancy Folbre, "Counting on Care Work: Human Infrastructure in Massachusetts," Amherst: Center for Social Policy, University of Massachusetts, 2009.

Alcoff, Linda Martin, *Visible Identities: Race, Gender, and the Self*, New York: Oxford University Press, 2006.

Allen, Anita, *Why Privacy Isn't Everything: Feminist Reflections on Personal Accountability*, Lanham, MD: Rowman and Littlefield, 2003.

Anderson, Bridget Jane, *Doing the Dirty Work? The Global Politics of Domestic Labour*, New York: Palgrave Macmillan, 2000.

Anderson, Elizabeth S., "What Is the Point of Equality?" *Ethics* 109(2):

287-337, 1999.

Anker, Richard, *Gender and Jobs: Sex Segregation of Occupations in the World*, Geneva: International Labour Organisation Press, 1998.

Arendt, Hannah, *The Human Condition*, Chicago: University of Chicago Press, 1958.

_____, *On Violence*, New York: Harcourt Brace Jovanovich, 1970.

_____, *The Promise of Politics*, New York: Schocken, 2005.

Aristotle, *The Politics,* Translated by T. Saunders, New York: Penguin, 1981.

Baldauf, Scott, and Peter Ford, "China Slammed for Arming Zimbabwe's Mugabe," *Christian Science Monitor*, April 23, 2008.

Bales, Kevin, *Ending Slavery: How We Free Today's Slaves*, Berkeley: University of California Press, 2007.

Barnes, Marian, *Building a Deliberative Democracy: An Evaluation of Two Citizens' Juries*, London: Institute for Public Policy Research, 1999.

_____, "Participation, Citizenship and a Feminist Ethic of Care," In *Care Community and Citizenship*, ed. S. Balloch and M. Hill, Bristol, UK: Policy, 2007.

_____, "Abandoning Care? A Critical Perspective on Personalisation from an Ethic of Care," *Ethics and Social Welfare* 5(2): 153-167, 2011.

Baron-Cohen, Simon, *The Science of Evil: On Empathy and the Origins of Cruelty*, New York: Basic Books, 2011.

Baumol, William, *The Cost Disease,* New Haven: Yale University Press, 2012.

Beauvoir, Simone de, *The Second Sex*, New York: Modern Library, 1968.

Becker, Gary S., *The Economic Approach to Human Behavior*, Chicago: University of Chicago Press, 1976.

_____, *A Treatise on the Family*, Enlarged ed., Cambridge: Harvard

University Press, 1991.

Beckett, Clare, "Women, Disability, Care: Good Neighbours or Uneasy Bed-fellows?" *Critical Social Policy* 27: 360-380, 2007.

Bellamy, Edward, *Looking Backward, 2000-1887*, Boston: Houghton Mifflin, 1888.

Benhabib, Seyla, "The Generalized and the Concrete Other: The Kohlberg-Gilligan Controversy and Feminist Theory," *Praxis International* 5: 402-424, 1986.

Benjamin, Jessica, *The Bonds of Love: Psychoanalysis, Feminism, and the Problem of Domination*, New York: Pantheon Books, 1988.

Bennett, Roger, "Why Urban Poor Donate: A Study of Low-Income Charitable Giving in London," *Nonprofit and Voluntary Sector Quarterly*, published online August 15, doi: 10. 1177/ 0899764011419518, 2011.

Bennhold, Katrin, "From Afar, Moneymaker and Mother," *New York Times,* March 7, 2011.

Berlin, Isaiah, *Four Essays on Liberty*, New York: Oxford University Press, 1969.

Bickford, Susan, *The Dissonance of Democracy: Listening, Conflict, and Citizenship*, Ithaca: Cornell University Press, 1996.

Bittman, Michael, Paula England, Nancy Folbre, Liana Sayer, and George Matheson, "When Does Gender Trump Money? Bargaining and Time in Household Work," *American Journal of Sociology* 109: 186-214, 2003.

Blackemore, Judith, and Renee Centers, "Characteristics of Boys' and Girls' Toys," *Sex Roles* 53(9): 619-633, 2005.

Blum, Lawrence, "Recognition, Value, and Equality: A Critique of Charles Taylor's and Nancy Fraser's Accounts of Multiculturalism," *Constellations: An International Journal of Critical and Democratic Theory* 5: 52, 1998.

Bologh, Roslyn Wallach, *Love or Greatness: Max Weber and Masculine Thinking—A Feminist Inquiry*, London: Unwin Hyman, 1990.

Bone, John, and Karen O'Reilly, "No Place Called Home: The Causes And Social Consequences of the UK Housing 'Bubble'," *British Journal of Sociology* 61(2): 231-255, 2010.

Bonfiglioli, Sandra, *L'architettura del tempo, La citt multimediale*, Naples, Italy: Liguori, 1990.

Borooah, Vani K., and Martin Paldam, "Why Is the World Short of Democracy? A Cross-Country Analysis of Barriers to Representative Government," *European Journal of Political Economy* 23(3): 582-604, 2007.

Bowles, Samuel, and Herbert Gintis, *Schooling in Capitalist America: Educational Reform and the Contradictions of Economic Life*, New York: Basic Books, 1977.

Boyte, Harry, *Everyday Politics: Reconnecting Citizens and Public Life*, Philadelphia: University of Pennsylvania Press, 2004.

_____, "Constructive Politics as Public Work," *Political Theory* 39(5): 630-660, 2011.

Bråten, Stein, "Participant Perception of Others' Acts: Virtual Otherness in Infants and Adults," *Culture and Psychology* 9(3): 261-276, 2003.

Bridges, Amy, "The Other Side of The Paycheck," In *Capitalist Patriarchy and the Case for Socialist Feminism*, ed. Z. Eisenstein, New York: Monthly Review Press, 1979.

Brown, Wendy, *States of Injury: Power and Freedom in Late Modernity*, Princeton: Princeton University Press, 1995.

_____, *Edgework: Critical Essays on Knowledge and Politics*, Princeton: Princeton University Press, 2005.

Brush, B. L., and R. Vasupuram, "Nurses, Nannies and Caring Work:

Importation, Visibility and Marketability," *Nursing Inquiry* 13(3): 181-185, 2006.

Bruzalski, Bart, "Mitigating the Consumption of the US Living Standard," In *Philosophy and Its Public Role*, ed. W. Aitken and J. Haldane, Charlottesville, VA: Imprint Academic, 2004.

Bubeck, Diemut, *Care, Justice and Gender*, Oxford: Oxford University Press, 1995.

Bufacchi, Vittorio, *Violence and Social Justice*, Basingstoke, UK: Palgrave Macmillan, 2007.

Bunch, Charlotte, *Passionate Politics: Feminist Theory in Action: Essays, 1968-1986*, New York: St. Martin's, 1987.

Bush, George W., "First Inaugural Address," January 20, 2001, http://www.bartleby.com/124/pres66.html.

Bussemaker, Jet, and Kees van Kersbergen, "Gender and Welfare States: Some Theoretical Reflections," In *Gendering Welfare States*, ed. D. Sainsbury, London: Sage, 1994.

Cameron, Claire, and Peter Moss, *Care Work in Europe: Current Understanding and Future Directions*, London: Routledge, 2007.

Campbell, Lori D., and Michael P. Carroll, "The Incomplete Revolution," *Men and Masculinitities* 9: 491-508, 2007.

Cancian, Francesca M., and Stacey J. Oliker, *Caring and Gender*, Thousand Oaks, CA: Sage, 2000.

Cannon, Katie G., *Black Womanist Ethics*, Atlanta: Scholars, 1988.

Card, Claudia, *The Unnatural Lottery: Character and Moral Luck*, Philadelphia: Temple University Press, 1996.

______, 2002. "Responsibility Ethics, Shared Understatndings, and Moral Communities," *Hypatia* 17(1): 141-155, 2002.

Casey, Catherine, "Organizations, Workers, and Learning: New Prospects for Citizenship at Work?" *Citizenship Studies* 13(2): 171-185, 2009.

Charlton, J. I., *Nothing about Us without Us: Disability Oppression and Empowerment,* Berkeley: University of California Press, 2000.

Chicago Sun Times, "'I Know Why Kids Are Killing. They're Hurting,'" September 4, 23, 2008.

Chodorow, Nancy, "Mothering, Object-Relations, and the Female Oedipal Configuration," *Feminist Studies* 4(1): 137-158, 1978a.

_____, *The Reproduction of Mothering: Psychoanalysis and the Sociology of Gender*, Berkeley: University of California Press, 1978b.

_____, "Psychoanalysis and Women," *Annual of Psychoanalysis* 32: 101-129, 2004.

Clement, Grace, *Care, Autonomy, and Justice: Feminism and the Ethic of Care*, Boulder, CO: Westview, 1996.

Code, Lorraine, *Rhetorical Spaces: Essays on Gendered Locations*, New York: Routledge, 1995.

_____, "Narratives of Responsibility and Agency: Reading Margaret Walker's Moral Understandings," *Hypatia* 17(1): 156-173, 2002.

Cokley, Kevin, Meera Komarraju, Rachel Pickett, Frances Shen, Nima Patel, Vinetha Belur, and Rocio Rosales, "Ethnic Differences in Endorsement of the Protestant Work Ethic: The Role of Ethnic Identity and Perceptions of Social Class," *Journal of Social Psychology* 147(1): 75-89, 2007.

Collins, Patricia Hill, *Black Feminist Thought: Knowledge, Consciousness, and the Politics of Empowerment*, Boston: Unwin Hyman, 1990.

_____, "An Entirely Different World? Challenges for the Sociology of Race and Ethnicity," In *The Sage Handbook of Sociology*, ed. C. Calhoun, C. Rojek, and B. S. Turner, Thousand Oaks, CA: Sage, 2005.

Congressional Budget Office, *Comparing the Compensation of Federal and Private-Sector Employees*, A CBO Report, U. S. Congress, January 30, 2012, http://cbo.gov/sites/default/files/cbofiles/attachments/01-30-FedPay.pdf.

Connell, R. W., *Masculinities*, 2nd ed., London: Polity, 2005.

Connolly, William E., *Why I Am Not a Secularist*, Minneapolis: University of Minnesota Press, 1999.

Cott, Nancy, *The Bonds of Womanhood: Woman's Sphere in New England, 1780-1835*, New Haven: Yale University Press, 1977.

Cruikshank, Barbara, "The Will to Power: Technologies of Citizenship and the War on Poverty," *Socialist Review* 23(4): 29-35, 1994.

Culpitt, Ian, "Citizenship and 'Moral Generosity': Social Needs, Privatization and Social Service Contracting," In *Welfare and Citizenship: Beyond the Crisis of the Welfare State?*, ed. I. Culpitt, London: Sage, 1992.

Daly, Kerry, *Families and Time: Keeping Pace in a Hurried Culture*, Beverly Hills, CA: Sage, 1996.

Darling-Hammond, Linda, "From 'Separate but Equal' to 'No Child Left Behind': The Collision of New Standards and Old Inequalities," In *Many Children Left Behind: How the No Child Left Behind Act Is Damaging Our Children and Our Schools*, ed. D. Meier and G. H. Wood, Boston: Beacon, 2004.

Davenport, Rick D., "Robotics", In *Smart Technology for Aging, Disability and Independence: The State of the Science*, ed. W. C. Mann, Hoboken, NJ: Wiley, 2005.

Dean, Jeffery R., and Patrick J. Wolf, "Milwaukee Longitudinal School Choice Evaulation: Annual School Testing Summary Report 2008-2009," In *SCDP Milwaukee Evaluation*, Fayetteville: University of Arkansas, 2010.

Dee, Thomas S., and Brian A. Jacob, "The Impact of No Child Left Behind on Students, Teachers, and Schools," *Brookings Papers on Economic Activity* 2010(2): 149-194, 2010.

Dewey, John, *Political Writings,* Indianapolis: Hackett, 1993.

Di, Zhu Xiao, "Growing Wealth, Inequality, and Housing in the United States," Joint Center for Housing Studies, Cambridge: Harvard University, 2007.

Di Marco, Graciela, *Democratizacin en las familias: estrategias y alternativas para la implementación de programas sociales,* Buenos Aires: Jorge Buadino, Universidad Nacional de General San Martín, 2005.

_____, "Movimientos sociales y democratización en Argentina," In *De lo privado a lo público: 30 años de lucha ciudadana de las mujeres en América Latina*, ed. E. Maier and N. Lebon, Mexico City: Siglo XXI, 2006.

Di Marco, Graciela, and Héctor Palomino, eds., *Construyendo sociedad y política: Los proyectos de los movintos socialies en acción*, Buenos Aires: Jorge Baudino Ediciones, 2004.

Diedrich, W. Wolf, Roger Burggraeve, and Chris Gastmans, "Towards a Levinasian Care Ethic: A Dialogue between the Thoughts of Joan Tronto and Emmaunel Levinas," *Ethical Perspectives: Journal of the European Ethics Network* 13(1): 33-61, 2006.

Dietz, Mary G., "Citizenship with a Feminist Face: The Problem with Maternal Thinking," *Political Theory* 13(1): 19-37, 1985.

Dillon, Sam, "4,100 Students Prove 'Small Is Better' Rule Wrong," *New York Times*, September 27, 2010, A1.

Douglas, Ulester, Dick Bathrick, and Phyllis Alesia Perry, "Deconstructing Male Violence against Women," *Violence against Women* 14(2):

247-61, 2008.

Dubber, Markus D., *The Police Power: Patriarchy and the Foundations of American Government*, New York: Columbia University Press, 2005.

Duffy, Mignon, "Doing the Dirty Work: Gender, Race, and Reproductive Labor in Historical Perspective," *Gender and Society* 21(3): 313-36, 2007.

Duffy, Mignon, *Making Care Count: A Century of Gender, Race, and Paid Care Work*, New Brunswick: Rutgers University Press, 2011.

Dugger, Celia W., "Zimbabwe Arms Shipped by China Spark an Uproar," *New York Times*, April 19, 2008.

Durant, Robert F., "The Democratic Deficit in America," *Political Science Quarterly* 110(1): 25, 1995.

Dworkin, Ronald, *Sovereign Virtue: the Theory and Practice of Equality*, Cambridge: Harvard University Press, 2000.

Eckstein, Harry, and Ted Gurr, *Patterns of Authority: A Structural Basis for Political Inquiry*, New York: Wiley, 1975.

Ehrenreich, Barbara, "Maid to Order: The Politics of Other Women's Work," *Harper's*: 59-70, 2000.

Else, Liz, "Meet the Alloparents," *New Scientist* (109): 50-51, 2006.

Elshtain, Jean Bethke, *Public Man, Private Woman: Women in Social and Political Thought*, Princeton: Princeton University Press, 1981.

_____, "Antigone's Daughters" *Democracy* 2(2): 46-59, 1982.

Engster, Daniel, "Care Ethics and Natural Law Theory: Toward and Institutional Political Theory of Caring," *Journal of Politics* 66: 113-35, 2004.

_____, "Rethinking Care Theory: The Practice of Caring and the Obligation to Care," *Hypatia* 20(3): 50-74, 2005.

_____, *The Heart of Justice: Care Ethics and Political Theory*, New York:

Oxford University Press, 2007.

_____, "Strategies for Building and Sustaining a New Care Movement," *Journal of Women, Politics and Policy* 31(4): 289-312, 2010.

Epstein, Debbie, "Defining Accountability in Education," *British Educational Research Journal* 19(3): 243-57, 1993.

Eriksen, John, "Public Payment for Informal Care of Disabled Children," *European Societies* 5(4): 445, 2003.

Eshleman, Andrew, "Moral Responsibility," *Stanford Encyclopedia of Philosophy*, 2009, http://plato.stanford.edu/entries/moral- responsibility/.

Esquith, Stephen, *The Political Responsibilities of Everyday Bystanders*, College Park: Penn State University Press, 2010.

Ewen, Stuart, *PR! A Social History of Spin*, New York: Basic Books, 1996.

Faludi, Susan, *Stiffed: The Betrayal of the American Man*, New York: HarperCollins, 1999.

Feinberg, Joel, *Doing and Deserving: Essays in the Theory of Responsibility*, Princeton: Princeton University Press, 1970.

Ferguson, Adam, *An Essay on the History of Civil Society,* ed. Fania Oz-Salzbereger, Cambridge: Cambridge University Press, 1995[1767].

Ferguson, Ann Arnett, *Bad Boys: Public Schools in the Making of Black Masculinity*, Ann Arbor: University of Michigan Press, 2001.

Ferguson, David M., L. John Horwood, and Joseph M. Boden, "The Transmission of Social Inequality: Examination of the Linkages between Family Socioeconomic Status in Childhood and Educational Achievement in Young Adulthood," *Research in Social Stratification and Mobility* 26(3): 277-95, 2008.

Finch, Janet, "Family Responsibilities and Rights," In *Citizenship Today: The Contemporary Relevance of T. H. Marshall*, ed. M. Bulmer and A. M. Rees, London: University College of London Press, 1996.

Fineman, Martha S. ed., *The Neutered Mother, the Sexual Family and Other Twentieth-Century Tragedies*, New York: Routledge, 1995.

Fischer, Marilyn, *Addams's Internationalist Pacifism and the Rhetoric of Maternalism,* NWSA Journal 18(Fall): 1-19, 2006.

Fischer, Marilyn, Carol Nackenoff, and Wendy Chmielewski, eds., *Jane Addams and the Practice of Democracy*, Urbana: University of Illinois Press, 2009.

Fisher, Berenice, and Joan C. Tronto, "Toward a Feminist Theory for Caring," In *Circles of Care*, ed. E. K. Abel and M. Nelson, Albany: SUNY Press, 1990.

Fishkin, James, *When the People Speak: Deliberative Democracy and Public Consultation*, Oxford: Oxford University Press, 2009.

Folbre, Nancy, *Who Pays for the Kids? Gender and the Structure of Constraint*, London: Routledge, 1994.

_____, *The Invisible Heart: Economics and Family Values,* New York: New Press, 2001.

_____, *Greed, Lust and Gender: A History of Economic Ideas*, New York: Oxford University Press, 2009.

Folbre, Nancy, and Michael Bittman, eds., *Family Time: The Social Organization of Care*, New York: Routledge, 2004.

Foucault, Michel, "The Ethics of the Concern of the Self as a Practice of Freedom," In *Ethics: Subjectivity and Truth*, ed. P. Rainbow, Harmondsworth, UK: Penguin, 1997.

_____, *Security, Territory, Population*, Translated by G. Burchell, New York: Picador, 2007.

Fourcade, Marion, and Kieran Healy, "Moral Views of Market Society," *Annual Review of Sociology* 33(1): 285-311, 2007.

Frankental, Peter, "Corporate Social Responsibility—a PR Invention?"

Corporate Communications: An International Journal 6(1): 18-23, 2001.

Frankfurt, Harry, *The Importance of What We Care About: Philosophical Essays*, Cambridge: Cambridge University Press, 1988.

Fraser, Nancy, *Unruly Practices: Power, Discourse, and Gender in Contemporary Social Theory*, Minneapolis: University of Minnesotoa Press, 1989.

_____, *Justice Interruptus: Critical Reflections on the "Postsocialist" Condition*, New York: Routlege, 1997.

_____, *Scales of Justice*, New York: Columbia University Press, 2009.

Fraser, Nancy, and Linda Gordon, "A Genealogy of Dependency: Tracing a Keyword of the U. S. Welfare State," *Signs* 19(2): 309-336, 1994.

French, Peter, *Responsibility Matters,* Lawrence: University of Kansas Press, 1992.

Frenkel, Louise, "A Support Group for Parents of Burned Children: A South African Children's Hospital Burns Unit," *Burns* 34: 565-569, 2008.

Freud, Sigmund, *Civilization and Its Discontents*, Garden City, NY: Doubleday, 1958.

Friedan, Betty, *The Feminine Mystique*, New York: Norton, 1963.

Friedman, Milton, *Capitalism and Freedom*, Chicago: University of Chicago Press, 1962.

Friedman, Thomas L., *The World Is Flat: A Brief History of the Globalized World in the Twenty-First Century*, New York: Allen Lane, 2005.

Friedman, Thomas L., *Hot, Flat and Crowded: Why We Need a Green Revolution—And How It Can Renew America*, New York: Farrar, Straus and Giroux, 2008.

Frost, Robert, "The Death of the Hired Man," In *The Poetry of Robert Frost*, ed. E. C. Lathem, New York: Holt, 1969.

Garey, Anita Ilta, *Weaving Work and Motherhood*, Philadelphia: Temple University Press, 1999.

Gault, Barbara, and Heidi Hartmann, "Prospects for Low-Income Mothers' Economic Survival Under Welfare Reform," *Publius* 28(3): 175, 1998.

Gawande, Atul, *The Checklist Manifesto: How to Get Things Done Right*, New York: Metropolitan Books, 2010.

Gerstel, Naomi, "The Third Shift: Gender and Care Work outside the Home," *Qualitative Sociology* 23: 467-483, 2000.

Gibson-Graham, J. K., *The End of Capitalism (As We Knew It): A Feminist Critique of Political Economy*, Minneapolis: University of Chicago Press, 1996.

Gilens, Martin, *Why Americans Hate Welfare: Race, Media, and the Politics of Antipoverty Policy*, Chicago: University of Chicago Press, 1999.

Gilligan, Carol, *In a Different Voice: Psychological Theory and Women's Development*, Cambridge: Harvard University Press, 1982.

______, "The Centrality of Relationship in Human Development: A Puzzle, Some Evidence, and a Theory," In *Development and Vulnerability in Close Relationships*, ed. G. G. Noam and K. W. Fischer, Mahwah, NJ: Erlbaum, 1996.

______, *The Birth of Pleasure*, New York: Knopf, 2002.

______, "Recovering Psyche," *Annual of Psychoanalysis* 32: 131-147, 2004.

Gilligan, Carol, and David A. J. Richards, *The Deepening Darkness: Patriarchy, Resistance, and Democracy's Future*, New York: Cambridge University Press, 2009.

Gilman, Charlotte Perkins, *Herland*, New York: Pantheon Books, 1979.

Glenn, Evelyn Nakano, "From Servitude to Service Work: Historical Continuities in the Racial Division of Paid Reproductive Labor,"

Signs: Journal of Women in Culture and Society 18(1): 1-43, 1992.

_____, "Creating a Caring Society," *Contemporary Sociology* 29(1): 84-95, 2000.

_____, *Forced to Care,* Cambridge: Harvard University Press, 2010.

Glenn, Evelyn Nakano, Grace Chang, and Lidna Rennie Forcey, eds., *Mothering: Ideology, Experience and Agency,* New York: Routledge, 1994.

Goodin, Robert E., *Protecting the Vulnerable: A Reanalysis of Our Social Responsibilities,* Chicago: University of Chicago Press, 1985.

_____, "Work and Welfare: Towards a Post-Productivist Welfare Regime," *British Journal of Political Science* 31(01): 13-39, 2001.

Gornick, Janet C., and Marcia K. Meyers, *Families That Work: Policies for Reconciling Parenthood and Employment,* New York: Russell Sage, 2005.

Gould, Carol, *Globalizing Democracy and Human Rights,* New York: Cambridge University Press, 2004.

_____, "Negotiating the Global and the Local: Situating Transnational Democracy and Human Rights," In *Democracy in a Global World: Human Rights and Political Participation in the Twenty-First Century,* ed. D. K. Chatterjee, Landham, MD: Rowman and Littlefield, 2008.

Graf, B., M. Hans, and R. D. Schraft, "Mobile Robot Assistants," *Robotics and Automation Magazine, IEEE* 11(2): 67-77, 2004.

Granovetter, Mark, "Economic Action and Social Structure: The Problem of Embeddedness," *American Journal of Sociology* 91(3): 481-510, 1985.

Green, Donald P., and Ian Shapiro, *Pathologies of Rational Choice,* New Haven: Yale University Press, 1996.

Gret, Marion, and Yves Sintomer, *The Porto Alegre Experiment*, New York: Zed Books, 2005.

Groenhout, Ruth E., *Connected Lives: Human Nature and an Ethics of Care*, Lanham, MD: Rowman and Littlefield, 2004.

Groombridge, Brian, "Better Government with Older Citizens: A Test of Democracy," *Political Quarterly* 81(1): 131-140, 2010.

Hage, Ghassan, *Against Paranoid Nationalism*, Annandale, NSW: Pluto Australia, 2003.

Hallett, Michael A., *Private Prisons in America: A Critical Race Perspective*, Urbana: University of Illinois Press, 2006.

Hamilton, Alexander, John Jay, and James Madison, *The Federalist Papers*, Library of Congress, 1787, http://thomas.loc.gov/ home/histdox/ fedpapers, html.

Hancock, Ange-Marie, "Intersectionality as a Normative and Empirical Paradigm," *Politics and Gender* 3(2): 248-254, 2007.

_____, *Solidarity Politics for Millennials: A Guide to Ending the Oppression Olympics*, New York: Palgrave Macmillan, 2011.

Hankivsky, Olena, *Social Policy and the Ethic of Care*, Vancouver: University of British Columbia Press, 2004.

_____, "Imagining Ethical Globalization: The Contributions of a Care Ethic," *Journal of Global Ethics* 2(1): 91-110, 2006.

Harrington, Mona, *Care and Equality*, New York: Knopf, 1999.

Harvey, David, *A Brief History of Neoliberalism*, New York: Oxford University Press, 2005.

Haskell, Thomas L., *Objectivity Is Not Neutrality: Explanatory Schemes in History*, Baltimore: Johns Hopkins University Press, 1998.

Hays, Sharon, *The Cultural Contradictions of Motherhood*, New Haven: Yale University Press, 1996.

Hearn, Jeff, and David L. Collinson, "Theorizing Unities and Differences between Men and between Masculinities," In *Theorizing Masculinities*, ed. H. Brod and M. Kaufman, Thousand Oaks, CA: Sage, 1994.

Heidegger, Martin, *Being and Time*, Translated by J. Stambaugh, Albany: SUNY Press, 1996.

Held, Virginia, *Feminist Morality: Transforming Culture, Society and Politics*, Chicago: University of Chicago Press, 1993.

_____, *Justice and Care: Essential Readings in Feminist Ethics*, Boulder, CO: Westview, 1995.

_____, ed., *Care and Justice*, Boulder, CO: Westview, 1996.

_____, *The Ethics of Care: Personal, Political, and Global*, New York: Oxford University Press, 2006.

Hellerstein, Judith K., and David Neumark, "Workplace Segregation in the United States: Race, Ethnicity, and Skill," *Review of Economics and Statistics* 90(3): 459-477, 2008.

Henry, Michael S., "Uncertainty, Responsibility, and the Evolution of the Physician/Patient Relationship," *Journal of Medical Ethics* 32: 3, 2006.

Herr, Ranjoo Seodu, "Is Confucianism Compatible with Care Ethics? A Critique, Philosophy," *East and West* 53(4): 471-489, 2003.

Heymann, Jody, *The Widening Gap: Why America's Working Families Are in Jeopardy and What Can Be Done about It*, New York: Basic Books, 2000.

_____, *Forgotten Families: Ending the Growing Crisis Confronting Children and Working Parents in the Global Economy*, New Work: Oxford University Press, 2006.

Hirschmann, Nancy J., "Toward a Feminist Theory of Freedom," *Political Theory* 24(1): 46-67, 1996.

_____, *The Subject of Liberty: Toward a Feminist Theory of Freedom*,

Princeton: Princeton University Press, 2002.
_____, “Mothers Who Care Too Much,” *Boston Review*, July-August, 2010, http://bostonreview.net/BR35.4/hirschmann.php [accessed April 15, 2012].
Hobgood, Mary Elizabeth, *Dismantling Privilege: An Ethics of Accountability*, Cleveland: Pilgrim, 2000.
Hochschild, Adam, *Bury the Chains: Prophets and Rebels in the Fight to Free an Empire's Slaves*, New York: Houghton Mifflin, 2005.
Hochschild, Arlie Russell, *The Second Shift,* New York: Avon, 1989.
_____, *The Time Bind: When Work Becomes Home and Home Becomes Work*, New York: Metropolitan Books, 1997.
_____, “On the Edge of the Time Bind: Time and Market Culture,” *Social Research* 72(2): 339-54, 2005.
_____, *The Outsourced Self: Intimate Life in Market Times*, New York: Holt, 2012.
Hochschild, Jennifer, *What's Fair: American Beliefs about Distributive Justice*, Cambridge: Harvard University Press, 1981.
Hochschild, Jennifer, “Rethinking Accountability Politics,” In *No Child Left Behind? The Politics and Practice of School Accountability*, ed. P. E. Peterson and M. E. West, Washington, DC: Brookings Institution Press, 2003a.
_____, “Social Class in Public Schools,” *Journal of Social Issues* 59(4): 821, 2003b.
Hondagneu-Sotelo, Pierrette, *Domstica: Immigrant Workers Cleaning and Caring in the Shadows of Affluence*, Berkeley: Universtiy of California Press, 2001.
Honneth, Axel, *The Struggle for Recognition: The Moral Grammar of Social Conflicts*, Translated by J. Anderson, Cambrige: MIT Press, 1996.

hooks, bell, *We Real Cool: Black Men and Masculinity*, New York: Routledge, 2004.

Hrdy, Sarah Blaffer, *Mother Nature: A History of Mothers, Infants, and Natural Selection*, New York: Pantheon Books, 1999.

Huggins, Martha K., Mika Haritos-Fatouros, and Philip G. Zimardo, *Violence Workers: Police Torturers and Murderers Reconstruct Brazilian Atrocities*, Berkeley: University of California Press, 2002.

Ignatieff, Michael, *The Needs of Strangers*, New York: Penguin, 1984.

International Centre for Human Resources in Nursing, "Workplace Bullying in the Health Sector," Geneva: International Centre for Human Resources in Nursing, 2008.

Isin, Engin F., "Who Is the New Citizen? Towards a Genealogy," *Citizenship Studies* 1(1): 115-132, 1997.

James, Joy, ed., *Warfare in the American Homeland: Policing and Prison in a Penal Democracy*, Durham: Duke University Press, 2007.

Johnson, Allan G., *Privilege, Power and Difference*, Mountain View, CA: Mayfield, 2001.

Johnson, Dirk, "For Teenagers, Fast Food Is a Snack, Not a Job," *New York Times,* January 8, 2001, A1, A13.

Julian, Tudor Hart, "The Inverse Care Law," *The Lancet* 297(7696): 405-412, 1971.

Kelman, Steven, "Why Public Ideas Matter," In *The Power of Public Ideas*, ed. R. B. Reich, Cambridge, MA: Ballinger, 1988.

Kershaw, Paul, *Carefair: Rethinking the Responsibilities and Rights of Citizenship*, Vancouver: University of British Columbia Press, 2005.

Kershaw, Paul, Jane Pulkingham, and Sylvia Fuller, "Expanding the Subject: Violence, Care, and (In)Active Male Citizenship," *Social Politics* 15(2): 182-206, 2008.

Keynes, John Maynard, *The Collected Writings of John Maynard Keynes*, vol. 4, *A Tract on Monetary Reform, London: Macmillan for the Royal Economic Society*, 1971[1923].

Kilkey, Majella, and Diane Perrons, "Gendered Divisions in Domestic Work Time," *Time and Society* 19(2): 239-264, 2010.

Kilminster, S., J. Downes, B. Gough, D. Murdoch-Eaton, and T. Roberts, "Women in MedicineIs There a Problem? A Literature Review of the Changing Gender Composition, Structures and Occupational Cultures in Medicine," *Medical Education* 41(1): 39-49, 2007.

Kimbrell, Andrew, *The Masculine Mystique: The Politics of Masculinity*, New York: Ballantine Books, 1995.

Kimmel, Michael S., *Manhood in America: A Cultural History*, New York: Free Press, 1996.

Kittay, Eva Feder, *Love's Labor: Essays on Women, Equality and Dependency*, New York: Routledge, 1999.

_____, "A Feminist Public Ethic of Care Meets the New Communitarian Family Policy", *Ethics* 111(3): 523-547, 2001.

Kittay, Eva Feder, and Ellen K. Feder, *The Subject of Care: Feminist Perspectives on Dependency*, Lanham, MD: Rowman and Littlefield, 2002.

Klein, Naomi, *The Shock Doctrine: The Rise of Disaster Capitalism*, New York: Holt, 2007.

Klyza, Christopher McGrory, "The United States Army, Natural Resources, and Political Development in the Nineteenth Century," *Polity* 35(1): 1-28, 2002.

Knijn, Trudie, and Monique Kremer, "Gender and the Caring Dimension of Welfare States: Toward Inclusive Citizenship," *Social Politics* 4(3): 328-361, 1997.

Koehn, Daryl, *Rethinking Feminist Ethics: Care, Trust and Empathy*, London: Routledge, 1998.

Koggel, Christine M., *Perspectives on Equality: Constructing a Relational Theory*, Latham, MD: Rowman and Littlefield, 1998.

_____, ed., *Moral Issues in Global Perspective: Human Diversity and Equality*, 2nd ed., vol. 2, Toronto: Broadview, 2006.

Koren, Mary Jane, "Person-Centered Care for Nursing Home Residents: The Culture-Change Movement," *Health Affairs* 29(2): 312-317, 2010.

Koziak, Barbara, *Retrieving Political Emotion: Thumos, Aristotle, and Gender*, University Park: Penn State University Press, 2000.

Krieger, Nancy, Jarvis T. Chen, Pamela D. Waterman, Cathy Hartman, Anne M. Stoddard, Margaret M. Quinn, Glorian Sorensen, and Elizabeth M. Barbeau, "The Inverse Hazard Law: Blood Pressure, Sexual Harassment, Racial Discrimination, Workplace Abuse and Occupational Exposures in US Low-Income Black, White and Latino Workers," *Social Science and Medicine* 67(12): 1970-1981, 2008.

Kristeva, Julia, "Women's Time," In *Feminist Theory: A Critique of Ideology*, ed. N. Keohane, M. Rosaldo, and B. Gelpi, Chicago: University of Chicago Press, 1982.

Kyle, Jess, "Protecting the World: The Problem of Military Humanitarian Intervention for an Ethic of Care," Conference Paper Presented at the IDEA Conference, Bryn Mawr, PA, 2011.

Lane, Robert E., *The Market Experience*, New Haven: Yale University Press, 1991.

_____, *The Loss of Happiness in Market Democracies*, New Haven: Yale University Press, 2000.

Lareau, Annette, *Unequal Childhoods: Class, Race, and Family Life*,

Berkeley: University of California Press, 2003.

Larrabee, Mary Jeanne, *An Ethic of Care: Feminist and Interdisciplinary Perspectives*, New York: Routledge, 1993.

Lasch, Christopher, *Haven in a Heartless World: The Family Besieged*, New York: Norton, 1995.

Lasswell, Harold D., *Politics: Who Gets What, When and How*, New York: Peter Smith, 1936,

Lee Min-Dong Paul, "A Review of the Theories of Corporate Social Responsibility: Its Evolutionary Path and Road Ahead," *International Journal of Management Reviews* 10(1): 53-73, 2008.

Leeder, Elaine J., *The Family in Global Perspective: A Gendered Journey*, Thousand Oaks, CA: Sage, 2004.

Leib, Ethan J., "Responsibility and Social/Political Choices about Choice; or, One Way to Be a True Non-Voluntarist," *Law and Philosophy* 25(4): 453-488, 2006.

Leonard, Stephen T., and Joan C. Tronto, "The Genders of Citizenship," *American Political Science Review* 101(1): 33-46, 2007.

Lévinas, E., *Emmanuel Lévinas: Basic Philosophical Writings*, ed. A. Peperzak, S. Critchley, and R. Bernasconi, Bloomington: Indiana University Press, 1996.

Levine, Arthur, "Educating School Teachers," Princeton, NJ: Education School Project, 2006.

Lister, Ruth, "Dilemmas in Engendering Citizenship," *Economy and Society* 24(1): 1-40, 1995.

_____, *Citizenship: Feminist Perspectives*, London: Macmillan, 1997.

Llana, Sara Miller, "Global Stopgap for US Nurse Deficit," *Christian Science Monitor*, March 6, 2006.

Logan, John R., and Brian Stults, "The Persistence of Segregation in the

Metropolis: New Findings from the 2010 Census," Census Brief prepared for Project US2010, 2011, http://www.s4. brown.edu/ us2010/Data/Report/report2.pdf.

Lorde, Audre, *Sister Outsider: Essays and Speeches*, Trumansburg, NY: Crossing, 1984.

Madrick, Jeff, *Age of Greed: The Triumph of Finance and the Decline of America, 1970 to the Present,* New York: Knopf, 2011.

Mahon, Rianne, "Gender and Welfare State Restructuring: Through the Lens of Child Care," In *Child Care Policy at the Crossroads: Gender and Welfare State Restructuring*, ed. S. Michel and R. Mahon, New York: Routledge, 2002.

Mann, Hollie Sue, "Politics, Human Flourishing, and Bodily Knowing: A Critical Theory of Embodied Care," PhD dissertation, University of North Carolina, Chapel Hill, 2010.

Manning, Rita C., *Speaking from the Heart: A Feminist Perspective on Ethics,* Lanham, MD: Rowman and Littlefield, 1992.

Marcuse, H., *One Dimensional Man: Studies in the Ideology of Advanced Industrial Society,* Boston: Beacon, 1964.

Mareggi, Marco, "Innovation in Urban Policy: The Experience of Italian Urban Time Policies," *Planning Theory and Practice* 3: 173-194, 2002.

Marshall, T. H., *The Right of Welfare and Other Essays*, New York: Free Press, 1981.

Marshall, T. H., and Tom Bottomore, *Citizenship and Social Class*, Concord, MA: Pluto, 1992[1950].

Mattis, Jacqueline, Nyasha Grayman, Sheri-Ann Cowie, Cynthia Winston, Carolyn Watson, and Daisy Jackson, "Intersectional Identities and the Politics of Altruistic Care in a Low-Income, Urban

Community," *Sex Roles* 59(5-6): 418-428, 2008.

Maume, D. J., "Gender Differences in Restricting Work Efforts Because of Family Responsibilities," *Journal of Marriage and Family* 68(4): 859-869, 2006.

McCall, Leslie, "The Complexity of Intersectionality." *Signs: Journal of Women in Culture and Society* 30(3): 1771-1800, 2005.

McClain, Linda C., *The Place of Families: Fostering Capacity, Equality and Responsibility,* Cambridge: Harvard University Press, 2006.

McCloskey, Deirdre, *The Bourgeois Virtues: Ethics for an Age of Commerce*, Chicago: University of Chicago Press, 2006.

McCluskey, Martha T., "Efficiency and Social Citizenship: Challenging the Neoliberal Attack on the Welfare State," *Indiana Law Journal* 78(2): 783-876, 2003.

McDowell, Linda, "Spaces of the Home: Absence Presence, New Connections and New Anxieties," *Home Cultures* 4(2): 129-146, 2007.

McGregor, Joann, "'Joining the BBC(British Bottom Cleaners)': Zimbabwean Migrants and the UK Care Industry," *Journal of Ethnic and Migration Studies* 33(5): 801-824, 2007.

McIntosh, Peggy, *White Privilege and Male Privilege: A Personal Account of Coming to See Correspondences through Work in Women's Studies*, Wellesley, MA: Wellesley College Center for Research on Women, 1988.

Mead, Lawrence M., *Beyond Entitlement: The Social Obligations of Citizenship*, New York: Simon and Schuster, 2001.

Meriac, John P., Taylor L. Poling, and David J. Woehr, "Are There Gender Differences in Work Ethic? An Examination of the Measurement Equivalence of the Multidimensional Work Ethic Profile," *Personality and Individual Differences* 47(3): 209-213, 2009.

Metz, Tamara, "Demands of Care and Dilemmas of Freedom: What We Really Ought to Be Worried About," *Politics and Gender* 6(1): 120-128, 2010a.

_____, *Untying the Knot: Marriage, the State, and the Case for Their Divorce,* Princeton: Princeton University Press, 2010b.

Meyer, Madonna Harrington, *Care Work: Gender, Class, and Welfare States*, New York: Routledge, 2000.

Mill, John Stuart, *On Liberty and Other Essays*, New York: Oxford University Press, 1998[1869].

Mills, Charles, *The Racial Contract*, Ithaca: Cornell University Press, 1997.

Mink, Gwendolyn, *Welfare's End*, Ithaca: Cornell University Press, 1998.

Miraftab, Faranak, "Invited and Invented Spaces of Participation," *Wagadu* 1: 1-7, 2004.

Mol, Annemarie, *The Logic of Care: Health and the Problem of Patient Choice*, Abingdon, UK: Routledge, 2008.

Monkkonen, Eric H., *Police in Urban America, 1860-1920*, Cambridge: Cambridge University Press, 1981.

Monnat, Shannon M., and Laura A. Bunyan, "Capitalism and Welfare Reform: Who Really Benefits from Welfare-to-Work Policies?" *Race, Gender and Class* 15(1-2): 115-133, 2008.

Moore, Margaret, "The Ethics of Care and Justice," *Women and Politics* 20(2): 1-16, 1999.

More, Thomas, *Utopia*, Translated by P. Turner, New York: Penguin, 1965[1516].

Morgan-Quitno, "Results of the 2006 Smartest State Award: Which State Is Smartest?" 2006-2007, http://www.morganquitno.com/edrank06.htm.

Morrison, Andrew R., and Maurice Schiff, "Looking Ahead: Future Directions for Research and Policy," In *The International Migration of Women,* ed. A. R. Morrison, M. Schiff, and M. Sjblom, Washington, DC: World Bank, 2007.

Moskowitz, Andrew, "Dissociation and Violence," *Trauma, Violence and Abuse* 5(1): 21-46, 2004.

Mullin, Amy, "Trust, Social Norms, and Motherhood," *Journal of Social Philosophy* 36(3): 316-330, 2005.

Murray, Jillian, Discussion of *Mihi cura futuri*, Hunter College Listserv, January 9, 2003, 2010, http://urban.hunter.cuny. edu/~mkuechle/Hunter_Motto.html.

Myers, Ella, *Between Selves and Others: Worldly Ethics and Democratic Politics,* Durham: Duke University Press, 2012.

Narayan, Uma, "Colonialism and Its Others: Considerations on Rights and Care Discourses," *Hypatia* 10(2): 133-140, 1995.

Nation, The, 2010, Reader comment to "Failing New Jersey's Schools" by Melissa Parnagian, September 20, 2010 http://www.thenation.com/article/154902/failing-new-jerseys-schools#.

National Center for Education Statistics, "U. S. Performance across International Assessments of Student Achievement: Special Supplement to the Condition of Education," Jessup, MD: NCES, 2009.

Nelson, Barbara J., *Making an Issue of Child Abuse: Political Agenda Settings for Social Problems*, Chicago: University of Chicago Press, 1986.

Nelson, Julie A., "Of Markets and Martyrs: Is It OK to Pay Well for Care?" *Feminist Economics* 5(3): 43-59, 1999.

Neocleous, Mark, "Policing and Pin-Making: Adam Smith, Police and the State of Prosperity," *Policing and Society* 8(4): 425-449, 1998.

New Statesman, "America's Democratic Deficit," November 20, 5, 2000.

Noddings, Nel, *Caring: A Feminine Approach to Ethics and Moral*

Education, Berkeley: University of California Press, 1984.

_____, *Educating Moral People: A Caring Alternative to Character Education*, New York: Teachers College Press, 2002a.

_____, *Starting at Home: Caring and Social Policy*, Berkeley: University of California Press, 2002b.

_____, *The Challenge to Care in Schools: An Alternative Approach to Education*, 2nd ed., New York: Teachers College Press, 2005.

Nussbaum, Martha Craven, *Women and Human Development: The Capabilities Approach*, Cambridge: Cambridge University Press, 2000.

_____, "Beyond the Social Contract: Capabilities and Global Justice," *Oxford Development Studies* 32(1): 3-18, 2004.

_____, "The Supreme Court 2006 Term; Foreword: Constitutions and Capabilities: 'Perception' against Lofty Formalism," *Harvard Law Review* 121(4): 5-97, 2007.

Nye, Joseph S., Jr., "Globalization's Democratic Deficit," *Foreign Affairs* 80(4): 2-6, 2001.

Oberman, Michelle, "Mothers Who Kill: Coming to Terms with Modern American Infanticide," *Depaul Journal of Health Care Law* 8(3): 3-107, 2004-2005.

Okin, Susan Moller, *Women in Western Political Thought*, Princeton: Princeton University Press, 1979.

_____, *Justice, Gender and the Family*, New York: Basic Books, 1989.

Oldenburg, Ray, *The Great Good Place: Cafes, Coffee Shops, Bookstores, Bars, Hair Salons, and Other Hangouts at the Heart of a Community*, New York: Paragon, 1989.

Omolade, Barbara, *The Rising Song of African American Women*, New York: Routledge, 1994.

Otterman, Charon, "Most New York Students Are Not College-Ready,"

New York Times, February 8, 2011.
Page, S., "What's New about the New Public Management? Administrative Change in the Human Services," *Public Administration Review* 65(6): 713-727, 2005.
Paley, John, "Heidegger and the Ethics of Care" *Nursing Philosophy* 1: 64, 2000.
Paperman, Patricia, and Sandra Laugier, eds., *Le Souci des Autres: Éthique et politique du Care*, Vol. 16, Paris: ditions de l'cole des Hautes tudes en Sciences Sociales, 2005.
Parreñas, Rhacel Salazar, *Servants of Globalization: Women, Migration, and Domestic Work*, Stanford: Stanford University Press, 2001.
Pascall, Gillian, and Jane Lewis, "Emerging Gender Regimes and Policies for Gender Equality in a Wider Europe," *Journal of Social Policy* 33(3): 373-394, 2004.
Pascoe, C. J., *Dude You're a Fag: Masculinity and Sexuality in High School*, Berkeley: University of California Press, 2007.
Pasquino, Pasquale, "Theatrum Politicum: The Genealogy of Capital: Police and the State of Prosperity," In *The Foucault Effect: Studies in Governmentality, with Two Lectures by and an Interview with Michel Foucault,* ed. M. Foucault, G. Burchell and C. Gordon, Chicago: University of Chicago Press, 1991.
Pateman, Carole, *The Sexual Contract,* Stanford: Stanford University Press, 1988.
_____, *The Disorder of Women: Democracy, Feminism, and Political Theory*, Stanford: Stanford University Press, 1989.
Pateman, Carole, and Charles W. Mills, *Contract and Domination*, Malden, MA: Polity, 2007.
Peltz, Rachael, "Learning from History: An Interview with Robert Jay

Lifton" *Psychoanalytic Dialogues* 18(5): 710-734, 2008.

Pettit, Philip, "Keeping Republican Freedom Simple: On a Difference with Quentin Skinner" *Political Theory* 30(3): 339-356, 2002.

_____, "Responsibility, Inc.," *Ethics* 117(1): 171-201, 2007.

Phillips, Anne, "Feminism and the Politics of Difference: Or, Where Have All the Women Gone?" In *Visible Women: Essays on Feminist Legal Theory and Political Philosophy*, ed. S. James and S. Palmer, Oxford, UK: Hart, 2002.

Phipps, Shelley, Peter Burton, and Lars Osberg, "Time as a Source of Inequality within Marriage: Are Husbands More Satisfied with Time for Themselves Than Wives?" *Feminist Economics* 7: 1-21, 2001.

Piercy, Marge, *Woman on the Edge of Time*, New York: Knopf, 1976.

Piff, P. K., M. W. Kraus, S. Côté B. H. Cheng, and D. Keltner, "Having Less, Giving More: The Influence of Social Class on Prosocial Behavior," *Journal of Personality and Social Psychology* 99: 771-784, 2010.

Plumwood, Val, *Feminism and the Mastery of Nature*, New York: Routledge, 1993.

Polanyi, Karl, *The Great Transformation*, Boston: Beacon, 2001[1944].

Pulkingham, Jane, Sylvia Fuller, and Paul Kershaw, "Lone Motherhood, Welfare Reform and Active Citizen Subjectivity," *Critical Social Policy* 30(2): 267-291, 2010.

Putnam, Robert D., *Making Democracy Work: Civic Traditions in Modern Italy*, Princeton: Princeton University Press, 1993.

Raghuram, Parvati, Clare Madge, and Pat Noxolo, "Rethinking Responsibility and Care for a Postcolonial World," *Geoforum* 40(1): 5-13, 2009.

Razavi, Shahra, "The Political and Social Economy of Care in a Development Context: Conceptual Issues, Research Questions and Policy Options," In *Gender and Development Programme*, Geneva: United Nations

Research Institute for Social Development, 2007.
Reader, Soran, *Needs and Moral Necessity*, London: Routledge, 2007.
Richards, David A. J., *Fundamentalism in American Religion and Law*, New York: Cambridge University Press, 2010.
Roberts, Dorothy, "Spiritual and Menial Housework," *Yale Journal of Law and Feminism* 9(1): 51-80, 1997.
Roberts, Sam, "New York State Ranks Last for Voter Turnout," *New York Times*, November 17, 2010.
Robin, Corey, "Why the Left Gets Neoliberalism Wrong: It's the Feudalism, Stupid!" Brooklyn, NY: Wordpress, 2011.
Robinson, Fiona, *Globalizing Care: Ethics, Feminist Theory, and International Relations*, Boulder, CO: Westview, 1999.
______, "The Importance of Care in the Theory and Practice of International Security," *Journal of International Political Theory* 4(2): 167-188, 2008.
Robinson, Mary, "The Value of a Human Rights Perspective in Health and Foreign Policy," *Bulletin of the World Health Organization* 85(3): 241-242, 2007.
Romero, Mary, *Maid in the USA*, New York: Routledge, 1992.
______, "Unraveling Privilege: Workers' Children and the Hidden Costs of Paid Childcare," *Chicago-Kent Law Review* 76: 1651-1672, 2001.
______, *Maid in the USA*, 2nd ed., New York: Routledge, 2002,
Rose, Richard, and William Mishler, "Testing the Churchill Hypothesis: Popular Support for Democracy and Its Alternatives," *Journal of Public Policy* 16(1): 29-58, 1996.
Ross-Sheriff, Fairyal, and Mary E. Swigonski, "Women, War, and Peace Building," *Affilia: Journal of Women and Social Work* 21(2): 129-132, 2006.

Rowe, William L., "Responsibility, Agent-Causation, and Freedom: An Eighteeth-Century View," *Ethics* 101(2): 237-257, 1991.

Rubenstein, Caren, "Consumer's World: Finding a Nanny Legally," *New York Times*, January 28, 1993, C1.

Ruddick, Sara, *Maternal Thinking: Toward a Politics of Peace*, Boston: Beacon, 1989.

Sander-Staudt, Maureen, "The Unhappy Marriage of Care Ethics and Virtue Ethics," *Hypatia* 21(4): 21-39, 2006.

Sarti, Raffaela, "Conclusion: Domestic Service and European Identity," In *Proceedings of the Servant Project*, ed. S. Pasleau and I. Schopp, Liege: Editions de l'universite de Liege, 2005.

_____, "Domestic Service: Past and Present in Southern and Northern Europe," *Gender and History* 18(2): 222-245, 2006.

Sarvasy, Wendy, "Beyond the Difference versus Equality Debate: Postsuffrage Feminism, Citizenship, and the Quest for a Feminist Welfare State," *Signs* 17(2): 329-362, 1992.

_____, "Transnational Social Democracy: Post-World War I Feminist Practice and Theory," Conference Paper read at the Annual Meeting of the American Political Science Association, 2003.

Sarvasy, Wendy, and Patrizia Longo, "Kant's World Citizenship and Filipina Migrant Domestic Workers," *International Feminist Journal of Politics* 6(3): 392-415, 2004.

Sassen, Saskia, *The Global City: New York*, London, Tokyo, Princeton: Princeton University Press, 2001.

Schor, Juliet B., *The Overspent American*, New York: HarperCollins, 1998.

_____, ed., *Do Americans Shop Too Much?* Boston: Beacon, 2000.

_____, *Born to Buy*, New York: Scribner's, 2004.

Schwartz, Joseph M., *The Future of Democratic Equality: Rebuilding Social*

Solidarity in a Fragmented America, New York: Routledge, 2009.
Schwarzenbach, Sibyl A., "On Civic Friendship," *Ethics* 107(1): 97-128, 1996.
Scully, Jackie Leach, *Disability Bioethics: Moral Bodies, Moral Difference,* Lanham, MD: Rowman and Littlefield, 2008.
Seccombe, Karen, "So You Think I Drive a Cadillac?" *Welfare Recipients' Perspectives on the System and Its Reform*, Boston: Allyn and Bacon, 1999.
Sen, Amartya, "Missing Women," *British Medical Journal* 304(6827): 587-588, 1992.
_____, *The Idea of Justice*, Cambridge: Harvard University Press, 2009.
Sevenhuijsen, Selma, *Citizenship and the Ethics of Care: Feminist Considerations on Justice, Morality, and Politics*, London: Routledge, 1998.
_____, "Caring in the Third Way: The Relation between Obligation, Responsibility and Care in Third Way Discourse," *Critical Social Policy* 20(1): 5, 2000.
_____, "The Place of Care," *Feminist Theory* 4(2): 179, 2003.
Sexton, J. B., E. J. Thomas, and R. L. Helmreich, Error, "Stress and Teamwork in Medicine and Aviation: Cross Sectional Surveys," *British Medical Journal* 320(7237): 745-749, 2000.
Shapiro, Ian, *Democratic Justice*, New Haven: Yale University Press, 2001.
_____, "Why the Poor Don't Soak the Rich," *Daedalus* 131(1): 118-129, 2002.
Shi, Leiyu, James Macinko, Robert Politzer, and Jiabong Xu, "Primary Care, Race, and Mortality in US States," *Social Science and Medicine* 61(1): 65-76, 2005.
Shonkoff, J. P., and D. A. Phillips, eds., *From Neurons to Neighbor- hoods: The Science of Early Childhood Development*, Washington, DC:

National Academies Press, 2000.

Siddle, Walker, Vanessa, and John R. Snarey, eds., *Race-ing Moral Formation: African American Perspectives on Care and Justice*, New York: Teachers College Press, 2004.

Siddle Walker, Vanessa, and Renarta H. Tompkins, "Caring in the Past: The Case of a Southern Segregated African American School," In *Race-ing Moral Formation: African American Perspectives on Care and Justice*, ed. V. Siddle Walker and J. R. Snarey, New York: Teachers College, 2004.

Silvers, Anita, "Reconciling Equality to Difference: Caring (f)or Justice for People with Disabilities," *Hypatia* 10(1): 30-55, 1995.

Sim, Joe, *Punishment and Prisons: Power and the Carceral State*, Thousand Oaks, CA: Sage, 2009.

Simien, Evelyn M., "Doing Intersectionality Research: From Conceptual Issues to Practical Examples," *Politics and Gender* 9(2): 264-271, 2007.

Simmons, William, "The Third: Levinas' Theoretical Move from An-archical Ethics to the Realm of Justice and Politics," *Philosophy and Social Criticism* 25(6): 83-104, 1999.

Simonstein, Frida, "Artificial Reproductions Technologies (RTs): All the Way to the Artificial Womb?" *Medicine, Health Care and Philosophy* 9(3): 359-365, 2006.

Skocpol, Theda, *Protecting Soldiers and Mothers: The Political Origin of Social Policy in the United States*, Cambridge: Harvard University Press, 1992.

Slater, Don, and Fran Tonkiss, *Market Society: Markets and Modern Social Theory*, Cambridge, UK: Polity, 2001.

Slote, Michael A., *The Ethics of Care and Empathy*, New Work: Routledge,

2008.

Smiley, Marion, *Moral Responsibility and the Boundaries of Community: Power and Accountability from a Pragmatic Point of View*, Chicago: University of Chicago Press, 1992.

Smith, Adam, *An Inquiry into the Nature and Causes of the Wealth of Nations*, Ed. by R. H. Campbell and A. S. Skinner, 2 vols., Indianapolis: Liberty, 1976[1776].

_____, *The Theory of Moral Sentiments*, Indianapolis: Liberty, 1981.

Smith, Anna Marie, *Welfare Reform and Sexual Regulation*, New York: Cambridge University Press, 2007.

Stacey, Clare L., *The Caring Self: The Work Experiences of Home Care Aides*, Ithaca: Cornell University Press, 2011.

Stacey, Judith, *Brave New Families: Stories of Domestic Upheaval in Late-Twentieth-Century America*, Berkely: University of California Press, 1990.

Stanford, John, and Robin Simons, *Victory in Our Schools: We Can Give Our Children Excellent Public Education*, New York: Random House, 1999.

Stiehm, Judith Hicks, "The Protected, the Protector, the Defender," *Women Studies International Forum* 5(3-4): 367-376, 1982a.

_____, "Women, Men, and Military Service: Is Protection Necessarily a Racket?" In *Women, Power and Policy*, ed. E. Boneparth, Oxford: Oxford University Press, 1982b.

_____, "Our Aristotelian Hangover," In *Discovering Reality*, ed. M. Hintikka and S. Harding, Amsterdam: Elsevier, 1984.

Stillman, Sarah, "The Invisible Army: For Foreign Workers on U. S. Bases in Iraq and Afghanistan, War Can Be Hell," *New Yorker*, June 6, 2011.

Stone, Deborah, "Why We Need a Care Movement," *The Nation*, March 13, 2000.

_____, *The Samaritan's Dilemma: Should Government Help Your Neighbor?* New York: Basic Books, 2008.

Straus, Murray A., Richard J. Gelles, and Suzanne K. Steinmetz, *Behind Closed Doors: Violence in the American Family,* New York: Anchor, 1980.

Strawson, P. F., "Freedom and Resentment," *Proceedings of the British Academy* 48: 1-25, 1962.

Strobl, Staci, "Policing Housemaids: The Criminalization of Domestic Workers in Bahrain," *British Journal of Criminology* 49(2): 165-183, 2009.

Tännsjö, Torbjörn, *Understanding Ethics: An Introduction to Moral Theory*, Edinburgh: Edinburgh University Press, 2002.

Tessman, Lisa, "Moral Luck in the Politics of Personal Transformation," *Social Theory and Practice* 26(3): 375-395, 2000.

_____, *Burdened Virtues: Virtue Ethics for Liberatory Struggles*, New York: Oxford University Press, 2005.

_____, "Expecting Bad Luck," *Hypatia* 24(1): 9-28, 2009.

Thatcher, Margaret, "Interview for Woman's Own," Margaret Thatcher Foundation, 1987, http://www.margaretthatcher.org/document/105577.

Thomson, Judith Jarvis, *Rights, Restitution, and Risk*, Cambridge: Harvard University Press, 1986.

Tilly, Charles, *Durable Inequality*, Berkeley: University of California Press, 1998.

_____, "Changing Forms of Inequality," *Sociological Theory* 21(1): 31-36, 2003.

Tinto, Vincent, "Linking Learning and Leaving: Exploring the Role of the

College Classroom in Student Departure," In *Reworking the Departure Puzzle*, ed. J. M. Braxton, Nashville: Vanderbilt University Press, 2000.

Tönnies, Ferdinand, *Community and Civil Society*, Translated by J. Harris and M. Hollis, Cambridge: Cambridge University Press, 2001.

Tronto, Joan C., "Beyond Gender Difference to a Theory of Care," *Signs* 12(4): 644-663, 1987.

_____, *Moral Boundaries: A Political Argument for an Ethic of Care*, New York: Routledge, 1993,

_____, "Caring as the Basis for Radical Political Judgments," *Hypatia* 10(2): 141-149, 1995.

_____, "Does Managing Professionals Affect Professional Ethics? Competence, Autonomy, and Care" In *Feminists Do Ethics,* ed. P. DesAutels and J. Waugh, Lanham, MD: Rowman and Littlefield, 2001.

_____, "The 'Nanny Question' in Feminism," *Hypatia* 17(2): 34-51, 2002.

_____, "Time's Place," *Feminist Theory* 4(2): 119-138, 2003.

_____, "Vicious Circles of Unequal Care," In *Socializing Care*, ed. M. Hamington, Lanham, MD: Rowman and Littlefield, 2006.

_____, "The Servant Problem and Justice in Households," *Iris: European Journal of Philosophy and Public Debate* 2(2): 67-86, 2010.

Tucker, Robert, ed., *The Marx Engels Reader*, New York: Norton, 1977.

Turner, Brian S., "Citizenship Studies: A General Theory," *Citizenship Studies* 1(1): 5-18, 1997.

Ubel, Peter A., *Free Market Madness: Why Human Nature Is at Odds with Economics—and Why It Matters,* Boston: Harvard Business School Publishing, 2009.

Ungerson, Clare, "Social Politics and the Commodification of Care," *Social Politics* 4(3): 362-381, 1997.

Uttal, Lynn, "Using Kin for Child Care: Embedment in the Socioeconomic

Networks of Extended Families," *Journal of Marriage and the Family* 61(4): 845-857, 1999.

_____, "Organizational Cultural Competency: Shifting Programs for Latino Immigrants from a Client-Centered to a Community-Based Orientation," *American Journal of Community Psychology* 38(3-4): 251-62, 2006.

Van Parijs, Philippe, *Real Freedom for All: What (If Anything) Can Justify Capitalism?* Oxford, UK: Clarendon, 1995.

Vazquez-Arroyo, Antonio Y., "Liberal Democracy and Neoliberalism: A Critical Juxtaposition," *New Political Science* 30: 127-159, 2008.

Verkerk, Marian, Hilde Lindemann, Els Maeckelberhe, Enne Feenstra, Rudolph Hartoungh, and Menno De Bree, "Enhancing Reflection: An Interpersonal Exercise in Ethics Education," *Hastings Center Report* 34(6): 8, 2004.

Vico, Giambattista, *On the Study Methods of Our Time*, Translated by E. Gianturco, Ithaca: Cornell University Press, 1990[1709].

Vives, A., "Corporate Social Responsibility: The Role of Law and Markets and the Case of Developing Countries," *Chicago-Kent Law Review* 83: 199, 2008.

Vogel, Ursula, "Marriage and the Boundaries of Citizenship," In *The Condition of Citizenship*, ed. B. van Steenbergen, London: Sage, 1994.

Wadsworth, Martha E., Tali Raviv, Christine Reinhard, Brian Wolff, Catherine DeCarlo Santiago, and Lindsey Einhorn, "An Indirect Effects Model of the Association between Poverty and Child Functioning: The Role of Children's Poverty-Related Stress," *Journal of Loss and Trauma* 13(2-3): 156-185, 2008.

Waerness, Kari, "Caring as Women's Work in the Welfare State," In *Patriarchy*

in a Welfare Society, ed. H. Holter, Oslo: Universitetsforlaget, 1984a.
_____, "The Rationality of Caring," *Economic and Industrial Democracy* 5: 185-211, 1984b.
_____, "Informal and Formal Care in Old Age: What Is Wrong with the New Ideology in Scandinavia Today?," In *Gender and Caring: Work and Welfare in Britain and Scandinavia*, ed. C, Ungerson, London: Harvester, Wheatsheaf, 1990.
Wagstaff, Adam, "Poverty and Health Sector Inequalities," *Bulletin of the World Health Organization* 80(2): 97-105, 2002.
Walker, Margaret Urban, *Moral Understandings: A Feminist Study of Ethics*, New York: Routledge, 1998.
Walker, Margaret Urban, "Getting Out of Line: Alternatives to Life as a Career," In *Mother Time: Women, Aging and Ethics*, ed. M. U. Walker, Lanham, MD: Rowman and Littlefield, 1999.
_____, *Moral Repair: Reconstructing Moral Relations after Wrongdoing*, New York: Cambridge University Press, 2006.
_____, *Moral Understandings: A Feminist Study of Ethics*, 2nd ed., New York: Oxford University Press, 2007.
Walzer, Michael, *Spheres of Justice: A Defense of Pluralism and Equality*, New York: Basic Books, 1983.
Waring, Marilyn, *If Women Counted: A New Feminist Economics*, New York: HarperCollins, 1988.
Warner, Judith, Dude, "You've Got Problems," *New York Times*, April 17, 2009.
Weaver, R. Kent, *Ending Welfare as We Know It*, Washington, DC: Brookings Institution Press, 2000.
Weber, Max, *The Protestant Ethic and the Spirit of Capitalism*, Translated by T. Parsons, Mineola, NY: Dover, 2003[1905].

Weir, Allison, "The Global Universal Caregiver: Imagining Women's Liberation in the New Millennium," *Constellations: An International Journal of Critical and Democratic Theory* 12(3): 308-330, 2005.

Weldon, S. Laurel, "The Structure of Intersectionality: A Comparative Politics of Gender," *Politics and Gender* 2(2): 235-248, 2006.

White, Julie A., *Democracy, Justice and the Welfare State: Reconstructing Public Care*, University Park: Penn State University Press, 2000.

_____, "The Hollow and the Ghetto: Space, Race, and the Politics of Poverty," *Politics and Gender* 9(2): 271-280, 2007.

Williams, Bernard, *Ethics and the Limits of Philosophy*, Waukegan, IL: Fontana, 1985.

_____, *Shame and Necessity*, Berkeley: University of California Press, 1994.

Williams, Fiona, "Good-Enough Principles for Welfare," *Journal of Social Policy* 28(4): 667-688, 1999.

_____, "In and beyond New Labour: Towards a New Political Ethics of Care," *Critical Social Policy* 21(4): 467-493, 2001.

_____, *Rethinking Families*, London, Calouste Gulbenkian Foundation, 2004.

Williams, Joan, *Unbending Gender: Why Family and Work Conflict and What to Do about It*, New York: Oxford University Press, 2000.

Williams, Patricia J., *The Alchemy of Race and Rights*, Cambridge: Harvard University Press, 1991.

Windsong, Elena Ariel, "There Is No Place Like Home: Complexities in Exploring Home and Place Attachment," *Social Science Journal* 47(1): 205-214, 2010.

Winters, Jeffrey A., *Oligarchy*, New York: Cambridge University Press, 2010.

Wolin, Sheldon S., *Politics and Vision: Continuity and Innovation in Western Political Thought*, Boston: Little, Brown, 1960.

______, *Democracy Inc.: Managed Democracy and the Specter of Inverted Totalitarianism*, Princeton: Princeton University Press, 2008.

Wong, Sau-ling C., "Diverted Mothering: Representations of Caregivers of Color in the Age of 'Multiculturalism,'" In *Mothering Ideology, Experience, Agency*, ed. E. N. Glenn, G. Chang, and L. R. Forcey, New York: Routledge, 1994.

Workpermit.com, *UN report—Economic Role of Immigrant Women Overlooked*, October 24, 2006, http://www.workpermit.com/news/2006_10_24/global/immigrant_women_remittances.htm.

Xenos, Nicholas, *Scarcity and Modernity*, London: Routledge, Chapman and Hall, 1989.

Yak, Bernard, *The Problems of a Political Animal*, Berkeley: University of California Press, 1993.

Yeates, Nicola, "A Dialogue with ' Global Care Chain' Analysis: Nurse Migration in the Irish Context," *Feminist Review* (77): 79-95, 2004.

Young, Iris Marion, *Justice and the Politics of Difference*, Princeton: Princeton University Press, 1990.

______, *Inclusion and Democracy*, New York: Oxford University Press, 2000.

______, "The Logic of Masculinist Protection: Reflections on the Current Security State," *Signs: Journal of Women in Culture and Society* 29(1): 1-24, 2003.

______, "Responsibility and Global Justice: A Social Connection Model," *Social Philosophy and Policy* 23(1): 102-130, 2006.

Yuval-Davis, Nira, "Women, Citizenship and Difference," *Feminist Review* 57: 4-27, 1997.

찾아보기

ㄴ

ㅋ

ㅌ

ㅍ

제3판(한국어 개정판)
돌봄민주주의

초판발행 2014년 4월 30일
제2판발행 2021년 10월 30일
제3판발행 2023년 9월 15일
제3판(한국어 개정판)발행 2024년 1월 30일

지은이 조안 C. 트론토
옮긴이 김희강·나상원
펴낸이 안종만·안상준

편 집 이승현
기획/마케팅 김한유
표지디자인 이수빈
제 작 고철민·조영환

펴낸곳 (주) 박영사
서울특별시 금천구 가산디지털2로 53, 210호(가산동, 한라시그마밸리)
등록 1959. 3. 11. 제300-1959-1호(倫)
전 화 02)733-6771
f a x 02)736-4818
e-mail pys@pybook.co.kr
homepage www.pybook.co.kr
ISBN 979-11-303-1952-0 93300

정 가 20,000원